"이 책의 문제 의식은 저자가 1장의 시작 부분에서 인용하는 '오 하나님, 굶주리는 자들에게는 빵을 주시고, 빵을 가진 우리에게는 정의에 대한 굶주림을 주소서'라는 기도에 담겨 있다. 기독교적 관점에서 세상을 바꾸고자 하는 열정 있는 한국의 젊은이들에게 이 책은 하나의 좋은 안내서가 될 수 있을 것이다."

― 윤영관, 전 외교부 장관

"본서는 문화변혁적 신학으로 대표되는 칼뱅주의가 오늘날 자본주의 세계 체제가 낳은 가난, 불의, 비참의 상황에 어떤 해답을 줄 수 있을지를 모색하고자 한다. 여기서 이 책의 압권은 신칼뱅주의와 해방신학이 죄와 구원, 하나님 나라 등 신학적인 주요 쟁점에 차이점도 있지만 놀랄 만한 유사점도 있음을 예리하게 밝혀 준다는 점이다. 복음주의 신앙과 개혁신학의 전통에서 그리스도인의 사회적 책임의 유산을 찾고자 하는 이들에게 신선한 충격을 던져 줄 책으로 추천한다."

― 김동춘, 기독연구원느헤미야 연구위원

"본서는 20세기 후반을 대표하는 기독교 철학자가 기독교 세계관이란 무엇이며 이를 어떻게 현실에 적용할 수 있는가를 탁월한 혜안을 가지고 제시하는 책이다. 아브라함 카이퍼의 「칼빈주의 강연」 및 리처드 니버의 「그리스도와 문화」를 뛰어넘는다고 해도 과언이 아닐 것이다. 오랫동안 기다려 온 한국어판이 출간된 것은 한국 교회에 기쁜 소식이 아닐 수 없다."

― 정세열, 컨설턴트·고려대 경제학과 초빙교수

"이 책의 표지에 '이 책이 당신을 변화시킬 수도 있다'는 경고문을 붙여야 할지도 모르겠다."
—*Christian Century*

"세계적 빈곤의 문제를 심각하게 다룬 지적이고 정통 기독교적인 책이다.… 이 책의 초점은 정치적·사회적 정의에 있지만, 월터스토프는 미학과 예배의 주제도 다룸으로써 삶의 모든 영역에 걸친 샬롬의 포괄적 비전을 제시하고 있다."
—*Christianity Today*

"교회는 문제투성이인 현 세계에서 정의와 평화를 향한 울부짖음에 귀를 막아서는 안 된다. 월터스토프는 참신하고 날카로운 분석으로 우리를 도전하고 있다. 널리 읽혀야 할 책이다."
—*Presbyterian Journal*

참으로 강력하고 열정 있는 책이다. 이 책에는 냉철함과 흥분이 교차하고 있으며, 기독교 공동체를 향해 중요한 비전을 던져 준다. 심금을 울리고, 성경적이며, 양심을 일깨우고, 행동 지향적인, 무엇보다 우리를 흥분시키는 비전, 이것이 없이는 온 백성이 절멸해 버리고 말 비전이다.
—*The Banner*

IVP
모던 클래식스
003

정의와 평화가 입맞출 때까지

니콜라스 월터스토프

Ivp

IVP(InterVarsity Press)는
캠퍼스와 세상 속의 하나님 나라 운동을 지향하는
IVF(InterVarsity Christian Fellowship)의 출판부로
생각하는 그리스도인을 위한 문서 운동을 실천합니다.

Copyright © 1983 by Wm. B. Eerdmans Publishing Co.
Originally published in English under the title
Until Justice and Peace Embrace by Nicholas Wolterstorff
Published by Wm. B. Eerdmans Publishing Co.
2140 Oak Industrial Dr. NE., Grand Rapids, MI 49505, U. S. A.
All rights reserved.

Translated and used by the permission of Wm. B. Eerdmans Publishing Co.,
through the arrangement of rMaeng2, Seoul, Republic of Korea.

Korean Edition © 2007 by Korea InterVarsity Press
156-10 Donggyo-ro, Mapo-gu, Seoul 04031, Korea.

Until Justice and Peace Embrace

Nicholas Wolterstorff

IVP 모던 클래식스를 펴내며

느린 생명의 속도로 가장 먼저 진리에 가 닿다

"참다운 정신으로 참다운 책을 읽는 것은 고귀한 수련"이라고 한 헨리 D. 소로우의 말처럼, 그리스도인에게 독서는 그 어느 수련보다도 평생에 걸쳐 쌓아야 할 영성 훈련이다. 경건한 독서는 성경을 대체하거나 방해하는 것이 아니라 하나님의 말씀을 바르게 사용하도록 하며, 그리스도인의 성품을 영적으로 각성시켜 그분의 나라를 세우도록 도전하기 때문이다.

그러나 '21세기 속도에 발맞춘 생각의 속도'라는 명분으로 독서는 정보 획득의 수단으로 전락해 버리고, 눈과 귀를 자극하며 육감만을 작동시키는 이미지, 온라인 지식 정보로 대체된 읽기 습관, 영상으로 치우쳐 가는 관심은 사고의 획일화와 빈약함, 경박함을 낳고 있다. 거기에다, 새로운 것이라면 더 좋고 진실에 가까울 것이라는 근거 없는 생각이 독서 및 고전에 대한 오해와 무관심은 물론 총체적 지적(知的) 부실이라는 결과를 초래했다.

이러한 상황 가운데 출간하게 된 IVP 모던 클래식스는 복음주의라는 신학적 스펙트럼을 통해 문화, 사회, 정치, 경제, 윤리, 공동체, 세계관, 영성 그리고 신학 등 현대 교회가 직면한 광범위한 주제와 이슈를 다룰 것이다. 이에 대해 단순히 정보를 제공하거나 지적 호기심을 자극하는 데 그치지 않고 주체적이고 적극적인 사고 활동의 기초와 방향을 제시하고자 한다. 이 시리즈는 IVP 모던 클래식스 자문 위원회의 선정 작업을 거쳐 19세기 말에서 20세기까지 출판된 기독교 저작 가운데 선별된다. 고전의 본의를 온전히 담아내면서도 주제, 접근, 기술(記述) 방식 등에 유연성을 부여하여 고전의 대중성 또한 최대한 살리고자 한다. 특별히 독자의 이해를 돕고자 저자와 책 내용에 대한 국내외 전문가의 해설 및 추천 도서를 통해, 분명하고 균형 잡힌 성경적 지혜와 현실 적용 가능한 지식을 한국 교회에 제공하고자 한다.

범람하는 정보들을 무분별하게 채택하고 즉각적인 결과를 기대하는 문화적 흐름 속에서, 거듭난 기독교적 지성과 영성 형성을 위해 생명의 속도에 맞추어 고전 읽기에 헌신하는 반(反)시대적 용기가 더욱 절실하다. IVP 모던 클래식스와 함께하는 느리고 진지한 독서를 통해 오히려 가장 먼저 진리에 가 닿을 수 있게 되기를 간절히 바란다.

―IVP 모던 클래식스 기획편집팀

*일러두기: 본문에 나오는 성경 구절은 새번역을 인용하였다.—편집자 주

차례

11	머리말
19	1장 세계 형성적 기독교
57	2장 근대 세계체제
93	3장 리마인가 암스테르담인가?: 해방인가 개현인가?
143	연결부 I: 샬롬 안에서 정의를 이루기 위하여
151	4장 부자와 가난한 자: 빈부의 문제
199	5장 민족과 민족의 투쟁: 민족주의의 문제
243	6장 기쁨의 도시: 샬롬과 도시의 미학
275	연결부 II: 저항의 문제
283	7장 정의와 예배: 개신교 예배 의식의 비극
313	8장 이론과 실천: 실천 지향적 학문
341	후기
343	한국어판 후기: 25년이 흐르고
349	주
391	해설
398	저자 연보

친애하는 친구 앨런 부삭(Allan Boesak)에게 이 책을 드립니다.
남아공화국 개혁교회의 흑인 목사이자 신학자인 그분의 강연에서
나는 억압받는 자의 울부짖음과 주님의 말씀을 들었습니다.

머리말

그리스도인은 현 사회 질서와 관련하여 어떤 전반적인 목표를 세워야 하는가? 아니, 좀더 예리하게 질문하자면, 그리스도인은 현 사회 질서에 어떻게 자신을 끼워넣어야(insert) 하는가? 끊임없이 제기되는 이 질문에 답하고자 나는 강연을 했고 그 내용이 이 책에 실려 있다.

이 질문에 대한 답변은 사실 '기독교적 관점에서 볼 때, 현 사회 질서와 관련하여 **한 사람**의 전반적인 목표가 무엇이어야 하는가?'라는 질문에 대한 답변과 같은 것이다. 그리스도인이 마땅히 해야 할 일은, 기독교적 관점에서 볼 때, 사실상 모든 사람이 해야 할 일과 같기 때문이다. 논의가 진행되는 동안 나는 이런 의미에서 그 질문을 종종 던지게 될 것이다.

혹자는, 만일 그렇다면 **그리스도인**이란 말을 쓰지 말고 그저 한 인간이 다른 인간에게 말하듯이 하는 게 어떻겠느냐고 할지도 모르겠다. 이 질문에 대한 답변은 루시앙 골드만(Lucien Goldmann)의 심오한 책 「숨은 신」(*The Hidden God*)에 나오는 다음과 같은 대목에 담겨 있다.

'나는 어떻게 살아야 하는가?'라는 질문은 굳이 도덕적 응답을 요구하지 않는다. 왜냐하면 이 질문이 의미를 지니는 것은, '인생이란 그보다 더 큰 전체, 곧 그것을 능가하고 초월하는 전체에 속하는, 상대적으로 일시적인 것이다'라는 전제하에서이기 때문이다. 누군가 '나는 어떻게 살아야 하는가?'라는 질문과 더불어 그에 함축된 모든 것을 심각한 의문으로 제기하는 순간, 그 속에 이미 응답이 내재되어 있다고 볼 수 있다. 즉 믿음으로 자기 인생을 종말론적 혹은 역사적 전체 안에 자리매김함으로써 나름대로 응답하고 있다는 말이다.

…아우구스티누스 사상과 변증법적 유물론의 본질은, 우리가 현실을 이해하고 인간적으로 합당하게 행동하기 위해서는 먼저 믿어야 한다는 것이다. 바로 이런 이유 때문에 자율적이고 독자적인 아우구스티누스주의 윤리와 마르크스주의 윤리는 아예 존재하지 않는다고 할 수 있다.[1]

계몽주의 관점은 도덕을 이성의 기초 위에 둘 수 있다는 것이었다. 이성적인 사람이라면 누구나 곧바로 수용하는 도덕적 원리들 위에 하나의 도덕 체계를 세울 수 있다고 믿은 것이다. 이것은 환상에 지나지 않는다. 그런 방향으로 가지도 않거니와 갈 수도 없다. 오늘날과 같은 다원주의 세계에서 사람들과 대화를 나누다 보면, 우리가 가진 도덕적 관점이 서로 다르고, 각 관점은 실재에 대한 다른 이해와 얽혀 있으며, 그 가운데 어느 것도 이성적인 사람 모두가 곧바로 수용할 수 있는 것에 바탕을 두고 있지 않음을 발견하게 된다. 때로는 대화 중에 상대방에게 그 의견을 일부 포기하도록 타당한 이유를 제시하는 것도 가능하다. 어떤 경우에는 그런 이유가 효과를 발휘하기도 한다. 그래서 상대방이 그것을 수용하고 자기 견해를 바꾸기도 한다. 그리고 때로는 상대방이, 어느 누군가가 제시한 이유와는 상관없이 나름대로 타당한 이유가 있어서 자기 견해를 바꾸기도 한다. 즉 대화와는 관계없이 그렇게 한다는 뜻이다. 어떤 도덕적 관점의 합리성은 그것이 일치된 여론에 바탕을 두고 있느냐 여부가 아니라, 이런 타당한 논리들에 적절히 응답하느냐 여부에 달려 있다.[2]

물론 도덕적 이슈에 관해 서로 대화할 때, 우리는 보통 그 문제에 관해 자신이 믿고 있는 바를 모조리 이야기하지는 않는다. 말하자면, 우리의 견해를 구성하는 모든 요소들이 얼마나 잘 엮여 있는지 보여 주지 않는다. 서로 동의하는 부분은 함께 탐구하고, 자신의 견해에서 유별난 부분은 그냥 넘어가는 경우가 빈번하다. 그러나 때로는, 서로에게 완전히 투명해져서 자신의 도덕적 관점이 자신의 인생관과 밀접하게 얽혀 있음을 보여 주려고 애쓰기도 한다. 이 책에서 내가 하려는 일이 바로 그것이다.

이 책의 내용을 처음 선보인 것은 1981년 가을 네덜란드 암스테르담의 자유 대학에서 개최된 여덟 번의 카이퍼 강좌(Kuyper Lectures)에서였다. 자유 대학은 한 해 전에 100주년을 맞이해서 그 학교의 창립자인 위대한 기독교 지도자 아브라함 카이퍼(Abraham Kuyper)를 기념하여 그 강좌를 개설했었다. 나를 그 강좌의 첫 번째 강사로 초대해 준 위원회에게 글로나마 심심한 감사를 표한다. 그 경험을 통해 나는 많은 기쁨과 교훈을 얻었다. 그렇게 되기까지 많은 이들의 수고가 있었다. 그 많은 분들 가운데 여기서는 한 사람만 거명하고자 하는데, 학장으로 계시던 행크 베르홀(Henk Verheul) 교수에게 특별히 감사의 말을 전하고 싶다. 그 강좌가 개설된 것은 대체로 그분의 공로였다. 내 강좌가 그분의 원대한 비전에 크게 못 미치는 것이 아니었기를 바랄 뿐이다.

카이퍼 강좌가 처음 몇 년 동안 다루기로 한 큰 주제는 "종교개혁의 정치적 결과"였다. 연속 강좌에 참여하는 강사들이 흔히 그렇듯이, 나도 이 주제를 정한 이들의 의도를 거의 넘어설 뻔했다. 그리스도인이 어떻게 그들 자신을 사회에 끼워넣어야 하는지에 관한 나의 사상은 종교개혁 당시 칼뱅주의 개혁 정신과 근본적으로 일치한다. 따라서 나는 먼저 그 개혁이 지녔던 사회적 비전과 실천을 숙고한 다음, 더욱 구체적인 사안들에 대해서는 개혁주의/장로교 전통에 속한 여러 사상가들의 생각을 끌어올 예정이다. 내가 다루는 주제는 교단과 관계없이 모든 교회를 아우르는 것이긴 하지만, 앞서 지적한 대로 여기서는 개혁주의/장로교 전통을 중심으로 살펴보고자 한다.

이 부분을 강조해서 논의하는 이유가 또 하나 있다. 개혁주의/장로교 전통이 곧 나의 배경이고, 나로서는 이 강좌가 그 전통의 사회적 비전을 **전유(專有)하는** 하나의 기회이기 때문이다. 여기서 나는 일부러 '전유하다'(appropriate)라는 단어를 썼다. 자기 전통을 전유한다는 것은 무비판적 수용도 전적인 부정도 아니다. 그것은 그 특징을 자기가 처한 상황에 차별적으로 응용한다는 의미다. 내가 개혁주의 전통에서 성장할 때는 애초에 그 전통이 뚜렷하게 갖고 있던 세계-형성적 특성을 거의 알지 못했다. 나에게는 특정한 신학과 특정한 경건의 모습만 눈에 들어왔다. 그 경건의 모습이 가장 잘 드러난 것은 기도였다. 내가 기억하기로 그 기도의 기본적인 구조는 "주님, 우리에게 많은 복을 주셔서 감사합니다. 또한 우리보다 불행한 이들을 기억해 주옵소서"라는 것이었다. 거기에는 이 세상의 억눌린 자와 불행한 자를 돌보는 일은 하나님의 몫이라는 태도가 내포되어 있었다. 우리 몫은 하나님이 그 일을 소홀히 하시지 않도록 기도하는 것뿐이었다. 만일 당시에 내가 마이클 왈쩌(Michael Walzer)의 「성도들의 혁명」(*The Revolution of the Saints*)이 다루고 있는 논제―"칼뱅주의를 따르는 성도는 근대사에 자주 등장해 온, 자기 훈련이 잘 된 사회적·정치적 재건 운동의 첫 번째 기수다"[3]―를 접했다면, 개혁주의 전통을 뒤집어서 비꼬는 웃기는 이야기로 치부하고 말았을 것이다.

이후에야 나는 내가 몸담고 있던 그 전통이 본래 급진적 성격을 가지고 있다는 것을 배웠다. 그런 뿌리를 알게 되면서 나 자신의 정체성에 대해 더욱 감사하는 마음이 생겼다. 동시에 그 전통이 급진성을 상실한 데 대해 심히 불만스런 마음도 들었다. 어떻게 해서 이토록 보수적으로 변했을까? 정말 어떤 때는 숨이 막힐 정도로 보수적이다. 이 책이 이런 현상을 바꾸는 데 조금이라도 도움이 되길 바랄 뿐이다. 어쨌든 우리가 할 수 있는 일은, 정의와 평화의 사회를 이루기 위해 다른 사람들과 어깨를 나란히 하고 분투하면서 그 전통들 가운데 남아 있는 소중한 요소들을 **전유하는** 것이다.

여기서 덧붙여야 할 것은 이 책은 방법론을 제시하지 않는다는 점이다. 세계의 빈곤 문제를 경감시킨다거나, 제 잘난 민족주의라는 악성 질환을 고친다거나, 도시의 추한 모습을 개선하는 데 필요한 구체적인 '조치들'을 열거하지 않는다는 말이다. 나의 목표는 새로운 의식을 형성하고 더욱 확고한 결의를 다지게 하는 것이다. 물론 어떤 이들은 구체적으로 어떻게 해야 하는지 묻고 싶을 것이다. 그들의 열심과 절박한 심정을 생각하면 그런 물음이 답을 얻어야 마땅하다. 내가 줄 수 있는 응답도 몇 가지 있다. 그럼에도 내가 확신하는 바는, 우리가 계속해서 곤경에 빠져 있는 가장 근본적인 이유는 서구 사회에 몸담은 이들 가운데 현 상황이 바뀌어야 **마땅하다**는 것과, 자기가 그 새로운 질서를 정립하도록 부름받았다는 것을 인식하는 이들이 너무 적기 때문이라는 것이다. 이 책이 그런 상황 변화에 어느 정도 기여하고, 이미 그런 소명감을 가진 이들에게 더욱 강한 확신을 심어 줄 수만 있다면, 나는 내 목표를 달성하는 셈이다.

1898년 10월 10일, 미국을 방문한 한 네덜란드 사람이 이런 말을 했다.

늙은 유럽 대륙을 떠나 신세계 해안에 상륙한 이 여행객은 "허다한 생각이 그에게 몰려왔다"라고 읊었던 시편 기자와 같은 심정입니다. 소용돌이치는 여러분의 새 물결에 비교해 볼 때, 그가 속한 옛 물결은 침체되고 거의 얼어붙은 것만 같습니다. 이 미국 땅에 올라 그는 처음으로, 그 동안 우리의 창조 그 자체로부터 인류의 가슴 속에 숨겨져 있던, 그리고 옛 세계가 계발하지 못한 신이 준 너무나 많은 잠재력이 이제야 그 찬란한 빛을 드러내기 시작하고 장차 더 많은 놀라움을 안겨 주겠노라 약속하고 있는 것을 깨닫게 됩니다.[4]

이것은 아브라함 카이퍼가 프린스턴 신학교에서 스톤 강좌(Stone Lectures)를 시작하면서 던진 말이다. 이 책의 기초가 되는 카이퍼 강좌를 위해, 나는 그와는 반대로 급격히 노화되고 있는 그 신세계에서 옛 세계로 여행하였다. 다만 나는 해안에 닿은 것이 아니라 비행기를 타고 하늘에서 땅에 내렸다. 카이퍼처럼 내 마음도 온갖 생각으로 가득 차 있었는데, 오늘날 옛 세계에 흐르는 물결은 예전처럼 그리 "침체되고 얼어붙은" 상태가 아니라는 생각도 들었다. 그 무엇보다 분명하게 들었던 생각은 신세계와 옛 세계 모두 어두움 가운데 위험한 시대를 살고 있다는 것이었다. 제1세계에 살고 있는 우리가 허랑방탕한 삶을 살면서도 굶주림에 찌든 제3세계에 나눠 주기를 계속 거부하기 때문에 어둡고, 계몽주의의 양대 실험이었다 할 수 있는 미국과 소련이 현재 깊은 실패감에 젖어 있기에 위험하다. 이 두 나라는 이제 더 이상 자기네 건국 이념을 믿지 않으며, 핵무기로 서로를 위협하고, 전 세계를 무장시키며, 종속국(client state)들의 압제를 지원하고 있다. 오늘날이야말로 새로운 질서가 간절히 필요한 시대다. 그게 어떤 모습이어야 하는지는 아직 모르지만 말이다. 이제 나는 어두움뿐 아니라 빛에 대해서, 또 위험뿐 아니라 희망에 대해서 이야기할까 한다.

1981년 12월 암스테르담에서
니콜라스 월터스토프

사랑과 진실이 만나고
정의는 평화와 서로 입을 맞춘다.
진실이 땅에서 돋아나고
정의는 하늘에서 굽어본다.
　　　　─시편 85편에서

오 하나님,
굶주린 자들에게는 빵을 주시고,
빵을 가진 우리에게는
정의에 대한 굶주림을 주소서.
　　　　─어느 라틴 아메리카인의 기도

1장 · 세계 형성적 기독교

역사 속으로 기독교 복음이 들어오면서 그것은 마치 누룩이 퍼지듯 로마 세계 전역의 사회 질서에 근본적인 변화를 초래했다. 그러나 약 3, 4세기가 지난 후 그 누룩은 더 이상 큰 소동을 일으키지 못하고 변두리에서만 맴돌게 되었다. 그 때부터 중세 후기에 이르기까지 기독 교회는, 소수의 예외를 제외하면, 자기 교인들에게 그들이 몸담고 있는 사회를 잠자코 받아들이고 주어진 사회적 역할을 담당하면서 그 기쁨을 즐기는 법과 고난을 견디는 법을 가르쳤다. 그 후 16세기에 이르러 스위스와 라인 골짜기 북부의 '개혁' 교회로부터 전혀 다른 비전과 실천이 등장했다. 이들을 통해 세상의 사회 구조가 심판 대상이 되어 유죄 판결을 받았으며, 개혁이 필요하다는 선고를 받았다. 내가 **세계-형성적 기독교**(world-formative Christianity)라고 부르는 것이 드디어 역사의 변두리를 벗어나 무대 중앙으로 나온 것이다.

그 이래 이런 모습의 기독교는 줄곧 존재해 왔다. 때로는 두드러지게 혹은 눈에 띄지 않게, 때로는 억압적인 승리주의를 구가하면서 혹은 소박한 모습으로, 때로는 불을 뿜는 열정으로 혁명을 선동하면서 혹은 연기만 피우면서 존재해 왔다. 지금부터 3세기 반쯤 전에 중부 유럽에서 참신한 모습으로 등장한 그 기독교의 유산을 현대 세계에 사는 우리 모두가 이어받고 있다.

정치 이론가 마이클 왈쩌는 「성도들의 혁명」이란 책에서 16세기 말과 17세기 초의 잉글랜드 청교도에 대해 이렇게 말한다. "성도들은 중세인들과는 달리 자신이 속한 세계에 대해 책임감을 갖고 있었다. 무엇보다 그들은 그 세계의 지속적인 개혁에 대해 책임감을 느꼈다. 열정과 목적 의식이 뚜렷했던 그들의 활동은 신앙 생활의 일부였지 그것과 동떨어진 그 무엇이 아니었다."[1] 왈쩌는 '세계 형성적 기독교'라는 말은 사용하지 않지만, 내가 보기에 그의 말보다 그것을 더 간명하게 표현해 주는 문구는 없을 것이다. 성도는 자기가 몸담은 세계의 사회 구조에 대해 책임이 있다. 그 구조는 자연 질서의 일부가 아니라 인간이 결정한 것이므로 서로 협력해서 바꿀 수 있다. 아니, 그것은 개혁이 필요한 타락한 구조이기에 **반드시** 바꾸어야 한다. 자기가 몸담은 사회 질서의 개혁을 위해 투쟁하는 것은 주 예수 그리스도의 부름을 받은 제자들의 사명 가운데 하나다. 그것은 신앙에 덧붙여진 어떤 것이 아니라 기독교 영성에서 당연히 흘러나오는 것이다.

이 책의 과제는 그리스도인이 어떻게 자신을 현대 사회 질서에 끼워넣어야 하는가라는 질문을 제기하는 것이다. 내가 세계 형성적 기독교라고 부르는 특정한 사고와 행동 양식이 앞으로 주창할 전반적 관점이 될 것인데, 먼저 그것이 처음 등장했을 때의 모습을 살펴봄으로 논의를 시작하고자 한다. 나는 초기 칼뱅주의자들의 강령이 모든 면에서 흠모할 만하다고 주장하는 것이 아니며, 그것을 우리 시대에 그대로 실행해야 한다고 주장하는 것은 더더욱 아니다. 그 가운데 많은 부분이 현대 세계에 적실하지 않을 뿐만 아니라 당시에도 많은 오류를 가지고 있었다. 또 초기 칼뱅주의가 바라보던 세계 형성적 기독교의 배후에 깔린 이데올로기를 우리가 다시 포착해야 한다고 주장하는 것도 아니다. 그 역시 오류가 없지 않았다. 요컨대, 나는 초기 칼뱅주의자들이 품었던 세계 형성적 기독교를 변호할 생각이 없다. 하지만 당시의 특정한 형태를 떠나서, 그런 모습의 삶 자체는 그리스도인의 사회 참여와 관련하여 영구적 양식 하나를 제공해 준다. 그것은 성경에 충실한 동시에 현대 세계에도 적실성을 갖는 양식이다. 그리고 내가 생각하기에, 그 양식의 진수—그것이 제기하는 쟁점들과 취하는 입장—를 파악하려면, 그것이 발생하게 된 역사적 맥락 안에서 살펴보는 것이 가장 좋은 방법이다.

에른스트 트뢸치(Ernst Troeltsch)는 그의 기념비적 작품 「기독교 사회윤리」(*The Social Teaching of the Christian Churches*)에서 이렇게 말한다.

> 초기 칼뱅주의는 곳곳에서…사회 전체의 삶을 일종의 '기독교 사회주의'로 빚어 내기 위해 조직적인 노력을 기울였다.…그것은 교회가 삶의 모든 측면에 관심을 가져야 한다는 원칙을 설정했다. 이는 루터주의처럼 종교적 요소를 다른 요소들로부터 떼어놓는 입장이나, 가톨릭의 경우처럼 이런 집단적 책임감이 특정 기관들을 통해 표현되거나 간헐적인 개입의 형식으로 표출되는 입장과는 다른 것이었다.[2]

트뢸치가 (정확하게) 묘사하고 있는 초기 칼뱅주의의 사회적 실천을 완전히 이해하려면, 그와 대조적인 중세의 사고 및 행동 양식을 살펴보아야 한다.

중세의 인생관은 대단히 내세 지향적이었다. 중세인들이 보기에 우리가 몸담고 있으면서 그 일부를 이루고 있는 이 물리적 세계는 우리의 본향이 아니었다. 우리는 순례의 길을 걷는 나그네일 뿐이다. 이 세상은 궁극적 가치를 가지고 있지 않으며, 우리 앞에 열려 있는 또 다른 세상—변치 않고 썩지 않는 영원한 세상—에 비해 열등하다. 우리의 참된 행복은 최고의 실재인 하나님과 연합되는 데 있으며, 지적인 명상은 그것을 가능케 해주는 수단이다. 현세에서 이미 금욕적 훈련을 통해 모든 장애물을 제거하고 진지하게 명상의 삶을 시작할 수 있는 특권을 부여받은 자들도 있다. 하지만 나머지는 모두 나중에 천국에 들어가서야 그러한 삶을 시작할 수 있다. 그 때가 되기까지는 종교적 의무를 수행함으로 그 영원한 복을 보증받을 수 있으며, 사회 유지에 필요한 일상적 일들을 수행하는 것—채소를 키우고, 길을 닦고, 정부를 운영하는 등—은 그런 일이 종교적 의미를 가지고 있어서가 아니라, 현세의 삶을 지탱하는 데 필요하기 때문이다. 또한 우리가 살아가면서 감각적 쾌락을 즐기는 것은 현세의 물질적 삶이 열등하긴 해도 악한 것은 아니기 때문이다. 그럼에도 우리는 오직 하나님만 즐거워할 그 날을 날마다 갈망하면서 산다. 지상의 삶이란, 일부 사람들에게는 이미 제공된 참된 복을 맛보는 기간일 수 있지만, 대체로 그것은 우리의 궁극적 운명에 앞서 대기실에서 기다리는 것과 같다. 아우구스티누스는 엄청난 영향을 미친 그의 저서 「하나님의 도성」(*The City of God*)에서 이렇게 말한다. 참된 그리스도인은 "언제나 장래에 약속된 영원한 복에 시선을 고정하고 낯선 땅에서 이 세상의 한시적인 것들을 사용하는 자처럼 행해야지, 그런 것들이 자신을 옭아매거나 하나님께 이르는 길에서 벗어나게 하도록 내버려 두어서는 안 된다."

나는 인간 존재를 바라보는 이런 관점을 전통적 방식에 따라 '내세 지향적'이라 불렀다. 물론 우리 모두는 즉각적으로 그 말이 아주 적절한 표현이라고 느낄 것이다. 그러나 이 장에서 나는 이런 인생관과 칼뱅주의 개혁이 가져온 인생관이 구조적으로 방대한 차이가 있음을 보여 주고자 한다. 그러기 위해 먼저 이 같은 전통적 표현을 넘어 종교를 여러 유형으로 나눌 때 고려하는 몇 가지 핵심 요소를 살펴보는 것이 중요하다.

거의 모든 종교가 지니는 공통 분모는 우리의 일상적 삶에 무언가 열등하고 악한 것 혹은 어떤 위협적인 것이 존재한다는 신념과, 그런 것에 매몰되어 있는 인생을 치료하는 길은 그로부터 등을 돌려 무언가 더 고상하고 나은 것 혹은 더 실재적인 것으로 나아가는 것이라는 신념이다. 우리가 등을 돌려야 할 그것, 그리고 우리가 연합해야 할 그것이 각각 무엇인지는 아주 다양하게 규정되어 왔다. 하지만 여기서 내가 지적하고 싶은 바는, 수많은 종교가 이처럼 더 저급한 실재에 등을 돌리고 더 고상한 실재로 나아가는 것을 근본 목표로 삼았다는 사실이다. 이런 종교를 **회피적**(avertive) 종교라 부를 수 있다. 이와 대조적으로, **형성적**(formative) 종교의 경우는 우리의 일상적 삶에 무언가 열등한 것이 있음을 인식한다는 점에서는 같지만, 그것을 묵인하고 등을 돌리는 것이 아니라 그것을 개혁하려고 애쓴다.[3]

물론 이 두 가지 유형 말고 다른 형태의 종교들도 있다. 그 가운데 하나는 우리가 이처럼 열등한 영역에 살고 있다는 것을 인식하면서 그런 곤경에 대해 우리가 할 수 있는 일이 아무것도 없다고 보는 입장이다.[4] 또 다른 형태는 우리의 일상적 삶에 무언가 잘못된 것이나 바람직하지 못한 것이 있다는 사실 자체를 인식하지 못하는 경우다. 이런 종교가 믿는 신은 우리를 **축복해 주는** 존재지 우리를 **구출해 주는** 존재는 아니다.[5] 방금 설명한 이런 유형들에 비해, 회피적 종교와 형성적 종교는 둘 다 **구원**을 주창하는 종교라고 부를 수 있을 것이다. 양자 모두 우리의 현 상태가 안고 있는 결함으로부터 우리를 구원하는 것을 목표로 삼는다.

마치 이런 유형들이 서로 배타적인 것처럼 묘사했던 것 같다. 그런데 사실은 그렇지 않다. 기존 종교의 추종자들이 우리의 일상적 삶에 내포된 바람직하지 않은 요소를 묘사하는 방식은 아주 다양하고, 그런 문제에 대한 반응도 구조적으로 많은 차이가 있다. 우리의 삶이 죄악된 행위들로 가득 차 있기에 그것들을 최대한 없애기 위해 치열한 싸움을 해야 한다고 믿을 수도 있다. 동시에 지금처럼 몸을 가진 상태가 몸이 없는 상태보다 **본래** 열등한 것이며, 명상을 통해 이 땅의 모든 염려에서 해방되어 하나님과 연합할 수 있다고 믿을 수도 있다.

회피적 종교는 이처럼 더 고상한 실재―그것이 하나님이든 다른 무엇이든―와 더 친밀하게 연합되는 것이 주로 관조(contemplation)라는 행위를 통해 이루어진다고 믿는다. 원칙적으로 그것은 관조 이외의 다른 행위로 이루어질 수도 있다. 어쩌면 그것은 전혀 행위가 아닐 수도 있다. 그저 신적 존재 속으로 흡수되는 것일 수도 있다. 더 나아가, 우리가 스스로 노력한다고 그런 친밀한 연합에 도달할 수 있는 것이 아니며, 하나님이 우리 속에서 일하셔야 할지도 모른다. 설사 이렇게 믿는다 해도, 하나님이 우리에게 그 연합을 허락하시도록 우리 편에서 다양한 '종교적 의무들'을 해야 한다고 생각할 수도 있다. 아울러 그런 연합은 현재 도달할 수 있는 것이 아니라 죽을 때까지 기다려야 한다고 믿을 수도 있다.

회피적 종교의 실천은 형성적 종교의 그것만큼 고도의 자기 절제를 요구할 수 있다. 그러나 전자에게 요구되는 자기 통제는 자신을 더 나은—가령, 더 경건하고 더 덕스러운—사람으로 만드는 것을 목표로 삼는 게 아니라, 하나님과의 연합을 방해하는 걸림돌을 제거하는 데 그 목표가 있을 것이다. 또 하나 덧붙일 것은, 회피적 종교에서는 실재를 성스러운 영역과 세속적 영역으로 구분하는 것이 상례라는 점이다.[6]

중세 기독교는 내가 구별한 여러 유형 중 하나에 딱 맞는다기보다는 다소 혼합된 유형이다. 이 점에서는 초기 칼뱅주의도 마찬가지다. 하지만 중세 기독교의 지배적인 성격은 회피적 종교의 특징을 띠고 있었고, 앞으로 살펴보겠지만 초기 칼뱅주의의 지배적 성격은 형성적 종교의 특징을 지니고 있었다. 전자에서 후자로의 전환은 기독교 세계 내에서 근본적인 종교성의 변화를 의미했다.

나중에 다시 이 같은 구조적 문제를 몇 가지 다루겠지만, 이 시점에서 지금까지 개관해 온 중세의 관점에 대해 몇 마디 덧붙일 필요가 있겠다. 중세는 인간의 참된 목적을 내세지향적 관점에서 보았다고 지저했는데, 이와 더불어 그들은 모든 실재가 위계적 구조를 갖고 있다고 인식했다. 그 핵심 개념은 '존재의 대사슬'(the great chain of being)라는 말로 묘사될 수 있는데, 이는 하나님의 그 지극히 풍성한 존재성으로부터 풍부하고 연속적인 세계가 흘러나온다는 것이다. 아마도 이 우주적 정경을 가장 간명하게 묘사한 글은 15세기 법률가였던 존 포테스큐(John Fortescue) 경의 진술이 아닐까 한다.

이 질서에 따르면, 천상에서는 천사가 천사 위에, 계급이 계급 위에 놓인다. 또 땅과 공중과 바다에서는 사람이 사람 위에, 짐승이 짐승 위에,

새가 새 위에, 물고기가 물고기 위에 놓인다. 그리하여 땅 위에 기는 벌레 가운데, 높이 나는 새 가운데, 깊은 데서 헤엄치는 물고기 가운데, 이 존재의 사슬이 지닌 심오한 조화에 구속되지 않는 것은 하나도 없다.…하나님은 피조물의 수만큼 다양한 종류를 창조하셨기 때문에, 각 피조물은 어떤 면으로든 다른 모든 피조물들과 차별성이 있으며 그로 인해 어떤 면으로든 나머지 피조물보다 우월하거나 열등하다. 그러므로 가장 높은 천사로부터 가장 낮은 천사에 이르기까지 우월성과 열등성을 지니지 않은 천사는 하나도 없다. 또 사람으로부터 가장 비천한 벌레에 이르기까지 어떤 면으로든 어떤 피조물에 비해서는 우월하고 또 다른 피조물에 비해서는 열등하지 않은 피조물은 하나도 없다. 즉, 이 질서의 구속을 받지 않는 존재는 하나도 없다는 말이다.[7]

인간 사회는 이처럼 풍부함과 연속성을 지닌 우주적 위계 질서의 일부이자 그것을 반영하는 거울로 여겨졌다. 무덤에 들어가면 모든 인간이 똑같지만, 살아 있는 동안은 그렇지 않다. 그들은 불평등하게 창조되었을 뿐 아니라, 위계 질서가 있는 사회에서 서로 다른 불평등한 위치를 차지하도록 창조되었다. 왈쩌에 따르면, 르네상스에 접어들 즈음에는 이런 사회적 불평등이

우주적 위계 질서에 직접 빗대어 묘사되는 경우가 아주 잦았다. 그 거대한 사슬 안에 일련의 열등한 사슬들이 있었다. 독수리와 사자를 정점으로 한 동물의 위계, 아홉 단계 천사의 위계, 크고 작은 별들 등. 그리고 이런 것들은 서로 밀접하게 상응하는 것으로 간주되었다. 동물과 천사의 위계에 상응하는 질서가 인간 사이에도 존재한다는 생각을 피할

수 없었다. 인간 사회는 '방대한 우주의 축소판'이 아니었던가? 사실, 신분과 계급을 중시하던 봉건제의 위계 질서는 그 거대한 사슬을 완벽하게 닮은 것처럼 보였다.[8]

중세인들이 보기에는 하나님은 하늘에, 주교는 그의 자리에, 군주는 성(城)에 있는 것이 바로 사물의 본질로 비춰졌던 것이다.[9]

현대를 사는 우리들은 근대 사상의 영향을 크게 받았기 때문에, 이처럼 사회를 자연스런 위계 구조로 보는 입장을 오해하기 쉽다. 우리 머릿속에 즉각 떠오르는 것은 여러 사회적 **역할들**이 복잡한 위계로 정돈된 모습이다. 그 결과 우리는 중세인들이 그런 위계적 모습을 하나님이 정하신 것으로 생각했다고 해석하게 된다. 그런데 사실 그들은 사회적 **역할들**과 그 불평등을 염두에 둔 것이 아니었다. 그들이 생각한 것은 그런 역할을 수행하는 **사람들** 사이의 불평등이었다. 그들이 주목한 것은 사회적 드라마에 나오는 배역들이 아니라 연기자들이었다. 무엇보다도 그들은 왕과 농노에 대해 생각했지 왕권과 농노의 신분을 생각한 것이 아니었다. 마치 사자가 짐승의 왕으로 태어난 것처럼, 어떤 사람들은 왕으로 태어났다고 생각했던 것이다. 그리고 어떤 이들은 평민으로 태어났다.

이런 관점에서, 위계적으로 분화된 사회는 하나님이 낳으신 자연스런 질서로 여겨졌다. 동물 사회가 그들 마음대로 만든 것이 아니듯이, 인간 사회도 인간의 작품이 아니라고 생각한 것이다! 중세는 일반적으로 사회 구조와 그 구조에 몸담은 사람들을 분리시키지 않았다.[10] 또 현재 그 구조를 차지하고 있는 이들 말고 다른 사람들이 그 자리를 차지할 수 있는지 여부는 더더욱 문제시하지 않왔다. 그들이 알았던 것은, 극소수의 예외가 있기는 하지만 거의 모든 사람이 태어날 때부터 서로 다른 역할을 수행하고 서로 다른 신분을 갖도록 되어 있었다는 점이다. 그들은 이것이 자연스러운 질서라고 생각했다. 이를 묘사할 때 그들이 사용한 은유는 자연에서 따온 것이었다. 이를테면, 몸을 비유로 삼은 '정치체(體)'(the body politic)라는 말이 있다.

물론 그들도 암살, 음모, 권력 장악 등에 대해 알고 있었다. 또한 주제넘게 사회적으로 주어진 자기 자리를 벗어나 다른 자리를 빼앗은 찬탈자들에 대해서도 알고 있었다. 그리고 그런 찬탈자들과 그 자리에 대한 정당한 권리를 가지고 있는 자들 사이에 벌어지는 투쟁에 대해서도 알고 있었다. 간단히 말해, 그들은 인간이 자연에 위배해서 행동하는 것을 알고 있었다. 동물들도 때로는 자연스럽지 않게 행동할 때가 있다. 그러나 일단의 사람들이 사회 구조를 연구한 다음 그것이 근본적으로 잘못되었다고 판단하고, 그것을 뜯어고치기 위해 양심상의 이유로 권력을 장악하겠다고 나선 경우는 알지 못했다. 그들은 반역자와 찬탈자에 대해선 잘 알고 있었지만, 과격분자와 혁명가에 대해서는 알지 못했다.

중세 때에도 이런 저런 개혁 프로그램들이 있었던 것은 사실이지만, 사회에 관해 생각할 때 사회 전체가 개혁될 필요가 있다고 생각한 경우는 거의 없었다고 말해도 좋을 것이다. 그래서 나는 에른스트 트뢸치의 판단이 근본적으로 옳았다고 생각한다. 그에 따르면, 중세의 가톨릭 사회철학은 "모든 것을 포괄하는 사회학적 체계였으나, 그 지적 발전이 최고조에 달했을 때조차도 그것은 실질적인 사회 개혁 프로그램은 아니었다. 중세의 기독교 사회 교리가 사회 개혁 프로그램과 동떨어져 있었던 것은, 비록 그 이유는 달랐지만 초대교회의 사회적 가르침이 그랬던 것과 마찬가지다."[11]

이와 대조적인 견해로, 1641년 잉글랜드 하원에서 청교도 목사인 토머스 케이스(Thomas Case)가 했던 설교의 한 대목을 생각해 보자.

> 종교개혁은…모든 장소, 모든 사람, 모든 직업을 개혁하는 보편적인 것이어야 합니다. 재판석, 지위가 낮은 치안판사들을 개혁하십시오.…대학을 개혁하고, 도시를 개혁하고, 시골을 개혁하고, 하급 학교를 개혁하고, 안식일을 개혁하고, 규례를 개혁하고, 하나님에 대한 예배를 개혁하십시오.…그대들 앞에는 내가 말할 수 있는 것보다 더 많은 일들이 놓여 있습니다.…나의 하늘 아버지가 심지 않은 식물은 모두 뿌리째 뽑히게 될 것입니다.[12]*

우리는 이제 중세와는 전혀 다른 세상에 들어섰다. 이 맹렬한 공격은 교사, 보안관, 사제, 군주와 같은 인물들을 겨냥하는 것이 아니다. 케이스도 물론 방탕한 사제와 타락한 재판관에 대해 잘 알고 있었지만, 그의 공격 대상은 사람이 아니라 사회 구조였다. 이 청교도 목사는 당시 세계의 일반적인 사회 구조를 염두에 두면서 그것을 대상으로 거의 히스테리에 가까운 맹렬한 공격을 퍼부은 것이다. 그의 메시지에는 분명 사회 구조가 자연스런 그 무엇이 아니라는 가정이 깔려 있었다. 그것은 본질적인 인간 본성의 반영물이 아

---

* 이 말을 보면, 우리는 한 17세기 영국 작가가, "나는 자신이 하나님의 뜻을 행하고 있다고 확신하는 한 사람의 칼뱅주의자보다 차라리 칼을 빼들고 몰려오는 군대를 상대하는 게 낫겠다"라고 말한 이유를 잘 이해할 수 있다.

니다. 그것은 인간 결정의 산물이다. 우리 손으로 만드는 것이므로 고칠 수도 있는 것이다. 아니, 그것은 타락하고 부패한 상태이므로 **마땅히** 고쳐져야 한다. 그런 구조에 몸담은 사람들뿐 아니라 그 구조 **자체도** 타락했으므로 개혁이 필요하다. 그리고 위 인용문의 마지막 줄에서 우리는 왜 그가 잉글랜드의 사회 질서가 개혁되어야 한다고 판단했는지 그 이유를 짐작할 수 있다. "나의 하늘 아버지가 심지 않은 식물은 모두 뿌리째 뽑히게 될 것입니다." 잉글랜드의 법과 제도가 하나님이 원하시는 법과 제도가 아니라는 의미다.

이에 못지않게 놀라운 점은, 청교도가 **성도들**은 잉글랜드의 사회 구조를 바꿀 책임이 있다고 생각했다는 것이다. 한편으로, 사회 질서의 구조를 그 자리를 채우고 있는 사람과 분리하여 그 구조는 인간의 행위에 의해 결정되는 것이므로 고쳐질 수 있다고, 즉 그것이 타락한 만큼 고쳐질 필요가 있다고 인식하는 것과, 다른 한편으로, 권위 있는 자리에 앉은 자들이 아닌 다른 사람들에게 개혁의 책임이 있다고 생각하는 것은 서로 별개다. 중세 때에는 정치체의 일반 구조를 누군가가 책임져야 한다고는 생각하지 않았다. 물론 군주는 신민의 복지 및 세세한 법과 규정에 대해 책임이 있었다. 그러나 근본적으로 그 구조는 이미 **주어진** 것이었다. 이와 마찬가지로 교회의 구조에 대해서도 누군가가 책임져야 한다고 생각하지 않았다. 주교는 양떼를 지키는 감독이지만, 주교를 비롯한 어느 누구도 교회 구조의 설계사는 아니었다. 그것도 **주어진** 것이기 때문이다. 하지만 이제는 모든 것이 달라졌다. 군주나 주교가 아니라 평민들이 다함께 영국의 법과 제도의 일반 구조에 대해 책임을 져야 한다고 생각하게 된 것이다. 중세 사회 질서를 특징짓던 참여자의 수동성이 근본적으로 폐기되었다. 신민이 시민으로 바뀌고 있다. 다음과 같은 왈쩌의 말은 통찰력이 돋보이는 진술이다.

> 일단의 사람들을 지명하고 조직해서 정치 세계에서 창조적 역할을 담당하게 하고, 기존 질서를 부수고 하나님의 말씀이나 동지들의 계획에 따라 사회를 재건할 수도 있다는 생각은 마키아벨리나 루터 혹은 보댕의 머리에 떠오른 적이 한 번도 없었다. 국가를 세우는 문제에서, 이 세 사람은 오직 군주만을 의지했다.…다른 모든 사람은 어디까지나 신민으로 남아 정치적 수동성에 갇혀 있었다.
>
> …먼저 정치 사상의 강조점을 군주에서 성도(혹은 일단의 성도들)로 전환한 다음, 독립적인 정치적 행동에 대한 이론적 정당화 작업을 해낸 것은 바로 칼뱅주의자들이었다.…이것이 세상 활동에 대한 칼뱅주의 이론이 낳은 가장 의미심장한 열매이며, 이것은 종교적 세속성을 경제 질서에 주입시킨 그 어떤 시도보다 앞선 것이었다.[13]

이 초기 칼뱅주의자들의 종교사회적 비전에 대해 더 자세히 알고 싶은 심정일 것이다. 그러나 이미 분명히 드러나는 것은, 그것이 내가 앞서 **형성적** 종교라고 부른 부류에 속한다는 점이다. 좀더 정확히 말하면, 그것은 **세계** 형성적 종교다(여기서 '세계'는 자연 세계가 아니라 사회적 세계를 가리킨다). 한 가지 짚고 넘어갈 점은, 루터주의도 중세 기독교와 비교해 볼 때 형성적 특성이 회피적 요소를 앞지른 경우라는 것이다. 하지만 그 초점은 주로 교회 구조와 개인의 '내면'에 맞춰져 있었다. 세계의 사회 구조에 대한 루터주의의 입장은 중세 기독교만큼이나 묵종으로 일관되었다. 그렇기 때문에 삶의 종교적 측면과 비종교적 측면이 뚜렷이 구별되었던 것이다. 물론 칼뱅주의자도 교회 구조와 개인의 내면을 개혁해야 한다고 주장했다. 그런데 시간이 조금 흐른 후에는, 미개발된 자연의 잠재력을 실현시킬 종교적 의무가 우리에게 있다고 주장한 베이컨의 금언까지 흡수했다. 그렇게 해서 상당히 특별한 '총체주의'(totalism)가 칼뱅주의의 특징이 되기 시작했다. 즉 우리의 경험 세계 가운데 하나님의 뜻에 종속되지 않는 것이—그런 종속이 필요하고 가능한 한—하나도 없다고 주장한 것이다. 그런데 내가 칼뱅주의를 세계 형성적 기독교라고 부르는 의도는 그것이 세상의 **사회** 구조를 개혁하기 위해 진력한다는 점을 강조하기 위한 것이다.

형성적 종교를 따르는 이들은 당연히 자신들의 형성적 활동이 하나님께 대한 **순종**의 일환으로 행해지는 것임을 알고 있다. 물론 다른 식으로 말하는 것도 가능하지만—가령, 하나님께 대한 감사의 일환으로 해야 한다는 등—순종의 개념이 빠지는 경우는 거의 없다. 결국, 개혁을 이루려는 근본 동기는 현실에서 경험하는 불행을 경감시키려는 것이 아니라, 이 현실을 좀더 하나님의 뜻에 맞추고자 하는 소원에서 나온다. 그리고 개혁해야 할 현실이 단지 그들 내면의 문제만이 아니라 그들 외부에 있는 그 무엇일 경우에는, 스스로를 하나님의 종이나 일꾼으로 생각하는 경향이 있다. 회피적 종교의 경우에는 신자가 하나님의 그릇이 되고 싶어하지만, 반면에 세계 형성적 종교의 경우에는 신자가 하나님의 도구가 되기를 소원한다. 물론 형성적 종교를 따르는 사람이라고 해서 자신의 인간적 노력으로 반드시 그 목표를 달성할 수 있다고 믿을 필요는 없다. 현실을 하나님의 뜻에 온전히 일치시키기 위해서는 하나님의 직접적 개입이 필요할 수도 있다.*

이제까지 나는 칼뱅주의의 등장으로 인해 그리스도인의 의식이 근본적으로 바뀌었다고 주장했다. 즉 하나님과의 좀더 친밀한 연합을 추구할 목적으로 사회적 세계에서 등을 돌려 왔던 그리스도인의 비전과 실천이, 그분께 대한 순종의 차원에서 사회적 세계를 개혁하기 위해 진력하는 비전과 실천으로 바뀌었다는 것이다. 이제 이 새로운 비전을 자세히 조사하기에 앞서, 새로운 형태의 이런 그리스도인의 삶이 출현하는 데 기여한 여러 요인들을 살펴볼 필요가 있다. 그것은 사전의 아무런 준비나 자극 요인도 없이 불쑥 등장한 것이 아니기 때문이다. 물론 여기서 내가 그 배경을 포괄적으로 설명하는 것은 불가능하다. 내가 할 수 있는 일은 그런 포괄적 설명에 포함되어야 할 몇 가지 요인을 지적하는 것에 불과하다.

한 가지 분명한 사실은, 16세기 서부 유럽에서 발생한 사회적 관계상의 근본적인 변화가, 사회의 모든 계층에 팽배해 있던 위기의식과 더불어, 이 새로운 의식의 출현에 중요한 역할을 했다는 것이다. 봉건 제도는 시장 경제의 등장과 급격한 도시화, 그리고 결국 근대 국가로 귀결된 정치적 권위의 파편화와 강화로 인해 무너지기 일보직전이었다. 그와 같은 상황에서 사람들이 대안적 사회 구조를 모색하기 시작하고, 또 현 사회 구조가 주어진 환경의 일부라는 생각은 전혀 타당하지 않다고 여기기 시작하는 것은 너무나 자연스런 현상이다. 하나 덧붙일 것은, 봉건적 제국주의가 무너지는

---

* 명백한 이유로 인해서, 세계 형성적 종교의 추종자들이 궁극적 목표를 설정하고 그것을 위해 진력할 때 자연스레 **하나님 나라**의 은유가 떠오를 것이다. 그와 똑같이 명백한 이유로, 회피적 종교의 경우에는 그런 은유가 전혀 어울리지 않는다.

상황에서 도시의 발생은 사람들로 하여금 사회 구조의 문제에 주목하지 않을 수 없게 했는데, 그것은 이러한 도시들이 그 내부 구조에서나 주위 환경과의 관계에서나 봉건적 제국주의의 위계 구조와 전혀 어울리지 않았기 때문이다. 이에 대해 윌리엄 바우스마(William Bouwsma)는 "사람들은 더 이상 스스로를 사물의 본질에 뿌리내린 위계적 체계에 참여하는 존재로 보지 않았고…개인적 책임감을 더욱 강하게 느꼈다"[14)]라고 말한다. 그리고 교회 개혁에 참여했던 경험이 사회 개혁을 위한 훈련 과정이 되었던 것도 분명하다. 하지만 이런 요인들 못지않게 중요한 요인은, 16세기의 사회 변동 상황에서 이 새로운 관점이 사회적 타당성을 얻게 되었다는 점이다. 일반인들이 주변의 불행과 불의에 대해 자기가 할 수 있는 일이 거의 없다고 확신할 때에는 갖가지 형태의 회피적 종교나 내면 지향적인 형성적 종교가 대단히 매력적으로 보이는 반면, 세계 형성적 종교에 내재된 사회적 행동주의는 매우 부적절하게 보일 것이다. 그러나 16세기 서부 유럽의 경우처럼 사회 변동이 심하고 사방으로 문이 열려 있는 상황에서는 그와 반대되는 현상이 나타날 것이다.

  이와 더불어 중세의 관점에서 청교도의 관점으로 넘어가는 데 필요한 사상적 변화도 일어났다. 그 가운데 가장 중요한 사조는 휴머니즘 운동이었다. 르네상스 휴머니즘에 대한 우리의 이해는 지난 사반세기 동안 폴 오스카 크리스틀러(Paul Oskar Kristeller), 헤이코 오버르만(Heiko Oberman), 찰스 트린카우스(Charles Trinkaus), 윌리엄 바우스마와 같은 학자들 덕분에 근본적으로 수정되었다. 휴머니즘을 세속적이고 반(反)기독교적인 운동으로 보았던 예전의 부르크하르트(Burckhardt) 식 견해는 타당성을 잃고 말았다. 아직 어떤 포괄적 대안도 정설로 자리잡진 못했지만 몇 가지 분명한 점이 있다. 앞에서 나는 주로 회피적 의식 구조를 가진 종교들은 성스러운 것과 세속적인 것을 구별하는 것이 일반적이라고 말한 바 있다. 바로 이 점과 관련하여 르네상스 휴머니즘은 중요한 변화를 초래했다. 오버르만의 말을 인용하면, 르네상스에 이르러 "성스러운 것과 세속적인 것 사이를 이어 주는 다리가 생겼는데, 달리 표현하자면 성과 속 사이의 존재론적 대립, 대조, 간격이 제거되었다."[15] 이어서 그는 "만일 성과 속의 간격을 메우는 것이 다가올 시대의 특징이라면, 우리는 중세 말의 위기에서 근대를 낳는 산고(産苦)를 볼 수 있다"[16]라고 덧붙인다.

"성과 속의 간격을 메우는 일"에는 여러 차원이 있었다. 그 가운데 하나는 휴머니스트들 사이에서 활동적 삶이 명상적 삶보다 선호되어야 한다는 확신이 생긴 것이었다. 바우스마가 말하듯이, "구원 그 자체가, 인간 본성에 대한 르네상스의 이해에 기초해서, 영원한 지혜와의 지적 연합이 아니라 사랑으로 말미암은 전인(全人)의 변화로 인식되어야 했다. 그리하여 그리스도인의 삶은 시민의 삶과 마찬가지로, 기본적으로 명상적인 것이 아니라 활동적인 것으로 이해되었다."[17] 좀더 최근의 저서에서, 바우스마는 이런 사조가 아우구스티누스의 후기 작품들에서 유래했다는 근거를 들어 이는 아우구스티누스적 특징이라고*, 그리고 르네상스 기간 내내 그 사

---

* 바우스마는 이 사조가 사실상 아우구스티누스의 사상에 가깝다는 이유로 아우구스티누스적이라고 보는 것 같은데, 나로서는 아우구스티누스가 '내세 지향적 입장'에서 한 번도 떠난 적이 없기 때문에 이 점에 대해 바우스마만큼 확신할 수 없다.

조가 스토아주의와 갈등 관계에 있었다고 주장한다.[18]

스위스의 종교개혁가들은 물론 휴머니스트의 영향을 크게 받았는데, 그들의 저술을 살펴보면 아우구스티누스의 사상과 스토아학파의 사조가 모두 나타난다. 하지만 양자 가운데 더 지배적으로 드러나는 것은 아우구스티누스 사상이다. 바우스마는 아우구스티누스적 휴머니즘에 관해 이렇게 말한다. "그 사조는 르네상스 시대의 공동체적 위기에 대처하는 방법을 고민하면서 파괴적인 사회 참여로부터 개인을 보호하는 것이 아니라, 가능하면 사랑의 동기로 사회의 가장 깊고 절박한 필요를 채우는 데 깊숙이 참여하는 데서 찾으려 했다."[19] 이런 내용으로 보건대, 스위스의 종교개혁을 르네상스 휴머니즘에 내재한 '아우구스티누스적' 사조를 독특하게 심화시킨 것으로 보지 않을 수 없다. 취리히 출신의 개혁가 울리치 츠빙글리(Ulrich Zwingli)는 이렇게 썼다. "젊은 남자는 아주 어린 시절부터 오직 의와 정절과 성실의 훈련을 쌓아야 한다. 이러한 덕을 갖추고 있어야 기독교 공동체, 공동선, 국가와 개인 등을 섬길 수 있기 때문이다. 조용한 삶을 사는 데 관심이 있는 것은 약자들뿐이다. 하나님을 가장 닮은 자들은 자신이 상처를 받는 한이 있더라도 모두에게 유익한 길을 찾고자 골몰하는 이들이다."[20]

이제까지 나는 옛 사회 관계의 붕괴와 새로운 관계의 출현, 그리고 휴머니스트들 사이에서 생겨난 '아우구스티누스적' 풍조가 모두 초기 칼뱅주의의 새로운 사회적 비전 형성에 기여했다고 주장했다. 여기서 또 하나의 요인을 언급하지 않을 수 없다. 그것은 성경에 접근할 수 있는 새로운 기회가 열렸다는 점이다. 이를 통해 우리의 삶을 지도하는 성경의 역할이 강조되고 새로운 해석학의 등장으로 구약의 선지서가 새로이 주목받게 되었다. 종교개혁가들은 '성경의 사람들'이었다.

이제 이 기독교적 비전에 대해 자세히 조사할 차례가 되었는데, 핵심 인물인 칼뱅으로부터 시작하는 것이 최선일 것이다. 다시 한 번 말하지만, 여기서 내 의도는 초기 칼뱅주의자들이 우리와 사회 질서와의 관계에 대해 어떤 일반적 비전을 가졌었는지를 설명하는 것이지, 사회 조직에 관한 구체적 실천이나 이념을 개관한다거나 그런 것이 '근대화'에 미친 영향을 살펴보는 것이 아니다.[20]

칼뱅은 위대한 중세 신학 논문의 전통에 따라 하나님을 아는 지식이 인간의 참 목적임을 논의하면서 그의 「기독교 강요」를 시작한다. 그러나 그가 말하는 내용을 읽어 보면, 중세의 언어를 공통적으로 사용하고 있음에도 불구하고 그 저변에 중대한 관점의 변화가 일어났음을 간과할 수 없다. 하나님을 아는 지식은 더 이상 하나님의 본질을 명상하는 것으로 이해되지 않는다. 그것은 그분의 작품들에 대해 적절한 반응을 보이는 데 있다. 하나님을 아는 지식(knowledge)은 하나님을 인정(acknowledgment)하는 데 있다. 그리고 하나님을 인정하는 것은 신뢰, 경외, 감사, 섬김 등의 모습으로 삶 전체에서 이루어진다. 이는 인간의 목적을 다루는 「제네바 요리문답」(*Geneva Catechism*, 1541)의 한 대목에 잘 표현되어 있다.

선생: 인생의 주된 목적이 무엇입니까?
학생: 사람을 창조하신 하나님을 아는 것입니다.

선생: 사람의 최고의 선은 무엇입니까?
학생: 위의 대답과 같습니다.

선생: 하나님을 아는 참되고 바른 지식은 무엇입니까?
학생: 그분을 바로 알아 그분께 합당한 영광을 돌리는 것입니다.

선생: 그분께 진정으로 영광을 돌리는 방법은 무엇입니까?
학생: 그분을 전적으로 신뢰하는 것, 그분의 뜻에 순종함으로 일생 동안 그분을 섬기려고 골몰하는 것, 우리의 모든 필요를 그분께 아뢰고 구원을 찾고 그분에게서 모든 좋은 것을 구하는 것, 끝으로 그분이 모든 복의 유일한 창시자라고 마음과 입술로 인정하는 것입니다.

여기서 학생은 인생의 참 목적인 하나님을 아는 지식에 속하는 여러 가지를 열거한다. 하나님을 전적으로 신뢰하는 것, 그분의 뜻에 순종함으로 일생 동안 그분을 섬기는 것, 필요가 있을 때 그분에게 아뢰는 것, 그분에게서 모든 좋은 것을 구하는 것, 그분이 모든 복의 창시자라고 마음과 입술로 인정하는 것 등. 이 모든 것 가운데 후기 칼뱅주의에서 가장 두드러진 위치를 차지하는 것이 순종임은 의심할 여지가 없다. 이와 연관해서, 하나님은 주로 입법자로 이해되기에 이를 것이다. 그런데 **본래의** 칼뱅주의 사상과 경건에서 순종과 입법 행위를 가장 기본적인 요소로 생각할 경우, 우리는 그 구조를 제대로 파악할 수 없게 된다. 칼뱅의 신관(神觀)에서 가장 근본적인 요소는 하나님이 자기 자녀들에게 좋은 선물을 주신다는 사상이다. 이에 대한 우리의 적절한 반응은 감사다. 감사가 적절한 반응인 이유는, 무엇보다 그것이 명령되었기 때문이 아니라(물론 그것도 사실이지만), 그것이 옳고 타당하기 때문이다. 사회에서 실천하는 순종의 행위도 감사를 드러내는 표시 중 하나다. 그런 행위 자체가 하나님의 영광을 위한 일이다. 그러므로 칼뱅의 사상에서 입법자 하나님의 이미지보다 더 깊은 곳에 있는 것은,「요리문답」에 나오는 학생이 말하듯이, '모든 복의 창시자'이신 하나님이다. 하나님의 법도 실상은 그분이 주시는 복 가운데 하나다. 순종을 향한 헌신이 자기가 받은 복에 대한 감사에서 나오는 것임을 간파하지 못한다면, 초기 칼뱅주의 경건의 독특한 특징도 후기 칼뱅주의 경건의 상당 부분도 아직 파악하지 못한 셈이다.*

바로 이 점에서 막스 베버(Max Weber)는 아주 근본적인 잘못을 저질렀다. 그는「프로테스탄티즘 윤리와 자본주의 정신」(*The Protestant Ethic and the Spirit of Capitalism*)에서 칼뱅주의를 논하면서, 칼뱅주의자의 독특한 행동주의가 자기가 선택받은 자임을 확증하려는 갈망에서 촉발되었다고 주장한다. 그것은 사실이 아니다. 그것은 확실히 하나의 풍자적 그림일 뿐이다. 칼뱅주의자의 행위는 사실 자기가 받은 복에 대한 감사의 마음에서 촉발된 것이며, 거기에는 물론 영생의 약속과 더불어 선택받은 복도 포함된다.

---

* 흔히들 칼뱅주의가 근대 세속 사회의 발흥에 도구적 역할을 했다고 말한다. 물론 칼뱅주의가 종교적 열정을 이 세상(*seculum*)으로 돌렸다는 것, 또 하나님의 권위와 경쟁할 소지가 있는 어떤 인물에게 권위를 부여하거나 이 세상에 속한 무언가를 예배하는 것을 적극적으로 반대했던 것은 사실이다. 그러나 동시에, 그들은 이 세상에서의 하나님의 역사(役事)를 인식하고 이 세상에 순종의 양식을 각인시키기 위해 노력함으로써 깊은 차원에서 세상을 성스럽게 하였다. 칼뱅주의 세계는 철저히 세속화되었고, 동시에 성스러운 것으로 가득찼다.

칼뱅은 인간 존재의 참 목표가 삶을 통해 하나님을 인정하는 것이라고 했는데, 이는 이 세상을 향해 고개를 돌린 중대한 전환인 동시에 회피적 종교에 대한 확실한 반박임이 분명하다. 그러나 앞서 언급한 대로, 회피적 기독교보다 형성적 기독교를 선호한다고 해서 반드시 **세계** 형성적 기독교의 모습을 갖게 되는 것은 아니다. 예컨대, 그 개혁의 대상이 본인의 내면 세계로 국한될 수도 있기 때문이다. 따라서 우리의 다음 단계는 어째서 이 경우에는 세계 형성적 경로를 밟게 되었는지를 살펴보는 일이다.

여기서 다룰 주제는 아주 다양한 방향에서 접근할 수 있다. 나는 먼저 칼뱅주의자가 순종하는 감사의 행위와 사회적 역할 사이의 관계를 어떻게 이해했는지 살펴본 다음, 거룩한 국가의 개념에 대해 논하고자 한다.

우선 우리의 사회적 역할은 흔히 우리의 '소명'(callings)이라 불리는 것, 즉 직업보다 더 많은 것을 포함하고 있다는 점을 유념하는 것이 중요하다. 이 점은 칼뱅 자신이 아주 분명히 한 부분이다. 그는 우리가 사회에서 어떻게 행해야 하는지에 관해 많은 논의를 하지만, 소명에 대해서는 비교적 적게 다룬다.「기독교 강요」에서 그는 이 주제에 단 두 단락(III, x, 6)만을 할애하고 있으며, 서두에서부터 드러나듯이 이상할 정도로 거기에 강조점을 두지 않는다. "끝으로, 이 점을 유의할 필요가 있다. 주님은 우리 각자에게 삶의 모든 면에서 자기 소명을 바라보라고 명하신다." 그리고 잠시 그에 관해 논한 다음 이렇게 말한다. "그러나 여기서 나는 사례들을 열거하느라 지체하지 않겠다. 주님의 소명이 모든 일에서 그것을 성공적으로 수행하기 위한 출발점이요 기초라는 것을 아는 것으로 충분하다. 그리고 스스로 그 방향으로 몸을 돌리지 않는 사람이 있다면, 그는 자신의 의무를 다하는 일에서 결코 올곧은 길을 견지할 수 없을 것이다." 여기서 칼뱅주의자가 우리의 소명에 관해 하고자 하는 말은 우리의 사회적 역할 전반에 관해 하고자 하는 말의 한 측면에 불과하다. 그럼에도 불구하고, 소명의 대한 그들의 가르침이 사회적 역할 전반에 관한 가르침의 패러다임인 것도 인정하지 않을 수 없다. 나도 그것을 그렇게 다룰 것이다. 감사, 순종, 소명 등 이런 것이 칼뱅주의 사회적 경건의 중심에 있다. 감사가 순종을 낳고 순종이 소명으로 표현된다.

중세 교회에서는 평범한 직업이 소명으로 묘사되는 경우가 거의 없었다. 소명이란 특별한 종교적 직업으로서 보통은 교회에서 공식적으로 임명한 직책이었다. 오늘날 대다수 가톨릭 신자들의 경우, 적어도 미국에서는, 이 점에서 별반 다를 바 없는 생각을 가지고 있다. 가령, 가게 주인의 직업을 '소명'이라 부르면 그들은 아주 이상하게 생각할 것이다. 반면에 교회의 부름을 받아 베네수엘라에서 선교 사역을 하는 사람은 소명을 가진 자라고 말할 것이다.

변화는 루터주의에서 일어났다. 사회적 세계에 속한 평범한 직업을 소명이라 일컬은 것이다. 하나님이 우리를 불러 그 일을 시키신다는 생각이었다. 그러나 어떤 한 사람이 하나님의 부름을 받아 어떤 직업에 종사하게 되었다 하더라도, 또 그 외의 다른 직업을 갖는다거나 직업 자체를 갖지 않으려는 것은 소명을 거스리는 불순종으로 간주되었다 하더라도, 자기 직업에서 일하는 행위 자체는 순종의 문제가 아니라 사회적 필요에 의한 것이라고 생각했다. 따라서 루터는 여전히 사회의 전반적 직업 구조를 하나님이 정하신 것으로 생각했지, 우리가 만든 것으로써 필요할 때에는 재조정할 수 있는 것으로 보지 않았다. 트뢸치는 이 점에 대해 귀중한 통찰을 준다.

> 루터의 소명관은 바울, 초대교회, 그리고 중세의 관점과 동일했다. 그에게 '소명'은 한 사람이 몸담고 있는 활동의 영역이요 계속 머물러야 할 자리였다.…하지만 동시에 루터는 자기 소명의 질서 있는 수행을 통하여, 그리고 상호 봉사라는 복잡한 그물망을 통하여 온 공동체가 평화와 질서와 번영을 누리며 보존된다고 지적했고, 그 모든 것을 인간의 계획적인 노력이 아니라 섭리의 지혜로운 손길과 친절한 인도 덕분으로 돌렸다. 직업적 체계는 거룩한 공동체와 기독교 사회를 건설할 목적으로 의식적으로 고안되고 개발된 것이 아니라, 하나님의 작품으로 받아들여졌다. 더 나아가, 개인들은 자신의 일을 사회 전체를 향상시키는 데 기여하는 적절한 방법으로 본 것이 아니라, 하나님으로부터 직접 받은 정해진 자기 운명으로 여겼다. 루터교인이 자신에게 주어진 소명의 일을 완전히 전통적이고 반동적인 방식으로 바라보는 게 가능했던 이유가 바로 이것이다. 그들은 주어진 사회적 위치에 머물러 전통적인 방식으로 생계를 유지하는 것을 의무로 여겼다. 이것은 전통적인 가톨릭의 관점과 일치한다. 기독교 도덕이 **소명 안에서**는 실행되었으나 **소명을 통해서** 실행된 것은 아니었다.[22]

칼뱅주의 소명 개념의 차별성이 뚜렷이 드러나는 곳은 위 인용문의 마지막 문장이다. 칼뱅주의자는 자기 직업을 순종을 실행하는 **통로로** 보았다. 그 역할에 머물러 있는 것은 감사로 드리는 순종의 결과가 아니었다. 오히려 그 역할을 통해 수행하는 행위가 바로 감사로 드리는 순종에서 우러나오는 것이어야 했다. 하지만 (이 점은 트뢸치의 논점을 넘어서는 것인데) 각각의 직업적 역할은 공동선에 **기여하는 것**이라야 하고, 그럴 수 없는 경우에는 그 역할을 포기해야 마땅하다. 모든 사람이 각기 하나님이 부르신 분야에서 열심히 일한다고 공동선이 저절로 이루어지는 것은 아니다. 각 사람은 자신의 직업이 당연히 공동선에 기여한다고 가정하기보다는 스스로 그 점을 감찰할 필요가 있다. 왜냐하면—아마 이 점이 칼뱅주의자와 중세인 사이에 존재하는 가장 심오한 상충점일 것이다—우리는 타락하고 부패한 사회에 살고 있기 때문이다. 우리가 사는 세상의 사회 구조 가운데 상당 부분이 공동선에 기여하지 못하는 구조다.

이런 관점에 자연스레 따라오는 것은 사회적 행동주의로서, 베버는 이를 칼뱅주의의 두드러진 특징으로 꼽는다. 또 하나 따라오는 것은 다양한 직업의 세계를 인간의 작품으로 생각하기 시작하게 된다는 것이다. 각 직업이 공동선에 기여하는 것이라고 확신했다가 사실은 그 가운데 많은 직업이 타락하여 그렇지 못하다는 것을 알게 되면, 사회 질서 자체를 하나님이 주신 것으로 생각하는 것이 불가능해진다. 그리하여 불가피하게 우리는 사회 질서는 인간이 만든 것이기에 바꾸는 것도 가능하다고 생각하게 된다. 그리고 우리가 바로 그 구조에 대해 책임이 있는 존재라고 생각하게 될 것이다.[23]

우리의 순종은 **소명 안에서** 뿐 아니라 **소명을 통해서** 실행되어야 한다는 확신과 사회 질서의 구조가 타락한 것이라는 확신이 합쳐지면, 또 하나의 추론이 자연스레 따라온다. 그것은 한 개인이 어떤 직업을 갖게끔 **태어난다**는 관념을 수용하는 것이 갈수록 어려워진다는 것이다. 우리 각자가 자기 직업을 순종의 통로로 개편하려면, 당연히 순종의 통로로 삼기에 가장 적합한 직업을 찾아야 할 것이다. 그리하여 칼뱅주의 소명관에서는 사회학자들이 '귀속주의'(ascriptivism)라고 부르는 것이 약화될 수밖에 없도록 강력한 압력이 가해진다. 이 현상에 대해서는 다음 장에서 다룰 것이다. 칼뱅은 이미 "재봉사가 다른 기술을 배우는 것이나 혹은 상인이 농부로 전향하는 것을 허락하지 않는다면, 그건 너무 지나친 처사일 것이다"[24]라고 말한 바 있다.

    칼뱅주의의 소명 개념을 온전히 이해하기 위해서는 또 다른 사항을 덧붙여야만 한다. 그것은 하나님께 드리는 순종으로 종사하게 되는 다양한 직업들이 다양한 모습으로 사회에 기여하는 것이며 하나님의 눈에는 근본적으로 동등하다는 사실이다. 사회 복지라는 측면에서는 어떤 직업이 다른 직업에 비해 더 중요할지 모르지만, 그 모두는 동등하다. "만일 남종이나 여종이 하나님께 드리는 제사로 가사 일에 헌신한다면, 그들이 하는 일은 하나님이 보시기에 그분을 기쁘시게 하는 거룩하고 순전한 제물로 열납될 것이다."[25] 칼뱅주의자들이 이처럼 급진적으로 직업을 평준화하면서 염두에 두고 있었던 것은 물론 수도원이었다. 과거 천 년 동안 기독교 세계였던 유럽은, 수도원 생활이야말로 하나님을 명상하는 일에 전념하는 삶이니만큼 최고로 고상한 삶이라고 말해 왔었다. 그런데 칼뱅주의자가 직업을 평준화했다는 의미는, 하나님을 등에 업은 채 이 세상을 지향하는 직업이 하나님을 지향하는 직업보다 열등하지 않다고 말하는 것이다. 그것은 사람의 참된 목적으로부터 더 동떨어진 직업이 아니다. 심지어, 많은 칼뱅주의자들은 오히려 그것이 더 가깝다고 말했다. 이는 곧 삶에서 하나님을 참으로 **인정하는** 것이므로 하나님을 아는 지식에 더 가깝다는 말이다.[26] 내 친구 하나는 하를렘에 있는 성 바보 교회(St. Bavo Kerk)를 방문했을 때, 중세인들이라면 성자들을 모셔 놓았을 그 창가에 강인한 네덜란드 도시 시민의 대표들이 올라 있는 것을 보고 대단히 분개했다고 했다. 이들이 **바로** 칼뱅주의 성자들임을 깨닫기까지는 말이다.

이제까지 우리는 이처럼 세상을 향해 몸을 돌린 초기 칼뱅주의 사상에서 세계 형성적 기독교를 빚어낸 것이 무엇인지를 살펴보았다. 나는 그들이 지녔던 두 가지 신념이 중요하다고 주장했다. 첫째, 이러한 전향의 기초가 되는 감사로 드리는 순종이 우리의 직업 안에서 행해져야 한다는 신념이다. 둘째, 우리에게 주어진 직업 구조들은 타락한 것이어서 그런 목표를 이루기에는 적합하지 않다는 신념이다. 이런 요소들에 내가 이제 곧 간략히 언급할 다른 몇 가지 가정을 합치면 사회 개혁을 지지하는, 아니 심지어는 극단적으로 혁명을 지지하는 강력한 논리를 구성할 수 있다.

그런데 먼저, 칼뱅주의자가 우리에게 주어진 사회 구조가 타락했다고 확신하게 된 이유는 무엇인가? 그리고 개혁을 위한 지침은 어디에서 얻었는가? 급진적인 사회 비판의 뿌리는 무엇이었는가? 이에 대한 대답은 분명하다. 그것은 성경을 통해 우리에게 주어진 하나님의 말씀이었고, 그 말씀이 사회 질서의 타락상을 보여 주었던 것이다. 아울러 개혁을 위한 기본적인 패턴을 제공하는 것도 동일한 하나님의 말씀이다. 하나님의 말씀에 따른 사회 개혁, 그것이 바로 칼뱅주의자의 목표였다.

칼뱅주의자는 우리 삶을 향한 하나님의 뜻을 파악할 수 있는 역량이 피조된 본성으로 인하여 모든 인간에게 있다는 점을 부인하지 않았다. 아니, 오히려 그렇게 주장했다. 그리고 어떤 사람이 아무리 타락했더라도 그 역량을 완전히 잃어버릴 수는 없다. 사실 그 역량의 **작동**을 완전히 **억누르는** 것 자체가 불가능하다. 하나님의 뜻은 자연법을 통해 전달되었다. 그러나 그 법에 대한 우리의 이해는 아무래도 불안정하고 오류가 있을 수밖에 없다. 그래서 성경은 그 법의 내용을 우리에게 분명히 밝혀 준다. 그러므로 사회 질서에 대한 비판의 근거를 하나님의 자연법에 대한 우리의 불완전한 이해로부터 끌어내리는 것은 어리석은 일이다. 우리 속에 있는 이성의 목소리 혹은 행복이나 자유를 향한 우리의 갈망, 혹은 전통으로부터 끌어내리는 것은 더더욱 어리석은 일이다. 그렇기 때문에 우리에게 **바깥으로부터** 온 말씀, 곧 하나님에게서 온 말씀이 있는 것이다.*

이제 세계 형성적 기독교의 기원에 대한 설명을 마무리하는 시점에서, 앞서 말한 내용 가운데 어떤 점은 그 폭을 넓히고 또 어떤 점은 그 깊이를 더해야겠다. 폭을 넓힌다는 뜻은, 이제까지 우리의 논의가 직업적 소명에 대한 칼뱅주의 교리를 중심으로 이루어졌지

---

* 칼뱅주의자는 성경을 사회 참여의 포괄적 길잡이로 삼은 만큼 구약 성경을 진지하게 다루지 않을 수 없었다. 칼뱅주의에서 구약의 중요성은 토마스주의적 가톨릭(및 루터주의)에서 **자연**의 중요성과 유사하다. 이런 면에서, 「옥중서간」에 나오듯이, 본회퍼가 내면 세계와 종교적 관행에 바탕을 둔 일종의 형성적 기독교에서 세계 형성적 기독교로 전환하면서 구약 성경의 중요성을 강조하기 시작한 것도 아주 흥미로운 사실이다. 그는 칼뱅주의자들처럼 신약 성경만으로는 이런 면에서 우리를 지도하기에 불충분하다고 생각했다.

만, 그것은 사회 전반에 대한 가르침에도 적용되며 특히 인간의 삶에 질서를 부여하는 중요한 두 제도인 교회와 국가에서 우리의 역할에도 적용된다는 것을 의미한다. 깊이를 더한다는 뜻은, 이제까지의 논의에 깔려 있는 두 가지 가정을 표면으로 끌어낸다는 의미다.

한 가지 가정은, 그리스도인이 순종을 실행할 수 있는 직업을 찾고자 애쓸 때 일반 사회에서 흔히 볼 수 있는 직업들로부터 그리 멀리 나가지 않을 것이라는 점이다. 칼뱅은 재봉사, 상인, 농부 등을 거론했다. 이런 직업은 물론 우리에게 아주 낯익은 것들이다. 그러면 왜 그리스도인은 특별한 직업들을 통해 순종을 실행하지 않는 것일까? 왜 이처럼 비교적 평범한 직업에 종사하는 것일까? 이를테면 왜 모두가 복음전도자나 의사가 되지 않는 것일까?

이 질문에 대한 대답은 칼뱅주의자가 하나님의 구속 활동의 목표를 어떻게 이해했는가에 달려 있다. 만일 하나님의 의도대로 살았더라면, 우리 모두가 서로에 대한 사랑과 하나님께 대한 감사로 하나가 되어 우리의 유익과 기쁨을 위해 이 땅을 이용하면서 살아가는 질서정연한 공동체의 일원이 되었을 것이다. 그런데 사실 우리는 그렇게 살고 있지 않다. 타락이 일어났기 때문이다. 인류의 타락에 대한 하나님의 반응은 모든 인류 가운데 한 백성을 택하여 영생에 이르도록 하는 것이었다. 그 백성은 감사함으로 순종하는 가운데 인생을 하나님의 의도에 맞추어 새롭게 만드는 일을 해야 했다. 그들은 이 땅 위에 거룩한 나라를 세우기 위해 분투하도록 되어 있었다. 그런 공동체를 이루기 위해 분투하는 일은 물론 모든 인간에게 주어진 명령이다. 행함에서 그리스도인의 차별성을 찾자면, 그들은 그 목표를 이루기 위해 실제로 싸우기로 확실히 다짐했다는 점, 그것을 하나님의 명령으로 인식한다는 점, 하나님께 대한 순종으로서뿐 아니라 그리스도를 닮아가는 과정으로서 그 일에 진력한다는 점 등이다. 그러니까 그리스도인이 재봉사나 상인이나 농부 같은 평범한 일을 통해 순종을 표현하는 것은, 결국 감사함으로 순종하는 가운데 이 땅의 공동체 갱신을 위해 헌신하기로 다짐했기 때문이다.

또 하나의 가정은, 다음 질문을 통해 표면으로 끌어낼 수 있다. 그 거룩한 나라는 재봉사와 상인과 농부가 있는 진정한 세상 국가라고 가정하자. 그렇다면 왜 그것은 **별개의** 공동체가 되지 않는 것인가? 그리스도인이 일반 사회에서 분리되어 따로 거룩한 나라를 세우지 않는 이유는 무엇인가? 요컨대, 왜 재세례파의 실험을 따르지 않는 것인가?

칼뱅주의자는 재세례파를 향해 엄청난 논박을 퍼부었는데, 일일이 검토할 수 없을 정도다. 그럴만한 시간과 지면이 있다 하더라도, 그 과정에서 진짜 문제가 되었던 것들을 다루지 못할 가능성이 다분하다. 칼뱅주의자가 재세례파를 상대로 온갖 수사학적 폭력을 휘두르며 제기한 수많은 논박들을 살펴보면, 그들의 이념적 입장이 별로 강하지 않았던 것으로 추정된다. 내가 생각하기에, 특히 이 문제와 관련해서는 사회적 현실이 칼뱅주의자의 생각을 좌우했던 것 같다. 그들은 천 년 이상 유럽을 지배해 온 콘스탄티누스주의가 기본적으로 옳다고 가정했다. 그 이념은 제도 교회의 일원이 되는 것과 시민 사회의 일원이 되는 것을 동일시해 왔는데, 칼뱅주의자들은 그 진부한 가정에 심각한 의문을 제기하지 않았다. 그들이 선택받은 자와 제도 교회의 교인 자격을 동일시한 적은 없지만, 선택받은 신자와 그렇지 않은 자를 나눌 수 있는 방법이 우리에게 없다는 이유로 이른바 '신자들의 교회'(believers' church)라는 개념을 거부했다. 따라서 그들은 신자들의 교회를 향해 신자와 비신자가 섞여 있는 사회로부터 물러나 그들만의 거룩한 나라를 세우라고 요청하기보다, 오히려 정반대 방향으로 나가 제도 교회의 모든 교인—따라서 시민 사회의 모든 구성원까지—이 교회의 훈계와 징계에 종속되어야 한다고 주장했다.[27] 우리는 이 제도가 얼마나 억압적이었는지를 잘 알고 있다. 이 점과 관련하여, 신학적 논리는 아니더라도 사회적·정신적 역학으로 인해 한 세기 내에 거의 모든 곳에서 본래의 칼뱅주의 체제는 도무지 참을 수 없는 것이 되어 버렸다. 금세기 들어 혁명 정부를 지도했던 세속 성자들이 강요한 사회 질서가 그보다 더 나은 것으로 판명되지 않을지 의심될 정도다!

칼뱅주의자들이 세상으로 몸을 돌려 사회를 개조하고 이 땅 위에 거룩한 나라를 세우기 위해 분투할 때, 그들은 상당한 저항에 직면하게 되었다. 그들은 세상 사람들이 자신들의 사회 개혁 프로그램을 크게 반기지 않는다는 사실을 발견했다. 그들은, 성경 말씀이 이런 현상을 예상하라고 일러 주는 메시지라고 해석했다. 즉 사회 질서의 타락상은 단순한 실책으로 인한 것이 아니라, 그 배후에 하나님의 일에 반대하기로 다짐한 인류 집단이 있다는 것이었다. "여러분은 우리 가운데 새 하늘과 새 땅을 세워야 할 거대한 과업을 가지고 있고, 거대한 과업에는 거대한 적이 있기 마련이다…."[28] 청교도 설교자 스티븐 마샬(Stephen Marshall)이 1641년에 한 말이다. 칼뱅주의자들은 아우구스티누스가 말한 바, 사회 질서 저변에 하나님의 도시와 세상 도시 간의 갈등, 어린 양과 짐승 간의 전쟁이 일어나고 있다는 것을 간파했다.[29)] 이러한 갈등은 사회 질서에서 우발적으로 발생한 것이 아니었다. 그것은 사회 질서의 근본 역학을 설명해 주는 것이었다. 나중에 이 개념이 아브라함 카이퍼와 그 추종자들에 의해 **대립**(antithesis)의 이론으로 발전하게 되는데, 거기서는 우상 숭배의 개념이 사회 분석의 기본 범주로 사용된다.* 이처럼 사회 질서의 저변에 근본적인 갈등이 흐르고 있다는 아우구스티누스적/칼뱅주의적 신념은 역사상 최초의 사회 갈등 이론이라고 볼 수 있다. 이러한 형태의 사회 이론은 이후 마르크스 시대에 이르러 생생하게 인식된다.[30)]

지금까지 초기 칼뱅주의자의 사회 사상에 관해 이야기했는데, 특히 주목할 점은 그것이 사고의 방식으로만 남아 있지 않고 실천적 요소가 되었다는 사실이다. 그 결과 사고와 실천의 상호 작용을 거쳐 새로운 생활 방식이 탄생하게 되었다.** 그와 더불어 의무와 현실 간의 긴장 관계를 인식하는 가운데 하나의 전형적인 심리학적 유형이 등장했다. 그것을 '칼뱅주의 사회적 경건'(Calvinist social piety)이라고 부르자. 칼뱅주의자는 직업의 영역과 사회적 역할에서 감사함으로 순종해야 한다는 것을 알고 있었으나, 이 점을 가르

---

* 이 점에서도 토마스주의적 가톨릭과 칼뱅주의자의 안목이 근본적으로 다른 것을 보게 된다. 가톨릭은 모든 인간이, 종종 빗나가긴 해도, 하나님을 향해 나가는 것으로 보는 반면, 칼뱅주의자는 인류가 참 하나님을 예배하는 자들과 우상을 숭배하는 자들로 나눠진다고 본다. 그래서 가톨릭은 상당히 많은 토착적 종교 관행을 그들의 예배 의식에 흡수한 데 비해, 칼뱅주의 개신교는 그런 관행을 모조리 '이방적인' 것으로 배격했다.

** 후기 칼뱅주의에 이르면 이런 새로운 생활 방식을 수반하는 **세계** 형성적 특징이 사라질 위기에 처한다. 흔히 그 자리를 대신 차지하는 것은 **관념**의 형성—특히 신학적 관념—에 대한 관심이다. 루터교인은 내면의 형성에 관심을 가지는 데 비해, 칼뱅주의자는 신학(혹은 철학)의 형성에 관심을 갖게 된다.

쳐 준 그 하나님의 말씀은 동시에 그들에게 주어진 사회적 역할이 타락했기 때문에 순종의 도구로 적합하지 않다고 일러 주었다. 일부 사람들에게는 이런 이중적 인식이 베버가 그토록 강조한 자기 훈련을 낳았고, 개혁을 향한 부단한 추진력을 제공해 주었다. 또 어떤 이들에게는 죄책감을 불러일으켰다. 이런 사람들은 마음으로는 개혁을 위해 노력해야 한다고 뼈저리게 확신하고 있지만, 의지가 약하여 그렇게 할 수 없는 이들이다. 우리가 칼뱅주의 사회적 경건의 특징을 온전히 이해하려면 이런 유형의 죄책감이 아주 만연해 있다는 것을 알아야 한다. 어떤 이들은 그것이 죄책감이 아니라 특이한 형태의 위선이라고 말할 것이다. 그러니까 그들은 말로는 개혁을 주장하지만, 실제로는 그렇게 믿지 않고 자신의 사회적 역할을 일상적인 방식으로 수행하는 이중성을 가지고 있다는 것이다. 어떤 경우에는 이렇게 묵인하는 태도가 위선에서 나오는 것일지도 모르지만, 내 경험으로 볼 때는 그렇지 않은 경우가 더 많은 것 같다.

칼뱅주의 체제에는 이런 유형의 죄책감을 완화시킬 수 있는 장치가 없다. 인간적인 잘못에 대해 일반적인 용서의 말을 건네는 것 말고는 말이다. 이와 반대로, 개혁을 위해 최선을 다하다가 실패한 사람에게는 특별한 위로의 말이 주어진다. 칼뱅주의자들은 그들에게, 이 세상은 서로 상충되는 요구들이 혼재하는 타락한 곳이지만 그래도 (종종) 해야 할 **최상의** 일이라는 것이 있다고, 그리고 그 일이 곧 **바른** 일이라고 일러준다. 최상의 일을 하는 사람들은 편안한 양심을 품고 살아갈 수 있다. 이런 자세는 루터교의 전형적인 태도와 대조된다. 루터교는 우리가 취할 수 있는 최상의 대안이란 보통

두 가지 악 가운데 더 적은 악일 경우가 많으며, 따라서 그 불가피한 악을 행하는 데 대해 용서의 기도를 올려야 한다고 말한다. 칼뱅주의자는 천국에나 어울리는 그런 정치가 이 타락한 세상에서도 실행되어야 한다고 요구하지 않는다.

부단히 활동하는 훈련된 개혁주의 혹은 활발한 개혁가가 되지 못하는 데서 오는 죄책감, 이것들이 바로 칼뱅주의 사회적 경건의 특징적 요소들이다. 이런 요소가 없는 사람은 자신의 사회적 역할에 대해 그가 가지고 있는 이해가 초기 칼뱅주의와 다르다고 생각하면 된다. 그런데 한 가지 예외가 있다. 그것은 바로 모든 인간을 통틀어 우리가 가장 참기 어려운 부류로서, 승리주의적 칼뱅주의자라 불리는 이들이다. 그들은 거룩한 나라를 세우는 그 혁명이 이미 일어났고 이제 할 일은 그것을 잘 유지하는 것뿐이라고 믿는다. 미국에서나 네덜란드에서나 이런 칼뱅주의자들을 발견할 수 있다. 오늘날 그것을 가장 순수하게 보존하고 있는 나라는 남아프리카공화국이다.

그러니까, 초창기 칼뱅주의는 사회적 세계를 개조하여 그것이 더 이상 하나님으로부터 소외되지 않기를 열정적으로 갈구했던 이념이었다. 그렇게 하면 인간으로부터도 더 이상 소외되지 않을 것이다. 왜냐하면 하나님의 뜻은 사회가 공동선을 추구하면서 질서 정연한 '형제 관계'를 정립하는 것이기 때문이다. 사회적 세계를 개조하려는 이런 열정이 일단 서구 문명에 들어온 다음에는 계속 거기에 머물러 있었다. 나중에 그것은 세상을 '자아'의 표현으로 삼으려는 갈망에 의해 새롭게 촉발될 것이었다. 이는 자아의 갈망과 세상 사이의 소외 관계를 극복하려는 몸짓이었다. 본래 그것은 이 세상에 거룩한 순종의 도장을 찍으려는 열정에 의해 촉발된 것이었다.

그런 열정은 그 당시에 못지않게 오늘날에도 똑같이 적실하고 필요한 것이 아닐까? 물론 우리가 '순종'이라는 말을 들으면 즉시 초기 칼뱅주의의 억압적 모습이 떠오르는 게 사실이다. 칼뱅주의자들은 정의를 거론하긴 했지만, 정의로운 사회에서 자기들과 의견이 일치하지 않는 이들과 함께 살아가는 법은 생각하지 못했다. 그런 실패가 그들에게만 국한된 잘못은 아니지만, 어쨌든 그것이 그들이 저지른 가장 크고 비극적인 실패인 것은 분명하다. 그리고 이와 밀접한 관련이 있는 또 하나의 실패는 계속 반복되는 승리주의였다. 그런데 정의와 평화의 사회를 이루는 문제는 그 당시 못지않게 오늘날에도 시급한 문제가 아닌가? 그리고 우리가 그런 사회를 이루기 위해 고군분투할 때, 우리는 구약 성경의 선지자적 전통과 연속선상에 서게 되는 것이 아닌가? 또한 공생애를 시작하는 시점에서 선지자 이사야의 글이 오늘 성취되었다고 말씀하신 예수 그리스도와 맥을 함께하는 것이 아닌가?

주의 성령이 내게 임하셨으니
이는 가난한 자에게 복음을 전하게 하시려고 내게 기름을 부으시고
나를 보내사 포로 된 자에게 자유를
눈 먼 자에게 다시 보게 함을 전파하며
눌린 자를 자유롭게 하고
주의 은혜의 해를 전파하게 하려 하심이라(눅 4:18-19, 개역개정판).

오늘날 우리가 사는 세상에는, 억압의 굴레가 너무 심하여 스스로 더 나은 사회를 위해 일할 수 없는 이들도 있다. 그들의 몫을 담당하는 일이 당신과 나의 어깨에 놓였다. 이 책의 독자는 주로 나처럼 자유의 폭이 넓은 사회에 살고 있는 이들이기 때문이다. 그래서 나는 우리 모두에게 이렇게 말하고 싶다. 주님의 말씀과 사람들의 울부짖는 소리는 우리에게 받은 복을 세어 보는 것 이상을, 우리의 내면을 가꾸는 것 이상을, 우리의 사상을 개혁하는 것 이상을 해야 한다고 한 목소리로 요구한다는 것을 말이다. 그것은 우리에게 우리가 씨름하는 목표가 결국 이루어질 것을 소망하면서 새로운 사회를 이룩하기 위해 몸부림치라고 요구한다는 것을 말이다.

2장 · **근대 세계체제**

우리 세계의 사회 구조들은 타락한 상태다. 하나님의 뜻으로부터 멀리 떨어져 있다. 그 안에 몸담은 우리에게 참된 보람을 안겨 주기보다는 오히려 불행과 불의를 퍼뜨리고 인생의 본래 목적이 실현되지 못하도록 억누른다. 우리는 그런 사회적 조건을 회피하면서 평온한 명상을 통해 하나님과의 연합을 추구하는 식으로 반응해서는 안 된다. 하나님 자신이 우리 인간의 그런 조건에 대해 상심하시기 때문이다. 그 대신 우리는 구조와 그 배후에 있는 역학을 변화시킴으로써 소외의 정도를 약화시키고 목적이 실현되도록 노력해야 한다. 이것이 바로 내가 앞 장에서 논한 **세계 형성적 기독교**의 핵심이다.

이런 비전을 실행하는 데는 우리 사회에 대한 **체계론적** 분석과 비판이 필수적이다. 즉, 사회 구조와 역학에 대한 분석과 비판이 필요하다. 나는 이 장에서 그러한 분석을 시작할 생각이고, 다음 장들에서는 비판의 맥락에서 이 분석을 더 확장시킬 계획이다. 먼저 내가 **구조**에 관해 논할 때 염두에 두고 있는 것이 무엇인지부터 밝혀야겠다.

어느 정도 규모가 있는 인간 집단은 상호연관성을 지닌 다양한 사회 제도를 가지고 있기 마련이다. 그 집단의 근본을 이루는 제도들과 그 제도들이 일반적으로 가지고 있는 **만연된** 특징들은 그 사회의 구조에 속하는 것으로 여겨질 것이다. 우리 사회의 이 차원이 여기서 분석하고자 하는 대상의 일부다. 이에 덧붙여, 각각의 인간 집단에 속한 각각의 구성원이 하는 행위들은 그 집단의 다른 구성원들에게 영향을 주고 그들로부터 다양한 반응을 끌어낸다. 이것을 가리켜 '사회적으로 유의미한 행위'(socially significant actions)라고 부른다. 어떤 집단이든 그런 행위가 복합적이고 연속적으로 일어날 경우, 그 반복성 때문에 그것을 **관행**(practices)이라 부를 수 있다. 한 집단의 **기본적인** 사회적 관행들과 그런 관행들이 지닌 **만연된** 특징들이 그 사회의 구조에 속하는 것으로 간주될 수 있으며, 현대 사회 구조의 이런 측면이 우리의 분석 대상이 될 것이다.

경우에 따라서, 나는 한 사회의 기본적인 관행을 가리켜 **역학**이라고 부를 것이다. 그리고 때로는 한 집단의 사회 제도들과 사회적 관행들로 구성된 이중 복합체를 가리켜 그 집단의 **사회적 세계**(혹은 **질서**)라고 부를 것이다. 우리가 이 장에서 하고자 하는 과업은, 이런 용어들을 사용해서 말하자면, 현대의 사회적 세계를 특징짓는 구조를 살펴보는 것이라고 할 수 있다. 여기서 짚고 넘어가야 할 점은, 우리의 관심사가 현대의 사회적 세계에 관한 **이론들의** 구조도 아니고, 이런 저런 사회 제도의 **바람직한** 모습이 어떠해야 하는가 하는 문제도 아니라는 것이다.

우리 논의의 기본 논제는 사회의 구성원 개개인이 타락했기에 개혁이 필요할 뿐 아니라, 사회 구조들도 사실 마찬가지라는 것이다. 우리의 사회적 세계도 개혁되어야 한다. 중세 그리스도인들은 이와 달리 생각했으며, 20세기 미국의 '복음주의자들'도 종종 그들과 생각을 같이한다. 그러나 실상은 우리의 기본적인 사회 제도들이 해서는 안 될 일을 하는 경우—가령 평화를 도모해야 할 때 전쟁을 부추긴다든가, 고용을 창출해야 할 때 실업을 증대시키는 것—가 많고, 사회 구성원들이 대체로 승인한 대규모의 사회적 관행과 사회적 역할 체계 전체가 불의와 불행을 조장하거나 영속화시키는 경우도 있다.

사회 분석가들 사이에는 약 5세기 전 서부 유럽에서 시작된 어떤 과정이 이전과는 구조적으로 전혀 다른 근대의 사회적 세계를 낳았다는 신념이 널리 퍼져 있다. 하지만 이런 일반적인 신념을 제외하면, 다른 면에서는 거의 의견 일치가 이루어지지 않고 있다. 그 가운데 가장 중요한 이견은 근대화 이론과 세계체제론(world-system theory) 사이의 불일치가 아닐까 한다. 내가 그것을 논쟁이란 말 대신 '불일치'(discrepancy)라고 부르는 것은, 두 진영 간에 논쟁이 있는 건 사실이지만 논쟁의 항목을 열거하는 것으로는 양자간의 차이를 포착할 수 없기 때문이다. 문제는 상황을 '보는 방식'이 서로 다르다는 것이다. 이는 토머스 쿤(Tomas Kuhn)의 『과학 혁명의 구조』(*The Structure of Scientific Revolutions*, 까치글방 역간)가 유행시킨 용어를 사용하자면, 서로 다른 **패러다임**들이라 할 수 있다. 그리고 우리로서는 둘 중 하나를 택하지 않을 수 없는 입장이다.

근대화 이론가들은 우리 세계가 서로 구별되는 수많은 사회들로 구성되어 있고, 각 사회는 근대화 과정의 어느 지점에 위치하고 있다고 본다. 그들이 제시하는 사례들을 자세히 관찰해 보면, 그러한 사회적 구별이 정치적 구분과 상당히 일치한다는 것을 알게 된다. 미국은 한 사회를 이루고 있고, 소련도, 네덜란드도, 기타 여러 나라들도 마찬가지다. 근대화 이론가들은 이처럼 서로 구별되는 사회들이 서로 상호작용을 한다는 것을 자연스레 인식한다. 그들은 어떤 사회가 다른 사회들과 주고받는 상호작용을 생각할 때 일반적으로 그 다른 사회들을 사회적 환경으로 간주한다. 이는 마치 그 사회가 지구에서 차지하고 있는 일정 표면이 그 사회의 물리적 환경을 이루는 것과 비슷하다. 어느 사회든 사회적 환경과 물리적 환경이 있기 마련이며, 어쩌면 다른 유형의 환경들도 있을 수 있다.[1]

그들은 근대화 과정에서 서로 다른 단계에 있는 사회들을 비교함으로써 근대화의 본질적 특징과 핵심 역학을 끄집어내려 한다. 근대화 이론의 대부라고 볼 수 있는 탈코트 파슨스(Talcott Parsons)는 다음과 같은 평가 기준들을 말한다. 고도의 **분화**, **상향적 적응력**의 증대, 분화된 구조들이 정교하게 정립된 전체 규범 체계에 **편입**되는 정도의 향상, **가치 일반화**의 지향성 등.[2] (이 가운데 일부는 나중에 더 자세히 다룰 예정이다.) 근대화의 원동력이 무엇이냐고 물으면 대다수 서구 이론가들은 테크놀로지의 범위를 확장시키려는 충동이라고 대답할 것이다. 하지만 무엇이 그런 충동을 일으키는지에 대해서는 별로 생각하지 않는다.

근대화 과정을 규정짓는 특징에 관한 이런 주장 외에도, 근대화 이론의 핵심에는 두 가지 논제가 깔려 있다. 하나는, 이미 고도로 근대화된 사회들이 어떤 근본적인 구조적 변화를 하지 않아도 원칙적으로 모든 사회가 동시에 고도의 근대화를 이룩할 수 있다는 것이다. 또 하나는, 어떤 사회의 근대화 수준이 낮은 원인은 그 사회 자체에서 찾아야지, 고도로 근대화된 사회들이 그 사회에 미친 영향 때문이 아니라는 것이다. 고도의 근대화를 이루지 못한 사회에는 무언가 결여된 것이 있다는 것이다. 투자에 필요한 돈의 부족, 잘못된 특성의 형성 등. 결여된 것이 무엇인지에 따라 다르겠지만, 고도로 근대화된 사회들이 해결사 역할을 할 수도 있다. 가령, 돈이 부족하다면 투자 자금을 공급해 줄 수도 있을 것이다. 어쨌든 그런 사회들이 그 결여를 불러온 **원인**은 아니라는 것이다.

20세기의 많은 지식인들은 근대화 과정이 본질적으로 파괴적인 현상이라고 주장했다. 즉 그것은 구체적인 사회 형성을 추상적인 형성으로 대치시켜 개인들로 하여금 자기 자신의 표현물이 아닌 사회 질서에서 소외감을 느끼게 한다는 것이다.[3] 이런 비판적 분위기가 지식인 사회에서 일반 대중으로 퍼져나가기 시작했다는 징조가 있기는 하지만, 최근까지만 해도 동서양을 막론하고 일반 대중은 근대화를 **좋은** 것으로 여기고 '개발'이라는 말로 그것을 귀하게 생각했다. 개발이야말로 수많은 인간의 곤경을 치료해 주는 만병통치약이라고 선전되었으며, '미개발' 사회와 '저개발' 국가에는 개발을 촉구하였다.

제2차 세계대전 이래 저개발 국가들의 발전을 강하게 밀어붙였음에도 불구하고 사태는 대체로 더 악화되었다. 개발의 정도가 가장 낮은 나라와 가장 높은 나라 사이의 간격이 더 커졌을 뿐 아니라, 저개발 사회에 사는 다수의 생활 수준은 **상대적으로** 나빠진 정도가 아니라 **절대적으로** 나빠졌다. 설상가상으로 억압과 고문과 대량학살이 일상사가 되었다. 다른 많은 이들과 더불어 내가 내린 판단은, 근대화 이론은 이런 현실에 직면하여 더 이상 변명을 늘어놓지 말고 파산 선고를 해야 마땅하다는 것이다. 이 이론은 이런 현상을 제대로 설명하지 못하고 있고, 5세기 전에 일어난 비슷한 현상에 대해서도 타당한 설명을 내놓지 못한다. 저개발 국가가 처한 상황은 고도로 개발된 지역이 저개발 지역에 미친 영향을 고려하지 않고는 설명할 수 없다. 말하자면, 남미의 특징적인 억압 상황은 그 지역에 미친 미국의 영향을 고려하지 않고는 설명될 수 없으며, 이는 소련의 영향력을 고려하지 않고서는 동부 유럽의 억압 상황을 설명할 수 없는 것과 마찬가지다. 현대 세계를 이해하려면 서구의 보수주의와 자유주의(진보주의) 모두가 지지하는 근대화 이론이 아닌 다른 대안을 모색해야 할 것이다.

근대화 이론가들은 세계가 서로 구별되는 수많은 사회로 이루어져 있고 그 사회들은 각기 다른 단계의 근대화 과정에 접어들고 있다고 보는 데 비해, 세계체제 이론가들은 세계가 한 사회로 혹은 그들이 선호하는 용어를 사용하자면 하나의 **사회 체제**로 되어 있다고 본다. 이 사회 체제는 복수의 차별성 있는 국가들과 복수의 차별성 있는 민족들이 하나로 통합된 경제를 가진 것으로, 이는 역사적으로 특유한 현상이다. 이처럼 사물을 '보는' 두 가지 방식의 근본적인 차이는 '그 이론이 사회 분석의 기본 단위로 삼는 것이 무엇인가?'라는 문제에서 파생된다.

양자 모두 사회 분석의 기본 단위를 지칭하는 데 비슷한 용어를 사용하고(사회, 사회 체제), 흥미롭게도 둘 다 본질적으로 동일한 사회(사회 체제) 개념을 가지고 있다고 주장한다. 이른바, **자급자족**(self-sufficiency)을 중심 개념으로 삼는 것이다. 양자 모두 사회(사회 체제)를 거의 전적으로 자급자족하는 사회 집단 혹은 최고 수준의 자급자족을 이룩한 유형의 사회 집단으로 정의한다.* 그러나 전

---

* Talcott Parsons는 "사회를 정의할 때 적어도 아리스토텔레스까지 거슬러 올라가는 하나의 평가 기준을 사용할 수 있다. 사회란 여러 사회 체제들 가운데서, 주변 환경과 관련하여 하나의 체제로서 최고 수준의 자급자족을 이룬 유형의 사회 체제를 일컫는다"라고 말한다[*Societies: Evolutionary and Comparative Perspectives* (Englewood Cliffs, N. J.: Prentice-Hall, 1966), p. 9]. 이후의 논의에서 그는 "우리가 사회의 개념을 정의할 때 사용한 자급자족의 평가 기준"(p. 17)이라고 명시적으로 거론한다. 한편, Immanuel Wallerstein은 이렇게 말한다. "내가 보기에 한 사회 체제

자는 기본 분석 단위로 미국, 소련, 네덜란드 등을 거론하는 데 비해, 후자는 오로지 인류 전체가 사회 분석에 적절한 기본 단위라고 주장한다. 이 점에서는 확실히 세계체제 이론이 옳다. 오늘날 세계의 어느 지역도 그 '개발' 과정에서 다른 지역으로부터 지대한 영향을 받지 않는 곳은 없다. 이것은 너무나 명백한 사실이어서, 혹시 근대화 이론가들은 자신의 지역이 다른 지역들에 미치는 영향에 대해 일부러 눈감고 있는 것이 아닐까 하는 생각이 들 정도다. 어쩌면 근대화 이론이 일정 부분 하나의 이데올로기로 기능하게 되면서 이론가들이 그런 영향력을 보지 못하도록 감추는지도 모른다.

이제 세계체제 이론을 좀더 자세히 살펴볼 텐데, 먼저 이 분야의 대가 중 하나인 이매뉴얼 월러스틴(Immanuel Wallerstein)이 정립한 이론을 면밀히 추적할까 한다. 어떤 집단이 하나의 통합된 경제를 가지고 있는지 여부를 결정하는 데 다음과 같은 기준을 사용한다고 가정해 보자. 즉, 그 집단 내에 "노동의 분업이 있되, 다양한 부문과 영역들이 그 영역의 필요를 원활하고 지속적으로 공급하기 위해 다른 부문들과의 경제적 교환 관계에 의존하고 있는가?"[4]**

를 특징짓는 것은, 그 안에서의 삶이 대체로 독립적이라는 것과 그 발전의 역학이 대체로 내부적이라는 데 있다.…설사 그 체제가 어떤 이유로든 외부의 세력과 완전히 단절된다 하더라도(사실상 그렇게 되는 경우는 없지만), 이 정의에 따르면 그 체제는 과거와 똑같이 계속 작동하게 될 것이다"[*The Modern World-System: Capitalist Agriculture and the Origins of the European World-Economy in the Sixteenth Century*(New York: Academic Press, 1974), p. 347].

** "우리는 노동 분업을 근본적으로 상호의존하는 하나의 격자로 볼 수 있다. 경제 행위자들은 자기에게 필요한 필수품 전체—생계, 보호, 즐거움—가, 어느 정도의 시간에 걸쳐, 자신들의 생산 활동과 모종의 교환 행위에 의해 채워질 것이라고 가정하면서 작업에 임한다. 그런 테두리 안에서 대다수 행위자들의 기대를 근본적으로 충족시켜 줄 가장 작은 격자가 하나의 노동 분업을 구성한다"[Wallerstein, *The Capitalist World-Economy*(Cambridge: Cambridge University Press, 1979), p. 14].

이제 우리가 사회 집단을 다음의 기준들—(1) 단 하나의 통합된 경제를 가지고 있는가, (2) 하나의 국가(민족)로 차별성이 있는가, (3) 단일한 최고의 정치 권위 아래 연합되어 있는가—에 기초해서 분류한다면, 다양한 조합이 가능하다는 것을 쉽게 알 수 있다. 이를테면, 전통적인 '원시' 사회 집단은 하나의 통합된 경제와 단일한 최고 정치 권위를 가지며, 모든 구성원이 한 나라 혹은 민족을 구성한다. 이에 비해, 어떤 집단은 경제 체제는 단일하지만 여러 민족을 포함할 수 있다. 그런 집단을 하나의 **세계-체제**라고 부르자. 단 하나의 경제로 통합되어 있다는 의미에서 그것은 명실상부한 단일 **체제**이고, 그것을 **세계**-체제라고 부르는 이유는 거기에 세계의 여러 민족이 포함되어 있음을 강조하기 위한 것이다. 한편 세계-체제들 안에서 또한 세계-**제국들**(world-empires)과 세계-**경제들**(world-economies)을 서로 구별할 수 있을 것이다. 세계-제국이란 단일한 경제에 단일한 최고 정치 권위를 가진, 문화적 다양성을 지닌 집단을 일컫는다(이 정치 권위가 어떤 지역에서는 거의 존재하지 않을 정도로 약화될 수도 있다). 이에 비해, 세계경제는 단일한 경제에 문화적 다양성도 있지만 하나 이상의 최고 정치 권위를 가지고 있는 경우다. (어떤 사회 체제의 경우는 전 세계를 포괄하지 않더라도 다양한 민족을 포함하기 때문에 **세계**경제로 볼 수 있다는 점을 강조해야겠다.)*

---

* 여기서 아주 정확하게 분류하자면, 어떤 집단은 세계제국이고 또 어떤 집단은 세계제국이 아니라고 말하기보다, 모두가 세계제국이지만 정도의 차이가 있을 뿐이라고 말하는 것이 옳다. 이 점은 세계경제의 경우에도 적용된다. 어떤 집단이 단 하나의 통합된 경제를 가지고 있는지 여부는 정도의 문제이기 때문이며, 단일한 나라인지 여부도 정도의 문제이기 때문이다. 심지어 그 집단이 단일한 최고 정치 권위를 갖고

정의와 분류의 문제는 이 정도로 해두자. "경험적으로 볼 때, 세계경제들은 역사적으로 불안정한 구조여서 와해의 길을 걷거나 한 집단에게 정복당해 단일한 세계제국으로 변하곤 했다"고 월러스틴은 지적한다. "이처럼 세계경제에서 세계제국이 출현한 사례로는 소위 중국 문명, 이집트 문명, 로마 문명과 같은 근대 이전의 거대 문명들이다(이들은 각기 역사적으로 한 시대를 풍미했다)."[5] 그런데 그는 또한 "세계경제가 500년 간 지속되면서도 세계제국으로 변하지 않은 것은 근대적 세계체제의 특이성이고, 이것이야말로 근대가 가진 힘의 비결"[6]이라고 지적한다. 원칙적으로 말하면 오늘날 여러 세계경제들이 있어야 하지만, 사실은 단 하나밖에 없다. 그리고 원칙적으로는 그 세계경제에 편입되지 않은 상당 규모의 집단들이 있어야 하지만, 사실은 전혀 없다. 우리의 세계경제는 그 범위에서 실로 범세계적이다. 우리는 각기 다른 여러 국가의 신민이요 각기 다른 여러 민족의 일원이지만, 모두가 단 하나의 시장으로 통합된 노동 분업에 참여하고 있다.

정의상, 세계경제라는 것은 공동의 경제를 가진 여러 국가, 여러 민족이 서로 조합된 것이지만, 현재의 세계경제가 이 세 요소의 특이한 조합이라는 사실은 단지 형식적이고 구조적인 문제에 불과한 것이 아니다. 정반대로, 우리 사회의 모양새를 이해하려면 국가, 민족, 경제가 서로 영향을 미치는 방식뿐 아니라 그것들 사이에서 일어나는 내적 역학 관계를 알아야 한다. 또한 근대적 세계경제의 기원과 그것이 지구촌 곳곳에 퍼져나간 원인을 이해하려면, 근대 국

있는지 여부도, 엄격히 말하면, 정도의 문제라고 볼 수 있다. 이 논의가 끝날 때까지 이 점을 유념할 필요가 있다.

가, 근대 민족, 근대 경제의 기원을 개별적으로 분리해서 다루어서는 안 된다. 각 요소가 다른 요소들에 미친 영향에 대한 통합된 설명을 내놓을 수 있어야 한다. 그런 기원의 문제를 다루는 일은 내 능력을 벗어나는 일이기도 하고 이 책의 범위를 벗어나는 것이기도 하다(뒤에서 국가와 민족의 상호작용에 대해 언급할 예정이기는 하다). 하지만 이어지는 논의에서 이 문제가 중요한 자리를 차지하기 때문에, 현대 사회 체제에서 경제의 본질과 역학에 관해서는 여기서 좀더 이야기하지 않을 수 없다.

먼저, 현대 경제는 압도적으로 **자본주의적**이다. 이 점은 모두가 동의하리라 믿는다. 그런데 이 말에 담긴 의미는 무엇인가? 어떤 경제를 다른 경제에 비해 더 자본주의적이라고 평가할 때 그 기준은 무엇인가? 어떤 경제가 자본주의적이 되기 위한 필요 조건 및 충분 조건에 대해 많은 논의가 있어 왔다. 어떤 이는 임금 노동이 자본주의의 필수 요건이라고 주장하는데, 이에 반론을 제기하는 사람도 있다. 또 어떤 사람은 시장을 통한 재화의 분배가 자본주의의 핵심이라고 주장하는데, 이 역시 반론에 직면한다. 이런 식의 논의는 계속 이어진다. 이런 논쟁으로부터 우리가 배울 수 있는 것은, 어떤 경제가 자본주의냐 아니냐는 식으로 단순하게 나눌 것이 아니라, 차라리 그 경제가 어느 **정도**나 자본주의적인가를 거론하는 편이 나을 것이라는 점이다. 한 경제가 얼마나 자본주의적인지 그 정도를 평가하는 것은 자본주의의 전형적 특징들을 얼마나 잘 보여 주는가에 달려 있다. 그 특징들은 적어도 다음 여섯 가지를 포함해야 한다고 생각하는데, 이는 법적 장치와 사회적 관행을 합한 것이다.

(1) 한 경제가 물품, 토지, 서비스를 배분하는 데 시장 제도라는 수단을—가령 물물교환이나 권위적인 할당과 같은 수단보다—더 많이 사용할수록 (다른 조건이 모두 같다고 가정할 때) 더 자본주의적이라고 할 수 있다. 물론 시장이란 것은 역사의 초기까지 거슬러 올라가지만, 하일브로너(Robert Heilbroner)의 말처럼, "그것이 물건을 임의로 주고받는 원시 부족의 물물교환이든, 여기저기서 정기적으로 열리는 중세의 시장이든, (시장은) 시장 제도와 같은 것이 아니다. 시장 제도라는 것은 그저 물건을 교환하는 수단이 아니라, **사회 전체를 지탱하고 유지하는 메커니즘**이기 때문이다."[7]

  나는 여기에 시장 제도는 자유로워야 한다거나 비교적 자유로워야 한다는 말을 덧붙이고 싶은 유혹을 뿌리쳐야 한다고 생각한다. 지난 500년에 걸친 자본주의적 세계경제의 역사를 훑어 보면, 여러 시점에서 자유와 거리가 멀었던 경우를 항상 볼 수 있다. 그럴 수밖에 없었던 이유는 너무나 뻔하다. 어느 시장에서든 구매자 입장에서는 여러 경쟁자들이 내놓은 상품을 자유로이 택할 수 있는 것이 유리한 반면, 판매자 입장에서는 구매자가 자유로이 선택할 수 없을 때 유리하다. 자유주의 이데올로기에도 불구하고, 판매자들은 서로 담합하거나 정부에 영향을 미치는 등 언제나 시장을 조작해 왔다.[8]

  (2) 한 경제에 속한 기업들이 시장에서의 판매를 통해 이윤을 얻는 것을 목표로 삼으면 삼을수록 (다른 조건이 모두 같다고 가정할 때) 그 경제는 더 자본주의적이라 할 수 있다. 원칙적으로 이윤이 기업의 목표가 아닐 수도 있다. 예를 들면, 일단의 사람들에게 일거리를 주는 것이 주된 목표일 수 있다. 사실상 이윤 추구가 현대 경

제의 지배적 목표이긴 하지만, 가장 확고한 이윤 추구자라 할지라도 보통은 동시에 다른 목표들을 가지고 있다.

이윤을 남기려고 판매하는 자가 개인이든 개인들이 모인 집단이든 근본적으로 별 차이가 없다는 점을 인식하는 것이 중요하다. 아니, 판매 행위를 하는 소유주가 국가일 수도 있다. 사실 오늘날 국제 시장을 살펴보면, 이윤을 일차 목표로 판매 행위를 하는, 그래서 자본주의의 특징을 보여 주는 '사회주의' 국가들이 있다는 것을 입증하는 강력한 증거가 있다."월러스틴의 말처럼, "모든 생산 수단을 집단적으로 소유하는 어떤 국가가 자본주의적 세계경제 시장에 계속 참여하는 한—현재 그런 국가들은 계속해서 자본주의 시장 경제에 참여할 수밖에 없는 상황이다—그것은 어디까지나 집단적 자본주의 회사일 뿐이다."[10] 물론 그런 국가의 **국내** 경제가 어느 정도 자본주의적인가 하는 것은 별개의 문제다. 현재 '사회주의' 경제는 우리가 열거하는 여섯 가지 특징들 가운데 적어도 세 가지 점에서 높은 점수를 받고 있는 것이 현실이다.

(3) 한 경제가 임금을 제공함으로써 노동을 확보하는 정도가 클수록 더 자본주의적이라 할 수 있다. 말하자면, 더 많은 노동이 시장의 품목에 포함되어 '노동 시장'이 더 커지는 것을 의미한다. 하일브로너는 이 점을 강력하게 표현한다. "역사적으로 임금 노동은 노동자가 자기 노동을 통한 생산품의 소유권을 법적으로 부정하고, 그것을 물리적 장비의 소유주에게 속하는 것으로 간주하는 특이한 속성을 갖고 있다." 이와 대조적으로, 농부들은 "자기가 생산한 것을 자신이 소유한다. 그 가운데 상당히 많은 부분을 지주에게 넘겨주어야 한다 하더라도 말이다. 봉건 농노들조차, 자기가 경작해야

할 주인의 땅에서 나오는 소출은 아니더라도 자기 땅에서 나오는 산물은 자기가 소유했었다. 자기 생산물을 소유하지 못하는 것은 노예뿐이었다고 할 수 있다. 그래서 '임금 노예제'라는 말이 생긴 것이다."[11]

(4) 생산과 분배의 과정에 **자본**이 더 많이 들어가면 갈수록 (다른 조건이 모두 같다고 가정할 때) 더 자본주의적이라 할 수 있다. 자본이란 사람들(혹은 기업들)이 소유권을 지니는 물품으로서, 재화나 서비스의 생산 및 판매 과정에 사용되어 소유주는 그 물품의 유용성으로 인해 소득을 차지할 권리를 갖게 된다.[12] 보통 소득에 대한 권리는 소유주가 자기 자본의 사용을 철회하거나 철회하겠다고 위협함으로써 실효성을 띠게 된다. 앨빈 굴드너(Alvin Gouldner)는 자본이란 "소비를 통한 만족을 위해서가 아니라 **다른** 효용과 부를 생산하기 위해 사용되는 생산품이다. 자본의 목적은 소비가 아니라 도구적 지배력에 있다. 따라서 '재화가 재화를 낳는' 셈이다."[13] 소득을 얻는 데는, 약탈, 세금 징수, 자기 자본을 생산이나 분배 과정에 투입하는 것 등 여러 가지 방법이 있다.

(5) 그 경제에 참여하는 사람들이 자본에서 얻은 소득을 다시 자본으로 사용될 물품에 대한 권리를 얻는 데 더 많이 사용하면 할수록 (다른 조건이 모두 같다고 가정할 때) 더 자본주의적이라 할 수 있다. 가장 원시적인 체제를 제외한 모든 사회 체제는 잉여가치를 생산한다. 그러니까, 그 체제의 구성원들이 생산적인 삶을 사는 데 필요한 것 이상의 물질적 부를 생산한다는 말이다. 그런데 "자본주의의 독특성은 그 잉여 가치가 취하는 형태에 있다. 다른 사회 체제들은 잉여 가치를 전쟁, 공공연한 장식, 종교적 예전, 특권층의 유

지를 위해 사용한다. 자본주의도 부분적으로는 이런 목적들을 위해 사용한다.…하지만 그 독특성은 다른 데 있는데, 잉여 가치가 또 다른 잉여 가치를 얻는 수단을 만드는 데 사용된다는 점이다. 말하자면, 자본주의 하에서 '부'는 기계, 장비, 공장, 시설 등의 형태를 띤다는 것이다. 이 같은 잉여 가치의 조직적 사용은 과거 어느 사회에도 유래가 없다."[14] 바로 이런 특징이 자본주의의 폭넓은 영향력을 설명해 주는 핵심 요인임이 분명하다. 더욱이 지배적인 생산 양식이 산업일 경우에는 더더욱 그러하다.

(6) 공적 기관보다 사적 주체가 자본을 더 많이 소유하면 할수록 (다른 조건이 모두 같다고 가정할 때) 그 경제는 더 자본주의적이다. 사적 주체가 무엇이냐 하는 것(회사는 사적 주체일 터이지만, 협동조합이나 러시아와 동유럽 같은 사회주의 국가는 어떻게 되는가?)은 얼핏 보기보다 불분명하지만, 여기서 굳이 자세히 다룰 필요는 없을 것 같다.

우리는 이제까지 현대 세계체제의 경제가 다분히 자본주의적이라는 점을 설명하기 위해 자본주의의 구조에 관해 생각해 보았다. 하지만 근대화 이론과 세계체제론 간의 갈등을 깊이 이해하려면, 현대 자본주의 경제에는 **중심부**와 **주변부**로, 그리고 그 사이에서 완충 작용을 하는 **반(半)주변부**로 이루어진 수평적 구조가 있다는 점을 주목할 필요가 있다.

현재의 세계체제를 대충만 훑어 보아도 부(富)가 지리적으로 균등하게 배분되어 있지 않다는 사실을 알 수 있다. 더 중요한 사실은 **자본**이 균등하게 배분되어 있지 않을뿐더러, 오히려 극단적인 불균

등 상태에 있다는 점이다. 오늘날 자본이 가장 많이 축적되어 있는 곳은 북미와 북서부 유럽과 일본이다. 가장 많은 자본을 축적하고 있는 이 지역들이 세계체제의 중심부에 해당하며, 자본 축적이 가장 적은 곳은 주변부에 해당한다. 중심부는 자본집약적이고 첨단 기술과 고임금 중심의 생산을 특징으로 하고 있으며, 주변부는 주로 노동집약적이고 낮은 기술과 저임금 중심의 생산을 그 특징으로 한다.[15]

특정 지역들을 **중심부**라고 부르는 이유는, 그들이 가장 많은 자본을 가지고 있어서라기보다는 이 체제에서 경제적 목소리와 권력 면에서 우위를 점하고 있기 때문이다. 물론 이것이 자본 집중의 결과인 동시에 원인인 것은 사실이다. 중심부는 주변부와 반주변부를 지배하고 있다. 혹은 뒤집어 말하면, 주변부가 중심부와 반주변부에 그리고 반주변부는 중심에 종속되어 있다고 할 수 있다. [이와 동일한 논점을 주장하기 위해 어떤 저자들은 주변부와 반주변부를 **의존적**이라고 묘사하는데, 이런 표현은 오도의 소지가 다분하다. 왜냐하면 중심부라고 해서 비(非)의존적(독립적)인 것이 아니라, 실은 모든 지역이 **상호**의존적이기 때문이다.]

이처럼 중심부가 주변부와 반주변부를 지배하는 현상은 부분적으로 법구조가 낳은 직접적 결과다. 자본주의의 근간을 이루는 것은 다소 미심쩍은 법체계다. 이 체계에 따르면, 한쪽이 어떤 사업에 노동을 제공하고 다른 쪽이 '생산 수단'의 형태로 자본을 제공할 경우, 후자는 자본을 제공했다는 이유로 그 사업의 정책을 좌우할 수 있는 법적 권리를 갖게 되고 사업으로 얻은 수익도 모두 차지하게 된다. 반면에 전자는 노동을 제공했다는 이유로 정책 결정이나 수익 면에서 아무런 권리도 갖지 못한다. 노동과 자본('생산 수단'의 형태로)이 만나는 곳이면 어디에서나 자본 측이 법적으로 보장된 권한을 확보하는 것을 볼 수 있다. 존 로크(John Locke)는 한 사람이 어떤 것에 대한 권한을 갖게 되는 것은 "그것에 자기 노동을 섞기" 때문이라고 주장했다. 자본주의는 이런 로크의 원칙에서 가장 동떨어진 경제 제도라고 할 수 있다.

현대 세계체제에서 자본의 불균등한 분포는 주변부 및 반주변부에 대한 중심부의 법적 지배권만 반영하는 것이 아니다. 그것은 **사실상의** 지배 또한 반영한다. 권한뿐 아니라 권력도 중심부에 집중되어 있다. 이 권력은 여러 얼굴을 가지고 있으며, 수세기에 걸쳐 그 성격이 변해 왔다. 오늘날 상당 부분 그 권력의 모습은, 중심부 이외의 지역에 있는 기업들이 간절히 원하는 기술들이 중심부에 속한 개인이나 회사들에 의해 독점적으로 소유되고 있는 현상이다. 그런데 또 하나, 우리가 눈여겨보아야 할 더 영구적인 지배 형태가 있다. 자본주의 하에서 노동자들이 자기가 몸담은 기업에서 수입도 얻고 목소리도 낼 수 있게 된다 하더라도, 그 권한은 어디까지나 전적으로 자본가와 맺는 계약에 달려 있는 것이지, 그 생산물에 자기 노동을 섞었기 때문이 아니다. 따라서, 협상 테이블에서 노동자가 약자의 입장에 있는 한, 그는 기업에서 나오는 수익의 배당 및 정책 결정과 관련하여 자본가의 손에 좌우되기 마련이다.

우리가 쉽게 추측할 수 있듯이, 현대 세계의 자본 분포에서 중심부와 주변부 간의 심한 불균형 상태는, 대체로 주변부에 속한 노동자들이 중심부 자본가들에 비해 오랜 세월 약자의 위치에 있었기 때문에 초래된 것이다(물론 원칙적으로는 다른 원인들도 있을 수 있지만). 주변부의 노동자들은 그 지역의 인구 과잉과 그로 인한 일자리 부족 때문에 불리한 처지에 빠질 때가 많다. 또한 그들은 기술과 훈련과 지식의 부족으로 불리한 입장에 놓일 때도 많다. 그러나 우리 서구인들은 그 외에도 과거 500년 동안 중심부 바깥에 있는(그리고 때로는 그 안에 있는) 노동자들이 거듭해서 약자의 위치에 처한 것은 자본가들의 무기 때문이었음을 상기할 필요가 있다. 남미 인디언들이 스페인 사람을 위해 값싼 금을 캐게 한 것은 바로 총이었다. 인디언들로 하여금 영국인을 위해 값싼 섬유를 생산하게 한 것도 총이었다. 살바도르 사람들에게 전 세계를 위해 값싼 커피를 생산하게 하고, 남아공의 흑인들로 하여금 값싼 금을 발굴하게 한 것도 총이었다. 유럽과 미국에 자본이 집중된 배후에는 이렇듯 화약과 정교한 고문, 그리고 수많은 감옥이 있는 것이다.

세계체제론의 특징은 이보다 한 걸음 더 나아가, 중심부의 주변부 지배는 자본주의 경제 확장에 필수불가결하다고 주장하는 것이다(특정 지역을 **중심부**라고 부르는 것은 곧 그 체제의 확장에서 중심적 역할을 한다는 뜻이다). 따라서 그들은 모든 지역을 똑같이 고도의 자본(및 소비재)을 갖춘 곳으로 개발하는 것은 현재의 자본주의 체제로서는 불가능하다고 생각한다. 근대화 이론은 참으로 잔인한 환상을 품고 있다. 월러스틴은 그 점을 이렇게 표현한다.

만일 우리가 자본주의 체제의 중심부와 주변부 간의 교환 관계를 고임금 생산품과 저임금 생산품의 교환으로 본다면, 그 결과 '불공평한 교환 관계'가 초래될 것이고…생산성을 고려할 때 중심부 국가에서 한 노동자가 한 시간에 생산한 상품을 구입하려면 주변부의 노동자는 여러 시간 동안 일해야 할 것이다. 거꾸로도 마찬가지다. 일차적인 고려 사항이 **이윤**이라면, 세계 시장의 확장을 위해 그와 같은 체제가 **반드시** 필요할 것이다. 그런 **불공평한** 교환이 이루어지지 않는다면, 노동 분업의 규모를 확대하는 것은 **수익성 있는** 일이 아닐 것이다. 그리고 그런 확대가 없이는 자본주의 세계경제를 유지하는 것도 수익성 있는 일이 아닐 것이다…[16]

여기서의 중심 논제를 구성하고 변호하는 구체적인 방법은 저자에 따라 다르다. 월러스틴 자신은 대단히 논란이 많은 '노동 가치설'을 견지하는 것 같지만, 저자들의 기본 생각은 이러하다. 부상하고 있는 중심부 지역의 판매자들은 시장을 넓히기 위해 노동자들에게 점점 더 높은 임금을 주어야 한다는 것을 안다. 그럴 경우 자연히 이윤이 줄어들 것이다. 이에 대해 중심부 지역의 판매자들은 기본적으로 세 가지 반응을 보인다. 노동 집약적 사업들을 임금이 싼 지역으로 옮기기, 자신의 지역에서는 자본 집약적 사업으로 전환하기, 중심부 지역 이외의 지역에서 자본 집약적 상품 시장을 넓히고 통제하려는 시도 등이다. 그러므로 이런 결론이 나온다. "이론적으로 모든 국가가 동시에 '발전하는' 것은 불가능하다. 이른바 '간격의 확대' 현상은 비정상이 아니라 세계경제가 작동하는 데 계속해서 필요한 기본 메커니즘이다. 물론 **일부** 국가들은 '발전하는' 것이 가능하다. 그러나 그렇게 일어서는 그 일부는 무너지는 다른 국가들을 밟고 일어서는 것이다."[17]*

지금까지 나는 우리가 현재 지구촌에 살고 있으며, 이는 여러 국가 및 다양한 민족과 더불어 하나로 통합된 자본주의 경제가 존재하는 곳이라는 나의 확신을 분명히 밝혔다. 그리고 근대화 이론가가 내놓은 그림보다는 세계체제 이론가가 내놓은 그림을 선호해야 한다고 주장했다. 뒤에서 나는 그 그림에 세부적인 묘사를 더할 예정이다. 하지만 우리가 현대인의 아픔—그리고 물론 승리까지—을 이해하려면, 근대화 이론가들이 철저하게 우리의 관심을 끌었던 그 근대성의 특징들을 모두 무시할 수는 없다. 그 대신 그것들이 가지고 있는 중요한 의미를 달리 해석할 필요가 있다. 그 특징들은 현재의 세계체제가 유럽에서 시작되어 지구를 한바퀴 도는 데 반드시 필요한 것이다. 그것은 수많은 근대 국가들과 결합한 이 자본주의 경제가 작동하는 데 반드시 요구되는 미시 구조적 특징들이다. 여기서 근대 국가란 엄격한 지리적 한계, 상세하게 규정된 시민권, 우리 삶의 모든 부문을 그 권위하에 두려는 속성 등을 특징으로 하는 국가를 말한다. 이제 나는 이 미시 구조적 특징 몇 가지를 간략히 살펴보고자 한다. 다시 한번 우리는 정도의 문제를 거론할 것이다. 근대성의 이런 미시 구조적 특징들이 근대의 세계체제 바깥에서는 전혀 알려지지 않은 것은 아니다. 사실은 여기저기에 뚜렷이 존재하고 있는 것을 볼 수 있다.[18] 오히려 우리 세계체제는 이런 특징들을 심화시키고 그것을 부추긴다고 말하는 편이 나을 것이다. 그래서 우리 체제가 이런 특징들이 희미하게 드러나는 지역을 인수하게 되면, 그것은 그 사회의 가장 밑바닥에 속한 이들의 삶까지 변화시켜 버린다.

---

* 이 책에서는 왜 중심부 국가가 지금과 같은 전환 정책을 쓰는가 하는 지극히 복잡한 문제를 다룰 수 없다. 또 어떤 지역으로 하여금 중심부 지역이 되게 해주는 구체적인 이점들을 개관할 수도 없다.

이런 근대성의 특징 가운데 가장 기본적인 것은 막스 베버가 **합리화된** 행위라고 부른 것으로서, 이는 전통의 역할을 상대적으로 크게 약화시킨 장본인이다. 모든 사회적 실존의 배후에는 습관이 자리잡고 있다. 어느 사회든 폭넓은 범위에 걸친 그 구성원들의 습관적 행위가 없다면 존립할 수 없다. 선택 행위란 언제나 이런 습관을 배경으로 이루어진다.[19] 전반적으로 볼 때 우리의 행위가 '원시' 사회 구성원들의 행위에 비해 덜 습관적인지 여부는 가늠하기 어렵다. 하지만 선택의 근거만은 상당히 바뀐 것이 분명해 보인다.[20] 전통 사회의 경우 그 구성원들은 행동 목표를 선택할 때 조상의 관행을 벗어나지 않는 것이 보통이며, 목표 달성을 위한 수단을 선택할 때에도 '언제나 해 왔던' 방식을 택하는 것이 일반적이다. 심지어는 그 목표를 달성하기 위해 더 나은 방법이 있는지조차 의문을 갖지 않는다. 또한 어쩌면 다른 목표가 더 적절하지 않을까 하는 의문도 제기하지 않는다. 전통 사회에서는 모델링(modeling)이라는 심리학적 메커니즘이 인간 행위를 좌우하는 중요한 요인이다. 선택을 좌우하는 것은 '다른 어떤 방식이 아니라 지금까지 해 왔던 방식'이다. "이것이 (누구와) 결혼하는 방식이다. 이것이 자녀를 키우고, 생계를 유지하고, 권력을 행사하고, 전쟁을 하는 방식이며, 다른 어떤 식도 아니다."[21]

봉건제 이후 유럽은 전통의 힘을 잃고 말았다. 사람들은 조상이 그어놓은 테두리 바깥에 스스로의 목표를 설정하고, '지금까지 해 왔던 방식'보다 더 나은 목표 달성 수단을 모색하기 시작했다. 인간 행위를 주로 지도하고 형성해 왔던 전통의 힘이 내리막길을 걷기 시작한 것은 16세기 초였다. 나는 종교개혁, 특히 칼뱅주의 분파가 그 내리막 현상에 크게 기여했다는 데 의심의 여지가 없다고 생각한다. 이와 어느 정도 관련성이 있는 사실은, 교회의 전통은 성경이 가진 규범적 힘을 결여하고 있다는 종교개혁가들의 주장이었다. 우리의 개인적 삶과 사회적 세계가 하나님의 말씀에 부합되게 개혁되어야 한다는 그들의 주장은 훨씬 더 적실하다. 베버가 말하듯이, 칼뱅주의자는 "삶의 모든 영역이 하나님의 뜻에 따라 합리적으로 계획되어야 한다"고 주장했다.[22] 개신교인들은 전통을 괄호 속에 묶어 버렸다. 기껏해야 그것은 어떻게 하나님의 말씀에 순종해야 하는지를 숙고할 때 고려할 만한 여러 사항들 중 하나에 불과했다.

합리화된 행위란, 전통에 따른 행위와 달리, 자기 목표를 달성하는 최선의 방법 혹은 어떤 목표를 설정해야 하는지를 다소 의식적으로 성찰하는 데서 생긴다. 그러한 행위는 현대 사회의 특징인데, 특히 우리가 **기술적으로**(technologically) **합리화된** 행위라고 부르는 것이 대표적이다. 이는 행위자가 목표 달성을 위한 최선의 수단을 판단할 때 이론화 작업의 결과를 이용하는 행위를 일컫는다. 누구든 목표 달성을 위한 최선의 길을 모색할 때, 다른 조건이 같을 경우, 자기가 얻을 수 있는 지식이라면 무엇이든 동원할 것이다. 현대 사회에 사는 우리들은 **이론적** 지식이 그런 의사 결정에 적실하다는 것을 거듭해서 발견하였다. 즉 우리는 테크놀로지의 가치를 발견했다. 애초에는 기술적으로 합리화된 행위가 주로 새로운 자연 과학을 이용해서 물리적 성격을 바꾸는 것을 지향했었다. 그런데 금세기에 사회 과학이 발달하면서, 그것은 또한 사회적 관행과 제도를 바꾸는 방향으로도 나아갔다. 이제는 심리학이 부상하면서 개인의 심리적 역학을 변화시키는 쪽으로도 향하고 있다.

지금 우리는 경험 과학과 수학을 기술적으로 이용하는 데 아주 익숙해져서 그것이 얼마나 놀라운 것인지를 잊어버렸다. 고대인들과 중세인들은 세상을 변화시키는 일에서의 유용성으로 과학의 가치를 따지지 않았다. 그들에게 이론은 명상을 위한 보조물이었을 뿐이다. 그들은 이론을 통해 우주의 구조를 인식하게 되었다. 이론은 사물의 질서를 지혜롭게 성찰하도록 도와준다는 면에서 가치가 있었다. 반면에 우리에게 과학과 이론의 주된 가치는 그것이 우리 자신과 사회적 세계와 자연 세계를 변화시키는 데 유용하다는 데 있다.[23]

현대 사회의 미시 구조가 지닌 두 번째 특징은 사회학자들이 일컫는 바 고도의 **분화**에 있다. 분화에는 두 가지 형태가 있다. 사회적 역할의 분화와 제도 및 조직의 분화가 그것이다. 현대 세계에서 부모의 역할은 소규모 사업 운영자의 역할, 교회 일원의 역할, 학교 이사회 이사장의 역할, 동네 반상회 회원의 역할과 각각 구별된다. 그리하여 한 개인이 맡은 여러 역할의 조합은 사회의 다른 구성원이 가진 조합과 다르다. (사회적 역할의 분화는 일터를 훨씬 뛰어넘는 것이 분명하지만, 그 가운데 한 측면은 소위 노동의 분업이다.[24]) 이에 비해, 전통 사회에서 역할의 분화는 최소한의 수준에 머문다. 전통 사회에서도 물론 엄청나게 많은 역할을 구별할 수는 있지만, 그 역할들을 서로 다른 조합으로 묶는 것은 우리 사회와 비교가 안 될 정도로 어렵다. 그러니까 훨씬 쉽게 몇 개의 덩어리로 묶여진다는 말이다.

이와 같은 역할의 분화에 상응하는 것이 사회 제도 및 조직의 고도 분화다. 아마도 어떤 이는 **다원화**(pluralization)라고 부를 것이다. 전통 사회에서는 뚜렷하게 구별되는 제도와 조직의 수가 최소한에 머물렀다. 우리 사회는 그 수가 엄청나다. 철학자들이 별개의 조직을 만들기 시작하고, 이어서 과학 철학자들이, 또 사회 과학을 전공한 철학자들이, 또 가톨릭 철학자들이 별개의 조직을 만든다. 그 결과 제도 및 조직의 엄청난 다원화가 이루어진다.*

근대 세계체제의 미시 구조가 지닌 세 번째 특징은 비교적 낮은 수준의 **귀속주의**다. 귀속주의는 사회의 구성원이 다양한 역할이나 제도와 연결되는 방식과 관련이 있다. 전통 사회에서는 개인이 담당하는 사회적 역할들이 대체로 자기가 통제할 수 없는 특성에 의해 그에게 귀속된다. 한 사람의 역할은 그의 성별, 출생지, 부모의 사회적 지위 등에 의해 결정된다. 이와 반대로, 근대 세계체제에서는 그런 귀속주의가 급격히 약화된 나머지, 아직도 남아 있는 성차별과 인종차별 같은 것이 훨씬 잘 주목을 끌게 되고 분노를 불러일으키기도 한다. 이처럼 귀속주의가 줄어든 현상은 사회적 역할 구조와 그 구조에 속한 구성원 사이에 상당히 느슨한 관계가 조성된 것에서 드러난다. 이런 느슨함은 구성원에게 선택의 여지를 부여한다. 비교적 비귀속적인 세계체제 안에서 특정 국가의 전체주

---

* 이 점과 관련하여 현대 세계체제에서 가장 두드러진 조직 유형 하나를 눈여겨볼 필요가 있다. 그것은 과거 세계제국에서 두드러졌던 것으로서, 이른바 관료적 행정 조직이다. 고도의 역할 분화는 관료 조직의 본질에 속한다. 거기에는 수평적 분화뿐 아니라 수직적 분화도 있는데, 전자는 우리가 관공서에 가서 무언가를 문의하면 우리의 사안을 다룰 권한을 가진 담당자는 저 끝에 앉아 있는 사람이라는 소리를 들을 때 경험하게 되고, 후자는 우리를 담당하던 공무원이 자기 상관에게 가 보라고 얘기할 때 경험하는 것이다. 베버가 아주 정교하게 전문화되고 일반적인 절차 규정을 가진 관료제를, 기술 다음으로 합리화된 행위의 결정판이라고 여겼던 것은 잘 알려진 사실이다.

적 성향이 강하면 강할수록, 사람과 역할을 연결시키는 방식은 행정적인 명령에 의해 좌우될 가능성이 더 높아진다. 반대로 자유주의적 성향이 강하면 강할수록, 한 사람과 역할의 연결이 본인 자신에 의해 이루어질 가능성이 더 높다(물론 이런 유의 개인적 자율성에는 한계가 있다. 귀속주의의 중요성이 약화되면서 한 사람이 그 역할을 잘 수행할 수 있을지를 따지는 기능적 고려가 더 중요해졌다).*

근대 세계체제의 미시 구조가 갖는 네 번째 특징은 이제까지 내가 지적한 여러 특징들의 저변에 깔려 있는, 사회적 세계의 구조와 그 문화적이고 동기 유발적인 맥락 사이의 상호 관계와 관련이 있다. 내가 염두에 두고 있는 특징은 사회학자들이 **가치 일반화**(value generalization)라 부르는 것이 고도의 수준에 도달했다는 점이다. 전통 사회에서는 한 개인의 권리와 의무가 그 사람의 다양한 사회적 역할들과 거의 전적으로 연결되어 있다. 이에 비해, 우리는 그 사람의 역할과 상관없이 대체로 **한 인간으로서의** 의무와 책임을 중요시한다.

윤리적 보편주의가 상당한 정도로 전통 사회의 윤리적 특수주의를 대치했다. 이는 미국의 독립선언서 서문에서 유엔의 세계 인권 헌장에 이르기까지, 우리에게 너무나 익숙한 인권 조항들로 표

---

* 한 국가가 이런 연결과 관련하여 그 구성원들에게 더 많은 자유를 주고 또 그 지역의 제도적 구조가 고도로 분화할수록, 그 지역은 사회학자들이 **협회주의**(associationism)라 부르는 성향을 더 많이 드러내게 될 것이다. 협회주의란 개인의 선택에 따라 어떤 기관과 조직에 회원으로 가입하는 현상을 일컫는다. 전통 사회에는 이런 현상이 거의 없었다. 즉 한 개인이 스스로 결정을 내려 어떤 사회 기관이나 조직의 일원이 된 경우가 아주 드물었다. 반면에, 현대 서구 사회에 사는 우리는 스스로 선택을 해서 여러 기관과 조직의 회원이 된다.

현된다. 또한 일반적 법 조항과 만인이 법 앞에서 평등하고 아무도 위에 있지 않다는 주장 등의 형태로 표현된다. 또 개인을 인종, 피부색, 종교, 성, 나이, 사회적 신분, 부에 따라 차별하는 것을 금지하는 것으로도 표현된다. 이와 비슷하게, 명예를 이상(理想)으로 삼던 것이 존엄성을 이상으로 삼게 된 현상도 그런 예에 속한다. "근대적 의식은 인간 존엄성과 양도할 수 없는 권리를 가진 주체를 독존적 자아(solitary self)로 보았다는 점을 이해하는 것이 중요하다." 이는 「본향을 잃은 마음」(*The Homeless Mind*)이란 책의 저자들이 시대에 따른 이상의 변천을 다루면서 한 말이다. 그러고는 이렇게 말을 잇는다.

> 명예와 달리 존엄성은, 언제나 사회적으로 부과된 역할이나 규범을 모두 벗어버린 인간 그 자체와 관련이 있다. 그것은 한 개인의 사회적 지위와 상관없이 그 사람 자체와 연관된 것이다…
> **명예라는 개념은 정체성이 본질적으로, 혹은 적어도 중요한 부분에서, 제도적 역할과 연계되어 있음을 의미한다. 이와 반대로, 존엄성이라는 근대적 개념은 정체성이 본질적으로 제도적 역할과 상관이 없음을 의미한다.**[25]

하지만 우리는 가치 일반화가 근대 세계체제를 장악하고 있는 정도를 과장해서는 안 된다. 흔히들 충성의 윤리(ethics of loyalty)라고 부르는 것이 완전히 대체된 것은 아니며, 우리 가운데 그렇게 되기를 바라는 사람도 없다(우리는 모두 자기 자녀를 대할 때, 그 아이가 **자기 자식**이라는 이유로 다른 아이들과는 달리 대해야 한다는 데 동의할 것이다). 나중에 살펴보겠지만, 근대 세계에서 두각을 나타낸 민족주의는 이런 가치 일반화의 추세를 거스르는 하나의 확실한 예외라 볼 수 있다.

요컨대, 근대 세계체제의 역학이 작동한 곳을 보면, 대부분의 이전 사회들과 비교해서, 그 미시 사회 구조에서 다음과 같은 기본적 특징들이 나타난다. 합리화의 증대, 분화의 증가, 귀속주의의 감소, 가치 일반화의 증대 등이다.* 여기서 구체적인 논증을 할 수는 없지만 내가 주장하고 싶은 바는, 그런 특징들이 근대 세계체제가 이전 사회 구조들을 수정하는 작업의 모든 측면에서 반드시 수반된다는 점이다. 물론 그렇다고 그 체제 자체를 퍼뜨리고 심화시킨 직접적 요인들 이외에 이런 미시 구조의 출현에 기여한 다른 요인들이 없다는 뜻은 아니다. 이를테면, 최초의 칼뱅주의자들은 전통의 역할과 여러 유형의 귀속주의가 축소된 사회를 선호했던 것이 분명하다. 즉 그들은 사회적 분화와 가치 일반화가 증대된 사회를 지향했다. 만일 왈쩌의 주장이 옳다면, 칼뱅주의자의 그런 입장이 근대 체제의 출현에 중요한 역할을 했다고 볼 수 있을 것이다. (그들이 근대 국가나 자본주의의 핵심 특징들과 같은 것을 옹호했는지 여부는 물론 별개의 문제다. 그것들을 직접 옹호했다기보다는 그 출현에 간접적으로 기여했을 가능성이 높다.)[26]

앞서 시사했듯이, 그 새로운 세계체제는 대체로 사람들에게 강제로 부과되었다. 먼 곳에 살던 사람들이 바닷가에 서서 유럽 사람들에게 사회 개혁의 산물들을 소개해 달라고 손짓했던 것이 아니

---

* 사회의 미시 구조에 나타나는 네 가지 주요 특징들 가운데 합리화의 증대가 가장 기본적이다. 전통을 떠나 진정한 역사에 합류하도록 이끈 추진력이 무엇이든 간에, 결과적으로 그 행위를 특징짓는 것은 합리화의 증대이기 때문이다.

다. 비교적 최근의 기록을 보면, 1793년에 중국 황제가 잉글랜드 왕 조지 3세에게 이런 서신을 보냈던 것으로 나와 있다. "그대의 대사가 직접 눈으로 볼 수 있듯이 우리는 모든 것을 소유하고 있습니다. 나는 이상하거나 색다른 물건에 아무런 가치도 두지 않으며, 그대의 나라가 만든 제품을 사용할 필요도 없습니다."[27] 유럽 사람들이 처음 동양과 접촉할 때 가지고 있었던 이점은, 대양을 가로지를 수 있는 더 좋은 배와 무기였다고 알려져 있다.[28]

그럼에도 나는, 이 새로운 체제에 인류를 현혹시킬 만한 그 무엇, 그것을 맛보면 깊은 만족감을 느끼게 되는 그 무엇이 있다는 점을 부인할 수 없다고 생각한다. 만일 그렇지 않다면 그 체제는 이미 오래 전에 사라지고 말았을 것이다.

인류 역사를 살펴보면, 인간에게는 물리적 환경이 채워 주지 못하는 욕망이 있었음을 알 수 있다. 배가 고파도 먹을 양식이 없었다. 장수를 하고 싶어도 서른 살에 죽음을 맞이했다. 자식을 사랑하는 마음으로 그들이 오래 살기를 기대했지만 그들 중 절반은 어린 나이에 죽고 말았다. 새처럼 날고 싶었으나 꼼짝없이 땅에 붙어 있었다. 인생은 정말 눈물 골짜기임을 절감했다. 이런 경험에 반응하여, 인간은 도무지 채워질 소망이 없는 욕망의 일부를 없애는 법을 배웠고, 없앨 수조차 없는 욕망의 그늘 아래서 근근이 불행한 인생을 영위해 왔다.

그런데 근대 세계체제는 눈부신 대안을 가지고 모든 인간을 유혹하며, 많은 이들에게 만족감을 선사한다. 깜짝 놀랄 정도로 우리는 물리적 환경을 변화시키는 법을 배웠고 옛부터 내려온 욕망들을 채울 수 있게 되었다. 과거에는 채워질 수 없는 욕망으로부터 자유롭기 위해 그 욕망 자체를 없애야 했지만, 이제는 그것들을 **충족시킴으로** 자유를 얻기에 이르렀다. **정복에 의한 자유**(freedom by mastery)라는 것이 급속도로 퍼져나갔으며, 그것이 곧 근대 세계체제의 위대한 승리였다. 이것이 이 체제의 가장 강력한 매력이요 가장 깊은 만족감을 주는 부분이다. 물론 이 체제는 일부 욕망을 채워 주는 동시에 다른 욕망을 자극하기도 한다. 이런 새로운 욕망 가운데 일부는 거꾸로 더 많은 자연을 정복함으로써 충족되고, 그것은 또 다른 욕망을 불러일으키는 식으로 계속 이어진다. 그리하여 행복감은 계속 줄어들게 된다.

    근대 세계체제가 이룩한 또 하나의 공로 혹은 승리가 있는데, 이 역시 많은 이들을 유혹하고 그 가운데 일부를 만족시킨다. 우리는 근대 세계체제의 유입이 귀속주의의 급격한 약화와 가치 일반화의 급격한 증대를 낳았다는 점을 살펴보았다. 종종 근대 국가는 전체주의적 경향을 띠게 되었고 그렇지 않았더라면 이런 변화가 가져다주었을 여러 자유를 사전에 막아 버렸다. 한때는 아버지가 농부라면 그 자식의 직업도 농부로 확정되었던 시절이 있었지만, 지금은 세상의 여러 지역에서 그러한 사항들이 일부 관료의 명령에 따라 확정된다. 모든 곳이 그런 것은 아니며, 특히 서구는 전혀 그렇지 않다. 서양에서는 대체로 본인의 선택에 의해 결정된다는 면에서 **자기 진로 결정의 자유**가 놀랄 만큼 증대했다고 말할 수 있다. 사회 구조에 의해 자기 인생의 진로를 정할 수 있는 자유가 주어진 것이다. 자연과의 관계에서는 정복을 통해 자유를 획득했다. 사회 구조와의 관계에서는 자기 진로에 대한 자유를 획득한 셈이다.[29)]
자기 진로에 대한 자유의 증대가 얼마나 강력한 유혹인지를 알려면, 1980년도와 1981년에 폴란드 전역에서 일어난 솔리대리티(Solidarity) 운동의 급격한 부흥을 관찰하면 된다. (내가 이 책을 쓰고 있는 시점은 1981년 12월 3일에 군사 정권이 솔리대리티를 분쇄한 지 두 달이 지난 때다.)

정복에 의한 자유의 확대와 자기 진로 결정의 자유 확대, 이 두 가지가 근대 세계체제가 지닌 근본적인 가치라고 나는 주장한다. 이 둘은 함께 우리 선택의 폭을 크게 넓혀 준다. 만일 근대 체제가 낳은 슬픔을 상쇄시킬 만한 보상이 있다면, 이처럼 선택의 폭이 놀랍게 확대된 데서 찾아야 할 것이다. **적어도 일부의 경우는.** 바로 이 점이 새로운 체제가 직면한 가장 큰 도전일 것이다. 선택의 폭의 확대는 어이가 없을 정도로 불균등하게 분포되어 있다. 그로 인한 혜택의 불평등한 분배가 체제 전체에 만연되어 있다. 그런데 인류의 가슴 속에는 선택의 확대를 갈구하는 마음만큼이나 평등에 대한 갈망도 강하게 배어 있는 것이 아닐까? 불평등은 언제나 충분한 근거를 제시해야 하다. 평등은 스스로를 변론한다.

오늘날 우리 세계를 깊이 갈라놓는 가장 큰 딜레마는, 인간의 마음속에 자리잡은 이 두 욕망을 모두 만족시킬 만한 사회 체제를 고안해 내지 못하는 우리의 무능함 혹은 고안해 내기를 거부하는 자세에 있다. 서구는 불평등이라는 값을 치르고 자유를 선택함으로써, 경제적으로 가난한 이들을 가난의 굴레 속에 방치하였다. 동구는 자유라는 값을 치르고 평등을 선택함으로써, 정치적으로 무력한 자들을 전제 정치의 불평등한 횡포에 방치하였다.

부록: 종교 다원주의와 세속화

지금까지 내가 언급하지 않은 근대 사회의 구조적 특징 가운데 하나는 협회주의의 발생과 귀속주의의 퇴조로 인해 생겨난 **종교적 다원주의**다. 또 그런 다원주의의 자연스런 결과인 **세속화**에 대해서도 전혀 언급하지 않았다. 그 이유는, 근대 세계체제의 확장 및 심화와 종교 다원주의의 발흥 사이에 어느 정도의 연관성은 있으나, 앞에서 다룬 다른 현상들의 경우에 비하면 그 연관성이 훨씬 적다고 판단했기 때문이다.[30] 그럼에도 불구하고, 그 현상이 이 책의 주제와 상관성이 있으므로 여기서 몇 마디 언급하고자 한다.

　최초 칼뱅주의자들은 근대 사회의 여러 특징에 대해서는 공공연하게 옹호했지만, 종교 다원주의에 대해서는 반대하는 입장이었고, 이 점은 주류 개신교 모두가 마찬가지였다. 물론 초기 개신교도들은 자신들의 행동이 사실상 유럽 사회 전체에 종교 다원주의를 끌어들였다는 점을 충분히 인식하고 있었지만, 그것이 그들의 의도는 아니었다. 그들은 한 시민 사회 속에 여러 종교가 있는 것을 바람직하게 생각한 것도 아니고 또 기대한 것도 아니었다. 아니, 실은 그렇게 되지 않도록 치열하고, 가혹하게, 때로는 피를 흘리며 싸웠다. **제후의 영지 내에서는 제후의 종교를 따른다**(*Cuius regio, eius religio*). 그들은 그 전쟁에서 졌다. 종교 다원주의가 유럽의 개신교 국가들 **가운데** 그리고 그 **내부**에 도입되었다. 그 결과 종교는 근대 사회 체제의 여러 영역에서 선택의 문제가 될 수밖에 없었다. 반면에 전통 사회에서 종교는 본인의 선택 사항이 **아니었다**. 그것은 본인의 사회적 정체성을 규정하는 것으로, 이미 주어진 것이었다.

피터 버거(Peter L. Berger)는 종교 다원주의의 사회적 결과들과 관련하여 여러 권의 통찰력 있는 책을 썼다. 그 가운데 우리 주제와 중요한 관련이 있는 것을 두 가지만 지적하고 싶다. 하나는, 종교 다원주의의 출현이 세속화 현상을 잘 설명해 주고 있다는 점이다. 세속화로 인해 종교는 공공의 의식 세계에 대한 영향력을 상당 부분 상실해 버렸고 그리하여 종교 기관들도 사회에서 목소리를 많이 잃고 말았다. 이에 대해 버거는 이렇게 설명한다.

> 종교적 세계관은 실재에 대한 여타의 해석과 마찬가지로 사회적 지지에 의존하고 있다. 그 지지가 좀더 통합되고 든든한 것일수록 그런 관점은 의식 세계 속에 더 확고히 자리잡게 된다. 전형적인 근대 이전의 사회는 종교가 개인에게 객관적 확실성을 갖도록 환경을 조성한다. 반면에 근대 사회는 종교에게서 당연시되던 지위를 앗아가 버림으로써, 그것을 탈(脫)객관화시키고 사실상 주관화시켜 이런 확실성을 약화시킨다.[31]

뿐만 아니라, 한 사회가 종교적으로 다원화되면, 종교는 이제 더 이상 공통된 정당화 구조와 실재관을 제공함으로써 전체를 하나로 묶어 주던 역할을 하지 못하게 된다. 따라서 더 이상 공적 담론의 궁극적 토대로서의 역할도 할 수 없게 되고, 사적 영역의 일부로 전락해 버린다.

근대 정치 제도 내에서 종교의 존재는 전형적으로 이념적 수사학의 문제이지만, 이와 반대되는 '축'과 관련해서는 그렇게 말할 수 없다. 가정 및 가정과 밀접히 연관된 사회적 관계의 영역에서는 종교가 계속해서 상당한 '실재'로서 영향력을 발휘한다. 즉 일상적 사회 활동의 영역에서는 종교가 계속해서 사람들에게 동기를 부여하고 해석의 잣대로 작동한다.····그런 사적인 종교성이 개개인들에게는 아무리 '실재적'이라 할지라도, 그것은 더 이상 고전적인 종교의 임무를 수행하지 못한다. 예전처럼 만인을 대상으로 모든 사회 생활에 궁극적 의미를 부여해 주는 역할, 곧 공통된 세계를 구축해 주는 임무는 수행하지 못하는 것이다. 그 대신 이런 종교성은 사회 생활의 몇몇 측면에 국한되어 근대 사회의 세속화된 부문들과 절연시키는 결과를 가져온다. 사적인 종교성에 담보된 가치관은 사적 영역을 제외한 다른 제도적 맥락에서는 일반적으로 적실성을 갖지 못한다. 예를 들어, 어떤 사업가나 정치인이 가정 생활에서는 종교적으로 정당화되는 규범을 충실히 따를지 몰라도, 공적 영역에서 업무를 수행할 때는 종교적 가치관과 전혀 상관없이 행동할 수 있다···.

앞에서 언급한 '양극화'가 미치는 전반적 영향은 대단히 미심쩍다. 종교는 공적 수사학인 동시에 사적 미덕으로 스스로를 증명한다.[32]

그렇다면 예전에 종교가 담당했던 역할, 곧 실재를 해석하고 삶을 정당화시켜 주던 역할을 대신해 주는 그 무엇이 근대 사회에 있는가 하는 의문이 자연스레 떠오른다. 이에 대해 계몽주의는 이성과 더불어 그 자식인 과학이 그 역할을 **능히** 해낼 수 있다고 주장했다. 반면에 뒤르케임(Emile Durkheim)은, 면밀히 관찰해 보면 종교는 여전히 그 역할을 수행하고 있음을 볼 수 있다고, 단 그것이 지금은 금세 알아채기 힘든 새로운 모습을 입고 있다고 주장했다.

그것은 곧 **시민** 종교를 의미하는데, 이는 여러 공식적인 종교들의 공존에 대한 불편한 관계를 반영하는 것이라고 한다. 나는 뒤르케임의 주장이 옳다고 생각하며, 여기서 근대 사회 질서에서 작용하였던 국가에 대한 깊은 충성심을 이해할 수 있는 여지가 있다고 본다. 이 주제에 대해서는 5장에서 다룰 생각이다.

3장 · 리마인가 암스테르담인가?: 해방인가 재현인가?

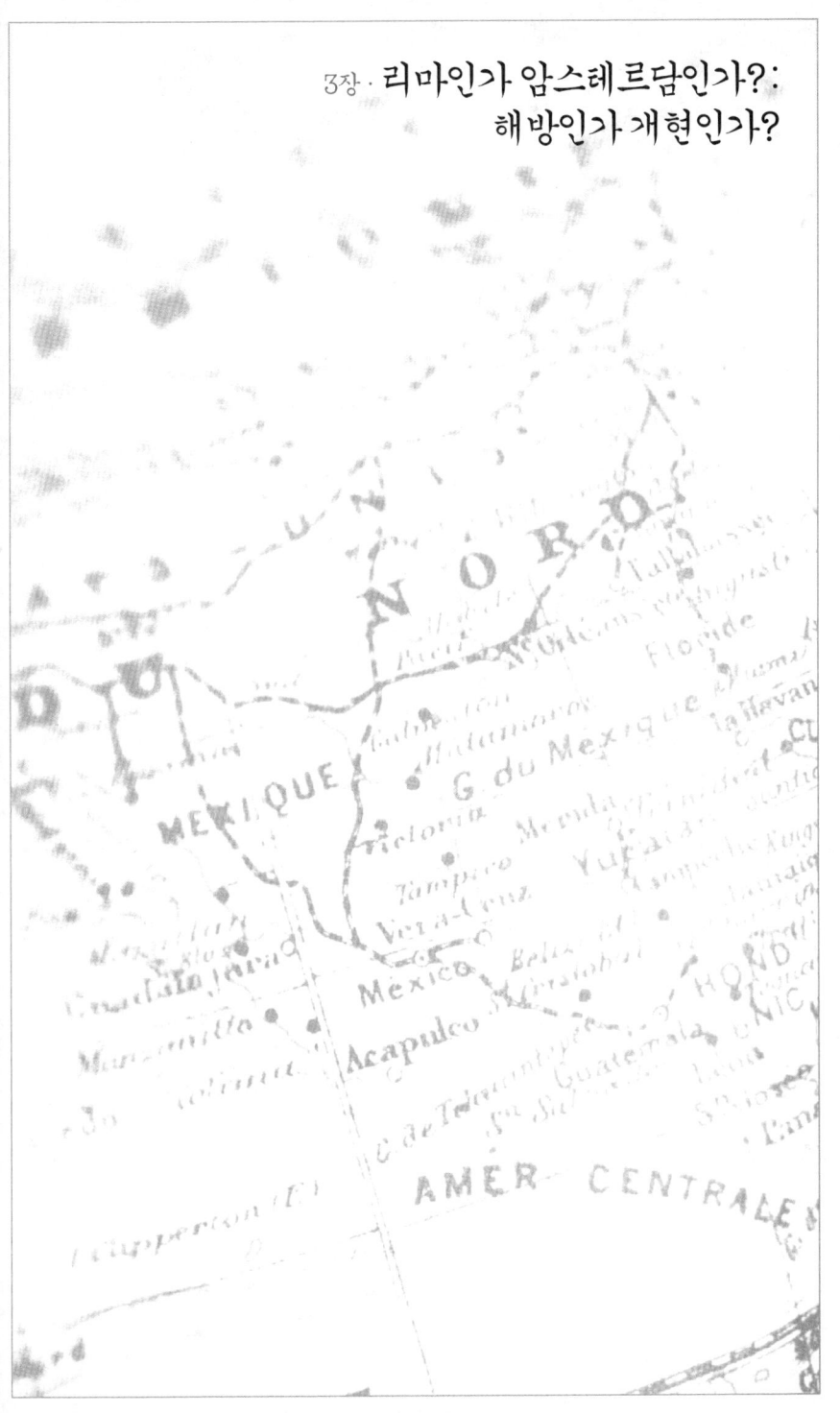

현대 세계는 눈부신 승리로 가득 찬 세계다. 이 세계 안의 많은 사람들이, 앞 장에서 언급한 것처럼, 선택의 폭이 놀랍게 확대되는 것을 실제로 경험했다. 동시에 이 세계는 슬픔으로 가득 찬 세계이기도 하다.

먼저 **불의로 인한 슬픔**이 존재한다. 오늘날 광대한 영역에 걸쳐 선택의 기회를 누리는 이들과 함께 계속해서 가난에 허덕이는 수십억 인구, 날마다 정치적 테러, 고문, 횡포에 시달리는 수백만의 인구가 공존하고 있다. 그런데 종종 그들이 받는 억압이, 커다란 자유를 누리는 시민들이 속한 정부에 의해 영속되거나 지지된다는 데 문제가 있다.

잘못된 가치관으로 인한 슬픔도 있다. 자연 정복과 사회 개조를 통해 채우고자 하는 우리의 욕망은 심히 왜곡된 경우가 비일비재하다. 해마다 천문학적인 돈이 동료 인간들을 위협하고 죽이는 군비에 소비된다. 그에 못지않게 부자들이 터무니없는 사치품을 사들이는 데 쓰는 돈도 엄청나다.

이에 더하여, 우리의 사회 질서가 초래하는 불행도 적지 않다. 그것을 **원치 않은 결과로 인한 슬픔**이라 부르자. 전통의 파괴, 공동체의 파괴로 인해 초래되는 뿌리에 대한 의식, 지지감 및 소속감의 상실, 자신의 사회적 역할 및 세계관과 관련하여 끊임없이 선택을 해야 하는 당혹감과 고뇌, 일을 하되 내면의 만족 없이 가족을 부양하기 위한 수단으로서만 할 때 따르는 지겨움, 관료제의 과도한 간섭으로 인한 자유의 상실, 모든 부문에 걸쳐 합리화된 삶이 초래하는 삭막한 환경 등이 그러한 슬픔이다.

이와 더불어 중심부에 살고 있는 우리가 너무나 뼈아프게 절감하는 문제, 곧 우리가 만든 이 사회 체제를 유지하고 방향을 설정하는 데 위협이 되는 여러 요인들도 있다. 우리가 함께 살아가는 데 바탕이 되는 틀, 곧 우리 경험을 해석해 주고 우리 행동을 정당화해 주는 공통된 신념의 틀이 점점 사라지고 있고, 그것이 국수주의적 민족주의로 전락하는 경우도 적지 않다. 사회 질서에 필수적인 배경을 제공해 주는 자연 세계가 환경 오염과 자원 착취로 인해 그 한계를 드러내고 있다. 한마디로, 우리의 현 체제는 우리도 모르는 혹은 통제할 수 없는 방향으로 치닫고 있는 것이다.

이것이 바로 우리가 손수 만든 세상이다. 특권층만 만족을 누릴 수 있는 세상이다. 이제 우리가 생각해야 할 문제는 그리스도인은 이런 세상에서 어떻게 살아야 하는가, 그리고 그런 문제를 인식하는 다른 이들은 또 어떻게 행해야 하는가 하는 것이다. 이와 같은 세상에서 우리는 무엇을 **과제**로 삼아야 하는가? 이런 문제들을 다루려면 그 배경이 되는 주제, 곧 우리 사회에 대한 그림이 인생과 실재를 바라보는 기독교적 관점과 어떻게 연결되는지도 성찰해 보아야 할 것이다. 이 모든 것이 어떻게 논리 정연하게 맞아떨어질 수 있을까?

나는 이런 문제를 바닥에서부터 생각하기보다 세계 형성적 기독교를 가장 훌륭하게 변형시킨 현대의 두 사조, 곧 **해방 신학**과 **신(新)칼뱅주의**로부터 무엇을 배울 수 있는지 살펴보는 게 좋을 듯하다. 전자는 주로 남미의 가톨릭에서 유래한 것이고, 후자는 19세기 말과 20세기 초 네덜란드에서 발생한 것이다. 이 둘을 선택한 이유는 양자 모두 역사와 사회에 대한 포괄적인 기독교적 관점을 가지고 현대 사회를 날카롭게 분석했기 때문이다. 오늘날 사회 문제에 대한 기독교적 접근을 보면 흔히 현대 사회에 대한 분석과 포괄적인 기독교 관점 가운데 어느 하나가 혹은 둘 다 빠져 있는 경우가 비일비재하다. 그런 경우 그 분석은 아주 피상적이 되거나 그 관점이 크게 위축되기 쉽다. 이제 우리는 이 두 사조 사이에 몇 가지 기본적인 유사성과 함께 근본적인 차이도 있다는 것을 보게 될 것이다. 이를 살펴보면서 우리는 여러 부분에서 자신의 입장을 선택하지 않으면 안 될 것이고, 이런 의사 결정 과정을 통해 몇 가지 중요한 쟁점을 분명히 파악하게 될 것이다.

여기서 나는 이 두 운동의 사회 사상에 대해 포괄적으로 설명하려는 것이 아니라 그로부터 기독교 사회 사상의 두 가지 유형을 끌어내려는 것인 만큼, 두 입장을 대표하는 대변인들에게 초점을 맞추고자 한다. 해방 신학에 대해서는 주로 구스타보 구티에레즈(Gustavo Gutiérrez)에게, 신칼뱅주의의 경우는 헤르만 도여베르트(Herman Dooyeweerd)와 봅 하웃즈바르트(Bob Goudzwaard)에게 각각 초점을 맞춘 생각이다. 이는 다름 아니라 막스 베버가 '이념형'(ideal-type) 분석이라 부른 방식이다. 하지만 우리는 추상적으로 다루기보다는 그 이념형에 가장 가까운 인물들이 만든 공식들을 고찰할 것이다.

해방 신학자의 사상을 파악하기 위해 먼저 그들이 시작한 그 지점에서 시작해 보자. 즉, 구원을 갈구하는 고난받는 인간의 울부짖음에서, 아니 좀더 구체적으로 초점을 맞추자면, 기존 사회 질서로 인해 불행해진 자들의 울부짖음에서 출발하자는 것이다. 해방 신학자들이 질병, 불안 혹은 기타 전염병으로 인한 고통에 무관심한 것은 아니지만, 그들은 주로 세상에서 가난한 자, 배고픈 자, 목소리를 내지 못하는 자, 탄압당하는 자들에게 관심을 가진다. 그리고 그들이 제3세계에 살고 있는 만큼 그 지역에서 들려오는 울부짖음을 가장 분명히 듣게 된다.

　이 땅의 비참한 자들이 외치는 울부짖음 때문에 성찰에 임하게 되는 해방 신학자들은, 그 불행의 원인과 관련하여 이미 어떤 결론을 내리고 시작하는 것을 볼 수 있다. 세상의 다른 자들—자기 나라의 일부 지역과 현 세계체제의 중심부에 살고 있는 수많은 사람들—은 아주 부유하고 많은 권력을 쥐고 있는데 왜 이들은 그토록 비참한 것인가? 이에 대한 전통적인 대답—제3세계의 사회에는 구조적으로 발전을 저해하는 요인이 있다—은 그들도 알고 있지만, 그것을 완전한 정답으로 받아들이지 않는다. "남미는 자본주의 국가들의 지배에서 해방되어야만 진정한 발전이 있을 것이다. 여기에는 물론 그들의 자연스런 동맹군인 자기 나라의 소수 독재자들과 최종 대결을 벌여야 한다는 의미가 함축되어 있다."[1] 이는 구티에레즈의 말이다. 요컨대, 해방 신학자들은 제3세계의 저개발에 대해 단연코 세계체제론적 해석을 선택하며, 그것이 중심부의 주변부에 대한 착취로 말미암는 측면이 많다고 보는 것이다.

　그들은 제2차 세계대전 이래 자기 나라에서 여러 개발 프로그램이 시행되는 것을 보았으나, 어느 것도 민중들의 불행을 해소하지 못하는 현실 또한 목격했다. 결과는 언제나 제3세계 소수 권력자들이 치부하고 중심부가 한층 더 발전하는 것이었다. 그 개발의 혜택은 대중에까지 내려오지 않는다. 굶주림과 가난이 여전히 일상의 현실이다. 민중이 불행해지는 가장 중요한 원인의 하나는 그들이 자본주의 세계 경제의 주변부에 속해 있어서 중심부와의 교역에서 언제나 패자의 위치에 선다는 데 있다. 주변부에 만연한 억압적인 정치 구조 역시 이런 결과를 보장하는 메커니즘의 하나다. 테러와 침묵은 굶주림 및 가난과 손을 잡는다.

요컨대, 민중의 불행에 대한 해방 신학자들의 분석에 따르면, 그들은 세계체제의 중심부와 자기 나라의 소수 강력한 권력자들에게 착취당하고 있다. 한마디로 그들은 **피해자**라는 말이다. 이런 분석의 결과 해방 신학자들은 울부짖는 자의 편에 서서 그들을 억압하는 자에게 대항하게 된다. 그들은 민중과의 연대를 선포하고, 그 선포를 실행에 옮겨 최선을 다해 억압에서 해방시키는 일에 헌신한다. 이론화 작업은 공공연히 불행한 자들을 위해 수행된다. 그들은 그 땅의 비참한 자들에게 목소리를 찾아 주고 싶어한다. 그들의 이론은 일종의 **실천 지향적** 이론이다. 그들의 신학 역시 "세상에 대한 성찰에 멈추지 않고 세상이 변혁되는 과정의 일부가 되려고 애쓴다."[2]

이제 그들이 **해방** 신학자라고 불리는 이유가 분명해졌다(이제 곧 그들의 신학에서 해방이라는 주제가 이보다 더 깊은 차원에서 다루어지는 걸 보겠지만 말이다). 그들은 고통에 울부짖는 사람들의 소리를 들었고, 그 깊은 뿌리가 억압에 있다고 인지했다. 민중이 착취를 당하고 있다고 본 것이다. 그래서 해방 신학자들은 그들이 불행에서 벗어나려면 억압에서 해방되어야 한다고 선언했다. 그리고 이 해방을 그들의 과제로 삼았다. 구티에레즈는 이렇게 말한다. "피지배자와 착취당하는 이들의 관점에서, 이 세상의 가난한 자들의 관점에서 역사의 변혁에 관해 말한다는 것은 곧 역사를 **해방의** 실천 과정으로 보는 것, 즉 **전복적인** 관점을 갖는 것을 의미한다. 그것은 가난한 자, 이 사회의 '타자'에 해당하는 자의 목소리가 거의 들리지 않는 사회 질서를 뒤집는 것이다."[3]

지금까지 나는 해방 신학자들이 이론화 작업을 하고 있는 상황에 대해 묘사했다. 그들은 자신들의 이론화 작업이 그 상황에 대한 **성찰**인 동시에 그것을 바꾸는 **도구**가 되기를 기대한다. 그런데 이것이 전부가 아니다. 거기에는 더 많은 요소가 포함되어 있다. 그 가운데 하나는 이런 의식이 민중들 가운데 확산되는 일이다. 즉, 자기네 불행의 근본 원인이 이 세상의 부자와 권력자들에 의해 지배당하고 있기 때문임을 의식하는 일이다. 달리 말하면, 민중의 상황에 대한 해방 신학자들의 현실 분석이 갈수록 그 민중에 의해 더 많이 공유되고 있다는 뜻이다.[4] "가난한 나라들은, 부자 나라와 가난한 나라 사이에 존재하는 관계 때문에 자신들의 저개발 상태가 다른 나라들이 이룩한 발전의 부산물일 뿐임을 점점 더 분명히 인식하고 있다. 더욱이, 그들은 부자 나라들이 씌운 굴레를 깨뜨리기 위해 싸워야만 자신들의 발전도 도모할 수 있다는 것을 인식하고 있다"(*TL*, p. 26).[5]

우리 서구인들은 이 말을 마음에 새기는 것이 중요하다. 우리는 대부분 아직도 개발(근대화) 이론에 속박되어 있다. 여기저기에 조금씩 경제적 원조를 해주기만 하면 지구는 원만하게 굴러갈 것이라고 믿고 있으며, 빵 부스러기를 받은 자들이 우리에게 박수를 보내리라 기대한다. 그러나 주변부의 그들은 갈수록 우리를 시혜자가 아니라 약탈자로 보고 있다. 이런 인지적 격차가 벌어지다가 폭발할 위험이 다분하다. 앞 장에서 내가 논의한 내용으로 볼 때, 이 점과 관련하여 제3세계가 대체로 옳고 우리가 틀렸다는 것이 분명한 나의 확신이다. (이에 대해 다음 장에서 좀더 다룰 것이다.)

물론 지배와 착취라는 개념이 마르크스주의에서 즐겨 사용하는 도구이기 때문에, 해방 신학자들이 마르크스주의자라는 혐의를 받는 것도 어쩌면 당연하다. 이에 대해 그들은 민중의 사회적 불행을 영속화시키는 것이 무엇인지 이해하려고 노력했을 뿐이라고 응답한다. 그러다 보니 마르크스주의적 분석이 전반적으로 가장 타당한 설명을 제공한다는 것을 알게 되었다는 것이다. 그들이 마르크스주의를 생사를 걸 만한 이데올로기로 믿는 건 아니다. 누군가 다른 대안을 제공한다면 고려할 용의도 있다. 더 나아가, 그와 같은 사회 분석은 불가피하다. 기독교의 복음은 사회 문제에 **직접적으로** 적용될 수 없는 것이기에, 중간 역할을 하는 어떤 분석이 반드시 필요하다.*

구티에레즈와 그 동료들은, 지배-피지배 의식의 확산과 그 속박을 벗어버리겠다는 결의의 확산은 좀더 큰 인류 보편의 의식 세계 속에서 일어나고 있는 변화의 맥락에서 조명되어야 한다고 주장한다. 오늘날 "인류가 자기 운명을 좌우할 수 있다는 역사적 비전이 등장하고 있다"라고 구티에레즈는 말한다. "현대인의 사회적 실천

---

* 해방 신학자들과 마르크스주의의 상호 작용은 기본적인 사회 분석을 공유하는 것 그 이상이다. 그들은 민중의 해방을 위해 실질적으로 헌신하기로 작정했고, 많은 마르크스주의자들도 이 점에서 마찬가지다. 따라서 해방 신학자들은 마르크스주의자들과 사회 역학의 분석뿐 아니라 해방의 **실천**(praxis) 면에서도 견해를 같이한다고 할 수 있다. 그런데 양자의 관계가 가장 큰 문제에 봉착하는 곳 또한 구체적인 실천의 문제에서다. 그들 배후에 있는 이데올로기는 서로 대단히 다르지만, 단기적 목표에서는 서로 비슷하다. 그러면 상호 협력의 문제는 어떻게 볼 것인가? 아르헨티나 신학자 José Míguez-Bonino가 쓴 *Christians and Marxists*(London: Hodder and Stoughton, 1976)는 이에 대해 신중하게 다루고 있는 책이다.

(*praxis*)은 성숙한 수준에 도달하기 시작했다. 사람들은 자기가 역사의 능동적 주체임을 더 많이 의식하면서 행동에 임한다. 또 자아 실현을 방해하는 사회적 불의와 모든 억압 세력에 직면하여 어느 때보다 그것을 더 명확히 표현한다. 또 그 어느 때보다 사회 구조의 변혁과 효과적인 정치 행위에 참여하기로 작정하고 있다"(*TL*, pp. 25, 46).

이처럼 스스로를 '역사의 능동적 주체'로 생각하는 의식의 확산은 인간을 속박하는 모든 것에서 해방되고자 더욱 헌신하는 형태로 드러난다고 구티에레즈는 말한다. "오늘날 인류 역사에 불을 지르는 폭넓고 깊은 열망은 인간의 자아 실현을 제한하거나 방해하는 모든 것으로부터의 해방, 인간의 자유 행사를 가로막는 모든 장애물로부터의 해방을 향한 것이다. 이를 증명하는 것은 선진 산업 사회들의 중심에서 새롭고 미묘한 형태의 억압을 인식하고 있다는 사실이다…"(*TL*, p. 27). 이 점은 아주 중요하기 때문에, 구티에레즈의 동료 가운데 하나인 세베리노 크로아토(Severino Croatto)가 한 말도 인용할 만한 가치가 있다. 그는 이렇게 표현한다.

그토록 많은 피억압자들이 '자기 목소리를 내고' 자기가 될 수 있는 그리고 마땅히 되어야 할 '존재'가 되기 위해 열심히 분투하는 현상이 어쩌면 우리 시대의 특징이 아닐까 생각한다. 자유에 새로운 **가치**가 부여되고 있다.…

자기가 '타인의 존재'(being-of-another)로 인간이 만든 굴레 아래서 신음하고 있음을 불현듯 느낀 인류의 엄청난 울부짖음이 사회 과학과 대중 매체의 새로운 '의식화 운동'에 힘입어 현재 전례 없는 수준에 도달하고 있다. 금세기에 이루어진 성숙의 수준은 더 이상 자신의 불행을 **운명**의 탓으로 돌리도록 허락하지 않는다…. [6]

그러므로 구티에레즈와 그 동료들은 제3세계의 불행한 자들 사이에 널리 확산된 정치적·경제적 해방을 향한 갈망뿐 아니라, 그보다 더 넓고 더 깊은 '해방 의식'에 대해서도 성찰한다. "더 깊은 차원에서는, **해방**이 역사 이해에도 적용될 수 있다. 인간은 자기 운명에 대한 의식적 책임을 지는 것처럼 보인다.…이런 관점에서 인간의 모든 차원이 명확하게 펼쳐질 필요가 있다. 즉 자기 인생과 역사를 통하여 스스로를 만들어가는 인간이다. 점차 참된 자유를 획득하게 되면 새로운 인간, 질적으로 다른 사회의 창조가 이어진다. 따라서 이런 관점이야말로 우리 시대의 실상을 더 잘 이해하게 해 준다"(*TL*, pp. 36-37). 해방 신학자의 눈에는 역사가 '인간 해방의 과정'으로 비쳐지고, 갈수록 더 그렇게 보인다. 그리고 해방은 결국 '역사적 획득'의 문제다. "추상적 자유에서 진정한 자유로의 발걸음은 인간을 억압하는 모든 세력에 대항하는 투쟁 없이는 얻을 수 없다.…그 목표는 더 나은 삶의 조건, 근본적인 구조 변화, 사회적 혁명에 그치지 않는다. 그것을 넘어 인간다운 존재가 되는 새로운 방법의 끝없는 창조, 곧 **영구적인 문화 혁명**을 이루는 것이다"(*TL*, p. 32).

바로 이 점이 구티에레즈 사상 가운데 내가 가장 못마땅하게 여기는 것 중 하나다. 그가 보기에 인간이 자유롭게 되고자 **결단한** 덕분에 역사상 펼쳐지고 있다는 해방이란 과연 정확히 무엇인가? 그가 생각하는 포괄적 의미의 해방이란 무엇인가? 물론 거기에 착취적인 지배로부터의 해방이 포함되는 것은 분명하고, 그 이상의 것도 포함되는 것이 확실하다. 때로 구티에레즈는 이 포괄적 해방에 죄로부터의 해방도 포함된다고 지적한다. 여기서 죄란 사람들 사이에 또 사람과 하나님 사이에 있는 적대감을 의미한다. 아울러 죄를 사회적 억압에 **추가된** 그 무엇으로 보아서는 안 된다는 점을 끈질기게 덧붙인다. 이와 반대로, 불의한 지배와 착취 구조들이 곧 죄가 **표면화된 것**이라고 주장한다.

> 해방 중심적 접근에서는 죄가 개별적이고 사적인, 혹은 단순히 내면적인 실재로 여겨지지 않는다.…죄는 사회적·역사적 사실로 여겨지며, 인간 상호간의 형제애와 사랑의 결여, 하나님 및 다른 사람과의 깨어진 우정, 그리고 그로 인한 내면적·인격적 분열 등을 가리킨다. 이런 식으로 생각하게 되면, 죄의 집합적 차원이 재발견된다.…죄는 억압적 구조들, 인간에 의한 인간의 착취, 민중, 인종, 사회적 계급들에 대한 지배와 노예화 등에서 분명하게 그 모습을 드러낸다. 그러므로 죄는 근본적인 소외, 곧 불의와 착취 상황의 뿌리로 나타나는 것이다. 그것은 그 자체로는 마주칠 수 없으며, 단지 구체적인 본보기를 통해, 특정한 소외 현상을 통해 마주칠 수 있을 뿐이다. 이처럼 구체적으로 표면화된 현상을 만날 때, 그 저변에 깔린 토대를 이해하지 않고서는 그 현상을 제대로 이해할 수 없으며, 거꾸로도 마찬가지다(*TL*, pp. 175-176).[7]*

그런데 구티에레즈는 **모든** 해방이 죄로부터의 해방이라고 말하

---

* 내가 보기에는 만일 죄를 적대감으로 이해한다면 모든 불의의 뿌리가 죄인지 의심스럽다는 말을 덧붙이고 싶다. 이를테면, 어떤 불의는 무지로 인해 야기되기 때문이다.

고 싶어하는 것일까? 곧 살펴보겠지만, 그는 죄를 해방과 구원을 이어 주는 핵심 고리로 보는 것 같다. 하지만 역사를 죄로부터의 점진적 해방으로 해석하는 것이 타당한 견해일까? 그리고 그는 '해방'에 관해 말하면서 생활 조건의 향상과 같이 죄와 관련 없는 것들도 염두에 두고 있는 것이 아닌가? 내가 추측하기로는, 그가 실제 역사를 해방의 증대라고 묘사할 때, 실은 내가 앞서 묘사한 과정, 곧 자연에 대한 정복의 확대와 그에 따른 사회 구조의 변경 결과 현재 세계체제에서 선택의 폭이 전례 없이 커진 현상을 가리키는 것이 아닐까 생각된다. 그러나 구티에레즈가 역사 자체를 해방의 역사로 이해하는 이른바 **신학적** 해석을 할 때는 그와 다른 것을 염두에 두고 있는 것 같다. 이 경우에는 **죄**와 그 영향—특히 죄의 사회 구조적 영향—으로부터의 해방을 가리킨다.

마지막에 언급한 비판적 논평을 제외하고, 이제까지 나는 구티에레즈가 우리의 현 상황을 어떻게 보고 있는지, 그리고 그런 상황에서 그가 품게 된 신념이 무엇인지에 대해 설명했다. 그는 기독교 신학자로서 현 상황을 하나님의 말씀에 비추어 비판적으로 성찰하는 것이 자신의 임무라고 생각한다. 그는 기독교 신학 자체를 "하나님의 말씀을 믿음으로 받고 그것을 실천하는 역사적 실천 행위 안에서 하는, 또 그 행위에 대한 비판적 성찰"이라고 본다.[8] 그래서 그가 주로 성찰하는 주제는 "구원과 인간 해방의 역사적 과정 사이의" 관계인데, 이를 달리 표현하면 "하나님 나라와 세상의 건설 사이의" 관계라 할 수 있다(TL, p. 45).[9]

그는 여기서 기본적으로 두 가지 원칙이 중요하다고 말한다. 첫째, "두 종류의 역사, 즉 세속적 역사와 신성한 역사가 서로 '나란히' 혹은 '밀접하게 연계되어' 진행되는 것이 아니다." 흔히 세상의 역사가 있고 그에 더하여 교회의 역사가 있다고 생각하고 후자만을 중요시하는데, 그렇게 생각하면 안 된다는 것이다. 우리의 역사는 세상의 역사이고 그 속에 교회가 포함되어 있다. "인류의 운명은 하나밖에 없으며 이는 역사의 주인이신 그리스도에게 속해 있다"(*TL*, p. 153). 둘째, 이 역사는 구원의 의미를 갖고 있다. 아니, 구원이 펼쳐지는 **무대**라고 말하는 편이 낫겠다. 그러니까 구원이 역사의 마지막에만 나타난다고 보아서지 그 앞의 모든 시대는 하나의 준비 과정에 불과한 것으로 생각해서는 안 되고, 구티에레즈의 말처럼 그것을 '하나의 역사내적(intrahistorical) 실재'로 보아야 한다는 것이다. 우리가 죄에서 구원받았다고 말할 때, 그 죄는

> 내세에서의 구원에 방해가 되는 것만을 의미하는 것이 아니다. 죄가 하나님과의 단절을 가져오는 한, 그것은 하나의 역사적 실재다.…과거에는 이 세상만 눈에 들어왔지만 이제는 내세도 보게 되는데, 그 내세에서 '참된 삶'을 보는 것이 아니라 현재의 삶이 변혁되고 완성된 모습을 보게 된다. 구원의 절대적 가치는—이 세상을 평가절하하는 것이 아니라—세상에 그 고유한 자율성을 부여한다. 그것은 구원이 이미 거기에 내재되어 있기 때문이다.…구원의 역사가 바로 인간 역사의 핵심이다.…하나님의 구원 활동이 모든 인간 존재의 저변에 흐르고 있다. 인류의 역사적 운명은 반드시 구원의 지평 안에 자리매김되어야 한다. 그래야만 그 진정한 면모가 드러나고 그 가장 깊은 의미가 분명해질 것이다(*TL*, pp. 152-153).

구티에레즈는 역사란 본질적으로 해방의 역사라고 보고 있는데, 이는 인류의 해방과 인류의 구원이 서로 별개의 것이 아니라 동일한 것이라고 주장하는 셈이다. 구원은 인류가 모든 차원에서 해방되는 그야말로 총체적 해방으로서 이는 그리스도에 의해 성취된다. "실제 인간 삶의 경계에서 일어나는 역사가 아닌, 바로 이 역사 속에서 인간이 되신 그리스도의 해방 행위는 인류의 역사적 흐름에서 그 중심에 놓여 있다…"(*TL*, p. 168). 그런데 여기서 해방과 구원의 관계는 정확히 무엇인가? 구티에레즈는 그 연결 고리를 죄로 규정하는 것이 거의 확실하다. 즉 그리스도가 보증하시는 구원은 죄로부터의 구원이고, 가장 깊은 차원의 해방 역시 죄로부터의 해방이다. "구원자 그리스도는 인간을 죄로부터 해방시키는데, 이 죄는 모든 불의와 억압, 모든 우정의 붕괴를 조장하는 궁극적 뿌리다. 그리스도는 인간을 진정으로 자유롭게 하신다. 말하자면, 그분은 인간으로 하여금 자기와 교통하며 살도록 하시며, 이것이 온 인류가 형제되는 토내가 된다"(*TL*, p. 37).

구티에레즈는 죄로부터의 구원이 해방의 본질을 이룬다고 주장하지만, 내가 앞서 지적한 점에 대해서는 상당히 망설이는 태도를 감지할 수 있다. 말하자면, 그는 '해방'이라는 단어를 역사라는 맥락 속에서 그 외연이 드러나는 것으로 사용하는데, 해방의 역사는 죄의 정복이 아니라 자연의 정복에 의해 이루어지는 측면이 많다고 보고 있다. 창조와 구원의 관계에 대한 자세한 논의에서(*TL*, pp. 153-160) 구티에레즈는 창세기 1장의 가르침에 주목한다. "인간은 창조 사역의 면류관이요 중심이며, 노동을 통해 그것을 계속하라는 소명을 받았다"(*TL*, p. 158). 이 점을 계속 발전시키면 한참 후에 그 잃어버린 고리를 찾을 수도 있었다. 그러나 바로 이 대목에서 그는 하나님의(그리고 그에 상응하여 사람의) 창조 행위 그 자체를 구원의 행위로 보아야 한다고 주장하는 데 대부분의 노력을 할애한다. 그는 이런 결론을 지지하는 증거로서, 이스라엘이 하나님을 창조주로 고백할 때 그것은 이미 자신들이 해방자로 알고 있는 그 하나님을 지칭한 것이고, 더 나아가 이스라엘은 하나님을 창조주로 고백하는 것과 구원자로 고백하는 것을 분리시킨 적이 한 번도 없었다는 사실을 제시한다. 요컨대, 구티에레즈의 입장은 현대 신학자들 가운데 창조를 구원 행위—창조가 우리를 무엇으로부터 구원하는지는 전혀 언급하지 않으면서—와 동일시하는 입장의 일례에 해당하는 것이다. 이는 구원을 (왜곡된) 창조의 맥락 안에 자리매김하는 입장과는 분명히 다르다. 그 결과 구티에레즈의 깊은 의도와는 달리, 구원과 역사는 서로 관련이 없게 된다. 만일 우리가 '역사는 곧 해방의 역사다'라고 말할 때 의미하는 방식으로 해방을 이해한다면, 해방과 죄로부터의 구원 사이에는 직접적인 연결 고리가 없어진다. 반면, 우리가 해방을 이해할 때 직접적으로 죄로부터의 구원을 지칭하는 것으로 본다면, 역사를 해방의 역사로 읽는 것이 타당성을 잃게 된다.

이제 구티에레즈의 주장으로 돌아가 보자. 만일 구원이 궁극적으로 죄로부터의 해방을 의미하고, 또 죄가 억압적인 사회 구조로 표면화된다면, 그런 구조를 없애려는 투쟁은 구원의 의미를 담고 있다고 할 수 있다. "그리스도의 해방이 정치적 해방과 동일시될 수는 없어도, 그것은 어디까지나 역사적이고 정치적인 해방의 행위를 통해 이루어진다. 그와 같은 매개물을 피하는 것은 불가능하다"라고 그는 주장한다.[10] "착취와 소외에 대항하는 모든 싸움은… 사랑의 부정(否定)인 이기심을 극복하려는 노력이다. 그렇기 때문에 정의로운 사회를 건설하려는 모든 노력은 해방하는 행위에 해당한다.…그것이 구원의 전부는 아니더라도 구원 행위에 해당한다"(*TL*, pp. 176-177).

다른 한편, "해방의 과정은 하나님의 나라—이는 무엇보다도 하나의 선물이다—가 도래하기까지는 인간에 의한 인간의 억압과 착취의 근본 뿌리를 정복하지 못할 것이다." "역사적으로 일어났던 정치적 해방 사건은 **곧** 하나님 나라의 성장이요 구원의 사건이지만…그것이 곧 그 나라의 도래 **자체**는 아니며, 구원의 **전부**도 아니다"(*TL*, p. 177). "근본적인 해방은 그리스도가 우리에게 주시는 선물이다. 그분은 자신의 죽음과 부활을 통해 죄와 그 모든 결과로부터 인간을 구속하신다…"(*TL*, p. 176).

요컨대, 자유를 향해 가는 역사의 움직임은 인간이 자신의 운명을 빚어 가는 과정으로서, 인류 구원을 향해 가는 하나님의 움직임에 다름 아니며, 정치적·경제적 해방은 이 과정의 필수불가결한 요소다. 결과적으로,

> 인간은 노동을 통해 창조 사역을 계속함으로 자아를 실현한다고 주장할 때, 우리는 인간이 모든 것을 포괄하는 구원의 과정 안에 스스로 자리매김한다고 말하는 셈이다. 이 세상을 변혁하기 위해 일한다는 것은 곧 인간이 되는 것이요 인간 공동체를 세우는 것이다. 그것은 또한 구원하는 일이기도 하다. 이와 마찬가지로, 불행과 착취에 대항해서 싸우고 정의로운 사회를 세운다는 것은 이미 그 완전한 성취를 향해 움직이

는 구원 활동의 일부가 되는 것이다. 이 모든 것은 한시적 도시를 건설하는 일이 몇 년 전까지 신학에서 주장했듯이 '인간화' 혹은 '전도의 예비 단계'에 불과한 것이 아님을 의미한다. 오히려 그것은 인간과 인간 역사 전체를 아우르는 구원 과정의 일부가 되는 것이다(*TL*, pp. 159-160).

이제 구티에레즈의 견해에 대한 소개를 마치기 전에 한 바퀴 뒤로 돌아가서, 그가 자신의 신학 작업의 배경으로 설명한 그 상황의 마지막 특징 하나를 다루고자 한다. 오늘날 포괄적 해방을 향한 인류의 갈망은 계속 커지고 있고, 이는 제3세계의 불행한 사람들 사이에 억압에 대한 의식이 점차 심화되는 모습(이와 더불어 그 억압의 굴레를 벗어버리기로 더욱 결심하는 모습)으로 드러나고 있다. 뿐만 아니라, 제3세계의 **그리스도인들** 사이에 이런 혁명적 운동에 동참하는 것이 자기가 받은 복음적 소명이라는 확신 역시 점차 강화되고 있다. 구티에레즈는 스스로를 이 새로운 기독교적 인식을 표현하고 그에 대해 성찰하는 존재로 본다. "신앙의 관점에서 볼 때, 마지막 사례에서 보듯이 그리스도인으로 하여금 억압받고 착취당하는 사회 계급의 해방에 동참하게 하는 동인은, 불의와 소외가 가득 찬 사회는 복음의 요구와 근본적으로 양립할 수 없다는 확신에서 나오는 것이다"(*TL*, p. 145). 이런 확신이 제3세계 그리스도인들 사이에 더욱 확산되고 있다.

여러 부문에 속한 하나님의 백성들이 각기 다른 방식으로 점차 해방의 과정에 헌신하고 있다. 그들은 이 해방이 현 상태와의 단절, 소위 사회적 혁명을 요구한다는 것을 인식하고 있다. 남미의 기독교 공동체 전체로 보면, 여기에 참여하는 사람의 수가 적다는 것을 시인하지 않을 수 없다. 하지만 그 숫자는 계속 커지고 있으며 더욱 적극적으로 참여하고 있고, 매일 교회 안팎에서 더 많은 관심을 끌고 있다(TL, p. 102).[11]

바로 이 대목과 관련하여 나는 구티에레즈에게 마지막 질문을 던지고 싶다. 이는 앞서 던진 질문들과 밀접히 연관된 것이다. 그는 그리스도인들이 실현하도록 부르심을 받은 역사적 과제가 정확히 무엇이라고 생각하는가? 우리가 혼신의 힘을 다하고 또 다른 사람들에게도 그렇게 하도록 요구하는 것은 어떤 목표를 향한 것인가? 해방이란 어떤 것**으로부터** 다른 어떤 것**으로** 움직이는 움직임, 곧 하나의 과정이다. 구티에레즈가 **해방**이라는 단어를 선택한 것은, 다른 무엇보다도, 그 과정이 **상호간의 충돌**이라는 점을 강조하기 위함이다. 그런데 우리는 무엇으로부터 그리고 무엇을 향해 움직여야 하는가? 해방을 이룬 후에는 어떻게 되는가?

이 질문에 대해 해방 신학자들은 종종 '자유'라는 말로 응답한다. 해방 후에는, 자유다. 자유는 우리가 지향하는 마지막 상태다. 가령, 다음과 같은 크로아토의 말을 생각해 보라. "우리는 '자유로 부름받았다'는 것을 발견한다." 동시에 우리는 "개인적으로든 민족적으로든 그것을 소유하지 않고 있다는 점을 의식하게 된다. 좌절의 위험 그리고 그 소명이 주는 이끌림 모두에 직면하여, 우리는 해방의 **과정**을 시작한다. 따라서 정말 중요한 목표는 해방이 아니라 자유다. 해방은 자유를 '향해 가는' 과정이며, 자유야말로 인간이 자아 실현에 도달하는 존재론적 '처소'다."[12] 그런데 여기서 **자유라**

는 말을 어떻게 이해해야 하는가? 이에 대한 대답은 그리 분명하지 않다. 아니, 그것이 분명해질 때, 자유는 우리가 그리는 그 최종적 상태를 묘사하는 단어로는 충분하지 않다는 점도 똑같이 분명해진다. 크로아토가 염두에 두고 있는 것이 **창조성**(creativity)인 것처럼 보이는 경우도 가끔 있다.

이와 비슷한 문제가 구티에레즈의 경우에도 나타난다. 한 중요한 대목에서 그는 데카르트, 칸트, 헤겔, 마르크스, 프로이트, 마르쿠제 등을 위대한 '자유 사상가들'로 인용하는데, 그러면서도 자신은 "이 관념들의 발전 과정에서 모든 측면을 전혀 의심 없이 찬동하는 것"은 아니라는 것을 분명히 한다(*TL*, pp. 28-32). 헤겔, 마르크스, 프로이트, 마르쿠제 등이 해방의 목표로 꿈꾸었던 것이 **자유**였다고 말하는 것은 정확한 분석이라고 생각한다. 사실 그들은, 우리 외부에서 오는 어떤 영향력으로 형성된 거대한 악으로부터 우리가 구원을 받아야 한다고 주장하면서, 그러한 영향력은 외적인 형태를 띨 수도 있고 내적인 억제 장치의 모습을 띨 수 있다고 했다. 또 이에 상응하여 자결권(自決權), 자율성, 자기 성숙 등이 목표가 되었다.

내 견해에 의하면 그 목표는 심히 만족스럽지 못한 것이다. 무엇보다, 그것은 심리적으로 옹호될 수 없다. 우리는 모두 온갖 방식으로 주변 사람들로부터 영향을 받고 있고, 이를 피할 수는 없다. 아무도 자결권을 가지고 있지 않고 또 그럴 수도 없다.[13] 누구나 '지배'를 받고 있다. 따라서 우리가 제기해야 할 적절한 질문은 어떻게 하면 자신에게 오는 영향력을 제거하느냐가 아니라, 어떤 형태의 영향이 바람직하고 또 어떤 것이 그렇지 않은가 하는 것이다. 그리고 특히 어떤 형태의 영향력이 억압에 해당하는지 물어야 한다.

둘째, 우리가 모두 경험적으로 알고 있는 것은, 우리 각 사람에게 사회가 나아갈 방향에 대해 한마디씩 하라고 하면 모두들 다른 소리를 할 것이고, 누구도 모든 것을 자기 뜻대로 할 수는 없다는 것이 분명하다는 사실이다. 어떤 것은 할 수 있고, 어떤 것은 할 수 없다. 나도 물론, 이 딜레마를 해결하기 위해 '참 자아'의 목소리와 '가공의 자아'의 목소리를 구별하고자 하는 시도가 있어 왔음을 알고 있다. 참 자아라면 한 복소리를 낼 것이라고 가정하면서 말이다. 또한 나는, 소위 '프롤레타리아 독재'의 배후에, 공산당은 프롤레타리아의 참 자아가 무슨 말을 하고 있는지 알고 있고 그 목소리가 곧 사회 모든 구성원의 참 자아가 내는 목소리라는 이데올로기가 있다는 것도 알고 있다.[14] 참 자아와 가공의 자아라는 이런 형이상학이 타당하지 않은 것은, 마치 현대 세계에서 많은 프롤레타리아들이 그들의 참 자아가 무슨 말을 하고 있는지 일러 주는 독재자들에게 억압당하고 있는 현실만큼이니 분명하다.[15]

자결권이라는 의미로 이해되는 자유가 사회 참여의 전반적 목표가 될 수 없는 세 번째 이유는 다음과 같다. 우리 인간은 좋은 충동과 나쁜 충동을 모두 품고 있는 존재이며, 때로는 해서는 안 된다는 것을 알고 있으면서도 그것을 하고 싶어하는 존재다. 그리스도인은 이런 충동의 밑바닥에 죄의 특성, 곧 하나님과 다른 동료들에게 품는 적대감이 있다는 것을 알고 있다. 만일 이것이 사실이라면, 자결권, 자기 성숙, 모든 외적 영향과 내적 억제 장치의 제거는 우리의 목표가 될 수 없다는 것이 분명하다. 우리의 죄악된 충동은 충족되어야 할 것이 아니라, 오히려 정복되고 억제되고 지배되어야 마땅하다. 우리 안에 있는 죄의 실존을 인정한다는 것은 우리가 **규범적 성찰**이라는 어려운 작업을 할 수밖에 없다는 것을 인정하는 것이다. 즉, 다른 무엇보다, 자아의 어떤 충동이 충족되어야 하고 어떤 충동이 억제되어야 하는지 자문하는 일이 필요하다.

이미 지적한 것처럼, 구티에레즈 역시 죄를 인간 자아 속에 있는 심각한 요소로 본다. 따라서, 계몽주의 사상이 그에게 어느 정도의 매력이 있기는 하지만, 죄를 인식하고 있는 한 그의 사상에서 계몽주의가 지배적인 위치를 차지하지는 못한다. 또한 그는 그리스도가 우리를 구원해서 자율성과 자결권을 준다는 식으로 자신의 구원관을 역사 해석과 연계시키지도 않는다. 그리스도는 우리를 죄로부터 구원하신다. 그러나 과연 무엇을 위한 구원이냐고 다시 한 번 묻고 싶다. '사랑을 위해서'라는 것이 구티에레즈의 가장 선명한 응답인 것 같다. 해방 후에는 사랑이다. "죄로부터의 해방과 모든 인간과의 연대 관계 안에서 하나님과 교통하는 것"이 최종적 상태다(*TL*, p. 238). 사실 그는 그것을 이런 식으로 말한다. "해방의 유토피아는…확실히, 자유의 창조다." 그러나 곧이어 그는 자기가 염두에 두고 있는 "자유는 모든 인간이 하나님과 교통하는 것"이라고 분명히 밝힌다. "이 교통은 죄로부터의 해방, 곧 인간 가운데 있는 모든 불의, 모든 착취, 모든 불협화음을 낳는 궁극적 뿌리로부터의 해방을 의미한다"(*TL*, p. 237).

확실히 이것은 환상에 불과한 자결의 상태를 우리 과제의 목표로 삼는 것보다는 낫다. 그러나 앞서 제기한 의문이 여전히 우리를 괴롭힌다. 사랑은 인간들 사이의 관계 그리고 인간과 하나님 사이의 관계와 연관이 있다. 그런데 자연의 정복이 어떻게 우리의 목표가 가진 이런 이미지와 어울리는가? 비록 구티에레즈의 사상에서 죄로부터의 구원과 억압에서의 해방이 서로 연계되지 않은 적이 없기는 하지만, 다시 한 번, 구원과 역사를 연결시킬 수 없다는 점이 분명해진다.

해방 신학자들에게 패러다임 역할을 하는 성경의 사건은 출애굽이다. 하지만 구약 성경의 처음 여섯 권(육경)은 이 위대한 해방의 최종 상태를 묘사할 때 **자유**라는 단어를 사용하지 않는다. 이스라엘이 그 약속의 땅에서 발견한 풍요하고 복합적인 현실을 묘사할 때 육경이 흔히 사용하는 단어는, **안식**이다. 거기에 어떤 실마리가 있을까? 그리고 크로아토의 해석과는 정반대로, 창세기는 인간의 독특함이 자유로의 부르심에 있다고 말하지 않는다. 오히려 그것은 책임 있는 존재, 곧 책임 있는 행동을 하도록 창조되었다는 데 있다. 인간이 된다는 것은 **부름받은** 존재가 된다는 뜻이다. 거기서도 어떤 실마리를 찾을 수는 없을까?

이제 우리가 제기한 몇몇 질문이 신칼뱅주의 사상에서 그 해답을 찾을 수 있는지 한번 살펴보기로 하자. 단 해방 신학자의 핵심 메시지―복음은 우리에게 억압당하는 자의 해방을 위해 싸우라고 요구한다는 것―는 그대로 붙들고 있도록 하자.

해방 신학에서 헤르만 도여베르트로 대표되는 신칼뱅주의로 눈을 돌리면, 맨 먼저 현격한 차이점이 눈에 들어온다. 여기서는 이 땅의 비참한 자들이 외치는 울부짖음에 대해 말하지 않는다. 억압에 관한 언급도 별로 없고, 따라서 억압으로부터의 해방에 대해 말하는 대목도 거의 없다. 오히려 '권위 구조'에 대한 언급이 더 많다. 그리고 폭력에 대한 성찰도 없다(이는 초기 칼뱅주의와 크게 대조되는 점이기도 하다). 사회에서의 갈등에 관한 논의는 분명 있으나, 그것은 억압자와 피억압자 간의 사회적 갈등이 아니라 신자와 우상숭배자 간의 종교적 갈등을 다룬 것이다.

이런 면에서 도여베르트로 대표되는 제2세대 신칼뱅주의 운동이 첫 세대와 다르다는 것을 솔직히 지적해야 하겠다. 이 운동은 19세기 말에 억압받는 이들의 울부짖음에 귀를 기울임으로 처음 시작되었다. 그들은 19세기 네덜란드의 '작은 자들'(*kleine luyden*)이었다.[16] 이들은 농업의 위기와 산업화로 인해 경제적 피해를 입었을 뿐 아니라, 부르주아 지배층의 자유주의로 인해 교회로부터도 국가로부터도 크게 위협을 느끼는 존재가 되었다. 그들의 종교적 신념은 짓밟히고 있었고, 낯선 이데올로기들이 그들과 그 자식 세대에게 강요되고 있었으며, 네덜란드의 정치, 사회, 교회 등 모든 분야에서 그들의 목소리가 묵살되고 있었다. 신칼뱅주의는 바로 이 사람들을 위해 일어난 운동이었다. 그것은 그들의 해방을 위한 싸움이었고, 대체로 성공적이었다.

오늘날 신칼뱅주의 운동의 사회 이론이 계속해서 그 뿌리를 반영하고 있다는 것은 의심의 여지가 없다. 예를 들면, 사회에서 일어나는 기본적인 갈등을 아우구스티누스를 좇아 하나님의 도시와 세상의 도시 간의 갈등으로 인식하는 점이다. 그리고 일반적으로 말해서, 도여베르트가 발전시키고 있는 주제들은 이 운동의 초기에 이미 태아 형태로 존재하고 있었다. 단지 당시에는 다른 주제들 — 중요한 것들로는, 억압과 해방이라는 주제들 — 과 균형을 이루고 있었다.

신칼뱅주의 사회 분석에서 가장 기본적인 것은 역사를 두 가지

역학의 상호 작용으로 본다는 점이다. 그 가운데 하나는 방금 언급한 역학으로서, **신앙/우상숭배**의 역학이라 부를 수 있다. 다른 하나는 **분화**의 역학이다. 이어지는 논의에서 우리의 관심은 이런 역학들 자체를 완전히 이해하려는 것이기보다, 봅 하웃즈바르트의 「자본주의와 진보 사상」(*Capitalism and Progress*, IVP 역간)에 담긴 통찰력을 이용하여 이런 역학의 측면에서 현대 사회를 분석하는 데 초점을 맞출 것이다. 그럼에도 불구하고, 하웃즈바르트의 사상을 이해하려면 반드시 먼저 분화의 역학에 대해 조금이나마 알아야 한다.

인간 역사의 토대는 특정한 형태의 인간 활동에 있는데, 그것을 **문화** 활동이라 부를 수 있다고 도여베르트는 말한다. 문화 활동은 언제나 전통의 맥락에서 발생하고 또 그럴 수밖에 없지만, 본질에서 전통과 갈등 관계에 있다. 왜냐하면 그것은 "언제나 재료를 자유롭게 통제하는 가운데 그 재료에 형태를 부여하는 일이기 때문이다. 그것은 자유로운 설계에 따라 형태를 주는 일이다."[17]* 문화 활동이란 전통을 깨고 자연 세계—그리고 추정컨대 사회적 세계와 자기 자신까지—에 대한 정복을 성취하는 일이다. 그리고 문화 활동이 일어나는 한, 우리는 진정한 인간 역사 가운데 몸담고 있는 셈이다.

도여베르트는 이런 문화 활동이 권력 행사와 불가분의 관계에

---

* 도여베르트가 이해하는 문화 활동은, 제2장에서 베버의 정의를 좇아 내가 **합리화된 행위**라고 부른 것의 한 유형임이 분명하다. 이 둘을 동일시할 수는 없고 전자를 후자의 한 유형이라고 한 이유는, 도여베르트가 문화 활동에 **재료**에 대한 **통제**를 조건으로 포함시켰기 때문이다. 하지만 이 조건에 대해서는 다소 자유롭게 이해해도 무방할 것 같다.

있다고 본다. "자유로운 통제는 역사적인 **권력** 형성을 통해 그 모습을 드러낸다"라고 그는 말한다(*RWC*, p. 66). 따라서 그의 견해에 따르면, 권력이 역사의 토대에 놓여 있는 셈이다. 이는 자기 세계를 형성하는 힘이다. 문화 활동은 **정복**도 포함한다. 이와 마찬가지로, 그는 사회적 갈등도 역사에 널리 만연되어 있는 요소라고 본다. "모든 역사의 형성은 권력을 요구한다. 따라서 투쟁이 없이는 형성이 일어날 수 없다. 진보적 의지는 전통의 권력과 반드시 충돌하게 되어 있는데, 후자는 보존의 권력으로서 과거와 단절되려는 모든 시도에 반대한다"(*RWC*, p. 70).

이미 우리는 중요한 규범적 문제에 직면해 있다. 인간 역사의 토대에 놓인 정복과 갈등은 선한 것인가 나쁜 것인가? 그런 역사는 진보인가 퇴보인가? 도여베르트의 대답은 아주 분명하다. 정복은 선한 것이지만 그것의 남용이 나쁠 뿐이다. "권력은 창조에 뿌리를 두고 있으므로 악마적 요소를 전혀 내포하지 않는다. 예수 그리스도는 분명하게 스스로를 땅의 왕들을 다스리는 통치자라고 불렀다.···오직 죄가 권력을 악마의 종으로 만들 수 있다. 그러나 이 점은 하나님의 모든 선한 선물에 적용된다.···권력은 문화 발전의 커다란 동인이다. 결정적인 문제는 권력이 어느 방향으로 적용되는가 하는 것이다"(*RWC*, p. 67). 이와 유사하게, 전통에 대항하는 싸움 그 자체는 선한 것이다. 물론 전통이 없으면 인간 사회도 없을 것이고, 따라서 문화 발전도 있을 수 없을 것이다. 그럼에도 불구하고, "진정한 역사 발전은 문화가 과거에 기대지 않고 스스로 펼쳐 갈 것을 요구한다"(*RWC*, p. 71).

역사의 저변에 깔려 있는 문화 활동이 선한 것이라는 신칼뱅주의 신념의 궁극적 근거는 바로 그런 활동이 하나님의 뜻이라는 확신이다. 즉, 그것이 인간이 해야 할 규범적 활동이라는 믿음이다. 하나님은 창조 때 인간에게 문화 명령을 주셨다. 문화적으로 활동해야 할 의무, 그리고 그럼으로써 역사의 동력을 풀어 주는 일은 인간됨의 본질에 속하는 것이다. 그것은 피조물로서 우리가 가지고 있는 고유한 특성이다.

> 창조 이야기 자체가, 형성적 활동이라는 문화적 양식이 하나님의 창조 질서에 근거하고 있음을 시사한다. 하나님은 인간에게 위대한 문화 명령, 즉 땅을 정복하고 그것을 다스리라는 명령을 직접 주셨다. 하나님은 이 문화 명령을 다른 창조 규례들의 한가운데 두셨다. 그것은 오로지 창조의 역사적 측면과만 관련이 있다. 이 측면을 통하여 창조 세계 자체가 문화 발전에 종속된다(*RWC*, pp. 64-65).

인류의 소명은 창조 세계에 저장된 잠재력을 실현하는 일이다. 나는 이런 신칼뱅주의적 시각이 해방 신학보다 한걸음 더 진보한 것이라고 생각한다. 해방 신학 역시 똑같은 지점을 향하고 있었지만 결국 도달하지 못한 이유는, 하나님의 창조에 단지 구원의 의미만 부여한 현대 신학의 입장을 수용했기 때문이다.

이미 살펴본 것처럼, 문화 활동의 본질을 이루는 두 요소이자 전통의 굴레에서 벗어나 진정한 역사로 진입하는 토대라 할 수 있는 것, 즉 정복의 추구와 사회적 갈등은 둘 다 남용될 수 있다. 그러면 당연히 '어떻게 해야 그것을 올바로 사용할 수 있는가?'라는 의문이 제기된다. 요컨대, 비(非)진보적 변화에 대한 반대로서 역사의 진정한 진보를 구성하는 것은 무엇인가? 이에 대한 도여베르트의 응답은 **분화**가 역사의 규범이라는 데서 출발한다. 문화 활동과 그에 따른 역사 자체가 분화가 증대되는 방향으로 움직여야 한다는 것이다. 문화 활동이 그런 방향으로 나아가지 않는다면, 그것은 퇴보이자 불순종이라고 볼 수 있다. 분화야말로 창조 세계의 잠재력이 실현되는 구체적인 모습이기 때문이다. 도여베르트는 히틀러의 독일을 낭만적 민족주의에 감화된 역사적 퇴보의 사례로 보았다.

신칼뱅주의자가 말하는 '분화'란 과연 무엇을 의미하는가? 도여베르트는 역사의 규범이 **문화의 개방**(opening) 혹은 **개현**(disclosure)이라고 말한 다음 이렇게 덧붙인다. "이 규범은 문화가 각기 독특한 성격을 소유하는 여러 영역으로 분화될 것을 요구한다. 문화적 분화가 필요한 이유는, 만물이 그 내적 특성에 따라 더욱 노출되고 펼쳐질 것을 요구하는 창조 명령이 역사적 발전으로도 실현되게 하기 위함이다"(*RWC*, p. 74).* 계속해서, "이런 분화는…문화가 과학, 예술, 국가, 교회, 산업, 무역, 학교, 자발적 단체 등 본질적으로

---

* 도여베르트가 역사적-문화적 분화를 **우주적** 분화의 일부로 본다는 점에 주목할 필요가 있다. "역사적 발전이란 창조 구조의 풍성함이 시간의 흐름에 따라 구체적으로 드러날 수 있도록 현실 세계의 모든 측면이 계속해서 그 본연의 모습을 찾아가는 거대한 과정의 문화적 측면일 뿐이다.…모든 측면에서 그 과정은, 법칙에 따라, 미분화된 단계에서 분화된 단계로 발전한다. 생명의 유기적 발전은 미처 분화되지 않은 생식 세포에서 시작하여 점차 여러 기관들로 분화되는 양상을 띤다. 갓 태어난 아기의 정서는 완전히 미분화된 상태지만 점차 감각적 정서, 논리적 정서, 언어적 정서, 예술적 정서, 법적 정서 등으로 분화되어 간다. 인간의 사회적 발달 과정도 이와 다르지 않다"(*RWC*, p. 79). 중요한 의미에서, 하나님도 이런 분화의 유형에 연루되어 있다. 도여베르트는 하나님이 창조 세계와 차별되신다는 것을 강조하지만, 동시에 하나님의 통일성이 창조 세계의 다양성으로 표출되는 것에 관해 말한다. 이 면에서 그의 사상과 플로티누스의 사상 사이에는 놀랄 만한 유사성이 있다. 플로티누스는 실재의 다양성이 하나님의 단순성과 통일성에서 단계적으로 유출되는 것이라고 보았다.

서로 다른 힘의 영역들로 '가지치기'를 함으로써 발생한다"라고 말한다(*RWC*, p. 79). 미분화된 전통 사회의 경우 "각각 고유한 본성을 지닌 삶의 영역들이 형성될 여지가 미처 없었다"(*RWC*, p. 74). "오직 문화의 분화를 통해서만 각 창조 구조의 독특한 본성이 완전히 드러날 수 있다.…미분화된 형태들은 긴 역사적 발전 과정을 통하여 다양한 사회 구조들로 점차 분화된다"(*RWC*, p. 79).**

그러면 이런 분화는 앞 장에서 내가 언급한 근대 세계 질서의 미시 구조적 특징들과는 어떤 관련이 있는가? 그것은 동일한 현상이다. 거기서 나는 분화가 두 가지 측면을 가지고 있다고 설명했다. 사회적 역할의 분화와 사회 제도 및 기관의 분화가 그것이다. 신칼뱅주의자의 눈은 주로 후자에 쏠려 있다. 역사의 흐름에 따라 정치적 구조가 경제적 구조로부터, 교육적 구조로부터, 가정의 구조로부터, 교회의 구조로부터 분화된다는 것이다. 물론 이런 유의 분화에는 반드시 사회적 역할의 분화도 수반될 수밖에 없다.*** 하지만, 신칼뱅주의가 새롭게 덧붙이는 요소도 있다. 그들은 이런 사회 분

** 도여베르트가 사용하는 **분화**라는 용어는 사회적 구조화의 과정을 가리키는 것이 분명하다. 그런데 그가 자연 세계와 사회적 세계에 대한 우리의 점진적 정복이 어떤 규범을 따라야 하느냐는 질문을 받았을 때, 자연을 어떻게 다루어야 하는지에 대해서는 전혀 언급하지 않고 단지 사회를 어떻게 구조화해야 하는지에 관해서만 이야기한 것은 무척 의아한 점이다.

*** 탈코트 파슨스 역시 인간 사회의 진화가 갖는 네 가지 기본 특징 가운데 분화의 증대를 포함시킨 것을 기억할 것이다. 나머지는 포괄성, 상향적 적응력, 가치 일반화의 증대였다. 이 세 가지 특징과 관련하여, 우리는 도여베르트가 통합성(파슨스의 포괄성과 동일한 특징)을 분화의 필연적 상대역으로 생각했다는 점에 주목할 필요가 있다. 그리고 그는 상향적 적응력을 그 모든 과정 가운데 가장 근본적인 것으로 여겼는데, 그 이유는 그것이 전통을 깨고 자연 및 사회의 정복을 증대시키는 것을 가능케 하기 때문이다. 하지만 가치 일반화를 그 과정의 중요한 특징으로 명시적으로 언급하지는 못했다(이와 더불어 귀속주의의 감소 또한 간과하고 말았다).

화의 과정을 단순히 관찰하고 승인하는 데 그치지 않는다. 대단한 논란거리이긴 하지만, 어쨌든 그들은 거기에 존재론적 해석을 더했다. 즉 사회 구조에서 도무지 더 이상 단순화할 수 없을 정도로 서로 다른 영구적 **유형들**―국가, 가정, 학교, 생산적 기업 등―이 있고, 또 본래 이런 (대다수의) 유형들은 구체적으로 드러나지 않았다고 주장한다. 전통 사회를 보면, 학교나 정부와 같이 서로 구별되는 구조들을 발견할 수 없다는 것이다. 그러나 역사가 흐르면서 분화가 서서히 단속적으로 일어남에 따라, 이런 유형들이 각기 독특한 제도로 그 모습을 드러내게 된다. 따라서 신칼뱅주의자는 우리에게 주어진 기본적인 문화-역사적 의무는, 창조 세계의 잠재력을 '밝히 드러내기' 위해 이런 사회적 유형들(구조들)이 구현되도록 일하는 것이라고 이해하며, 그것이 곧 하나님을 향한 의무를 다하는 일이라고 생각한다.

이에 대해 잠시 후에 좀더 다룰 예정이지만, 먼저 여기서 심각한 결여 사항 하나를 짚고 넘어가고 싶다. 그것은 도여베르트(이 점에서는 파슨스도 마찬가지다)가 과연 무엇이 현대 세계에서 분화를 비롯한 이런 특징들이 증대하는 데 **원인을 제공**했는지 전혀 고려하지 않는다는 사실이다. 세계의 대다수 사회들이 전통적인 상태에 머물러 있을 때, 왜 근대 서구 세계에서만 이처럼 급진적인 분화의 증대 현상이 발생했는가?(그리고 왜 그것이 전 세계로 퍼져 나갔는가?) 앞 장에서 나는 이 질문에 대답하기 위해서는 자본주의 세계 경제의 발생을 연구해야 한다는 입장을 분명히 밝힌 바 있다. 이것이 바로 그 분화 및 다른 특징들을 촉발한 원동력이다. 도여베르트가 이것을 보지 못했다는 점―아니, 원인 제공의 문제 자체를 심각하게 고려하지 못했다는 점—은 그의 사상이 사실상 근대화 이론의 한 유형임을 시사한다. 이에 덧붙일 수 있는 것은, 현 세계의 '발달 과정'에서 지배 및 착취적 지배가 수행한 보편적 역할을 인식하지 않고는 세계체제론을 채택할 수 없는 만큼, 도여베르트가 이 요인이 담당한 역할을 인식하기를 기대하는 건 불가능한 일이라는 것이다.

지금까지 우리는 신칼뱅주의자는 분화를 영구적 유형들—국가, 산업 등—이 역사상 점진적으로 표출되는 과정으로 보았다는 점을 이야기했다. 즉 그들은 분화를 존재론적으로 해석했다. 이제 여기에 덧붙여야 할 점은, 그들은 이러한 유형들 각각이 하나의 본성, 특히 규범적 본성을 가지고 있다고 생각한다는 점이다. 잘생긴 사자를 구성하는 것이 무엇인지 생각할 수 있듯이, 우리는 멋진 형태의 국가, 멋진 형태의 학교, 멋진 형태의 가정 등을 구성하는 것이 무엇인지에 대해 생각할 수 있다. 간단히 말해, 국가, 학교, 기타 서로 다른 범주에 속하는 사회 구조들 각각에 적용되는 영구적 규범이 있다는 것이다.

이를 염두에 두고 도여베르트는 인간의 문화-역사적 과제는 분화된 사회에서 다음 세 가지 목표를 달성하는 데 초점을 맞추어야 한다고 주장한다.*

---

* 만일 실제로 이 목표들이 전부라면, 우리 인간의 사회적 의무는 각 영역이 그 고유한 본성에 따라 전개되도록 하는 것이고 이것이 하나님께 대한 의무의 전부라고 말하는 셈이다. 또한 인간의 불행은 본질적으로 악한 그 무엇 때문이 아니라, 이런 영역의 개현 과정에서 무언가가 잘못되어 나타난 하나의 **증상**일 뿐임을 암시하는 셈이다. 따라서 우리는 불행 그 자체와 대항해서 싸울 것이 아니라 오히려 각 영역이 올바르게 전개되도록 노력해야 하며, 그렇게 할 때 그 불행은 우발적인(물론 바람직한 것은 아니지만) 부산물로서 조만간에 사라질 것이다. 사실상, 종종 도여베르트의 사상을

(1) 우리는 각 사회 구조가 그 특정 유형의 규범적 본성을 실현하도록 도모해야 한다. 정치 기관들은 국가의 규범을, 경제 기관들은 생산적 기업의 규범을 각각 좇아야 하고, 여타 구조들도 마찬가지다. 이런 식으로, 각 영역에서 영위되는 삶은 각기 특유한 규범적 방식으로 전개되고(unfold) 꽃을 피워야 한다.

(2) 따라서 우리는 한 영역에 속한 기관들이 다른 영역에 속한 것들을 지배하지 않도록 주의해야 한다. 그럴 경우에는 지배당하는 영역에서의 삶이 왜곡되어 그 고유한 방식으로 꽃을 피울 수 없기 때문이다. 우리는 **각 영역의 주권**을 보장하기 위해 애써야 한다. "문화에 있어서 지나친 확장은…하나님이 창조 질서의 분화를 위해 심어 두신 규범들과 상충된다. 특정한 삶의 영역이 갖는 역사적인 세력 범위가 지나치게 확대되면 반드시 다른 영역들을 희생시

이용해 온 남아공화국의 현대 아프리카너(보어인이라고도 하며 남아공 백인 인구의 약 60%를 차지하며 그 나라의 실권을 장악하고 있다-역주)는, 사회적 불행에 대해 크게 신경 쓸 필요가 없다고 하면서 장기적으로 그 구조들이 올바로 전개되도록 하기만 하면 그것은 사라질 것이기 때문이라고 주장한다. 나는 이것이 '문화 명령'의 사상이 타락한 경우라고 생각한다. 그리고 이 점에서 도여베르트도 비난받을 여지가 전혀 없다고 생각하지 않는다. 사회 구조들이 인류를 섬기지 않는다면 **전혀 정당화될 수 없다고** 말하기보다, 오히려 인류는 그저 사회 구조들을 전개하기 위해 창조되었다는 식의 인상을 풍길 때가 너무 잦기 때문이다. 다행스럽게도 하웃즈바르트는 이 면에서 분명한 입장을 취하고 있다. "규범들의 목적은 우리를 안전하게 인도할 길들을 가리켜 줌으로써 풍성한 생명을 선사하는 것이다. 규범들은 우리에게서 생명을 짜내는 구속(拘束)의 틀이 아니다"[*Capitalism and Progress: A Diagnosis of Western Society*(Toronto: Wedgo Publishing Foundation; Grand Rapids, Mich.,: Eerdmans, 1979), pp. 242-243]. 그러니까 가장 중요한 테스트 기준은 풍성한 삶이지, 각 영역의 내적 본성을 올바로 실현하느냐의 여부가 아니라는 말이다. 대체로 하웃즈바르트는 도여베르트보다 그가 제시한 인간 과제의 세 번째 목표-개현-를 훨씬 더 강조함으로써 '인간이 구조를 위해 존재한다'는 식의 생각을 떨쳐버리는 면에서 탁월하다.

키게 되는데, 이는 그 영역들이 건강한 방식으로 전개되는 것을 방해하기 때문이다"(*RWC*, pp. 80-81).

(3) 우리는 **개현**(disclosure)이라 부를 수 있는 것을 추구해야 한다. 각 활동 영역에서의 삶은 다른 영역들의 지배에서 벗어나 나름대로 실현되어야 하지만, 그와 동시에 다른 영역들의 규범에 대해 **열려** 있어야 한다. 가령, 경제 활동은 경제적 차원에서만 의미를 갖는 것이 아니다. 그것은 도덕적 의미도 가지고 언어의 사용도 포함하는 등 여러 측면이 있다. 따라서 경제적 규범뿐 아니라 도덕적, 언어적, 그리고 다른 여타의 규범들에도 충실해야 한다.

이 세 가지는 모두 너무나 일반적이고 추상적인 내용이다. 그럼에도, 이제 우리가 다룰 하웃즈바르트는 바로 이런 사고 유형을 이용하여 「자본주의와 진보 사상」에서 현대 사회를 비판하는 것을 볼 수 있다. 내가 하웃즈바르트를 선택한 이유는 그가 상상력과 통찰력을 동원하여 이 사고 유형을 잘 활용하고 있기 때문이다. 그 결과 대단히 진보적이고 심지어 급진적이기까지 한 방향으로 나가고 있다.*

---

* 도여베르트의 사상은 사회적 보수주의자들이 자기 입장을 변호하는 데 종종 이용해 왔다는 점을 주목할 필요가 있다. 그들은 정부가 자기 영역 밖으로 확대되는 것을 막아야 한다는 도여베르트의 주장을 이용하여 경제적 착취에 무관심한—그리고 착취 행위를 일삼는—자신들의 입장을 정당화했다. 또 정부의 권위를 (그 영역 안에서) 인정해야 한다는 도여베르트의 주장을 이용하여 정부의 명령에 저항하도록 선동하거나 실제로 저항하는 모든 자들에게 반대하는 입장을 정당화하는 식이었다. 도여베르트의 사상은 그 동안 보수적인 입장들을 지지하는 데 이용되어온 기나긴 '창조 규례'(creation ordinance)의 신학 및 철학의 범주에 속하는 하나의 사례다. 칼 바르트의 주장처럼, 여기에 우리가 늘 경계해야 할 어떤 친화성이 있지 않나 의심해 볼 수도 있을 것이다. 일부 사람들은 도여베르트를 잘못 해석한 나머지 보수주의자들이

서구 사회가 잘못된 방향으로 치닫게 된 뿌리는 무엇일까? 이것이 하웃즈바르트가 제기한 핵심 질문이다. 무언가 잘못되어도 **심각하게 잘못된** 게 틀림없다고 그는 생각했다. 이런 판단의 증거로 그는 내가 이 장의 초반에 열거한 여러 현상들을 제시했다.

하웃즈바르트는 아주 풍부한 예를 들어 자기 입장을 변호하면서 이런 주장을 편다. 서구 사회가 잘못된 근본적인 뿌리는 경제 성장과 테크놀로지의 발달을 궁극적인 사회적 선(善)으로 삼았기 때문이라는 것이다. 사적 영역에서는 이윤을 모든 사업의 유일한 목표로 설정하고, 이 이윤을 더 많은 자본재를 구입하는 데 사용하며, 이 자본재를 더 많은 잉여물을 생산하는 데 사용하는 등, 잉여물의 생산에 모든 것을 종속시키고 있다. 국가적 차원에서는, 국민총생산(GNP)의 증대에 모든 것을 종속시키고 있다. 경제 성장, 기술 혁신, 과학적 진보가 다른 모든 가치들을 앞지르고, 거꾸로 모든 규범적 평가 위에 군림하고 있다. 사실상 그것들은,

> 우리 사회 진보의 원동력으로, 본질적으로 선한 진보의 근원으로서 **스스로를 정당화하고**, 원칙적으로 그 어떤 비판적 평가에도 종속될 필요가 없는 지위를 장악하였다. 기술 혁신은 당연히 바람직한 것이고, 모든 과학적 발견은 긍정적 공헌이며, 경제에서는 더 큰 것이 언제나 더 좋다는 것을 자명한 진리로 만들었다.…경제 성장, 기술 혁신, 과학의 확장과 같은 힘은 우리 사회에서 **궁극적 표준**으로 확고히 자리잡았다. 그것들이 사회에 맞춰지는 것이 아니라 사회가 그것들에 맞춰지게 되었다.[18]

그런 식으로 이용할 수 있는 것이라고 주장하지만, 나로서는 그리 설득력이 없는 말이라고 본다. 최대한 양보하더라도 그의 사상에 애매한 구석이 있다고 보인다.

그 결과 우리는 하웃즈바르트가 '터널 사회'(tunnel society)라고 적절한 이름을 붙여 준 사회를 창조하기에 이르렀다.

이처럼 끊임없이 잉여 생산물을 늘리겠다는 신념이 구조적으로는 세 가지 양상으로 나타난다. 첫째, 경제적 영역이 다른 모든 영역을 지배하게 되었다. 사회가 경제화된 것이다. 정부, 교육 등 모든 것이 경제가 요구하는 방향으로 왜곡되었다. 사회 질서도 철두철미하게 시장에서의 이윤에 의해 좌우된다. 암세포가 자라는 것처럼, 경제가 '영역들의 주권'을 침해한 것이다.

둘째, 경제적 삶 자체도 그 영역의 적절한 규범을 따르지 않았다. 하웃즈바르트는 **청지기직**의 개념이 그 영역의 규범을 가장 잘 포착하고 있다고 믿는다. 그런데 우리는 청지기직의 규범이 아니라 생산 증대라는 목표를 좇아 왔다. 그는 이 점을 흥미롭고도 강력한 어조로 지적한다.

고전에서는 인간의 경제 활동을 묘사할 때 두 가지 그리스어 단어를 사용했다. '오이코노미아'(oikonomia)와 '크레마티스티케'(chrematistike)가 그것이다. '오이코노미아'(여기에서 economics라는 단어가 나왔다)는 청지기의 행위를 지칭하는 것으로서, 그의 임무는 자기에게 위탁된 자산을 잘 관리하되 계속 열매를 맺게 하여 거기서 일하는 모든 사람들의 생계를 유지시키는 것이다. 따라서 이 개념의 핵심은 거기에 관여하는 모든 이들을 위해 소유물을 생산성 있게 유지하는 일이었다. 반면에 '크레마티스티케'는 전혀 다른 의미를 가지고 있었다. 이 단어는, 필요하다면 다른 이들을 희생시키면서까지 더 많은 돈을 벌려는, 혼자만의 부를 추구하는 행위를 지칭했다. 서구 문명에서 '경제'라는 단어가 시간이 흐를수록 '크레마티스티케'와 동의어가 되어 왔다는 점은 주목할 만한 현상이다. 달리 말하면, 자기에게 맡겨진 것을 다른 이들을 위해 청지기로서 신중하게 관리하는 행위, 곧 '오이코노미아'의 의미를 점차 잃어버렸다는 뜻이다.

사업이란 단지 금전적 의미에서 효율적이라고 해서 경제적으로 운영된다고 볼 수는 없다. **순수한 경제적 열매를 낳을 능력이 있을 때에만 경제적으로 책임 있는 사업이라 할 수 있다.** 규범경제적 손익 분석에 따르면, 재정적인 흑자를 기록한 많은 기업들이 경제적인 실패로 단정될 수도 있고, 적자를 보는 여러 기업들이 오히려 성공한 사례로 판정될 수도 있다. 전자의 예로 들 수 있는 것은, 집중적인 광고 캠페인에만 의존하고, 환경을 오염시키며(생산이나 소비 과정에서), 에너지 집약적이고, 점차 줄고 있는 재생 불가능한 자원을 소모하는 상품을 생산하는 업체들이다. 또 하나의 사례는 생산 과정에서 노동자의 건강을 해치고(건강 역시 경제적 재화다!), 노동자의 정신적 역량을 활용하지 못하거나, 심지어 기계적인 지겨운 일만 시키면서 짐승처럼 부려먹는 회사들이다. 회사들이 개발도상국에서 벌이는 사업에서 겉으로는 재정적으로 크게 성공한 것처럼 보일지라도, 경제적으로는 실패일 수도 있다.…

달리 말해서, 기업체들은 진정한 의미에서의 경제적 조직, 곧 청지기 기관이어야 한다. 이것이야말로, 시장 요소를 무시하지 않으면서, 그들을 판단하는 기준으로 삼을 핵심 규범이다(*CP*, pp. 211-212).

셋째, 하웃즈바르트는 이 점을 특히 강조하는데, 우리는 경제적 영역이 다른 영역들의 규범들에 대해 참으로 열려 있도록 허락하지 않았다. 즉 '개현'을 막은 셈이다. 우리는 경제 활동에 대해 도덕적 책임, 기술적 책임, 기타 여러 책임을 요구하지 않았다. 우리는 여러 규범들의 '동시적 실현'을 추구하지 않았다.

질문이 제기되고 그 질문에 대한 답이 주어지는 데는 어떤 정해진 순서가 있다. 첫 번째 질문은 우리가 어떻게 경제적, 과학적, 기술적 성장을 확보할 수 있는가 하는 것이다. 그 다음에야 그런 성장이 초래하는 해로운 결과를 어느 정도 상쇄시킬 수 있는지 묻는다. 예를 들면, 환경, 노동자의 근로 조건, 가난한 나라들의 경제적 위상, 세계의 에너지 및 자연 자원의 감소, 소비자의 자유, 인간 상호 관계 등에 미치는 영향에 대한 질문들이다. 터널 사회에서는 이런 우선 순위가 너무나 자명하다.…어느 정도 개현이 진행되고 있는 사회라면 이런 순서를 거꾸로 돌리기 위해 의식적으로 노력할 것이다. 그들의 우선적 관심사는 자연을 보호하고 존중할 인간의 책임, 인간 노동의 의미, 소비자의 존엄성, 가난한 나라들의 개발을 위한 기회 제공, 그리고 후손을 위해 충분한 에너지와 여러 자연 자원들을 보존하는 일 등일 것이다(*CP*, p. 194).

도여베르트는 일단 영역 분화가 이루어진 다음에 그 발전 양상이 잘못될 수 있는 세 가지 유형을 개관했는데, 우리는 앞에서 이미 그것을 살펴보았다. 하웃즈바르트의 분석은 이 세 가지 유형에 의거하여 진행된 것이 분명하며, 누가 보아도 통찰력이 크게 돋보이는 접근 방식이라고 생각한다. 그런데도 대부분의 사람들은 무언가 불편함을 느끼지 않을 수 없다. 하웃즈바르트의 분석을 도입하려면, 어느 정도까지 그 배경이 되는 도여베르트의 존재론을 수용해야 하는가? 즉, 국가와 기업같이 범주적으로 서로 다른 유형들이 존재하고 각기 독특한 본성을 가지고 있다는 것, 사회적 분화가 일어나면서 이들이 서서히 그 구체적인 모습을 드러낸다는 것, 우리는 하나님 앞에서 이런 각 유형의 내적 본성이 개현되도록 도모할 책임이 있다는 것 등을 모두 수용해야 하는가? 대답은 한마디로, **그렇지 않다**는 것이다. 우리가 하웃즈바르트의 훌륭한 분석을 도입하기 위해서 이런 존재론을 반드시 채택할 필요는 **없다**는 말이다. 이제 나는 다른 대안을 간략히 제시해 볼까 한다.

어느 사회든지 여러 기관들[혹은 좀더 중립적 단어를 원한다면, **구조들**(formations)]이 있다. 우리 사회는 어지러울 정도로 여러 기관들이 복잡하게 즐비하다. 우리는 하나님과 이웃들 앞에서 그런 기관들이 사회 구성원의 삶에 유익을 주도록 관리할 책임이 있다. 그것들이 정의와 샬롬('샬롬'에 대해서는 잠시 후 다룰 예정이다)을 도모하도록 해야 한다는 말이다. 우리가 우리 사회의 기관들을 평가할 때 규범적 성찰을 하는 것은 당연한 의무다. 어떤 기관과 목표가 모든 규범적 평가보다 우위에 있어서는 안 된다는 말이다. 그리고 규범적 성찰을 실행할 때는, 특히 한 기관(혹은 어떤 유형의 기관)이 다른 모든 기관을 지배할 때 일어나는 인간 삶의 피폐화 현상에 신경을 쓸 필요가 있다. 즉 규범들의 '동시적 실현'의 필요성이 잊혀지고 터널 비전, 즉 좁은 시야에 갇혀 버리면 우리의 삶이 피폐해진다는 사실에 민감해야 한다.

각 사회의 여러 기관들은 특정한 기능을 수행할 것이다. 우리는 그것들이 제 기능을 잘 수행하는지 물어야 한다. 전혀 해서는 안 될 기능을 수행하고 있지는 않은지, 또 현재 수행되고 있지는 않지만 마땅히 해야 할 기능은 없는지 물어야 한다. 그리고 어떻게 하면 그런 기능들이 여러 기관들 사이에 가장 잘 분배될 수 있는지도 물어야 한다. 어떤 기능이 서로 다른 기관들에게 할당되고, 또 어떤 것이 동일한 기관에 할당되어야 할지 등. 역사상 나타난 여러 사회를 관찰해 보면, 우리는 몇 가지 기본적인 기능들이 규칙적으로 수행되지만 여러 기관들 사이에 온갖 다양한 방식으로 배분되었던 것을 알 수 있다. 우리 사회에서 어떤 한 기관에 할당하는 기능들이 다른 사회에서는 다른 여러 기관에 할당될 수도 있고, 우리가 서로 다른 기관들에게 할당하는 기능들이 다른 사회에서는 한 기관에 할당될 경우도 있다. 우리와는 전혀 다른 사회에서도, 학교, 국가 등으로 인식할 수 있는 기관을 찾을 수 있다(어디에서나 그렇게 할 수 있는 건 아니지만). 그러나 이런 기관에 할당된 기능들은 흔히 우리 사회의 경우와 상당히 다르다. 우리가 할당하는 방식은 **우리에게** 유익한 것인가? 이것이 제기해야 할 질문이다.

우리 사회에서 수행되어야 할 기능들이 무엇인지 그리고 그것들이 어느 기관들에 할당되어야 하는지를 고려할 때, 우리는 앞서 언급한 지도적 원리를 언제나 명심해야 한다. 그 원칙은 바로, 정의와 샬롬을 이루는 데 가장 좋은 길이 무엇인가 하는 것이다. 아울러 언제나 구체적인 '상황'을 고려해야 한다. 이 여러 기관들 가운데 바로 이 기관이 수행해야 할 것이 무엇인지, **이런** 상황에서 어떻게 기능을 재분배해야 하는지를 물어야 한다는 것이다. 우리는 마치 국가가 시대나 장소와 상관없이 동일한 기능을 수행해야 하는 것처럼 생각하면서, **국가**라는 것이 마땅히 해야 할 역할이 무엇이냐고 물어서는 안 된다. 우리가 하나님께 책임져야 할 것은 국가의 내적 본성을 실현하는 일이 아니다. 오히려 우리는 하나님께 대해 국가를 비롯한 여러 기관들이 사람의 유익을 도모하게 해야 할 책임이 있다.

도여베르트는 **국가의 임무**가 법의 집행이라고 주장한다. 우리 정부는 세계의 다른 정부들처럼, 우리 공동의 삶을 향상시키는 특정한 서비스들을 제공한다. 도로를 건설하고, 우체국을 운영하며, 소방 업무를 제공하는 등 여러 가지다. 이런 기능들은 도여베르트가 말하는 법 집행은 아니다. 그럼에도, 이런 기능은 중요하며, 우리 상황에서는 법을 집행하는 바로 그 기관이 이런 기능을 수행하는 것이 최선일 수 있다. 하지만 다른 상황에서는 그렇게 하는 것이 지혜롭지 않을 수 있으며, 그런 경우에는 국가의 내적 본성에 의거하여 논의할 문제가 아니라 인간의 구체적 삶을 감안하여 논의해야 할 것이다.*

사회의 여러 기관들이 수행하는 기능들을 몇 가지 유형으로 분류하는 것도 가능하다. 또한 여러 의무들도 생태학적 책임, 지적 책임, 도덕적 책임, 심미적 책임 등으로 유형화할 수 있다. 그리고 물론 기관들도 유형화할 수 있다. 그러나 기능(및 그에 수반되는 책임)과 기관을 서로 연결할 때, 국가라든가 기업체가 무슨 역할을 수행해야 하는지를 물어서는 안 되고, **우리** 국가와 **우리** 기업체가 **우리** 상황에서 무엇을 해야 하는지를 물어야 한다.

이제 하웃즈바르트로 돌아가 보자. 그가 또 하나의 중요한 논점

---

* 물론 어떤 기관이 그 사회에서 법을 집행하지 않는다면, 그 기관은 국가로 간주될 수 없는 것이 사실이다. 그렇다고 해서 법 집행이 국가의 유일한 기능이라는 결론이 도출되는 것은 아니다. 어떤 경우는 그럴 수도 있지만 세계 보편적으로 적용되는 것은 아니다.

을 제시하고 있기 때문이다. 그는 우리의 경제뿐 아니라 사회 질서 전체에 심대한 영향을 미친 경제 성장 추구를 어떻게 이해해야 하는지 질문한다. 어쩌면 여기서 우리가 **종교적** 역학을 다루고 있다고 생각하는 것이 최선일지도 모르겠다. 아마도 '신앙'의 문제를 다루고 있다는 뜻이다. 서구인이 진보의 추진력에 신적인 위상을 부여하는 한, 어쩌면 우리는 원시 문화에 있었던 우상 숭배와 비슷한 어떤 것에 직면하고 있는 것인지 모른다. 이런 추진력을 무조건 **신뢰**하는 순간, 그것은 신적 특권을 부여받게 된다. 말하자면, 경제적·기술적 진보를 잘 사는 지름길로 보고 행복의 중매자로 떠받들면 그렇게 된다는 뜻이다(*CP*, p. 152).

여기서 우리는, 신칼뱅주의자들이 역사에 작동하고 있다고 보는 두 번째 역학, 곧 우상 숭배와 참 신앙 사이에 일어나는 갈등의 역학을 접하게 된다. 하웃즈바르트의 주장은, 우리가 경제 성장에 결정적 우선권을 부여하는 행태를 하나의 우상 숭배로 봐야 한다는 것이다. 그것은 **어느 정도** 가치 있는 것을 **궁극적** 가치를 가진 양 취급하는 것이다. 우상이 보통 그렇듯이 이 우상 역시 삶을 왜곡할 뿐더러 결국에는 자기를 신뢰하는 사람을 노예로 만들어 버린다. 우리는 경제 성장의 주요 동인인 테크놀로지와 관료제의 노예로 전락한다.

원시 문화에서처럼, 우리가 신과 구원자로 떠받드는 힘들은 우리의 삶에 군림하게 되고 우리는 거기서 쉽게 벗어날 수 없다.…누구든 무언가를 삶의 주인으로 모신다는 것은 곧 종의 신분이 되는 것을 의미한다. 그러므로 서구 문화에 현존하는 무력감은 진보라는 동인의 **신앙적 차원**

과 밀접히 연관되어 있을 가능성이 높다. 무력감은 자신의 힘을 남에게 위탁했을 때 생긴다. 그런데 바로 (진보를 믿는) **신앙**이 그런 힘의 위탁을 이끌어 낼 수 있는 것이다(*CP*, p. 152).

그런데 여기에는 경제 성장을 자율적이고 궁극적 가치를 지닌 사회적 선으로 취급하는 관례 이상의 것이 내포되어 있다. 이런 관례로 형성된 사회 안에 어떤 전체적인 이데올로기—정당화하는 신념의 틀—가 생겨났고, 이것은 우상 숭배의 한 요소로 보아야 한다. 역사의 의미가 인간의 진보에 있다고 믿게 되었고, 상품 생산의 증대가 그 진보의 결정적 도구라고 생각하게 되었다. **진보를 믿는 신앙**을 갖게 된 것이다. 우리 사회는 비교할 수 없을 만큼의 상품으로 우리에게 보상해 주었다. 이로써 그 신앙이 정당화된다. 그래서 우리는 무슨 문제가 생기든지 기술 진보와 경제 성장에 의해 해결될 것이라고 생각한다.

하웃즈바르트는 우상 숭배를 조장하는 이데올로기를 버리고 성장을 궁극적 가치로 여기는 사상을 지적으로 반박한다고 해서 그것을 몰아낼 수 없다는 것을 알고 있다. 왜냐하면 이 우상 숭배의 핵심에는 어떤 관행(pratice)이 있기 때문이다. 즉 아무 의심 없이 성장을 궁극적 가치를 지닌 선(善)으로 신봉하는 것이다. 우리는 바로 이 관행을 삶에서 뿌리 뽑아야 한다. 그러기 위해서는 성장을 그런 식으로 취급하지 않는 다른 관행을 도입하는 수밖에 없다. 더 나아가, 하웃즈바르트는 이런 관행이 자본주의의 핵심에 자리잡고 있다는 사실을 충분히 인식하고 있다. 만일 우리가 이 관행을 더 이상 좇지 않는다면, 자본주의는 옛 모습을 찾아볼 수 없을 정도로 바

펼 것이다. 한 가지 덧붙일 점은 바로 이런 관행이 '사회주의' 국가들의 삶도 좌우하고 있다는 사실이다. 그들도 그 나름의 방식으로—아니, 대개의 경우에는 동일한 방식으로—성장이라는 우상의 손아귀에 사로잡혀 있다.

우리가 (또 다른 우상에게 굴복하지 않으면서) 이 우상에서 벗어나려면 그 어떤 것을 규범적 평가보다 우위에 둠으로써 화를 자초하지 말고, 다시금 경제 생활에 대한 규범적 성찰을 하지 않으면 안 된다. 우리는 어쩌다가 이처럼 규범적 성찰과 결정에서 후퇴하게 되었는지 그 경위를 추적해야 한다. 그리고 우리가 그런 성찰에 다시 임하게 될 때, 계속해서 '터널 시야'의 위험을 경계하고, 늘 다양한 규범들에 대해 열려 있음으로써 '사회의 개현'을 위해 진력해야 한다.*

앞 장에서 나는 자본주의가 특정한 법적 체계와 관행의 복합체라고 말했다. 하웃즈바르트의 논의는 이제 이런 관행을 새로운 각도에서 보게 해준다. 그 모든 것이 합쳐져서 하나의 '신앙', '사회적 우상 숭배'를 이룬다. 내 생각은 이렇다. 근대 세계체제에서 근본적인 가치를 지닌 것은 흔히 말하는 **생산의 증대**가 아니라, **우리의 욕망을 채우기 위해 자연과 사회를 더욱 정복하는 것**이라고 표현하는 편이 더 정확하다(가령, 수명 연장은 우리 체제가 낳은 좋은 성과임이 분명하지만, 우리가 사용하고 소비할 수 있는 재화의 증대와는 직접 관련이 없는 것이다). 또한 나는 현 세계 질서가 출현할

---

* "규범을 진지하게 고려하는 것이 모든 진정한 개현 과정의 본질이다"—하웃즈바르트(*CP*, p. 248).

때 수반된 이데올로기는 본래 하웃즈바르트가 시사하는 만큼 학문적 성격을 가지고 있지 않다고 생각한다. 내가 보기에, 그 이데올로기가 이미 유행하던 상황에서 학자들이 학문적 언어로 그것을 표현한 것이고, 사실상 그렇게 함으로써 그 이데올로기의 장악력을 더 강화한 것 같다. 그러나 이런 이견들은 별로 중요한 문제가 아니다.

이제까지 나는 우리 사회에 대한 신칼뱅주의적 해석과 해방 신학적 분석 사이의 차이점을 여러 측면에서 살펴보았다. 그런데 언급하고 싶은 것이 한 가지 더 있다. 깊은 차원에서 양자 사이에 몇 가지 유사점이 있다는 점에 주목하는 것도 중요하다. 자칫하면 이런 유사점들이 명백하고 근본적인 차이점들 때문에 파묻힐 소지가 있기 때문이다. 먼저, 특히 내가 동의하는 몇 가지 유사점을 살펴볼까 한다.

해방 신학과 신칼뱅주의는 둘 다 세계 형성적 기독교의 현대판이라는 사실 이상의 유사점들을 가지고 있다. 이를테면 양자 모두, 현대 사회의 **피해자들**에 대해 상당한 관심을 보인다(어느 집단이 피해자에 해당하는가와 같은 구체적인 문제에서는 서로 의견이 다르지만). 아울러 그런 관심을 표현하는 방식도 본질적으로 동일하다. 즉 단편적인 처방을 내리는 것이 아니라, 피해의 근본 원인을 찾아내고 그 영역에서 변화를 일으키는 방식으로 접근한다. 둘 다 문제의 주범을 개인의 잘못된 행동에서 찾기보다는, 현대 사회 구조와 그 구조 아래 있는 역학에서 찾는다. 둘 다 현대 사회의 질병에 대해 체제론적 분석을 내놓고, 가장 중요한 동인을 경제적 영역에서—그리고 정치가 경제를 지원하는 한 정치적 영역에서—찾는다.

더 나아가, 해방 신학과 신칼뱅주의가 근대 세계의 전개 양상을 인간의 궁극적 성취에 우발적으로 따라오는 것이 아니라, 그 토대를 이루는 것이라고 생각하는 점도 동일하다. 신칼뱅주의는 역사의 거대한 흐름을 창조 세계에 심겨진 잠재력의 전개 과정이라고 해석한다. 예술은 예술 본연의 모습을, 과학은 과학 본연의 모습을, 또 다른 영역들도 그 본연의 모습들을 찾아가는 과정이라는 것이다.[19] 해방 신학자는 역사의 흐름을 자유의 성취 과정으로 해석한다(이 자유를 구성하는 것이 정확히 무엇인지에 대해서는 다소 애매하지만). 이런 식으로, 비록 아무런 간섭 없이 부드럽게 진보한다고 보지는 않지만, 양자 모두 역사를 진보하는 것으로 본다. 어느 편도 원칙적으로 테크놀로지의 발달이나 관료 조직 자체에 반대하지는 않지만, 그것들이 근대 세계에서 지향하는 **방향성**에 대해서는 반대한다. 둘 가운데 어느 편도 과거 프랑크푸르트학파가 지녔던 퇴행적 낭만주의 냄새를 풍기지 않는다(이들은 근대 사회가 이른바 **도구적 이성**을 가지고 쳐들어오는 바람에 크게 절망한 나머지, 구원을 찾기 위해 마침내 예술로 눈을 돌렸다. 왜냐하면 예술이야말로 그런 이성이 아직 장악하지 못한 유일한 삶의 영역이라고 믿었고, 또 거기에서만은 온전함, 표현성, 구체성이 그 특징으로 남아 있다고 믿었기 때문이다).

이와 더불어, 둘 다 역사 속에서 인류를 만들어가는 과정이 하나님 나라의 도래와 불가분의 관계에 있다고 생각한다. 동시에 그 나라가 완성되는 것은 인간의 업적이 아니라 하나의 선물이라고 본다. 어느 편도 인간의 운명을 순전히 영적인 것으로 영화(靈化)시키지 않는다. 역사 속에서 영위하는 삶이 우리의 운명으로 융합된다. 이어서 양자 모두 하나님 나라의 도래와 관련하여 인간이 담당할 역할이 있다고 담대하게 주장한다. 우리는 그 나라가 임하도록 가만히 기다리고 있어서는 안 되고, 능동적으로 기여해야 한다는 것이다. 역사를 분화를 향한 단속적인 움직임으로 보든, 해방의 단속적 움직임으로 해석하든, 우리는 단순히 수동적 입장을 취하지 말고 능동적으로 역사에 기여해야 한다.

이 밖에도 여러 유사점이 더 있지만, 이제 결론적으로 지금까지 다루지 않은 가장 중요한 차이점 하나를 지적할까 한다. 해방론자들은 예부터 내려오던 죄―사랑에 대한 저항―가 오랜 세월 표면화되어 온 양상, 곧 지배와 착취에 초점을 맞춘다. 다른 한편, 신칼뱅주의자들은 예부터 내려오던 우상 숭배의 현대적 형태, 곧 경제 성장에 대한 보편적 신앙에 초점을 맞춘다. 전자의 경우에서는 죄의 범주가 두드러지고, 후자의 경우에서는 우상 숭배의 범주가 두드러진다.

여기서 우리가 알아야 할 것은, 그 해석은 서로 달라도 상호 배타적인 관계는 아니라는 점이다. 그 둘을 더 큰 관점으로 융합하는 것이 가능하고 또 바람직하다. 사실 우리는 탐욕과 권력욕에 추동되어 중심부가 주변부를 지배하는 세계체제에 있다. 이것이 죄가 아니고 무엇인가? 사실 우리는 경제 성장을 자율적이고 궁극적인 선으로 취급하는 관행에 좌우되는 세계체제에 있다. 이것이 우상 숭배가 아니고 무엇인가?

해방 신학자들은 민중이 처한 곤경을 분석한 결과, 더 이상 잉여 생산물을 사적으로 전용하지 않는 사회주의 사회를 만들기 위해 진력해야 한다는 결론을 내린다. 하웃즈바르트도 자본가와 노동자가 함께 사업에 기여하지만 거기서 나오는 흑자의 운영과 그에 대한 권한은 노동자가 아니라 오직 자본가에게만 돌아가는 제도를 비난한다. 하지만 그의 분석은 사회주의 사회―그것이 생산 수단의 사적 소유를 폐지한 사회든, 노동과 자본이 공동 책임을 지는 사회든―의 구성원들도 성장을 자율적이고 궁극적인 선으로 취급할 수 있으며, 그에 따른 결과가 자본주의의 경우보다 그다지 나을 게 없을 수 있음을 분명히 밝힌다.

다른 한편, 해방론자의 분석은 신칼뱅주의 분석이 안고 있는 중요한 결함을 바로잡아 준다. 우리가 처한 상황은 온통 성장이라는 우상에 의해 지배받고 있을 뿐 아니라, 특정한 **인간들**로 이루어진 집단들이 다른 **인간들**로 구성된 집단들에 의해 착취당하고 있는 것이 현실이다. 신칼뱅주의는 우리 사회가 안고 있는 이런 **갈등**의 측면에 거의 주목하지 않는다. 물론 어떤 갈등들―가령, 우리가 어떤 규범을 좇아야 하는지 그리고 어떤 정책을 도입해야 하는지에 대한 견해 차이―은 인식하고 있지만, 권력을 가진 자들과 없는 자들 사이에 일어나는 갈등은 간과하기 일쑤다. 따라서 그들은 성장이라는 우상에서 우리를 자유롭게 해줄 전략은 제시하지만, 스스로 억압과 착취에서 **해방되려고** 싸우는 집단들에 대해서는 아무 말도 하지 않는다. 그러나 분명 해방이 없이는 개현도 없다.

만일 우리가 **양쪽 모두**를 포괄하는 것으로 결론을 낼 수 있다면 최상일 것이다. 각 비전이 가진 통찰들을 묶어 더 큰 그림을 그릴 수 있고, 각각이 안고 있는 한계를 다른 편이 바로잡아 줄 수 있기 때문이다. 그러나 실천의 문제와 그것을 지도하는 성찰의 문제에 이르면, 양쪽을 포괄하는 것으로 끝낼 수가 없다. 현 세계체제는 실로 많은 슬픔을 낳고 있다. 그 가운데 하나가 그 체제가 부추기는 지배와 피지배의 관계다. 그리고 뻔한 말이지만, 한 편이 다른 편을 지배하게 될 때 그들을 이용하고 착취하기 마련이다. 그런 상황에서 우리가 모두 성장이라는 우상 숭배로부터 고통당하고 있다고 간단히 말할 수만은 없다. 또 우리가 모두 같은 배를 타고 있다고 말할 수만도 없다. 우리는 한 인간이 다른 인간에게 해를 입고 있다고 분명히 말해야 하고, 그것은 곧 피해자의 편에 서는 것을 의미한다. 그것은 곧 억압자에게 대항하여 피해자와의 연대를 선언하는 일이다. 그 배 **안에서** 일어나는 싸움에서 한쪽 편을 드는 것이다. 그리고 연대의 선언이 진지하다면, 해방의 행위가 흘러나올 것이다. 해방 신학자들은 이런 점들을 정확하게 보았다.

더욱이 그리스도인들은 오늘날 불행에 처한 이들의 **편에 설** 뿐 아니라 그 일에 우선 순위를 두게 될 것이다. 많은 사람이 체험하는 그 착취적 지배는 그들의 생계 자체를 위협한다. 굶주림을 해결하고 그 배후에 있는 횡포를 완화시키는 문제는 성장에 목맨 사회에서 부자들의 따분함을 줄여 주는 일보다 우선적이다.

이처럼 한쪽 편을 들게 되면 갈등을 초래하기 마련이다(이와 관련하여 이미 많은 갈등이 있지만). 권력을 가진 자는 자기 위치를 지키고자 애쓸 것이다. 그런 갈등 상황에서 폭력의 문제를 심각하게 고려하지 않을 수 없을 것이다. 그런데 슬픈 사실은 교회가 착취당하는 자의 편에만 서지 않는다는 점이다. 그리스도는 거기에 계셨고, 지금도 거기에 계시지만, 그분의 '몸'인 교회는 거기에 없다. 어쨌든 모두가 거기에 있는 건 아니다. 그러므로, 착취당하는 자들의 편에 서는 그리스도인들은, 같은 주님을 고백하는 일부 그리스도인들과 대립하게 될 것이다. 이것이 우리 세계가 안고 있는 또 하나의 커다란 슬픔이다.

연결부 I
샬롬 안에서 정의를 이루기 위하여

2장에서 우리는 현대 세계를 형성하는 두 가지 기본 역학이 있음을 보았다. 즉 정복에 의한 자유와 자기 결정의 자유다. 이에 비추어 3장에서 논의한 내용을 이렇게 요약할 수 있을 것이다. 해방 신학은 구원에 강조점을 두면서 자결의 중요성을 주장하지만, 정복에 의한 자유는 그들의 관점과 충분히 융합될 수 없다. 암스테르담 학파는 창조에 강조점을 두면서 정복에 의한 자유의 중요성을 주장하지만, 역시 그들의 관점에 자결의 자유는 충분히 융합되지 못한다. 우리는 사상의 지침으로 삼을 만한 더욱 포괄적인 비전이 필요하다. 물론 정확한 정보에 바탕을 둔 신중하고 구체적인 성찰을 대치할 만한 것은 없다. 그런데 이런 성찰을 지도해 주고 길을 잃지 않게 해줄 만한 어떤 포괄적 비전이라는 것이 있을까? 설계자가 건물을 설계할 때는 형태와 빛과 어둠에 관한 어떤 이미지를 가지고 시작하여 서서히 세부적인 사항을 만들어 간다. 여기서 우리도 그와 같은 이미지를 발견할 수 있을까?

나는 그럴 수 있다고 생각한다. 그것은 곧 **샬롬**—**평화**—의 비전이다. 구약 성경의 시가서와 예언 문학에서 처음 진술되었으며 신약 성경까지 이어지는 비전이다. 우리는 샬롬이 정의와 서로 얽혀 있다는 점도 보게 될 것이다. 샬롬 안에서 모든 사람은 정의, 곧 자신의 권리를 향유하게 된다. 정의가 없으면 샬롬도 없다. 하지만 샬롬은 정의 이상의 것이다.

샬롬이란 인간이 모든 관계에서 평화를 누리는 상태다. 여기에는 하나님과의 관계, 자아와의 관계, 동료들과의 관계, 자연과의 관계 등이 모두 포함된다. 이사야는 그 상태를 이렇게 그리고 있다.

> 그 때에는, 이리가 어린 양과 함께 살며,
> 　표범이 새끼 염소와 함께 누우며,
> 송아지와 새끼 사자와 살진 짐승이 함께 풀을 뜯고,
> 　어린 아이가 그것들을 이끌고 다닌다.
> 암소와 곰이 서로 벗이 되며,
> 　그것들의 새끼가 함께 눕고,
> 　사자가 소처럼 풀을 먹는다.
> 젖먹는 아이가 독사의 구멍 곁에서 장난하고,
> 　젖뗀 아이가 살무사의 굴에 손을 넣는다(사 11: 6-8).

그런데 평화, 곧 샬롬은 단지 적대감이 없는 상태, 올바른 관계 가운데 있는 상태만을 의미하지 않는다. 샬롬이 최고조에 달하면 그런 관계들을 **누리게** 된다. 한 나라가 이웃 나라들과 평화롭게 지내면서도 가난에 찌들 수 있다. 샬롬 안에 거한다는 것은 하나님 앞에서 인생을 **누리는 것**, 자기를 둘러싼 물리적 환경을 **누리는 것**, 동

료들과의 관계를 **누리는 것**, 자신과의 관계를 **누리는 것**이다.

샬롬은 무엇보다 먼저 **하나님**과 바르고 조화로운 관계를 맺고 그분을 기쁘게 섬기는 상태를 가리킨다. 선지자들이 샬롬에 대해 말할 때는, 인간들이 더 이상 하나님으로부터 도망가지 않을 그 날, 그들이 자기를 추적하는 하나님께 더 이상 반항하지 않을 그 날을 가리켰다. 인간이 하나님을 섬기는 것이 참 기쁨이라고 고백할 때, 샬롬은 완성된다. 그 때가 되면,

> 주님의 성전이 서 있는 산이
> 　모든 산 가운데서 으뜸가는 산이 될 것이며,
> 모든 언덕보다 높이 솟을 것이니,
> 　모든 민족이 물밀듯 그리로 모여들 것이다. 백성들이 오면서 이르기를,
> "자, 가자. 우리 모두 주님의 산으로 올라가자.
> 　야곱의 하나님이 계신 성전으로 어서 올라가자.
> 주님께서 우리에게 주님의 길을 가르치실 것이니,
> 　주님께서 가르치시는 길을 따르자" 할 것이다(사 2:2-3).

둘째, 샬롬은 **다른 인간들**과 바르고 조화로운 관계를 맺고 인간 공동체를 기뻐하는 상태를 가리킨다. 어떤 사회가 각기 제 길로 가는 개인들이 모인 집단에 불과하다면 그 사회는 샬롬이 없는 상태다. 그리고 공동체 안에서 기뻐할 수 있으려면, 당연히 그 곳은 어떤 인간이 다른 인간들을 억압하는 일이 없고 정의가 다스리는 곳이어야 한다. "그 때에는 광야에 공평(정의)이 자리잡고, 기름진 땅에 의가 머물 것이다." 그럴 때에야 "의의 열매는 평화(샬롬)요, 의

의 결실은 영원한 평안과 안전"이라고 노래할 수 있을 것이다(사 32:16-17). 샬롬이 임하면,

> 사랑과 진실이 만나고,
>   정의는 평화와 서로 입을 맞춘다.
> 진실이 땅에서 돋아나고,
>   정의는 하늘에서 굽어본다(시 85:11-12).

셋째, 샬롬은 **자연**과 바르고 조화로운 관계를 맺고 물리적 환경을 기뻐하는 상태다. 우리는 몸이 없는 영혼이 아니라 몸을 가진 피조물이므로, 우리 손으로 세상을 만들고 그 노동의 열매를 보고 기뻐하며 보람을 느낄 때 샬롬이 임하게 된다. 이사야 선지자는 그 날을 이렇게 노래한다.

> 만군의 주님께서 이 세상 모든 민족을
> 여기 시온 산으로 부르셔서, 풍성한 잔치를 베푸실 것이다.
> 기름진 것들과 오래 된 포도주, 제일 좋은 살코기와 잘 익은 포도주로
> 잔치를 베푸실 것이다(사 25:6).

또 그 때가 되면 "나의 백성은 평화로운 집에서 살며, 안전한 거처, 평온히 쉴 수 있는 곳에서 살 것"이라고 한다(사 32:18).

나는 정의—자신의 권리를 향유하는 것—가 샬롬의 필수 요소라고 말했다. 그 이유는 샬롬이 **윤리적** 공동체이기 때문이다. 만일 각 개인이 자기 몫을 받지 못한다면, 또 상대방에게 요구하는 권리

를 인정받지 않는다면, 서로에게 의무를 다하지 않는다면, 샬롬은 상처를 입게 된다. 인간들 사이에 아무런 적대적 감정이 없다 하더라도 그렇다. 설사 모든 당사자가 자기 운명에 대해 만족하고 있더라도 그것이 불의한 상황이라면 샬롬이 확보될 수 없다. **설사** 미국의 모든 흑인이 노예 상태에 만족하고 있었다 하더라도, 샬롬은 성취될 수 없었다. 또 **설사** 남아공화국에 사는 모든 흑인이 현 상태에서 행복감을 느낀다 하더라도, 거기에는 샬롬이 임할 수 없다. 샬롬은 윤리적 공동체이기에, 정의가 결여되었을 때 상처를 입기 때문이다.

그러나 샬롬의 토대를 이루는 올바른 관계는 다른 인간과의 관계에만 국한되지 않는다. 그것은 하나님, 자연, 자기 자신과의 바른 관계도 포함한다. 이런 면에서 샬롬은 윤리적 공동체 이상의 것이다. 샬롬은 모든 피조물을 위해 제정된 하나님의 법에 순종하는 **책임 있는** 공동체다.

샬롬은 책임 있는 공동체 이상의 것이기도 하다. 모두가 책임 있는 행동을 했다 하더라도, 기쁨이 없을 경우에는 샬롬이 상처를 입는다. 인간의 삶에는 어찌할 수 없는 슬픔이 항상 있는 법이다. 이런 맥락에서 우리는 테크놀로지가 지닌 의미를 볼 수 있어야 한다. 테크놀로지가 샬롬에 도달하는 데 기여하는 바가 분명히 있다. 세계 정복에 있어서의 진보는 샬롬을 앞당길 수 있다. 그러나 테크놀로지의 한계도 인정하지 않으면 안 된다. 그것은 우리 자신과 하나님 사이에 샬롬을 가져오는 면에서는 완전히 무력하고, 자기 사랑과 이웃 사랑을 가져오는 면에서도 거의 무력하다.

샬롬을 고대하며 그리는 성경 대목들 가운데 가장 유명한 이사야서의 본문은 이미 인용한 바 있다. "이리가 어린 양과 함께 살며…"로 시작되는 그 아름다운 그림은 인간과 동물 사이의, 그리고 동물들 사이의 완전한 조화를 보여 준다. 한편 이 단락의 맨 첫 부분은 다음과 같은 말로 시작된다.

> 이새의 줄기에서 한 싹이 나며
> 그 뿌리에서 한 가지가 자라서 열매를 맺는다.
> 주님의 영이 그에게 내려오신다.
> 지혜와 총명의 영,
> 모략과 권능의 영,
> 지식과 주님을 경외하게 하는 영이 그에게 내려오시니(사 11:1-2).

이사야가 가리키는 그 싹은 나중에 천사들이 그 탄생을 축하하며 다음과 같은 노래를 불렀던 분이다. "더없이 높은 곳에서는 하나님께 영광이요, 땅에서는 주님께서 좋아하시는 사람들에게 **평화**로다"(눅 2:14). 그는 바로 사가랴 제사장이 "우리의 발을 **평화**의 길로 인도하실"(눅 1:79) 자로 예언했던 분이다. 또 시므온이 그를 보고 "주님, 이제 주님께서는 주님의 말씀을 따라, 이 종을 세상에서 **평안히** 떠나가게 해주십니다"(눅 2:29)라고 말했던 그분이다. 베드로는 하나님이 그로 말미암아 이스라엘 자손에게 "**평화의 복음**"을 전하셨다고 했다(행 10:36). 그는 바울이 유대인의 입장에서 이방인들에게 "그분은 오셔서 멀리 떨어져 있는 여러분에게 **평화**를 전하셨으며 가까이 있는 사람들에게도 **평화**를 전하셨습니다"(엡 2:17)라고 묘사했던 분이다. 그는 바로 이사야가 "**평화의 왕**"

(사 9:6)이라고 불렸던 예수 그리스도다.

이 예수는 마지막 고별 메시지에서 사도들에게 이렇게 말씀하셨다. "내가 아버지 안에 있고 아버지께서 내 안에 계시다는 것을 네가 믿지 않느냐? 내가 너희에게 하는 말은 내 마음대로 하는 것이 아니다. 아버지께서 내 안에 계시면서 자기의 일을 하신다. 내가 아버지 안에 있고, 아버지께서 내 안에 계시다는 것을 믿어라. 믿지 못하겠거든 내가 하는 그 일들을 보아서라도 믿어라"(요 14:10-11). 이어서 이렇게 덧붙이셨다. "내가 진정으로 진정으로 너희에게 말한다. 나를 믿는 사람은 내가 하는 일을 그도 할 것이요, 그보다 더 큰 일도 할 것이다"(요 14:12).

그렇다면 우리는 샬롬이야말로 세상을 향한 하나님의 큰 목적이요, 예수를 믿는 모든 자들은 그분과 함께 샬롬의 사역에 동참할 것이라고 결론을 내릴 수밖에 없지 않을까? 샬롬은 세상을 향한 하나님의 목적인 동시에 인간의 소명이다. 물론 인간 역사에서 샬롬이 완진히 이루어지는 것은 어디까지나 하나님의 선물이지 인간이 성취할 수 있는 일이 아니며, 우리가 삶에서 간헐적으로 경험하는 샬롬도 어떤 면에서는 하나님의 선물이라고 볼 수 있지만, 그럼에도 우리는 샬롬을 위해 열심히 일하고 분투해야 마땅하다. 우리는 그저 팔짱을 낀 채 샬롬이 임하기를 기다려서는 안 된다. 우리는 하나님의 대의를 위해 일하는 평화의 일꾼들이다. **하나님의 선교**(*missio Dei*)가 곧 **우리의 사명이다.**[1]

여기에 함축된 의미는 우리가 하는 일에는 언제나 두 가지 차원이 있을 것이라는 점이다. 그것은 정의를 위한 싸움과 삶을 풍요롭게 할 목적으로 세계를 정복하려는 노력이다. 샬롬에 다가가려면

이 둘이 모두 필요하다. 개발과 해방이 나란히 진행되어야 한다. 문화 명령과 해방의 명령 둘 다 우리에게 주어진 사명이다. 인류의 유익을 위해 세계를 정복하라는 명령과 더불어 다음의 명령도 주어졌다.

> 내가 기뻐하는 금식은,
> > 부당한 결박을 풀어주는 것,
> 멍에의 줄을 끌러 주는 것,
> > 압제받는 사람을 놓아 주는 것…
> 또한 굶주린 사람에게 너의 먹거리를 나누어 주는 것,
> > 떠도는 불쌍한 사람을 집에 맞아들이는 것이 아니겠느냐?
> 헐벗은 사람을 보았을 때에 그에게 옷을 입혀 주는 것,
> > 너의 골육을 피하여 숨지 않는 것이 아니겠느냐?(사 58:6-7)

샬롬 중심적 관점은 암스테르담 학파의 창조 중심적 관점을 포함하지만, 그것을 뛰어넘는다. 동시에 해방 신학자들의 구원 중심적 관점도 포함하지만, 그것 또한 뛰어넘는다.

4장 · 부자와 가난한 자: 빈부의 문제

칼 바르트는 「교회 교의학」(Church Dogmatics)의 유명한 한 대목에서 이런 말을 했다.

> 하나님이 요구하시는 인간의 의(義), 그분께 순종하여 이루어야 할 인간의 의—아모스 5:24에 따르면 강물처럼 흘러넘쳐야 할 공의—는 위협당하는 무죄한 자, 억압당하는 가난한 자, 과부, 고아, 나그네의 편에 서서 반드시 공의를 도모할 책임이 있다. 이 때문에 자기 백성의 삶에서 일어나는 사건들과 관련하여 하나님은 언제나, 무조건적으로, 또 열정적으로 그들의 편을, 아니, 그들의 편만을 옹호하는 입장을 취하신다. 그리고 교만한 자를 반대하시며 낮은 자의 편에 서시고, 이미 권리와 특권을 향유하는 자를 반대하시며 그것을 빼앗긴 자를 선호하신다.[1]

이처럼 강한 설득력을 가진 글을 읽을 때 우리는, 긴 역사적 안목을 유지하면서, 바르트가 하나님이 가난한 자와 억압받는 자의 편이라는 것을 맨 처음 말한 인물이 아님을 기억할 필요가 있다. 이미 사오십 년 전에(1891년) 아브라함 카이퍼가 네덜란드의 기독교 사회 대회(Christian Social Congress)에서 똑같은 말을 했다. "부자와 가난한 자가 서로 대치할 때 [예수는] 더 부유한 자의 편에 서시는 적이 없으며, 언제나 더 가난한 자의 편에 서신다. 그분은 마구간에서 태어나셨다. 여우는 굴이 있고 새는 보금자리가 있으나 인자는 머리 둘 곳도 없는 처지에 있었다." 또 이렇게 말하기도 했다. "그리스도를 비롯하여 이전의 선지자들과 이후의 사도들은 모두 힘있고 사치스런 자들에게 **반대했고**, 한결같이 고난받고 억압당하는 자들의 **편**에 섰다."[2]

그런데 이게 과연 맞는 말일까? 하나님은 인간들 가운데 어느 한 편을 두둔하시는 분인가? 하나님이 특정 인간들을 **선택하셨다**는 것은 칼뱅주의자를 비롯한 여러 그리스도인들이 굳게 믿고 있는 바다. 그러나 이 신념은 하나님이 우리 가운데 어느 편을 든다는 생각과는 근본적으로 다르다. 그러면 하나님은 **선택도 하시고 편파적이기도** 한 분이라고 말할 수 있을까? 그리고 만일 어느 편을 드는 분이라면, 부자에 반대하여 가난한 자 편에, 억압자를 반대하여 억압당하는 자 편에 선다고 정말 말할 수 있을까? 오히려 불의한 자에 반대하여 의로운 자의 편에 서는 분, 아니 어쩌면 권위를 모욕하는 자들에 반대하여 권위를 가진 자들의 편에 서는 분이라고 하는 것이 더 낫지 않을까? 분명 하나님은 남을 짓밟는 죄와 탐욕의 죄에 심판을 내리시는 분이다. 하지만 이는 그분이 부자에 반대하여 가난한 사람들 편에, 압제하는 자에 반대하여 압제당하는 자 편에 서신다는 말과는 다르다. 우리가 하나님 앞에 설 때는 **모두가** 가난한 자요 **모두가** 억압당하는 자가 아닐까?

앞의 세 장에서 기초 작업을 해온 만큼, 이제 이 장과 다음 두 장에 걸쳐 현대 사회 질서에 속한 그리스도인들이 마땅히 다루어야 할 몇 가지 쟁점을 고찰하고자 한다. 그리고 2장에서 보았듯이, 현대 사회의 경제적 측면은 사회 전체에 지대한 영향을 주고 있으므로 거기서 시작해 볼까 한다.

우리의 경제 제도와 관행은 끊임없이 수많은 문제를 일으키고 있다. 보람 있는 일보다 지겨운 일에 지친 이들이 수없이 많고, 우리가 몸담고 있는 물리적 환경도 건강을 해치는 지경에 이르렀으며, 세계경제가 낳는 혜택도 지극히 불공평하게 배분되고 있는 실정이다. 그 가운데 무엇보다 중요한 문제가 하나 있다. 바로 빈곤의 문제다. 세계에는 생계를 유지하기 힘들 정도로 가난한 인구가 약 8억이나 된다. 세계 은행이 발표한 "1978년도 세계 개발 현황" (1978 World Development Report)은 이렇게 보도하고 있다. "지난 사반세기 동안 개발도상국들은 전례 없는 변화와 진보를 이룩하였다. 그러나 이런 인상적인 기록에도 불구하고, 약 8억 명에 달하는 인구가 여전히…절대 빈곤에 갇혀 있다. 영양실조, 문맹, 질병, 불결한 환경, 높은 유아 사망률, 짧은 수명 등으로 특징지워지는 삶의 조건은 어떤 기준으로 보든 인간다운 삶에 못 미치는 수준이다."[3] 그런데 문제는 교회와 인류의 치욕이라 할 수 있는 이런 대량 빈곤 자체만이 아니다. 더 심각한 문제는, 이런 비참한 가난의 현실이 오늘날 불가피한 것이 아니라는 점에 있다. 아니, 이보다 더 심각한 문제는 현 세계체제 내에 가난한 자들의 수만큼 전례 없이 풍요함을 누리는 자들도 있다는 사실이다. 풍요 속에 가난이 있고 빈부의 격차가 더 벌어지고 있는 현실, 이것이 바로 우리의 치욕이다.

현 경제 질서가 계속해서 낳고 있는 다른 질병들을 다루기 전에, 풍요 속의 가난 문제를 먼저 다루지 않으면 안 되겠다. 왜냐하면 사람들이 스스로 생계를 유지할 수 없을 지경이라면 보람이 있건 없건 일 자체를 할 수 없고, 깨끗한 공기든 오염된 공기든 숨조차 쉴 수 없기 때문이다. 물론 가난한 자들이 현 세계의 중심 지역들에도 있지만 대다수가 주변부 지역에 살고 있으므로 특히 제3세계에 초점을 맞출 필요가 있다.

제3세계의 가난이 거대한 규모임에도 불구하고 서구인이 그 문제에 눈을 뜬 것은 비교적 최근의 현상, 곧 제2차 세계대전 이후의 일이다. 식민지 시대에도 어렴풋하게 그 문제를 인식하기는 했으나, 식민지 지배국이었던 우리는 책임을 회피하며 자기중심적인 설명을 늘어놓으면서 사실을 외면하고 말았다. 우리는 빈곤의 문제가 마치 특정 부류의 민족에게는 자연스런 조건인양 이야기했다. 즉 그런 현실을 바꾸는 것이 불가능하다든가, **우리**로서는 할 수 있는 일이 아무것도 없다는 식으로 말이다. "후진국 국민들은 아예 체질이 달라서 유럽 사람들과 다르게 살게끔 되어 있다는 것이 경험상의 진리인 것처럼 여겨졌다"라고 군나르 뮈르달(Gunnar Myrdal)은 쓰고 있다. "게으름과 비효율성, 새로운 모험과 심지어는 임금 노동까지 싫어하는 경향은, 야망의 결여, 좁은 경제적 안목, 생존에 급급한 태도, 태평한 기질, 놀기 좋아하는 성격이 겉으로 드러난 양상인 것처럼 보였다."[4]

제2차 세계대전 후에는 모든 것이 변했다. 개발이라는 말이 입버릇처럼 오르내렸고 누구나 금세 거기에 도달할 수 있을 것처럼 생각되었다. 기술과 자본만 있으면 된다고 생각하고, 서구에서 그것을 쉽게 조달할 수 있으리라 기대했다. 이는 새로운 형태의 자기중심적인 설명이었다! 그러나 개발은 기대한 대로 일어나지 않았다. 가난한 자의 수는 과거 어느 때보다 늘었다. 그리고 우리는 그들의 존재를 더 이상 무시할 수 없다. 그들의 울부짖음이 우리의 귓전을 때리고 있기 때문이다.

풍요의 세계에 존재하는 가난의 추문은 더욱 그 소리를 높이고 있다. 10개년 개발에 이어 또 10개년 개발이 지나가도 가난한 자들은 여전히 죽어가고 있다. 그들은 굶주림으로, 약탈로, 억압으로 죽어간다. 그런데 극소수 사람들을 위한 부를 창출하는 것은 바로 그들의 생명과 노동이다.

모든 사람이 쪼들리는 결핍의 세계에서는 가난이 누구에게나 닥치는 일상사일 것이다. 하지만 소수가 부자로 살 수 있도록 다수가 가난한 상태에 머무는 풍요의 세계에서는, 가난이—아니, 오히려 부요함이—하나의 오점(汚點)일 것이다. 부자가 자기 특권을 포기하기를 거부하고 그 풍요로움을 나누기를 거부할 때, 비난을 자초하는 것이다.[5]

이런 문제에 왜 신경을 쓰느냐고? 왜 가난한 자에게 그냥 적당히 처신하라고 가르치지 않느냐고? 왜 가난의 덕을 칭송하지 않느냐고? 교회가 오랜 세월 그래 왔듯이 왜 위로의 복음을 전하지 않느냐고?[6] 왜 현 상황을 바꾸려 하느냐고? 왜 가난이 그리스도인의 혹은 누군가의 문제가 되어야 하느냐고?

글쎄, 누구보다도 **하나님**이 이 문제에 신경을 쓰시지 않을까? 하나님이 가난한 자의 편을 드시지 않았는가?

그리하여 마리아가 말하였다.

"내 영혼이 주님을 찬양하며 내 마음이 내 구주 하나님을 좋아함은 그
가 이 여종의 비천함을 보살펴 주셨기 때문입니다.…
그는…제왕들을 왕좌에서 끌어내리시고 비천한 사람을 높이셨습니다.
주린 사람들을 좋은 것으로 배부르게 하시고, 부한 사람들을 빈손으로
떠나보내셨습니다"(눅 1:46-53).

예수께서는 자기가 자라나신 나사렛에 오셔서, 늘 하시던 대로 안식일에 회당에 들어가셨다. 그는 성경을 읽으려고 일어서서 예언자 이사야의 두루마리를 건네받아서, 그것을 펴시어, 이런 말씀이 있는 데를 찾으셨다.

"주님의 영이 내게 내리셨다.

주님께서 내게 기름을 부으셔서,

가난한 사람에게 기쁜 소식을 전하게 하셨다.

주님께서 나를 보내셔서,

포로 된 사람들에게 해방을 선포하고,

눈먼 사람들에게 눈 뜸을 선포하고,

억눌린 사람들을 풀어 주고,

주님의 은혜의 해를 선포하게 하셨다."

예수께서 두루마리를 말아서, 시중드는 사람에게 되돌려주시고 앉으셨다. 회당에 있는 모든 사람의 눈은 예수께로 쏠렸다. 예수께서 그들에게 말씀하셨다. "이 성경 말씀이 너희가 듣는 가운데서 오늘 이루어졌다"(눅 4:16-21).

예수께서 눈을 들어 제자들을 보시고 말씀하셨다.

"너희 가난한 사람들은 복이 있다. 하나님의 나라가 너희의 것이다. 너희 지금 굶주리는 사람들은 복이 있다. 너희가 배부르게 될 것이다"(눅 6:20-21).

요한의 제자들이 이 모든 일을 요한에게 알렸다. 요한은 자기 제자 가운데서 두 사람을 불러, 주님께로 보내어, "선생님이 오실 그분입니까?

그렇지 않으면, 우리가 다른 분을 기다려야 합니까?" 하고 물어보게 하였다.…

그 때에 예수께서는 질병과 고통과 악령으로 시달리는 사람을 많이 고쳐 주시고, 또 눈먼 많은 사람을 볼 수 있게 해주셨다. 예수께서 그들에게 이렇게 대답하셨다. "너희가 보고 들은 것을, 가서 요한에게 알려라. 눈먼 사람이 다시 보고, 다리 저는 사람이 걷고, 나병환자가 깨끗해지고, 귀먹은 사람이 듣고, 죽은 사람이 살아나고, 가난한 사람이 복음을 듣는다. 나에게 걸려 넘어지지 않는 사람은 복이 있다"(눅 7:18-23).

내가 확실히 믿는 것처럼, 만일 우리가 예수를 성육신하신 하나님으로 믿고 또 누가복음에 나오는 이런 가르침을 하나님의 재가를 받은 것으로 생각한다면, 하나님은 가난한 자의 편이라는 결론을 내리지 않을 수 없다. 하나님은 네덜란드 말을 하는 사람들과 못하는 사람들 가운데서 전자의 편을 드시는 분은 아니다. 이 점에서는 공평한 분이다. 하나님은 축구를 하는 자들과 못하는 자들 사이에서 전자의 편을 드시는 분은 아니다. 이 점에서도 공평한 분이다. 그러나 가난한 자는 이와 다르다. 한 사회에 가난한 자들이 있다는 사실은 그분의 뜻에 어긋나는 일이다. 그분의 나라가 완성되면 가난한 자가 전혀 없을 것이기 때문이다. 더욱이 한 사회에 가난한 자들이 있을 뿐 아니라 **부자들도 있다**는 사실은 더더욱 그분의 뜻에 어긋나는 일이다. 그런 현실에서, 그분은 당연히 가난한 자들의 편이다. 그들이야말로 피해자라고 그분이 직접 말씀하시기 때문이다.*

그분은 부자의 편이 아니고, 공평한 분도 아니다. 그렇다고 가난한 자를 낭만적으로 미화하는 것도 아니다. 그들은 칭송의 대상이 아니라 **복을 받는** 자들이다. 물론 그들이 그 복을 외면할 수도 있다. 의에 굶주리고 목마른 자들은 복이 있다고 하셨다. 하지만 가난하다고 모두 그런 것은 아니다.

예수가 스스로 가난한 자의 편에 있음을(마리아도 예수를 그 편에 자리매김했다) 설파한 이 말씀들을 우리는 어떻게 이해해야 하는가? 나는 그것을 늙은 제사장 스가랴가 메시아를 고대하면서 부른 노래에 비추어 이해해야 한다고 생각한다.

주 이스라엘의 하나님은 찬양받으실 분이시다.
　그는 자기 백성을 돌보아 속량하시고…
우리의 발을 평화의 길로 인도하실 것이다(눅 1:68-79).

---

* 구약 성경에도 이 주장의 타당성을 입증하는 대목이 아주 많다. 여기서는 그 가운데 두 본문만 소개하고자 한다.

　　주님께서 재판하시려고 법정에 앉으신다.
　　　그의 백성을 심판하시려고 들어오신다.
　　주님께서 백성의 장로들과 백성의 지도자들을 세워 놓고,
　　　재판을 시작하신다.
　　"나의 포도원을 망쳐 놓은 자들이 바로 너희다.
　　　가난한 사람들을 약탈해서, 너희 집을 가득 채웠다.
　　어찌하여 너희는 나의 백성을 짓밟으며,
　　　어찌하여 너희는 가난한 사람들의 얼굴을 마치 맷돌질하듯 짓뭉갰느냐?"(사 3:13-15)

　　불의한 법을 공포하고, 양민을 괴롭히는 법령을 제정하는 자들아,
　　　너희에게 재앙이 닥친다!
　　가난한 자들의 소송을 외면하고, 불쌍한 나의 백성에게서 권리를 박탈하며,
　　　과부들을 노략하고, 고아들을 약탈하였다…(사 10:1-2).

우리의 발을 평화의 길, 곧 샬롬의 길로 인도하시는 것, 이것이 바로 예수가 우리 가운데 하시는 일이다. 이것이 바로 그분이 회당에서 선포하신 메시지, 요한의 제자들에게 말씀하신 내용에 담긴 의미다. 이사야 선지자의 말이 자기 안에서 성취되었다는 그 메시지 말이다. 이사야는 바로 이 샬롬의 날을 내다보며 예언한 것이다. 샬롬이 임하면 눈먼 자가 없고 모두가 보게 될 것이다. 이것이 예수가 눈먼 자를 고쳐 주신 사건의 의미다. 샬롬이 임하면 귀먹은 자도 없고 모두가 듣게 될 것이다. 죽은 자도 없고 모두가 살아 있을 것이다. 그리고 가난한 자도 없고 모두가 풍족함을 누릴 것이다. 다리를 저는 것은 샬롬에 못 미치는 상태다. 가난하게 되는 것도 샬롬에 못 미치는 것이다. 바로 **이 때문에** 가난은 잘못된 상태인 것이다. 하나님은 샬롬을 이루기로 결심하셨다. 예수는 샬롬을 가져오기 위해 이 땅에 오셨다. 샬롬 안에는 가난이 없다.

    샬롬 안에는 질병도 없다. 하지만 가난이 나병과는 질적으로 다르다는 것을 유의하지 않으면 안 된다. 예수 당시의 가난한 자는 자기가 **받을** 몫을 빼앗긴 자였다. 이 점에서는 우리 시대도 마찬가지다. 그는 자신의 권리를 박탈당했다. **정의**를 빼앗긴 자다. 나환자는 이런 경우가 아니었다. 부자와 가난한 자가 공존하는 사회에서 가난을 샬롬이 결여된 상태로 인정한다는 것은, 곧 **어느 편을 드는 것**을 의미한다. 하지만 나병을 샬롬이 결여된 상태로 인정한다는 것은 단지 그 치료책을 찾도록 요구할 뿐이다(그 치료책이 이미 있는데 누군가 불의하게 그것을 장악하고 있는 경우가 아니라면). 예수는 샬롬의 왕으로서 부자에 대항하여 가난한 자의 편을 들지 않을 수 없었던 것이다.

이 장 앞에 나온 연결부에서, 우리는 샬롬이 인간들 사이에 바른 관계를 요구한다는 것을 살펴보았다. 이제 칼뱅에게로 눈을 돌려, 인간 속에 있는 하나님의 형상이 갖는 의미와 그것을 빈곤의 문제에 적용한 대목에 주목함으로 이 점을 확장시켜 보자. 이를 자세히 살펴보면, 흔히들 지적하듯이 후기 칼뱅주의자들은 경제 정의에 대해 무관심했다 하더라도, 칼뱅 자신은 결코 그렇지 않았음을 발견하는 소득도 덤으로 얻게 될 것이다.

빈곤에 대한 칼뱅의 성찰에서 가장 기초가 되는 것은 모든 인간이 하나님의 형상으로 창조되었다는 확신이다. 따라서 우리 인간은 가장 근본적인 차원에서 서로 공통된 본성을 가지고 있는 셈이다. 우리가 서로를 어떻게 대해야 하는가 하는 문제를 결정짓는 것은 바로 이 사실이다. 즉, 우리 각자가 어떤 고유한 존엄성을 갖고 있기 때문이라기보다는 하나님의 형상으로 창조되어 그분을 반영하고 있다는 사실이다. "우리는 인간 스스로 어떤 자격을 갖고 있는가가 아니라, 모든 인간 속에 있는 하나님의 형상을 바라보고 존경과 사랑으로 대해야 한다"라고 칼뱅은 선언한다.[7] "하나님 자신이 자기 형상으로 빚어진 인간을 바라보시며 그런 사랑과 존경으로 대하시기에, 그분은 인간의 잔인함과 사악함에 희생당한 자들을 보시면 친히 상처받고 분노하신다."[8] 동료 인간에게 입히는 상처는 곧 하나님에게 입히는 상처다.

서로 사랑하라는 명령은 하나님의 형상이라는 인간의 공통 분모에 기초하고 있다. 동료 인간은 이사야의 말처럼 나의 '골육'이라는 뜻이다. "다른 사람을 볼 때마다 반드시 거울에 비친 나 자신을 보듯이 해야 한다."[9] 이런 깊은 의미에서, 한 사람 한 사람이 나의 이웃이다. 사실 칼뱅도, 예수가 선한 사마리아인의 비유를 든 목적에 대해, "이웃이라는 단어가 무차별적으로 모든 인간에게 확장된다는 것을 가르치기 위함이었는데, 그것은 모든 인류가 신성한 교제의 끈으로 하나로 묶여 있기 때문"이라고 했다.[10] 우리 모두가 하나님의 형상으로 창조되었다는 사실이 '자연의 질서'를 결정짓고, 그에 따라 사회의 구조도 형성되어야 마땅하다. 우리가 평화로운 가운데 서로 조화롭게 살지 못하면, 또 서로서로 협력하면서 살지 못하면, 이 자연 질서를 왜곡하는 것이다. 이것이 사랑해야 할 우리의 의무를 받쳐 주는 토대다. "서로 사랑한다는 것은 우리의 공통된 인간성을 인정하면서 인간답게 행하는 것이다."[11] 그러므로 당신과 내가 인간이라는 사실은 이런 의미를 가지고 있다고 할 수 있다. "우리는 우리 얼굴을 볼 때, 가난하고 멸시받는 자, 곧 아무리 이 세상에서 가장 낯선 이방인일지라도 무거운 짐에 눌려 신음하며 더 이상 버틸 수 없는 그런 사람 속에 비친 내 모습을 볼 수밖에 없다. 무어인이든 야만인이든 우리 가운데 오게 하자. 그 사람이 어디까지나 사람인 이상, 그는 거울을 들고 와서 우리로 하여금 자신이 우리의 형제요 이웃임을 볼 수 있게 해준다."[12]

이것이 사회에 대해 지니는 함의는 칼뱅이 때때로 '상호 교제' (mutual communication)라 부른 것이다. 그것은 각자 공동체를 풍요롭게 하기 위해 자기가 할 수 있는 대로 기여하는 일이다. "한 사람이 그저 '아, 나는 열심히 일하고 있어. 나는 전문 기술이 있어'라든가 '나는 이런 기술을 갖고 있어' 하고 말하는 것으로 충분하지 않다. 그것만으로는 충분하지 않다. 오히려 우리는 그것이 공동선을 위해 좋고 유익한 것인지, 그리고 자기 이웃이 그로 인해 혜택을 입을지 여부를 생각해야 한다."[13] 칼뱅은 돈에 기초한 재화의 교환과 노동 분업 모두를 이런 상호 교제가 이루어지는 구체적인 모습으로 간주했다. 그러나 그 상호 교환이 자연의 질서를 위반할 때는 **진정한** 교제가 아니다. 만일 일부는 가난하고 또 다른 일부가 부유하다면, 이는 **선한 직무들**간의 상호 교환이 아니다. "하나님이 사회의 유대 관계로 사람들을 묶어 두셨으므로 그들은 서로서로 선한 직무를 수행해야 한다. 그렇다면 부자는 가난한 자를 구제하고 배고픈 자에게 빵을 주는 것이 마땅하다."[14] 그리고 "주님이 우리에게 권하시는 것은…재정이 허락하는 한 궁핍한 자들을 도와 일부는 풍요하게 또 다른 이들은 핍절하게 살아가지 않도록 하는 일이다."[15]

따라서 칼뱅이 설교를 할 때 부자들을 향해 격렬히 비난하는 것은 결코 놀랄 일이 아니다. 어떤 설교에서는 매점매석하는 자들을 향해 "살인자, 사나운 짐승, 가난한 자를 물어뜯고 삼키는 자, 그들의 피를 빨아먹는 자"라고 비난했고,[16] 또 어떤 설교에서는 자기 회중 가운데 부자들을 향해 이런 경고를 보냈다. "가난한 자들이 당신을 위해 수고와 고생을 다하고 땀과 피를 흘렸는데도 마땅히 받아야 할 임금을 받지 못하고 구제와 도움을 얻지 못한다면, 그리고 그들이 당신을 보고 하나님께 원한을 갚아달라고 간구한다면, 누가 당신의 대변인이나 변호인이 되어 그분의 손에서 벗어나게 해주겠습니까?"[17] 우리는 악을 피할 뿐 아니라 선을 행할 책임도 있다고 그는 주장한다. "유산 때문이건 혹은 자기 사업과 노력으로 부유하게 되었건, 부자들은 먹고 남는 것이 무절제나 사치를 위한 것이 아니라 형제들의 필요를 채우는 일에 쓰도록 되어 있음을 기억해야 한다."[18]*

이런 주제들 가운데 일부는 네덜란드에서 신칼뱅주의 운동이 일어나기 시작할 때 카이퍼가 재천명하기도 했다. 이 장의 첫 부분에서 인용한 1891년도 기독교 사회대회 연설에서, 그는 이렇게 말했다.

누구든 고된 일을 하고도 자신과 가정을 위해 **빵을 얻지 못하는 것**은 하나님의 뜻이 아니다. 일할 수 있는 손과 의지를 갖고도 일거리가 **없어서** 굶주리거나 거지로 전락하는 것 역시 더더욱 하나님의 뜻이 아니다. 거룩한 사도의 가르침대로 우리에게 '양식과 옷'이 있으면 그것으로 자족하는 것이 옳다. 그러나 하늘의 아버지가 자비를 베푸시어 땅에서 풍성한 양식이 나오게 하시는데도, **우리의 죄로 인해** 그 풍요로움이 **불공평하게** 분배되어 누구는 배불리 포식하고 누구는 배를 곯은 채 초라한 침대로 가야 한다면, 또는 침대도 없이 살아야 한다면, 변명의 여지가 있을 수 없고 또 용서받을 수도 없을 것이다.[19]

---

* 고대 교회의 문헌 가운데도 인용할 대목이 많은데, 여기에 성(聖) 바실리우스의 글을 인용할까 한다. "구두쇠란 어떤 자인가? 자기에게 필요한 것으로 만족하지 않는 자다. 약탈자란 어떤 자인가? 남의 소유를 빼앗는 자다. 남에게 베풀라고 주어진 것을 당신만을 위해 사용한다면 당신은 구두쇠요 약탈자가 아닌가? 남의 겉옷을 빼앗는 자는 도둑이다. 그런데 헐벗은 자를 입히는 일을 하지 않는다면 도둑이 아니고 무엇이겠는가? 당신에게 필요하지도 않은데 간직하고 있는 빵은 굶주린 자의 것이다. 당신의 옷장에 걸려 있는 외투는 넝마를 걸친 자들을 덮는 데 사용되어야 한다. 당신이 묵혀 두고 있는 신발은 맨발로 다니는 자를 위한 것이다. 이와 마찬가지로 당신이 묻어 두고 있는 돈도 궁핍한 자에게 주어야 한다. 당신은 당신이 가진 것을 주위 사람들에게 나눠 주어야 한다. 그걸 거부한다면 그 가난한 사람의 수만큼 불의를 행하고 있는 셈이다"(Santa Ana, *Good News to the Poor*, pp. 68-69에서 인용).

카이퍼가 칼뱅을 뛰어넘는 부분은, 당시의 사회적 불행의 근원을 분석한 점과 자선 사업으로 충분하지 않다고 주장한 점이다. 그는 자신이 목격하는 사회적 불행—그 가운데 빈곤은 가장 비극적인 증상에 속한다—은 계몽주의에서 나온 자유방임적 정치 체제와 이윤 추구에 의해 생긴 경제 체제 때문이라고 주장했다.* 그 결과는 계급 투쟁이었다. 여기서 카이퍼의 분석은 마르크스의 분석과 놀랄 정도로 유사하다.

부르주아 편에는 경험과 통찰력, 능력과 인맥, 돈과 영향력이 있었다. 다른 편에는 농촌 인구와 노동 계급이 있었으며, 그들은 모든 도움 수단을 빼앗긴 채 지속적인 양식의 필요 때문에 아무리 불의해도 어떤 조건이든 수용하지 않으면 안 되는 처지였다. 예언의 은사가 없어도 이런 투쟁의 결과는 쉽게 내다볼 수 있는 것이었다. 그것은 계산 가능한 가치를 크고 작은 자본가들이 모두 흡수하고, 낮은 사회 계층에게는 자본을 살찌우기 위해 필요한 최소한의 도구만—이 체제에서는 모든 노동

---

* 카이퍼는 이렇게 말한다. "프랑스 혁명은 뿌리 깊은 **사회적 궁핍**을 야기하지 않을 수 없었다. 이는 그 고유한 두 가지 특징에서 나오는 것으로서, 첫째는 돈을 소유하는 것을 최고의 선으로 여기는 것, 둘째는 돈을 벌려고 싸우는 과정에서 각 인간이 다른 인간의 적이 되는 것이다.…여기에 모든 사회 조직의 이완 현상과 '자유방임'이라는 중상주의 복음의 선포를 합쳐 보라. 그러면 **삶을 위한 투쟁**이 어떻게 **돈을 위한 투쟁**으로 선언되어, 골육상쟁이라는 동물 세계의 법칙이 모든 사회 관계를 지배하는 기본법이 되었는지 이해할 수 있을 것이다. 돈에 목마르고 그것을 좇는 것이, 거룩한 사도가 가르쳤듯이, **모든 악의 뿌리**다. 세기가 바뀌면서 이 화난 마귀의 쇠고랑이 벗겨지자마자, 지식과 지위와 기초 자본에 있어서의 우위를 통해 사회적 약자를 희생시키면서 돈을 벌고 또 더 버는 데 있어서 그 어떤 심사숙고도 충분히 예리하지 않고 그 어떤 교활함도 충분히 음흉하지 않고, 그 어떤 거짓도 충분히 고약하지 않은 지경이 되었다"[*Christianity and the Class Struggle*, trans. Dirk Jellema(Grand Rapids, Mich.: Piet Hein, 1950), pp. 34-35].

자가 이런 도구로 취급된다—남겨놓는 것이다.[20]**

우리가 사회를 한 뼘의 땅에 쌓아놓은 영혼 더미가 아니라, 하나님이 뜻하신 공동체로, 살아 있는 유기체로 다시 볼 수 있을 때에만 빈곤이라는 질병에 대한 치료책을 발견할 수 있을 것이다. 그것이 '사회주의의 길'이라고 카이퍼는 말한다. 만일 사회주의가 사회민주주의 프로그램과 동일시되지만 않는다면, "나는 이 단어를 피할 생각이 없다"라고 그는 말한다. 그럼에도, 사회 개혁 프로그램은 반드시 필요하다. 경건과 구제 행위만으로는 충분하지 않다. 이것은 어디까지나 **사회적 차원의** 문제이기 때문이다. 더 나아가,

당신에게 사회적 문제가 살아 있는 문제로 존재하려면 이 한 가지가 필요하다. 현 상황이 **이치에 닿지 않는다는 것**을 인식하고, 이것이 우발적인 원인으로 인한 결과가 아니라 우리 사회의 **기반** 자체와 관련된 것임을 인식하는 것이다. 이 짐을 인정치 **않는** 사람, 지금보다 더 경건해진다면 그리고 더 친절하게 서로를 대하고 자선을 베푼다면 이 악을 쫓

** 이 계급 간의 투쟁에서 부유하고 힘있는 자는 자기 목적을 위해 국가를 서슴없이 악용했다고 카이퍼는 덧붙인다. "인간 사이의 뿌리 깊은 불평등은 약자에 비해 강자에게 유리한 고지를 부여했고, 인간 사회가 아니라 동물의 세계인 양 강자가 약자를 삼킬 수 있게 하는 규정이 만연하는 세상을 낳았다. 그리고 강자는 거의 예외 없이 모든 용례와 법령을 악용하여 자기 이익을 챙기고, 약자에게 손해가 돌아가게 하는 법을 터득했다. 사람이 식인종처럼 문자 그대로 서로를 잡아먹진 않았지만, 더 힘센 자는 방패도 없는 곳을 향해 무기를 사용하여 더 약한 자를 착취했다. 그리고 재판관이 하나님의 종으로서 약자를 보호하겠다고 나설 때마다, 더 힘센 계급은 어떻게 하면 정부에 영향력을 미쳐 약자를 보호해야 마땅한 정부 권력으로 하여금 오히려 약자를 괴롭히는 도구가 되도록 만드는 비법을 금방 터득했다"(*Christianity and the Class Struggle*, p. 22).

아낼 수 있을 것으로 생각하는 사람에게는 종교적 문제와 자선의 문제는 있을지 모르지만 **사회적** 문제는 존재하지 않는다. 당신이 인간 사회 자체에 대해 체제론적 비판을 가하고 그 결과 사회 구조를 새롭게 배열하는 것이 가능하고 또 바람직하다고 생각하지 않는 한, 당신에게는 사회적 문제가 존재하지 않는 셈이다.[21]

샬롬에 관한 나의 논의와 칼뱅과 카이퍼의 진술에는, 우리 인간이 **생존**의 권리를 가진다는 의미가 함축되어 있다. 우리는 동료 인간들에게 우리의 생계를 적절하게 보장하는 사회 제도를 만들도록 요구할 권리가 있다. 물론, 다른 권리와 마찬가지로 이 권리도 포기될 수 있다. 아마도 어떤 사람이 일거리가 있는데도 일하기를 거부한다면 그 권리를 포기하는 것이다. 그리고 다른 권리의 경우처럼, 이 권리가 폐기되는 사회적 상황도 물론 있을 수 있다. 이를테면, 다른 정당들이 우리의 생계를 보장하는 제도를 만들 수 없는 경우가 그렇다. 그러나 "왜 가난한 자를 보살펴야 하는가?"라고 묻는다면, 그 질문에 대한 가장 진지한 응답은, 우리가 그렇게 하지 않으면 하나님이 주신 바 가난한 자가 가진 **권리**를 침해하는 것이기 때문이라는 것이다.

우리는 다음 네 종류의 권리(이것이 모든 권리를 망라하는 것은 아니다)를 생각할 수 있다. (1) 보호받을 권리. 예를 들어, 길거리에서 공격을 당하지 않을 권리 같은 것. (2) 자유의 권리. 예를 들어, 언론의 자유에 대한 권리 같은 것. (3) 발언할 권리 혹은 참여의 권리. 예를 들어, 정부의 관리를 뽑을 때 발언할 수 있는 권리 같은 것. (4) 생계 유지의 권리. 현대 서구인은 보호, 자유, 발언에 대한 권리에 관해서는 적극적으로 옹호해 왔으나—실제보다 이론적으로 더욱 그랬지만—생계 유지의 권리에 대해서는 이론적으로조차 인정하지 않았다. 금세기에 곳곳에서 복지 국가가 탄생했음에도, 그것은 생존의 권리가 우리의 권리 장전에 영입되었거나 현 체제를 낳은 자유주의 이데올로기에 포함되어 있기 때문이 아니었다. 고전적 자유주의자가 규정하는 선한 삶은 바로 이것이다. 네가 가장 좋아하는 일을 하고, 남의 일에는 간섭하지 말라는 것이다. 나는 복지 국가가 발생한 것이 노동자의 구매력이 자본가의 시장을 넓혀 주었기 때문이고, 또 여기저기서 가난한 자가 약간의 힘을 발휘할 수 있게 되었기 때문이라고 보는데, 이렇게 말하는 것이 지나치게 냉소적인 것은 아니라고 생각한다. 현재 미국에서 일어나는 정치적 변혁에 귀를 기울여 보면, 자유와 보호의 권리에 대해서는 많은 이야기를 듣게 되지만 생계 유지의 권리, 가난한 자의 권리에 대해선 아무 소리도 들을 수 없다.[22]

교회도 별 도움을 주지 못했다. 교회가 복지 국가의 부상에 대해 평할 때, 그것을 정부 편에서 베푸는 자선 행위로 이야기한 적이 너무 많았다. 그러면 어떤 이들은 정부가 자선 행위에 관여해서는 안 되고 보호, 자유, 목소리의 권리를 보장하는 일에 국한해야 한다고 주장했다. 이처럼 정부가 시민에게 자선을 베푸는 새로운 현상을 칭송하는 이들도 있었다. 내가 최대한 강조해서 하고 싶은 말은, 가난에 대한 관심은 자선의 문제가 아니라 권리의 문제라는 것이다. 만일 어떤 부자가 누군가 배고파 죽어가고 있고 자기는 그를 도울 힘이 있는데도 돕지 않기로 선택한다면, 그는 마치 고통당하는 자를 신체적으로 공격하는 것과 마찬가지로 그 죽어가는 사람의 권리를 침해하고 있는 것이다. 이 점을 인정하는 것이 마음에 걸린다 하더라도, 샬롬에 대해 묵상해 보고 모든 인간이 하나님의 형상이라는 공통 분모를 갖고 있음을 성찰해 보면 그렇게 결론을 내리지 않을 수 없다.[23]

더구나 생존의 권리는 생명 자체를 보장하는 것이라는 의미에서 **기본권**에 속한다. 그것이 없다면 다른 모든 권리가 무의미해진다. 이런 면에서 서구 민주주의가 이제까지 크게 주목해 온 대다수의 권리보다 그것이 더 근본적인 권리라 할 수 있다. 언론의 자유는 인생에서 여러 좋은 것을 성취하는 데 중요한 역할을 하지만, 그것이 없이 누릴 수 있는 권리도 많이 있다. 언론의 자유 역시 그보다 더 기본적인 생존의 권리에 의존하고 있다고 할 수 있다.

이 점을 명료히 하려면, 권리에 대한 나의 생각을 언급할 필요가 있을 것 같다. 나는 다음 세 가지 조건이 충족된다면 그 사람은 어떤 유익을 받을 권리를 가지고 있는 것이라고 생각한다.

(1) **도덕적으로 정당한 권리**를 가지고 있을 것, (2) 그 유익을 **실제로 향유**할 수 있을 것, (3) **통상적이고 심각하며 구제 가능한 위협으로부터 사회적인 안전 보장을 받을 수 있을 것**. 이제 각 항목에 대해 약간의 설명을 하겠다.

첫째, 권리란 타인에 대해 도덕적으로 합법적인 권한을 주장하는 것이다. 한 사람의 권리는 타인들에게 의무, 곧 책임을 지우는 것이다. 권리는 책임에 근거를 두고 있고—책임이란 자격 없이 받는 관대함과 반대되는 것이다—책임은 인간됨의 본질에 속한다고 나는 생각한다. 인간을 하나님의 다른 피조물들과 구별해 주는 것은 책임을 부여받았다는 점이다. 모든 책임이 권리와 연관되는 것은 아니지만, 모든 권리는 책임과 연관된다. 미국의 철학자 조엘 파인버그(Joel Feinberg)는 권리란 곧 의무를 부과하는 권한이라는 점이 중요하다고 탁월하게 설명하고 있다.

청원권(claim-rights)은 없어서는 안 될 귀중한 소유물이다. 청원권이 없는 세상은 아무리 호의가 넘치고 의무감이 투철하다 할지라도 엄청난 도덕적 빈곤에 시달릴 것이다. 사람들은 당연한 혹은 정당한 자격에 근거하여 타인의 예우를 받을 것을 더 이상 기대하지 못할 것이다. 사실 그들은 스스로 타인의 친절이나 배려를 받을 만한 특별한 자격이 없다고 생각한 나머지, 아주 작은 예우만 받아도 본래 그럴 자격이 있어서가 아니라 그저 행운이라 여기고, 그 시혜자의 인품에 대단한 감사를 표해야 한다고 생각할 것이다. 이것이 개인의 자존감과 인격 형성에 미치는 해악은 이루 헤아릴 수 없을 것이다.

반면에, 청원권은 타인에게 촉구하고 압력을 가하고 정당하게 요구할 수 있는 어떤 것이다. 직질린 상황에서 권리 보유자는 '시급하게, 단호하게, 혹은 끈질기게' 자기 권리를 요구할 수 있다. 혹은 권위 있게, 자신 있게, 스스럼없이 그것을 주장할 수 있다. 권리는 사랑이나 연민으로 촉발된 어떤 선물이나 호의가 아니다. 이런 경우에는 오직 감사만이 적절한 반응일 것이다. 하지만 권리라는 것은 당혹감이나 수치심 없이 요구하거나 끈질기게 주장할 수 있는 그 무엇이다. 한 사람이 자기 권리로 가지고 있는 것이 주어지지 않을 때는, 분개하는 것이 적절한 반응이다. 반면에 그것이 제대로 주어지면 감사할 이유가 없다. 마땅히 받을 몫을 받은 것이기 때문이다. 청원권이 있는 세상은 모든 사람이, 그가 실질적인 청원자든 잠재적인 청원자든, 자기 눈에나 남들이 보기에 존경을 받을 만한 존엄한 존재다. 사랑과 연민, 더 높은 권위에 대한 순종, 높은 신분에 따르는 도덕적 의무가 아무리 많다 해도 이런 가치들을 대체할 수 없다.[20]

둘째, 권리란 자기에게 해당되는 유익을 **실제로 향유할 수 있는** 권한이다. 그 유익에 대한 약속을 받아낼 수 있는 권한이나 그 유익에 대한 법적 선언을 주장할 수 있는 권한이 아니라, 그것을 실제로 누릴 수 있는 권한이다. 법에는 당신과 내가 언론의 자유를 누릴 권리를 가지고 있다고 되어 있지만, 내가 그 유익을 누리려 할 때마다 어떤 위협이 가해진다면, 법이 어떻게 말하고 있든 언론의 자유를 누릴 내 권리가 침해를 받고 있는 것이다. 이런 경우 그 법은 공허한 법에 불과하다.

셋째, 권리란 자기에게 해당되는 유익을 누리되 통상적이고 심각한, 또 구제 가능한 위협으로부터 사회적으로 안전 보장을 받을 수 있는 권한이다. **통상적인** 위협이라고 말하는 이유는, 우리가 여러 유익을 누리는 것을 방해하는, 예측 불가능하거나 보기 드문 온갖 종류의 위협이 있기 때문에, 사회 제도가 그 모두를 감안하도록 요구할 수는 없기 때문이다. **심각한** 위협이라고 한 이유는, 어떤 위협들은 시간을 많이 들이기에는 너무 사소한 것이기 때문이다. 그리고 **구제 가능한** 위협으로부터 보장을 받아야 한다. 물론 구제 가능한 것은 시간에 따라 변할 수 있다. 예전에는 나병이 구제 불능이었지만 오늘날에는 구제 가능한 것이다.

따라서 권리란, 한 사람이 통상적이고 심각한, 혹은 구제 가능한 위협으로 인해 유익을 향유하지 못하는 일이 없도록 보장해 주는 사회 제도를 요구하는 권한이다. 권리는 언제나 여러 사회 구조와 연관되기 마련이다.* 그러므로 권리는 동료 인간들에게 사회 구조를 잘 만들어 그런 유익을 실제로 누릴 수 있도록 보장해 달라고 요구하는 것이다.**

권리라는 것을 위협으로부터의 안전을 보장받을 수 있는 권한으로 보게 되면, 권리야말로 사회의 약자와 무방비 상태에 있는 자들을 위한 하나님의 헌장임을 분명히 알 수 있다. 권리는 스스로를 돌볼 수 없을 만큼 약한 자들을 보호해 줄 것을 요구하는 정당한 권한이다. 그것은 무방비 상태에 있는 자가, 그 시점과 그 장소에서 구제 가능한, 치명적이고 일상적인 생명의 위협으로부터 자기를 보호해 달라고 요청하는 합법적인 요구다. 그것은 사회의 작은 자들이 자기로서는 도무지 저항할 수 없는 강력한 경제적·정치적·물리적 힘을 규제해 달라고 요구하는 권한이다.

---

* 그렇기 때문에 사회에 대한 체제론적(구조적) 비판과 권리의 문제는 서로 밀접한 관련이 있다.

** 사회적 안전 보장이 어쩌면 권리가 가지고 있는 가장 중요한 측면이라 생각된다. 이는 반드시 상호 연관된 의무들을 수반하기 때문이다. 권리란 보통 다른 사람들에게 본인이 권리를 실질적으로 향유할 수 있도록 제도적 장치를 마련해 달라고 요청하는 정당한 요구다. 설사—아니, 특히—본인이 그 권리를 향유하기 위해 스스로 그런 장치를 만들 수 있는 역량이 없을 때라도 말이다. 사람들이 신체적 안전을 누릴 권리를 가지고 있다고 가정해 보자. 어떤 사람들은 마치 사회적 안전 보장에 대한 권리가 자기에게 없는 것처럼 개인적으로 경호원을 고용할 수 있다. 하지만 그들은, 아니 어느 누구라도, 다른 누군가가 안전을 보장하고 유지할 수 있는 효과적인 장치를 마련해 줄 것을 정당하게 요구할 수 있다.…일반적으로 그 장치는 법의 형태를 띠게 됨으로써 그것을 도덕적 권리이자 법적 권리로 만들 것이다. 그러나 다른 경우에는, 금기로 뒷받침되는 깊이 정착된 관습이 법—물론 실제로 집행되지 않는 법은 말할 것도 없고—보다 더 큰 효과를 발휘할 것이다"[Henry Shue, *Basic Rights: Subsistence, Affluence, and U. S. Foreign Policy*(Princeton: Princeton University Press, 1980), p. 16].

이제 권리에 대한 논의를 마무리하기 전에, 권리와 상관이 있는 **의무**에 대해 생각해 보자. 의무는 크게 세 가지 유형으로 나눌 수 있다. (1) 사람들에게서 그들이 마땅히 누릴 유익을 **빼앗아서는 안 될** 의무, (2) 그들이 그 유익을 빼앗기지 않도록 **보호할** 의무, (3) 그런 일이 발생할 경우 그 빼앗긴 자를 **도울** 의무. 칼뱅이 그 도시의 가난한 자들을 착취하던 부자들을 향해 강단에서 비난을 퍼부었을 때, 그는 첫 번째 유형의 의무, 곧 사람들에게서 생계 수단을 빼앗아서는 안 될 의무를 강조한 것이다. 카이퍼가 가난한 자에 대한 우리의 의무가 자선 행위를 뛰어넘는다고 말하고, 우리가 억압적인 구조들에 대해 관심을 기울여야 한다고 한 것은 두 번째 유형의 의무, 곧 사람들이 생계 수단을 빼앗기지 않도록 보호할 의무를 강조한 것이다.

내가 주장하는 핵심 사항은 이것이다. 우리 모두가 동료 인간들에게 요구할 수 있는 최소한의 권한에는, 통상적이고 심각하며 구제 가능한 위협에 직면하여 우리의 생계를 보장할 수 있는 사회 제도가 포함된다는 것이다. 여기에는 건강을 유지하고 사회에 기여하는 데 필요한 기본 여건인 의식주에 대한 권리가 포함된다. 건강에 해롭지 않은 물과 공기, 기본적인 의료 혜택에 대한 권리도 물론 포함된다.* 물론 기본적인 의료 혜택, 건강에 해로운 물과 공기의 오염 정도, 건강을 유지하고 사회에 기여하는 데 필요한 식량의 분

---

* 참고. UN의 세계 인권 헌장 제25조를 보라. "모든 사람은 양식, 의복, 집, 의료 혜택, 필요한 사회적 서비스를 비롯한 본인 및 가족의 건강과 복지에 필요한 생활 수준을 누릴 권리와, 실업, 질병, 장애, 배우자와의 사별, 노화, 혹은 본인의 통제를 벗어난 상황으로 인해 생계 수단을 위협받을 때, 안전을 보장받을 권리가 있다."

량 등 세부 사항에 관해서는 얼마든지 논의의 여지가 있다. 그런데 문제는, 이런 사항을 어떻게 규정하든 간에, 현대 세계에서 수억의 인구가 이 같은 기본 재화를 박탈당하고 있고 또 그것이 상당 부분 구제될 수 있는 것이란 사실이다. 즉 그들의 권리는 부정되고 있다.

현재 중심부 바깥에 사는 수많은 극빈층의 생계 권리를 가장 확실하게 보장하고 그들의 존엄성을 존중하는 방법은, 약간의 수당을 지급하는 것이 아니라 그 가난의 원인을 체계적으로 규명하여 제거하려고 노력하는 일이다. 이 원인들에 관해 몇 마디 하고 싶지만, 그러기 전에 먼저 하고 싶은 말은, 설사 우리가 그 원인들을 잘 규명하지 못하더라도, 혹은 그것을 잘 파악했지만 우리가 할 수 있는 일이 별로 없다는 것을 알았다 하더라도, 우리는 여전히 그들을 도울 의무를 가지고 있다는 것이다. 어떤 부자가 가난을 예방할 방법을 모른다는 핑계로 가난한 자를 돕지 않는다면, 그는 가난한 자의 권리를 짓밟는 것이고, 칼뱅의 말처럼 하나님의 형상을 무시함으로써 하나님께 죄를 범하는 셈이다. 1981년도 미국 예산을 보면, 군비에 사용될 돈이 1조 604억 달러인데 비해(우방국에 대한 **군사원조**의 형태로 세계 곳곳에 뿌려지는 군비는 여기에 포함되지 않았다) 다른 나라들에 대한 경제적 원조는 62억 달러로 책정되어 있다. 다른 한편, 경제적 원조의 경우 상당히 많은 액수가 제3세계의 가난 퇴치보다는 이미 잘 사는 나라들에 대한 원조로 책정되어 있다. 예를 들면, 이스라엘에 대한 원조로 8억 달러가 배정되었다. 이런 현상은, 하늘을 보고 보상을 요구할 만큼 심각하게 생계 유지의 권리를 침해하는 것이다.

제2차 세계대전 이래 최근에 이르기까지 서구인들이 제3세계

대량 빈곤의 원인에 대해 가지고 있는 지배적인 견해는 다음과 같다. 가난한 상태 혹은 가난에 근접한 상태가 인류의 정상적인 상태다. 그러나 우리 서구인들은 지난 두어 세기에 걸쳐 빈곤을 완전히 퇴치한 혹은 퇴치할 역량이 있는 근대화된 사회를 이룩하였다. 하지만 제3세계는 이러한 발전으로부터 별다른 영향을 받지 않은 채 인류의 정상적인 상태에 머물러 있다. 근대화의 핵심 요인은 기술과 자본이다. 따라서 우리가 이 두 가지를 제3세계에 제공하고 그들이 범세계적 무역 체제에 동참하게 되면, 그들도 발전을 이룰 것이고 결국에는 우리를 따라잡을 것이라는 견해다.

이것이 최근까지 서구인이 품고 있던 신념이다. 그런데 현재 우리 개개인이 받는 인상은, 미국을 비롯한 여러 우방국들이 저개발국에게 상당한 양의 기술과 자본을 원조해 주었음에도 불구하고 대단한 결실을 보지 못했다는 것이다. 아니, 오히려 소득 격차가 **더 커지고 있다**는 소리만 듣고 있다.* 이런 현상에 대해 그들은 어찌할 줄을 모른다. 그저 서둘러 옛날처럼 제3세계 국민들의 성격적 결함을 들먹이며 얼버무리기 일쑤이지, 그 밖에 달리 어떻게 생각해야 할지 모른다. 어쩌면 저개발 국가에 사기업이 더 필요할지도 모르겠다는 식이다!

---

* 이 점은 정확하게 지적한 것이다. "1850년 당시 오늘날의 부유한 나라들은 세계 인구의 26퍼센트를 차지했고 총소득의 약 35퍼센트를 점유하고 있었다. 1960년대에는 부유한 나라들이 인구의 28퍼센트에 불과했지만(1850년에 비해 크게 변하지 않았다) 소득은 78퍼센트나 점유했다. 가난한 나라와 부자 나라의 개인당 소득 격차는 1850년도에 70퍼센트였던 것이 1960년대에는 900퍼센트로 늘어났다"[Hans W. Singer and Javed A. Ansari, *Rich and Poor Countries*(Baltimore: Johns Hopkins University Press, 1977), p. 34]. 물론 이것이 가난한 나라들 내부에 존재하는 빈부 격차를 설명해 주는 것은 아니다.

나는, 대량 빈곤의 뿌리에 대한 이런 견해는 거의 전적으로 잘못된 것이고, 그것이 학자와 일반 대중들 사이에 인기를 끄는 이유는 순전히 이해 관계에 유리하기 때문이라고 본다. 여기서는 그들이 빗나간 지점을 폭넓게 개관하는 것으로 한정할까 한다.

첫째, 제3세계의 대량 빈곤은 대체로 우리와 상관없이 존재하는 자연스런 상태가 아니다. 이와 반대로, 상당 부분이 수세기에 걸쳐 발전한 세계체제의 중심부와 주변부의 상호 작용이 빚어낸 결과다. 그 동안 여러 지역에서 저개발 상태가 개발되는 현상이 일어났는데, 중심부가 여기서 중요한 역할을 담당했다. 저개발 상태는 하나의 내력을 가지고 있으며, 이는 우리의 역사와 뗄 수 없는 관계에 있다.

여기서 나는 한 가지 사례, 곧 세계에서 대량 빈곤이 가장 집중되어 있는 방글라데시를 예로 들고자 한다. 다른 사례들의 경우 그 세부 사항은 달라도 동일한 역학이 작동하고 있다고 볼 수 있다. 먼저 아시아는 유럽의 무역상들이 맨 처음 접촉할 때만 해도 가난한 지역이 아니었음을 알아야 한다. 한 인도네시아 역사가는 이렇게 말한다. "네덜란드의 상인과 선원들은 맨 처음 동인도 제도에 왔을 때 그 자연과 문명의 다채로움에 놀랐고, 예리한 이들은 동남아시아가 상거래 능력과 기술뿐 아니라 풍부한 자원 면에서 서유럽을 훨씬 앞지르고 있다는 것을 알아챘다."[25]** 이미 앞 장에서 인용한

** 또 다른 인도네시아 역사가는 16세기 초에 대해 이렇게 쓰고 있다. "지방의 상점들은 유럽에 있는 그 어떤 상점에 못지않았다. 사실 말라카는 서구 방문객의 눈에 매년 다른 어떤 항구보다 많은 선박을 취급하는 세계 최대의 국제 무역항으로 비쳤다" [Malcolm Caldwell, *Indonesia*, Modern World Series, no. 16(Oxford: Oxford University Press, 1968), p. 39]. 그런데, 1800년대 중반에 이르러 기근이 이미 그 지역을 강타하고 있었다.

바 있는 1793년에 중국 황제가 잉글랜드의 조지 3세에게 보낸 편지는 여기서도 적실한 것 같아 다시 인용한다. "그대의 대사가 직접 눈으로 볼 수 있듯이 우리는 모든 것을 소유하고 있습니다. 나는 이상하거나 색다른 물건에 아무 가치도 두지 않으며, 그대의 나라가 만든 제품을 쓸 필요도 없습니다." 인도 아(亞)대륙도 이와 비슷하게 농업과 소규모 제조업이 균형을 이루어 번영을 누리고 있었다.

1700년대 말 영국은 인도 아대륙을 무력으로 점령한 다음 그 경제적·사회적 구조를 의도적으로 뜯어고치기 시작했다. 방글라데시가 위치한 지역에서는 농부들이 매년 '자민다르'(zamindars, '토지 소유자'라는 뜻의 페르시아어) 계층에게 세금을 바쳤고, 이들은 그 일부를 무굴 통치자에게 바친 다음 나머지는 자기들이 가졌다. 농부와 자민다르 사이의 유대 관계는 경제적 차원을 훨씬 뛰어넘는 것이었다. 자민다르들은 지배권에 대한 보상으로 농민의 안전을 보장했다. 예를 들어, 그들이 매년 세금을 바치는 한 자의적으로 땅을 빼앗기는 일은 없었다. 자민다르는 그 영토에서 민법과 형법의 권력을 모두 가지고 있었고, 두 계층의 권리는 대체로 세습되곤 했다.[26]

이런 체제는 동인도 회사에 의해 완전히 파괴되었다. 무역상과 선교사를 앞세운 영국인은 방글라데시에 사유재산 제도가 충분히 발달하지 않았다고 생각했다.* 더 나아가, 그들은 간단한 세금 제

---

* 여기서 초대교회 당시 사유 재산에 대한 일부의 의견을 상기하는 것이 좋을 것 같다. 콘스탄티노플의 위대한 설교가 존 크리소스톰은 디모데전서 4:13에 대한 설교에서 이렇게 말했다. "하나님은 어떤 것들을 모두가 공유하도록 만드셨다. 예를 들면 해, 공기, 흙, 물, 하늘, 바다, 빛, 별과 같은 것들이다. 이것들이 주는 혜택은 모든 이들이 형제로서 똑같이 누리는 것이다. 우리는 모두 똑같은 눈, 똑같은 몸, 똑같은 영혼,

도를 원했고, 상류층이 자기들에게 충성하기를 기대했다. 그래서 이처럼 서로를 책임지는 유사 봉건적 세습제를 사유 재산과 금전 관계에 기초한 제도로 바꾸기 위해, 토지권(權)을 시장에 내놓는 등 개조 작업에 착수했다. 1793년에 발표된 영구 정착 법령은 자민다르들을 그들이 이제껏 세금을 받아오던 땅의 소유주로 선언했고, 마음대로 그 땅을 시장에서 팔 수 있는 권리를 부여했다. 동시에, 그들의 공식적인 책임이 모두 제거되어 유럽인 관리들에게 넘겨졌다. 그 결과 농민들은 토지가 없는 일꾼으로 전락했으며, 그 땅을 점유하고 경작할 수 있었던 전통적이고 영구적인 권리도 빼앗기고 말았다. 따라서 농민과 자민다르 사이에는 순전히 경제적인 관계만 남게 되었다. 이처럼 전통적인 유대 관계를 모두 파괴한 결과, 농민은 착취의 대상이 되고 말았다. 그들은 "세금뿐 아니라 인구 증가로 인해 터무니없이 오른 임대료까지 내야 했다. 어떤 농민들

모든 면에서 똑같은 구조로 빚어졌으며, 모든 것이 흙으로부터, 모든 사람이 한 사람으로부터 나왔고, 모두가 똑같은 사주 환경에 몸담고 있다. 그분은 목욕탕, 도시, 시장, 길도 공유하도록 만드셨다.…그리고 잘 관찰해 보라. 모두가 공유하는 것에 대해서는 아무런 싸움이 없고 모두가 평화롭게 지낸다. 그러나 누군가가 어떤 것을 자기 것으로 소유하려고 하면, 마치 자연 자체가 분노를 발하는 것처럼 싸움이 일어나게 되고, 하나님이 모든 방법을 동원하여 우리를 하나로 묶으려 할 때, 우리는 물건을 전유하고 '내 것, 네 것'이란 차가운 말씨를 사용함으로써 오히려 서로 분열되고 멀어지기에 급급하다. 그러면 싸움이 일어나고 불편한 관계가 조성된다. 반면에 이런 경우가 아니면 투쟁이나 싸움이 생기지 않는다.…우리에게 필요한 것들은 우리 앞에 공동으로 주어져 있다. 그런데도 가장 작은 것에서조차 우리는 공동체를 유지하지 못한다. 그분이 더 큰 것들을 우리에게 공짜로 쏟아 주신 이유는 그보다 못한 것들을 공유하도록 가르치시기 위함이다"[*A Select Library of the Nicene and Post-Nicene Fathers of the Christian Church*, ed. Philip Schaff(Grand Rapids, Mich.: Eerdmans, 1956), vol. 13, *St. Chrysostom: Homilies on Galatians, Ephesians, Colossians, Thessalonians, Timothy, Titus, and Philemon*, p. 448(Homily 12)].

은 도망치고 말았다. 새로운 법은 자민다르들에게 그들을 붙잡을 수 있는 권한을 주었고, 이로써 전통적인 농촌 사회가 완전히 붕괴되고 말았다. 한편에는 자민다르들이, 다른 편에는 농노들이 자리 잡았고, 전자에게는 토지를 개량하고자 하는 동기가 없었으며 후자에게는 그럴 수 있는 수단이 없었다."[27]

그런데 이것은 시작에 불과했다. 벵골인(인도 서벵골 주와 방글라데시의 주민들—역주)은 목화 재배와 직포로 국제적 명성을 얻고 있었고, 그들이 만든 면직물은 세계 최고로 알려져 있었다. 그런데 영국인이 들어와 목화 산업 전체를 파괴해 버렸다. 먼저는 동인도 회사가 실행한 독점 계약 제도에 의해, 이어서 벵골에서 잉글랜드로 수출되는 면직물에 부과된 약 44퍼센트의 관세에 의해, 끝으로 산업혁명 이후 잉글랜드에서 쏟아져 들어온 값싼 제조품들이 벵골 시장에 넘쳐흐름으로써(산업혁명의 자금줄이었던 식민지 약탈자의 대규모 자본과 함께) 그렇게 되었다. 이와 비슷한 현상이 벵골의 다른 산업에도 일어났다. 자급자족하던 농업이 환금 작물로 대체되고, 전통적인 장인 기술이 수출품에 대한 높은 관세와 대량 생산된 값싼 제품의 대규모 수입으로 파괴되었으며, 운송 수단의 하부 구조(도로, 철도 등)가 순전히 국제 무역과 제국의 통제를 위해 개발되었다. 영국인은 벵골인으로부터 경쟁 없이 값싼 원료를 얻어내고, 벵골을 자기네 제품의 독점 시장으로 삼고 싶어했다. 그리고 실제로 그렇게 되었다. 그런 과정에서 영국인은 결정적으로 방글라데시를 저개발의 구렁텅이로 밀어 넣었다. 오늘날 방글라데시는 수출로 인한 소득을 단 한 가지 환금 작물에 거의 전적으로 의존하고 있다. 1975-1976년 기간에, 황마와 황마 생산품이 방글라데시 총수출의 82퍼센트를 차지하고 있다.

1946년에 네루 수상은 인도에 대해 이런 말을 했다.

오늘 우리가 안고 있는 거의 대부분의 문제는 영국 통치 기간에 불거진 것이요 영국의 정책으로 직접 초래된 것들이다. 군주의 문제, 소수민의 문제, 외국인과 인도인의 다양한 기득권 문제, 산업의 결여와 외면당하는 농업, 사회 서비스 분야에서 극도의 후진성, 그리고 무엇보다 가난한 민중의 불행 등….

그 가운데서도 두드러진 한 가지 사실은 인도에서도 영국의 통치를 가장 길게 받았던 지역들이 오늘날 가장 가난한 곳이라는 점이다. 실로 영국의 통치 기간과 빈곤의 점진적 성장이 서로 밀접한 관계에 있다는 것은 도표로 그릴 수도 있을 것이다.[28]

오늘날 대량 빈곤에 시달리는 거의 모든 지역들에 대해서도 기본적으로 같은 이야기를 할 수 있을 것이다. 이 지역들은 어느 시점에 세계체제의 중심부와 밀접한 접촉을 했다가 그 경제가 자국민이 아니라 유럽인들에게 혜택을 주는 구조로 변경되었다.[29] 사회 구조도 전복되어 상층과 하층을 묶어 주던 유대 관계도 거의 남지 않게 되었다.[30] 이 모든 것은 애초에 '적당한' 시점에서 무력을 사용함으로 이루어졌다. "유럽이 저개발 국가들을 '발견한' 것이 아니다. 반대로 그런 나라들을 창조한 것이다.…유럽인들이 접촉했던 일부 민족은 물론 비교적 원시 상태에 머물러 있었다. 그러나 오늘날 우리가 접하는 거의 모든 저개발 국가들은 그 경제적 필요를 채울 가능성이 충분했다. 그러나 이 사회들은 팽창하는 유럽과 접촉하면서 완전히 무너지고 말았다."[31]

리처드 바네트(Richard Barnet)와 로날드 뮬러(Ronald Müller)는 「세계적 확장」(*Global Reach*)이라는 책에서, 오늘날 제3세계에 속한 가난한 나라를 방문할 때 볼 수 있는 아주 생생한 모습을 묘사하면서 중심 지역과의 교류가 어떤 결과를 낳았는지를 지적한다.

넝마와 부귀가 얼마나 꼴사납게 결합된 모습인지 모르겠다. 만 명에 한 명은 캐딜락과 높은 담과 정원들을 갖춘 궁전에서 살고 있다. 두어 골목만 가도 수백 명의 노숙자들이 있고 그 곁에는 거지, 껌 파는 행상, 창녀, 구두닦이들이 길에 널려 있다. 모퉁이를 돌면 수만 명이 전기나 수도도 없는 오두막들을 가득 채우고 있다. 도시 바깥에는 그 높은 담 뒤에 살고 있는 소수가 소유한 조그마한 땅에서 대다수의 인구가 근근이 생계를 유지하고 있다. 토질이 비옥하고 기후가 좋은 지역에서조차 대다수는 굶주린 배를 안고 잠자리에 든다. 주식 시장이 호황을 맞고 있지만, 죽어 가는 아기들과 풍선같이 부푼 배와 앙상한 다리를 가진 어린이들이 곳곳에 즐비하다. 호화로운 음식점들과 악취를 풍기는 하수도가 나란히 있다. 나라의 수도는 최신형 컴퓨터를 자랑하고 날마다 점보제트기가 날아들고 있지만, 국민의 반 이상이 글을 읽을 줄 모른다. 정부 기관이 글 읽을 줄 아는 이들의 주된 고용주이긴 하지만, 삐걱거리는 관료제는 의료 혜택이나 일거리를 찾아오는 자들의 기나긴 줄에 비하면 없는 것이나 마찬가지다. (뇌물을 들고 오는 자에게는 그 줄이 기적같이 줄어든다.)

민족주의적 슬로건은 난무하지만 기초 산업은 모두 외국인의 수중에 있다. 높은 담으로 둘러싸인 집안에 가득한 카메라, 텔레비전, 녹음기, 고급 가구들은 미국이나 유럽에서 수입한 것이지만, 그 가족의 주요 투자처는 스위스 은행 계좌일 가능성이 높다. 소비품을 기준으로 이 나라 국민을 세 집단으로 나눌 수 있다. 극소수의 최상층 집단은 록펠러가 무색할 정도로 호화롭게 산다. 비교적 소수로 이루어진 두 번째 집단은 미국의 풍요로운 중산층처럼 산다. 그들과 똑같은 자동차를 타고 똑같은 양주를 마시고 똑같은 가전 제품을 사용한다. 그리고 나머지 대다수는 검은 콩, 쌀, 콩국과 같은 토산품을 먹고 산다. 그나마 얼마 되지도 않는다. 첫 두 집단은 자기 자신과 가족을 위한 개인적 성공을 굳게 신봉할 뿐, 세 번째 집단이 점점 더 곤경에 빠지는 문제에 대해선 아무런 해결책도 없다. 그래서 그들을 두려워한 나머지 담장의 높이가 더 올라간다. 세 번째 집단에게는 질병, 오물, 갑작스런 죽음이 늘 따라다니지만 체념의 분위기가 감돈다. 인생은 언제나 고통과 불확실성으로 가득했으며, 앞으로도 늘 그럴 것이다.[32]

방글라데시와 같은 나라가 일단 대량 빈곤에 빠지게 되면 오늘날의 세계체제 하에서는 거기서 빠져나오는 것이 거의 불가능하다. 그런 상태에 머물게 하는 요인들을 살펴보면 이렇다. 제3세계의 가난은 대부분 농촌의 가난이다. 인구 대다수가 농촌에 살고 있기 때문이다. 미국의 경우 인구의 10퍼센트 미만이 농촌에 사는 데 비해, 인도에서는 약 70퍼센트가 농촌에 산다. 이 대규모의 농촌 노동력이 전반적으로 유휴 상태다. 노동력이 풍부하면 당연히 노동 집약적 농사를 기대하겠지만, 사실은 노동 **조방적**(labor-extensive) 농사가 지배적이다. 많은 이들이 연중 일정 기간에만 일을 하고, 그것도 하루 중 일정 시간에만 일하고 있으며, 일하는 방식도 매우 비효율적이다. 그 이유는, 부분적으로는 일거리 자체가 적기 때문이고, 또 부분적으로는 노동자가 제대로 먹지 못해 에너지가 부족하기 때문이다.

먹을 것이 더 많아지고 노동 집약적인 영농 기술만 도입되어도 농업 생산량이 금방 오르겠지만, 그것을 막는 장애물들이 있다. 가난한 자들은 대부분 문맹이고 기술에 투자할 만한 자금도 거의 없다. 그들은 돈을 버는 족족 당장의 생계를 유지하기에 급급하다. 이보다 더 결정적인 걸림돌은, 땅이 없는 가난한 이들은 부유하고 힘센 지주를 위해 일하는 노동력에 불과하고 대개 수출용 환금 작물을 재배하는 일을 한다는 사실이다. 가난한 사람들은 그들의 처지가 바뀔 것이란 희망이 없기에 노동의 소산물을 늘리겠다는 동기도 생기지 않는다(그리고 지주조차도 농작물을 증대시키고자 하는 의욕이 별로 없다). 요컨대, 토지 소유 제도가 지닌 사회적 불공평이 이른바 '빈곤의 문화'(culture of poverty)를 낳는 셈이다. 노동자들은 처지가 나아질 전망이 보이지 않으므로 자연히 무관심한 태도를 취하는 것이다. 군나르 미르달은 고전적인 책 「세계 빈곤이 던지는 도전」(*Challenge of World Poverty*)에서 이런 결론에 도달한다.

나는 이렇게 결론을 내리는데, 이는 이제까지 수행된 엄청나게 많은 연구들이 확증하는 것이기도 하다. 즉, 남아시아의 경우 소작 제도야말로 기술 향상과 노동 활용도 및 생산성의 증대를 실질적으로 가로막는 복잡한 구조의 근본 원인이라는 것이다. 그 제도는 "사회 정의를 방해하는 것은 물론이고, 거대한 농촌 인구가 농촌 개발에 열심히 참여하고자 하는 의욕을 꺾어 버리는 거의 극복하기 힘든 장애물이다."

이어서 그는 자신이 남미의 토지 소유 제도와 농장 노동에 대해 직접 경험한 바가 남아시아에 비해서는 적다는 것을 밝히면서, 이렇게 말한다.

하지만 내가 읽은 자료와 몇 번에 걸친 직접적 관찰에 의하면, 남미의 제도—거기서도 소작 제도의 요소들을 종종 발견하게 된다—도 노동 활용도 및 생산성을 올릴 수 있는 기술 향상을 똑같이 막고 있다.[33]

한마디로 "좀더 공평한 제도가 한 사회를 빈곤에서 벗어나게 하는 데 꼭 필요한 선결 조건이다."[34]*

나는 '빈곤의 문화'라는 표현을 사용했는데, 이는 가난한 자들이 빈곤에서 탈출하려고 시도조차 하지 않는, 그들 가운데 형성된 일종의 특수한 성격을 가리키는 말이다. 마이클 노박(Michael Novak)과 같은 사상가들은 최근에, 이런 유형의 성격이 사실상 대량 빈곤의 결정적 원인이라고, 또 종교가 그러한 성격을 형성한 결

---

* 이를 남미 담당 경제 위원회의 위원장이 작성한 보고서의 다음 대목과 비교해 보라. "대규모의 농촌 인구는 잉여 소득이 없고 투자를 늘릴 만한 땅조차 충분히 없는 반면, 대부분의 땅과 수입을 차지하고 있는 자들은 생산물의 질과 양을 높이는 등 토지 개발에 관심이 없거나 그럴 만한 역량도 없다. 광대한 사유지에서 벌어들인 이윤을 그 땅에 다시 투입하는 경우도 거의 없다. 그 대신 그것을 도시에다 투자하고 사치품 구입에 쓰거나 국외로 빼돌린다. 기존의 세금 제도 하에서는 국가가 그 이윤의 상당 부분을 세금으로 거두어 농업 부문에 대한 투자 증대를 도모하는 것도 불가능하다"[Gunnar Myrdal, *The Challenge of World Poverty: A World Anti-Poverty Program in Outline*(New York: Random House-Vintage, 1970), p. 102에서 인용].

정적 요인이라고 주장했다. (이런 목소리는 물론 막스 베버의 논제를 크게 반영하고 있다.) 가톨릭 신자인 노박은 남미의 가톨릭 교회가 빈곤을 영속화시키는 태도를 주입했다고 비난했으며, 또 다른 이들은 힌두교가 아시아에서 동일한 역할을 했다고 비난했다.

빈곤의 성격이 형성된 곳을 주목해 보면, 흔히 종교가 그 저변에 있음을 발견하게 되는 것이 사실이다. 그리고 빈곤에서 벗어나려면, 이처럼 빈곤과 종교가 얽혀 형성된 성격이 바뀌어야 한다는 것도 의심의 여지가 없다. 그러나 노박과 같은 사상가들의 논제는 적어도 두 가지 치명적인 결함을 지니고 있다. 첫째, 그것은 현대 세계에서 광대한 지역을 차지하는 그 가난한 나라들이 어떻게 해서 가난하게 되었는지를 다루지 않고 있다. 이처럼 중요한 요인을 무시하는 그 이론은 역사를 외면하는 또 하나의 근대화 이론에 지나지 않는다. 그저 **현존하는** 세계의 한 지역을 들여다보고 가난의 원인을 그 지역 안에 있는 **내적** 요인에서만 찾는 것이다. 내가 주장하는 바는, 이와 반대로, 아주 많은 경우에 중심부와 주변부 간의 오랜 세월에 걸친 상호 작용이 이런 가난한 상태를 만드는 데 크게 기여했다는 것이다. 둘째, 그 논제는 가난에서 벗어나는 데 필요한 요건을 정면으로 다루지 않는다. 혹자는 가난한 민중을 향해 '개신교' 자본주의 노동 윤리를 전파할 수 있을 것이다. 또 그 장황한 설교에 종교를 가미할 수도 있을 것이다. 그러나 그 '윤리'가 사회적 타당성을 갖기 전에는 그런 설교가 아무 소용이 없을 것이다. 내가 미르달의 입장에 동조하며 주장했듯이, 사회적·경제적 구조의 개혁이 일어나지 않는 한 그 윤리는 사회적 타당성을 가질 수 없을 것이다. 가난을 묵인하는 종교가 그런 성격 형성의 저변에서 가난을 영속화시키는 것도 사실이지만, 그들이 도무지 벗어날 수 없다고 생각하는 그 가난이 그와 같은 성격의 형성과 유지에, 그리고 가난을 묵인하는 종교를 받아들이게 하는 데 강력한 자극제 역할을 하는 것도 사실이다. 종교가 사회를 형성할 뿐 아니라 사회도 종교를 형성한다.

해방 신학자들의 경우 빈곤의 문화가 깨어져야 한다는 점, 그리고 '의식화'라 불리는 새로운 성격 형성이 이루어져야 한다는 점에 있어서는 노박과 같은 사상가들과 의견을 같이한다. 그러나 그들은 의식화가 이루어지기 위해서는 지배와 착취가 가난의 문제를 조장한다는 인식과 그 족쇄를 벗어버리려는 결의가 반드시 필요하다고 확신한다. 그들이 경제적 발전을 위해 적극적인 태도가 필요함을 보지 못하고 있다고 여긴다면, 그것은 그들이 말하고 주장하는 바를 크게 오해한 것이라고 생각한다. 노박은 그들이 의식화 프로그램에서 '혁명적' 요소를 제거하기를 원한다. 이에 대해 그들은 사회적 개조가 없이는 '개발'에 필요한 성격의 형성도 불가능하다고 응답한다.

이 주제를 연구한 사람들이 한결같이 동의하는 점은, 인구 증가도 대량 빈곤을 영속화하는 주된 요인의 하나라는 사실이다. 현대적 위생 시설과 의료 혜택으로 인해 제3세계의 사망률은 크게 줄어들었으나 출생률은 줄어들지 않은 실정이다. 그 결과 인구의 급격한 증가가 일어나서 농업 생산물에 대한 수요가 늘어나는 동시에 노동자가 투자 자금을 축적하는 것은 더욱 불가능해졌다.

미르달은 대량 빈곤을 영속화하는 결정적 요인을 한 가지 더 지적한다. 소위 '연성 국가(soft state)'라는 개념이다. 제3세계 국가들의 특징은 유럽인과의 상호 작용에서 물려받은 사회적 기강의 결여와 효율적 행정의 부재다. 법률이 통과되어도 집행되는 법이 없고, 계획이 승인되어도 실행되는 법이 없으며, 규정이 마련되어도 실시되는 법이 없고, 부정부패가 만연되어 있다. 이와 같은 사회적 혼란에서 이득을 보는 자는 가난한 자가 아니라 부유하고 힘센 자라는 것은 삼척동자도 아는 사실이다.

제3세계의 대량 빈곤을 영속화하는 요인들이 이런 것이라면, 적정량의 원조가 가난을 어느 정도 줄일 수는 있어도 그 흐름을 끊는 데는 아무 효과가 없음이 자명하다. 설사 노동 집약적인 농업 기술을 도입한다 하더라도, 노동자들에게서 생산성 증대의 동기를 빼앗아버리는 제도, 그들에게서 모든 교육의 기회를 앗아버리는 제도, 연성 국가를 마음대로 주물러 자기 이익을 챙기는 부유하고 힘센 자들의 희생물로 살아가게 하는 불공평한 제도 앞에선 아무 소용이 없다.

정작 필요한 것은 토지 개혁이다. 이에 대해 미르달은 이렇게 말한다. "**어떤 유형의 토지 개혁이든 그것이 반드시 갖춰야 할 요건은, 사람과 땅의 관계를 조성하되 일과 투자의 의욕을 꺾지 않는 방향으로 – 아무 것도 가진 것이 없을 때는 자기 노동이라도 투자하도록 – 해야 한다는 것이다.** 극소수의 상층 집단에서만 동기가 유발되는 현상을 막으려면, 더욱 큰 평등이 요구된다."[35] 또 하나 필요한 것은 출산율의 통제다. 제1세계는 나름의 이유를 가지고, 대량 빈곤의 문제를 마치 자본과 기술의 문제인 것처럼 취급한다. 그러나 사실 따지고 보면 그것은 **사회적/정치적** 문제다. 제1세계의 입장에서는 가난한 자들과 연대하기보다 그 나라의 소수 권력자들과 공모하는 것이 경제적 이익을 가져다 주기 때문이다. 우리에게 필요한 한 가지는 이를 단호히 거부하는 일이다.

우리가 제3세계의 권력자들을 지원하는 문제에 대해 할 말이 더 있지만, 우선 자연스레 떠오르는 의문부터 생각해 보자. 제3세계 빈곤 문제에 대한 궁극적 해결책은 더 많은 산업을 들여와서 대규모의 노동력을 농토로부터 끌어내는 것이 아닐까? 맞는 말이다. 단 그것이 올바른 종류의 산업화이고, 충분한 수의 노동자를 끌어낼 수만 있다면 말이다. 그런데 현재 제3세계에서 가장 빠르게 성장해 온 산업화는 잘못된 종류의 것이다. 그것은 중심부에서 온 생산자와 상인들이 재빨리 이윤을 챙기려고 세운 기업들이 주도하는 산업화로서, 그 혜택이 가장 가난한 자에게 돌아가는 경우는 거의 없고 소수 귀족들의 금고로 들어간다.

중심부의 생산자와 상인들이 주변부와 반주변부 지역에서 사업을 하는 동기는 과거와 마찬가지로 **이윤**을 추구하기 위한 것이지만, 반주변부에서 하는 사업의 성격은 달라졌다. 과거에 늘 그랬듯이, 중심부 이외의 지역은 중심 지역에 원료와 식량을 공급하고 중심 지역이 만든 완제품을 판매할 시장을 제공하지만, 반주변부에서는 둘 다 그 중요성이 줄어들고 있다.* 제2차 세계대전 이래 일어

---

* 중심부과 주변부 사이의 무역 유형을 역사적으로 고찰해 보면, 양편이 동등한 이익을 본 적이 거의 없었음을 알 수 있다[Myrdal, *Challenge of World Poverty*, pp. 275-309와 Andre Gunder Frank, *Deperdent Accumulation and Underdevelopment* (New York: Monthly Review Press, 1979), pp. 92-139를 보라]. 그럼에도 불구하고, 나는 중심부가 무역 관계에 있어서 언제나 비중심부보다 우위에 있었다거나, 불공평한 이해 관계가 언제나 한편의 다른 편에 대한 불의한 착취를 함축한다는 식으로 일반화하고 싶은 생각은 없다. 더 나아가, 모든 것을 감안할 때, 비중심 지역들이

난 주요 변화의 하나는 반주변부 지역에서의 기술과 자본 설비의 판매이고, 이보다 더 중요한 것은, 중심부에서 이루어지던 소비용 완제품 생산이 주로 다국적 기업의 후원 아래 중심부에서 반주변부로 옮겨졌다는 점이다. 폭스바겐이 지금은 멕시코에서 생산되고, 제니스 텔레비전 세트가 홍콩에서 만들어지고 있다.

이처럼 중심부에서 반주변부로 이동하게 된 데는 여러 요인이 작용했다. 자본주들은 중심 지역에서 노동 비용이 상승하는 문제에 봉착했다(아주 최근에는 그 비용이 낮아지고 있긴 하지만). 이것은 한편으로, 자본주의 입장에서 자기 상품 시장이 커지는 것을 의미했는데, 이전보다 더 많은 사람들이 그 상품을 구매할 수 있는 능력을 갖게 되었기 때문이다. 다른 한편으로는, 생산비가 증가되어 자본주들은 노동 비용이 좀더 낮은 지역을 찾아 나서게 되었다. 이 면에서 반주변부가 특히 매력적이었던 것은 비교적 값싼 노동을 제공하는데다 중요한 산업 기반까지 갖추고 있었기 때문이다. 그 밖에 파업이 없다든가, 세금이 낮다든가(최소한의 사회 복지 프로그램밖에 없으므로) 하는 이점들도 있었다. 이런 이유로 반주변부는 노동 집약적 산업을 유치하기에 가장 적합했으며, 그와 더불어 비교적 자본 집약적인 일부 사업들도 끌어들이기 시작했다. 그리고 설사 어떤 제품의 생산이 중심부에서 주변부나 반주변부로 옮겨진다 하더라도, 대체로 중심 지역에서의 생산 방식보다 더 노동 집약적인 방식으로 생산되는 것은 아니다. 폭스바겐이 멕시코

중심 지역과의 상호 교류를 완전히 단절했더라면 한층 더 나아졌을 것이라고 주장하는 것도 아니다. 내 관심사는 어디까지나 가난의 기원과 영속화 문제를 조사하는 데 있다.

에서 생산될 때, 그것은 독일에서만큼 자본 집약적 방식으로 생산된다. 얼핏 보면 놀랄 일이지만, 폭스바겐이 오랜 기간 개발해 온 생산 기술이 자본 집약적 기술임을 감안하면 당연하다는 생각이 든다.

이런 역학 관계는 반주변부로 옮겨진 이런 산업들로 하여금 그 나라의 노동력을 아주 조금밖에 사용하지 않게 하고, 그것도 비교적 적은—때로는 **지극히** 적은—임금으로 노동력을 사게 하는 결과를 낳는다. 그 제품들은 원래 중심 지역 (및 주변부의 극소수 부유층)을 위해 생산한 것이므로 노동자에게 지불된 임금은 순전히 비용으로 계산된다. 즉 그 임금은 노동자들에게 그 제품을 살 수 있는 구매력을 주는 것으로 간주되지 않는다는 말이다.

오늘날의 모토는 국내 시장이 아니라 세계 시장을 위해 일하라는 것이다. 국내 시장의 실질적 수요는 국내 생산을 위한 원천적 수요가 아니고 또 그렇게 의도되어 있지도 않다. 세계 시장의 수요야말로 진정한 시장 수요의 원천이며 또 그렇게 의도된 것이다. 그러므로 직접 생산자들의 임금을 굳이 올릴 필요가 없다. 그들은 자신이 생산하는 제품을 구매할 자들이 아니기 때문이다. 그 제품들은 저 멀리 떨어진 세계 시장에서 팔리게끔 되어 있다. 한 가지 중요한 예외가 있다면, 점차 커지도록 되어 있는 국내 고소득층의 소규모 시장이다. 따라서 세계적 차원에서 선진국과 저개발국 사이에 소득의 양극화 현상이 일어날 뿐 아니라, 국가적 차원에서도 빈부의 격차가 심화되고 있는 것이다.[36]

이런 기업들이 버는 이윤이 모두 중심부 지역으로 돌아가는 것은 아니다.[37] 그 가운데 일부는 반주변부 지역의 중산층과 상류층에 속한 투자가들과 관료들에게 돌아간다. 앞서 언급한 지주들도 이 부류에 속한다. 이들의 입장에서는 자기 나라에서 노동 비용을 낮게 유지하고, 파업을 금지하며, 기업에 대한 세금 증대를 야기할 사회 복지 프로그램을 도입하지 않는 것이 유리하다. 이런 지역에서 노동자의 생활 조건이 중심부의 노동자 수준과 비슷해지기 시작하면, 이런 기업들이 중심부에서 비중심부로 옮겨 올 이유가 더 이상 없기 때문이다. 이런 제도적 역학 관계는 빈부의 격차가 줄어들지 못하게 적극적으로 막는다. 또 이러한 정책에는 당연히 정치적 억압이 따른다.[38]

그러므로 중심부에서 온 기업들과 비중심부의 귀족들 사이에 일종의 동맹 관계가 수립된다.[39] 일단 이 점을 간파하고 나면, 얼핏 의아하게 보이는 중심부 국가들의 정부 정책을 충분히 이해할 수 있다. 그 가운데 미국이 대표적이다. 오늘날 미국이 스스로 자유 기업을 선호한다고 선전하면서도 미국 기업들에게 우호적인 억압적 정권들을 지원하고 있다는 것은 누구나 아는 사실이다. 미국 시민들은 언론과 행동의 자유를 마음껏 누리고 있지만, 미국 정부는 미국에 우호적인 주변부 국가의 압제자에 반대하는 세력과 싸움으로써 그 나라 시민들의 자유를 제한하고 있다.

이런 이상한 행동은 부분적으로 그 지역들에서 미국 기업을 보호하기 위한 것이다.[40] 그 배후에는 중요한 정치적 동기도 작용하고 있다. 이런 국가들이 초강대국들의 이데올로기가 충돌하는 전장으로 인식되기 때문이다. 구체적으로 소련의 공산주의가 유입되는 통로로 여겨진다는 말이다. 미국의 입장에서는, 어떤 나라가 공산주의로 넘어가 더 압제적이 될 것이라면, 현 정권이 명백히 억압적이라 할지라도 반공 정권이라는 이유로 공공연하게 지원해 주는 것이다. 국제적 좌파 그룹은 이런 미국의 반공주의 도그마에 대해 경제적 보호주의를 가리는 기회주의적 연막 전술에 불과하다고 비난하는데, 이러한 냉소주의가 특정 계층을 뛰어넘어 널리 퍼져 있는 실정이다. 그러나 미국인들이 오늘날의 공산주의에 대해, 특히 소련과 동구권 국가들에서 볼 수 있는 공산주의에 대해 깊은 혐오감을 가지고 있다는 점도 충분히 고려할 필요가 있다. 세계 역사상 유례를 찾아보기 힘든 공산 국가들의 압정에 대한 이런 혐오감은 아주 정당한 것이다. 그런 의미에서 미국이 소련식 공산주의에 대항하는 것은 성실하고도 올바른 처신이라고 나는 생각한다.

하지만 두 가지 사항을 지적할 필요가 있다. 첫째, 오늘날 제3세계에서 일어나는 압제에 대한 저항은, 대다수의 경우, 소련 공산주의와 아무런 상관이 없다. 제3세계 정권이 반대 그룹에 대해 꾸며내는 이야기를 그대로 믿는 것은 어리석다. 설사 지구상에 소련식 공산주의가 없다 하더라도 그런 저항 세력은 여전히 존재할 것이다. 아니, **존재해야 한다**. 이에 덧붙여, 미국이 공산주의에 대항하는 방식을 가만히 들여다보면, 그들이 지원하는 그 압제 정권이 공산주의 국가가 그 시민에게 가하는 억압을 그대로 허용하는 것을 알 수 있다. 이런 아이러니에 덧붙여 또 하나의 아이러니가 있다. **공산주의 국가들**이 제3세계에서 이윤을 추구하는 방식을 보면 미국 기업들의 행태를 그대로 반영하고 있다는 사실이다.[41] 그야말로 이중적인 아이러니가 아닐 수 없다! 제3세계의 가난하고 억압받는 자들의 눈에는 이 두 초강대국들의 행태가 별 차이가 없다.

미국의 입장에서는 자기가 지원하는 정부들이 덜 억압적이고 더 '온건하게' 되기를 분명히 바랄 것이다. 그런데 실상은 제3세계에서 미국 기업들을 무조건 밀어 주는 동시에 억압적이지 않은 정권을 발견하기가 무척 어렵다는 것이다. **이런 정책은 사실 자가당착적이다.** 미국 기업들은 제3세계에서 낮은 임금, 낮은 세금, 파업 문제에서의 해방을 원한다. 너무나 명약관화한 사실은, 정치적 압제를 이용하지 않고서는 이런 목표들을 성취하는 것이 불가능하다는 것이다. 따라서 제3세계의 정치가 억압적 성격을 띠는 것은 결코 우연이 아니며, 미국으로서는 책임 있는 당사자로서 가난하고 억압받는 자의 편에 설 것인지, 자국의 기업과 그 협력자를 지원할 것인지 선택하지 않으면 안 된다. 양자를 모두 택할 수 있다고 생각하는 것은 환상에 불과하다. 사실 미국은 지난 25년 동안, 빈곤이란 자본과 기술의 문제일 뿐이라고 말하면서, 굳이 어느 편을 들 필요가 없다고 주장하는 등 환상을 품어 왔다. 그러나 그 환상은 이제 완전히 깨지고 말았다.

그러면 가난한 자들에 대해 책임을 느끼는 제1세계 시민들은 현 상황에서 무엇을 해야 하는가? 내가 생각하기엔 신 국제경제질서(New International Economic Order, 1970년대 초 국제경제질서의 근본적인 개혁을 위해 개발도상국들이 주도하여 시작한 운동—역주)를 위한 제안서를 내놓는 데 시간을 소모하지 않으면 좋겠다. 경제학자를 비롯한 많은 이들이 지난 15년 동안 빈곤의 문제를 해결하기 위해 엄청나게 많은 제안들을 내놓았다.[42] 그 가운데 일부는 실행되기만 하면 상당히 도움이 될 것이다. 그러나 그 중 어느 것에든 많은 시간을 투자하는 것은 시간 낭비일 뿐이다. 이미 여러

회의를 거치면서 제3세계가 제1세계에 제안한 것만도 적지 않고, 그 가운데 가장 하찮은 것들 이외에는 모두가 거부되었기 때문이다. 문제는 우리 서양인(그리고 동양인까지!)이 가난한 자를 돕고 싶은데 그 방법을 모르고 있는 것이 아니다. 오히려 방법은 아는데 그렇게 하고 싶지 않다는 데 문제가 있다. 이제 대량 빈곤이 인류의 정상적인 상태가 아니라는 것과 그것이 소수의 악인들이 초래한 결과가 아니라는 점이 분명해졌을 것이다. 그것은 대체로 범세계적 경제체제와 그 체제를 뒷받침하는 정치 구조가 낳은 것이다. 구체적으로 말하면, 중심부에서 온 기업들이 아무런 규제나 제한 없이 이윤을 추구하는 행태, 노동자들의 의욕을 꺾는 제3세계의 토지 소유 제도, 중심 국가의 지원을 받는 제3세계의 억압적 정권, 가난한 자를 돕기 위함이 아니라 초강대국들 사이의 전초전에서 이기기 위해 고안된 원조 프로그램 등이다. 그리고 제1세계는 이런 제도들과 관행을 고치고 싶어하지 않는 것이 명확해졌다. 15년 동안 계획만 세우다가 이제 다시 출발선으로 돌아온 셈이다.

이제는 초보적인 일부터 시작해야 한다. 먼저 국민들에게 대량 빈곤의 원인이 무엇인지 꾸준히 끈질기게 보여 주고, 가능한 모든 방법을 동원해서 모든 정치적·경제적 제도와 관행을 시험할 때 '이것은 가난한 자에게 어떤 영향을 미치는가?'라는 근본적인 평가 기준을 적용해야 한다고 사람들을 설득해야 한다. 만일 그것이 가난을 영속화한다면 가장 중요한 적법성 검사에 실패하는 것인 만큼 그것을 노력해서 고치지 않으면 안 된다. 샬롬이 충만한 하나님의 나라에는 가난도 없고 압제도 없을 것이다. 따라서 우리는 빈곤을 영속화하는 관행이 사람들의 눈에 그 적법성을 잃게 될 그 날을 바라보며 앞으로 진력해야 한다. 그 날이 올 때 우리는 계획에 관해 의논할 수 있다. 그 날이 오기까지는 계획은 순전히 백일몽에 불과하다. 우리가 이 새로운 길에 발을 내디딜 때, 우리 가운데 그리스도를 믿는 자들은 제3세계의 동료 그리스도인들에게서 많은 것을 배울 수 있을 것이다. 단 그들에게 귀를 기울일 만큼 겸손한 태도가 우리에게 있다면.

이제 논의를 마무리하기 전에, 남미의 그리스도인들 13명—대다수가 개신교 지도자들이다—이 서명한 "북미 그리스도인들에게 보내는 공개 편지"에서 몇 대목을 인용할까 한다.

우리의 형제자매들에게,

…여러분은 우리가 왜 [여러분의 대통령 선거에] 관심을 집중하고 있는지 그 이유를 아십니까? [그것은] 우리—쿠바를 제외하고—가 동일한 체제 안에 갇혀 있기 때문입니다. 우리 모두는 동일한 경제-정치-군사 복합체 안에서 움직이고 있는데, 이에 대해 여러분 나라를 지배하고 있는 금융 조직과 우리 남미 국가들의 귀족 계급이 지대한 관심을 가지고 있습니다. 과거 어느 때보다 더 밀착되어 있는 이 두 그룹은 우리 민중이 정말 필요로 하고 절박하게 요구하고 있는 거대한 변혁 작업을 계속해서 방해해 왔습니다….

오늘날 우리 남미인들이 발견하고 있는 점은, 우리 자신의 약점과 죄는 별 문제로 하고, 여러분의 나라에는 상당한 이익을 안겨다 주지만 갈수록 우리를 압제와 무능력과 죽음에 빠져들게 하는 그 체제로부터 결코 적지 않은 불행과 고통과 좌절이 흘러나오고 있고 또 그 안에서 영속화되고 있다는 사실입니다. 한마디로, 여러분의 소중한 '미국적 생활방식'—여러분의 호화로운 삶, 여러분의 경제적·군사적 우위—이 상당 부분, 우리의 가장 뛰어난 작가의 표현을 인용하자면, "남미의 열린 동맥으로부터" 분출하는 피를 마시며 존속하고 있다고 할 수 있습니다…

우리의 형제자매들이여, 이 모든 것이 '민주주의'의 이름으로, '서구 기독교 문명'의 이름으로, 그리고 여러분의 정부와 군사력의 축복과 지원을 받아 우리 민중의 등 뒤에서 행해지고 있습니다. 그것이 없다면 우리 독재자들도 권좌에서 오래 버티지 못할 것입니다.

동료 그리스도인이자 친구인 여러분, 이제 여러분은 우리 대륙이 거대한 감옥으로 전락하고 있으며 일부 지역은 커다란 공동 묘지로 변하고 있다는 것을 알아야 합니다. 인권, 복음의 위대한 지침들도 아무 힘이 없는 죽은 문자로 변하고 있습니다. 그리고 이 모든 것은 남미 대륙 전역에서 갈수록 늘어나고 있는 수많은 가난한 자들을 희생시킨 채 여러분의 영토와 우리 영토의 막강한 특권층에게 혜택을 안겨 주는 그 체제, 그 의존 구조를 유지시키기 위함입니다.

…이 편지는 여러분의 양심과 그리스도인으로서의 책임에 호소하는, 뜨겁고 고뇌에 찬 외침입니다.

과거에 여러분이 우리에게 선교사와 경제적 자원을 보내는 것을 사도적 의무로 생각했다면, 오늘날 여러분이 증언을 하고 기독교적 연대감을 발휘해야 할 개척지는 바로 여러분의 나라입니다. 여러분이 의식과 지성과 책임감을 가지고 투표에 임하고, 의회에서 여러분을 대표하는 자들에게 호소하고, 당국자들에게 다양한 방법으로 압력을 행사한다면, 그것이 우리 정부의 방향을 바꾸어 더 큰 정의와 형제 관계에 이르는 길로 이끌든지, 아니면 우리 민중을 괴롭히는 식민주의적이고 억압적인 정책을 가속화시키든지 할 것입니다. 이런 의미에서 여러분은 이 아메리카 대륙에서 '여러분의 형제를 지키는 자'가 될 것인지 말 것인지를 자문해 보아야 합니다. 바로 이 대륙에서 수천만의 아벨들이 흘리는 피가 하늘을 향해 울부짖고 있기 때문입니다.

우리가 눈물과 신음으로 여러분을 위해 기도하는 것은, 여러분이 가장 강력한 힘을 가진 현대 국가의 시민으로서 그리고 예수 그리스도의 제자로서 여러분에게 안겨진 이 역사적 책임에 충실하게 응답하게 해달라는 것입니다…[43]

5장 · 민족과 민족의 투쟁: 민족주의의 문제

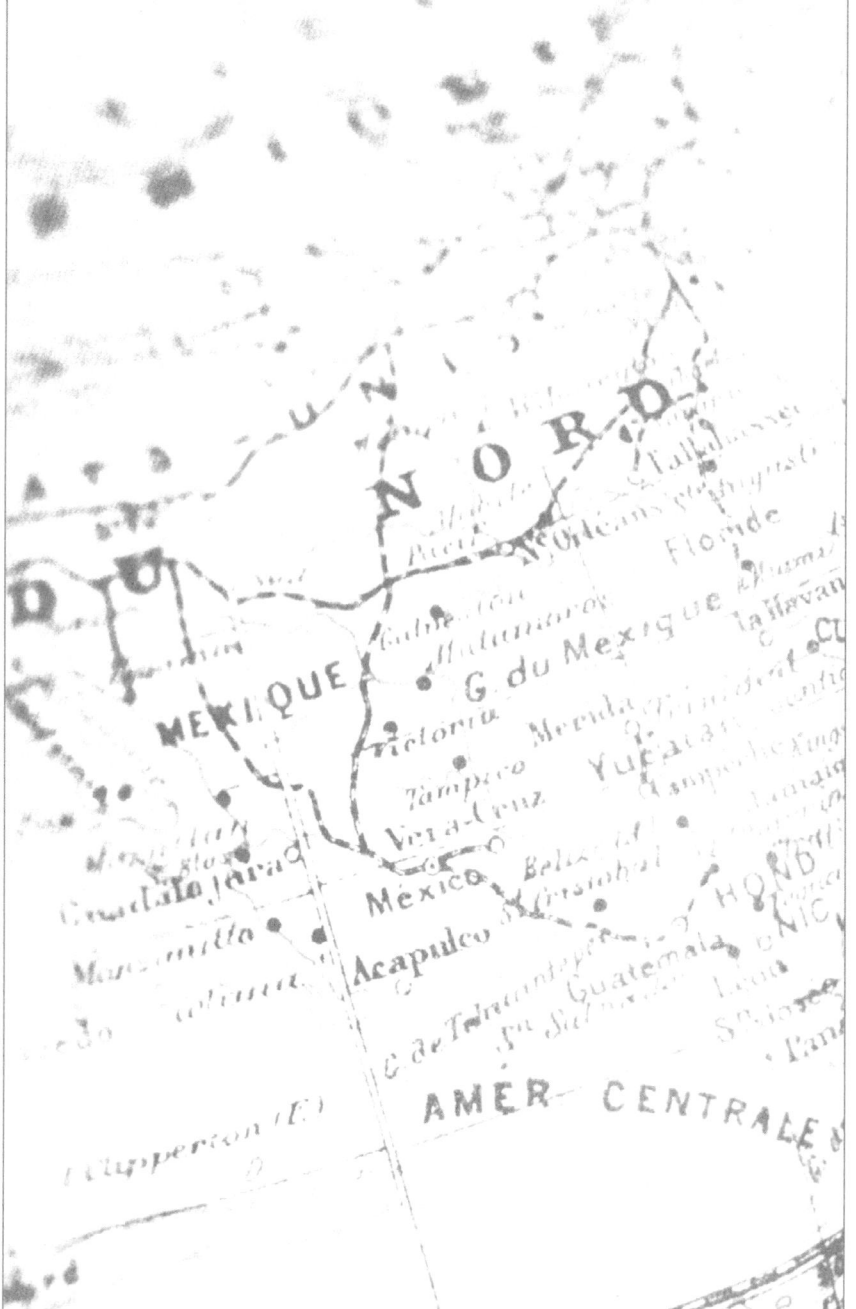

우리가 현대 세계에서 불의와 불행의 근본 뿌리를 캐내려 한다면, 이윤 추구가 약자와 무력한 자를 착취하기 위해 거대 권력을 동원할 능력이 있다는 사실에 직면하지 않으면 안 될 것이다. 그런데 불의의 뿌리에 놓인 경제적 요인에 더하여 또 하나의 악한 힘이 곳곳에서 작동하고 있다. 바로 민족에 대한 잘못되고 지나친 충성심이다.

우리는 2장에서 '민족'(nation)과 '국가'(state, 별도의 최고 정치 권위)를 구별했었다. 이를 염두에 두고 주목할 점은, 한 국가 내에서 억압이 일어나는 것은 흔히 그 국가가 어느 한 민족을 편애한 나머지 다른 민족들을 희생시키면서 그 민족만 크게 키우는 경우라는 것이다(이는 물론 다민족으로 이루어진 국가를 두고 하는 말이다—역주). 이와 비슷하게, 어떤 국가가 전복 음모를 품고 무력 증강으로 이웃 나라들에게 테러를 행하는 경우를 보면 자기 민족의 이익을 보호하는 데 최우선권을 둔 행동일 때가 많다.

이제 나는 민족에 대한 충성이라는 역학에 관해 다루려고 하는데, 그것을 그저 또 하나의 역학으로 생각하지 않는다는 점을 밝히고 싶다. 이윤 추구적인 관행들과 민족에 대한 충성은 서로 별개의 것이 아니라 서로 밀접하게 얽혀 있다. 이윤 추구가 결과적으로 민족에 대한 충성심을 거듭해서 강화시키는 경우도 있고, 민족에 대한 충성이 다양한 상황에서 여러 모양으로 이윤 추구를 억제하기도 하고 부추기기도 하는 것을 볼 수 있다. 근대 국가는 폭력을 행사할 수 있는 모든 권한을 지닌 채, 이 두 가지 강력한 역학 사이에 갇혀 있다.

많은 민족과 많은 국가가 있지만 경제는 하나라는 것, 이것이 오늘 우리가 몸담고 있는 사회 체제의 특징이다. 이는 곧 단일한 **세계** 체제를 의미한다. 단일한 세계체제란, 앞서 다루었듯이, 다양한 민족들 위에 걸쳐진 단 하나의 '보편적' 경제를 가진 단일한 사회적 단위다. 좀더 구체적으로 말하면, 그것은 단 하나로 통합된 경제가 다양한 민족뿐 아니라 다양한 국가들 위에도 걸쳐져 있기에 단일한 세계경제라 할 수 있다. 이전 시대에는 민족, 국가, 경제가 밀접하게 통합되어 있었으나, 근대 세계에서는 서로 느슨한 관계가 되었고, 경제가 팽창하여 다양한 민족과 국가를 한 체제로 묶어버렸다. 크게 팽창한 경제가 이제는 지구촌 전체를 둘러싸고 있는 지경에 이르렀다. 앞에서는 현 세계체제에서 경제가 지닌 구조와 역학에 주로 초점을 맞추었는데, 이제는 세계 경제 안에서 민족들의 역할을 살펴보고자 한다.

지금까지 내가 이용한 사회 분석은 '급진적인' 전통과 아주 비슷한 것이었다. 하지만 이제부터는 크게 다른 길로 접어들 것이다. 급진적 전통으로부터는 현 사회 질서에서 민족의 역할에 대한 탁월한 분석을 끌어낼 수 없다. 이건 우연이 아니다. 급진주의자는 민족에 대한 충성이 현대 세계를 형성하는 중요한 추진력이라는 주장에 의심의 눈초리를 보낸다. 그들은 이윤의 유혹과 착취에 대한 저항은 중요한 추진력이 된다고 생각하지만, 민족애는 경제적 현실을 비롯한 고통스런 사회 현실로부터 도피하는, 또 그에 대처하는 감정에 지나지 않는다고 본다. 그들은 칠레의 원수가 모든 선량한 칠레인들에게 호소하는 소리를 듣고, 미국의 원수가 모든 선량한 미국인들에게 호소하는 소리를 듣는다(비록 폴란드의 원수가 모든 선량한 폴란드인에게 호소하는 소리는 잘 듣지 못하지만). 그들은 그런 호소를 이데올로기에 불과한 것으로 치부해 버린다. 즉 민중을 착취하는 현실을 정당화하는 거짓된 신념 체제에 호소하고 그 신념을 강화시키는 이데올로기라는 것이다. 이에 따라 급진주의자는 서양 국가들을 **민족** 국가가 아니라 **부르주아** 국가로 본다. (그리고 동유럽을 볼 때는 계급이 없는 국가들, 혹은 프롤레타리아 국가라고 생각한다!) 이제 내가 주장하려는 바는, 이와 반대로 사람들은 근대 세계에서—계급에 대한 충성심보다 훨씬 더—민족에 대한 충성심에 근거해서 행동한다는 것이고, 이런 역학을 인지하지 못하면 근대 세계를 제대로 이해할 수 없다는 것이다.

스페인 서부에 사는 바스크(Basques)는 하나의 '민족'(nation) 혹은 '종족'(people)이다. 앞으로 나는 이 두 단어를 교호적으로 사용할 생각이다. 또 프리슬란트인(Frisian)도 하나의 종족이며 독일인도 마찬가지다. 우리는 민족이란 말을 사용할 때 역사적으로 생물학적 연속성이 있는 인간 집단을 떠올린다. 한 민족의 구성원은 대체로 **태어나면서** 그 민족의 일원이 된다. 나는 다음과 같은 마르틴 부버(Martin Buber)의 말이 옳다고 생각한다. "혈연 관계는 한 종족의 기원을 이루는 필수불가결한 요소가 아니다. 종족은 반드시 혈연 관계로 묶일 필요가 없다. 그런 관계가 없는 집단일 수도 있다. 하지만 '종족'이란 개념은 언제나 동일한 운명을 함축한다. 이것은 위대한 창조적 순간에 다수의 인간들이 서로 공통된 운명을 경험하면서 하나의 새로운 실체로 형성되었다는 것을 전제로 한다." 이어서 그는 이렇게 말한다. 일단 한 종족이 형성되면, 그것은 "그 순간부터 확립된 혈연 관계에 의해서 생존한다…"[1] 그들의 후손이 아닌 사람들도 여기에 합류될 수는 있지만, 시공간적으로 그 종족의 정체성을 이루는 바탕은 그 전형이 되는 구성원들이 과거 그 종족의 구성원의 후손이라는 사실에 있다.

하지만 혈연 관계는 민족의 통일성에 대한 일반적 토대가 될 뿐이다. 그보다는 문화적 동질성이 좀더 강하게 묶어 주는 끈이다. 한 민족은 같은 관행에 의해 하나로 묶어진다. 그것은 구성원들로 하여금 함께 일하고 서로 넓게 교류하도록 해주는 공통된 생활 방식이다. 보통은 공통의 언어가 이런 관행의 중요한 요소다. 세대가 바뀔 때마다 생활 방식이 조금 달라질 수는 있지만 그것도 어디까지나 물려받은 생활 방식의 변형에 불과할 뿐이다. 민족의 구성원들을 하나로 묶어 주는 또 하나의 요소는 그들이 공유하는 어떤 존재적 **구심점**이다. 몇 가지 예를 들자면, 특정한 사건들과 지도자들을 기억 속에 간직하고, 특정한 장소들을 신성하게 여기며, 특정한 인물들에게 충성심을 보이는 것 등이다. 공통된 기억에 기본적인 생활 방식을 조상으로부터 물려받았다는 인식이 합쳐지면 시공간적으로 동족 의식이 생긴다. 민족이란 생물학적-역사적-문화적 차원이 모두 합쳐진 집단이라 할 수 있다.

물론 인척이나 부족과 같은 다른 유형의 집단들도 있다. 민족과 이런 유사 집단들을 구별하는 것은 매우 어려운 일이다. (나는 그걸 시도할 생각이 없다.) 어쨌든 민족은 영토를 중심으로 한 집단도 아니고 정치적 집단도 아니다. 즉, 특정한 영토에 함께 사는 사람들도 아니고 특정한 정부 아래 사는 자들도 아니다. 따라서 민족이란 자신들의 정체성을 잃지 않으면서 이곳에서 저곳으로 이주할 수 있는 집단이며, 역사적으로 그런 일이 많이 있었다. 또 여러 국가로 흩어져서 존재할 수도 있는데, 역사적으로 그러한 사례들 역시 많이 있다. 이처럼 영토와 국가를 넘어서 여기저기로 이주하게 되면 민족 의식은 더욱 강화된다. 사실 이런 이주의 경험을 통해 한 집단이 한 민족으로 빚어지는 경우가 많다.

민족과 관련하여 우리가 알아야 할 대단히 중요한 사항이 또 하나 있다. 그 구성원들은 누가 그 민족의 구성원이고 누가 아닌지를 쉽게 구별할 수 있다는 점이다. 이런 의미에서 민족은 자기 규정적(self-defining) 특징을 가진다. 때로 민족의 개념이 다소 모호할 때도 있지만, 보통 그 구성원들은 우리 민족이라는 개념을 가지고 있다. 프리슬란트인은 프리슬란트 민족의 개념을 갖고 있다. 즉 그들에게 그 개념을 설명할 필요가 없다. 그들은 앞서 언급한 것처럼 서로에 대해 동질감을 가지고 있을 뿐더러, 프리슬란트 종족을 **단일체**로 생각하고 자신을 그 일원으로 여긴다. 이와 같이 인간 집단들이 여러 민족으로 나뉘는 것은 본래 인류학자들이 연구 목적으로 만들어 낸 것이 아니다. 민족 구성원들이 **스스로** 민족을 이룬 것이고, 인류학자의 과제는 과연 그런 사회적 실체들이 주목할 만한 가치가 있는지를 판단하는 일이다. 민족을 정확히 파악하기가 아주 까다로운 이유는, 민족에 따라 스스로를 규정짓는 근거가 상당히 다른데다가(일부는 공통의 언어를, 또 어떤 경우는 관습이나 종교를 그 특징으로 삼는다) 시간이 흐르면서 그 근거가 바뀌기도 하기 때문이다.

민족이 자기 규정적 특징을 가진다는 사실은 우리가 근대 세계에서 민족의 역할을 이해하는 데 아주 중요한 두 가지 현상의 기초가 된다. 첫째, 한 민족의 구성원들은 자기가 그 일원이라는 사실을 자신의 개인적 정체성, **자아** 정체성의 일부로 삼는다는 점이다. 물론 그런 과정에는 다양한 정도의 자부심이나 당혹감, 기쁨이나 분노, 우월감이나 열등감이 수반된다. 둘째, 민족이 자기 규정적이라는 사실은 그 구성원들로 하여금 민족에게 충성하게 만드는 측면이 있다. 즉 민족의 번영에 관심을 가지고 그것을 위해 노력하게 한다는 것이다. 자기가 속한 집단에 바치는 이 특별한 형태의 충성은 그 자체로 아주 주목할 만한 현상이다.

현대 세계에서 가족에 대한 충성은 직계 가족에 대한 일종의 헌신에 불과하다. 예전처럼 가문을 모욕하는 자가 있으면 보복을 하는 등 집안 전체가 대대로 이어지는 것으로 보고 신경을 쓰는 가족 개념은 사라지고 없다. 이와 대조적으로, 민족에 대한 충성심은 근대성이라는 산성비를 맞고도 (종종) 잘 살아남았다. 이런 충성심은 그 민족의 **구성원들**에 대한 헌신이 아니다. 사실 그들 대다수를 모르기 때문이다. 그것은 오히려 집단, '추상적 존재'—프리슬란트 **종족**, 독일 **민족**과 같은—에 대한 충성심이다. 이런 충성심은 물론 구체적인 실체들을 통해 매개된다. 국기나 국가와 같은 인공물, 민족의 명절과 같은 의식, 민족의 역사에 나오는 어떤 사건들을 반복해서 이야기하는 것 등이다. 하지만 동시에 주목할 점은, 우리가 민족이라는 추상적 존재를 이해하지 못하고 이런 구체적인 실체들과 그 추상적 존재의 연관성을 파악하지 못한다면, 국기, 국가, 명절에 담긴 중요한 의미를 알 수 없다는 것이다.

이제 그리스도인이라면 이런 민족에 대한 충성심에 대해 영혼에서 일종의 긴장을 느끼게 되리라 생각한다. 이는 과거 그들의 선조들이 이에 버금가는 부족, 인척, 도시 등에 대한 충성심의 존재를 깨달았을 때 느꼈던 긴장일 것이다. 우리 그리스도인은 교회의 구성원으로서 교회에 충성하는 자들이다. 이 교회는 베드로전서에 "거룩한 나라(민족)"로 묘사되어 있으며 통상적이고 자연적인 모든 민족들을 뛰어넘고 상대화한다. 내가 보기에, 이로 인해 그리스도인의 의식이 분열되는 현상을 가장 잘 표현한 것이 "디오그네투스에게 보내는 편지"라 불리는 초대교회 문헌이 아닐까 생각한다.

> 그리스도인과 다른 사람들의 차별성은, 나라나 언어 혹은 관습에 있는 것이 아니다. 그들은 어떤 별개의 장소에 사는 것이 아니고, 이상한 사투리를 사용하는 것도 아니며, 유별난 생활을 하는 것도 아니기 때문이다.…그러나 그들은 그리스의 도시나 야만인의 도시에서 옷과 음식 등 여러 면에서 그 지방의 풍속을 좇으며 자기가 받은 분복대로 살아가면서도, 그들만이 가진 시민권으로 인해 아주 놀랍고 생소한 특징을 뚜렷하게 보여 준다. 그들은 자신들의 조국에 거하고 있지만, 마치 나그네처럼 살아간다. 시민으로서 모든 것을 공유하되 낯선 자로서 그에 따르는 모든 고통도 받는다. 외국은 모두 그들의 조국이요, 조국은 모두 외국과 다름없다.[2]

아쉽게도 우리는 여기서 이 문제를 자세히 다룰 여유가 없다. 단지 대부분의 현대 그리스도인들이 민족에 대한 충성이 교회에 대한 충성보다 강한 것처럼 보인다는 점만 짚고 넘어가고자 한다.

나는 현대 세계에서 충성심을 확보하기 위해 민족과 다투는 강력한 경쟁자는 가족밖에 없지 않나 생각한다. 과거에 인간이 충성의 대상으로 삼았던 대다수의 집단들은 현 세계체제의 역학에 의해 파괴되고 말았다. 가족과 민족 사이에 아무것도 남아 있지 않다.

공적 영역에서는 이윤이, 사적 영역에서는 쾌락이 근본 동인으로 자리잡고, 그와 더불어 귀속주의가 약해지고 자발적인 협회주의가 증대했다는 것은, 사람들이 더 이익이 있는 곳으로 가기 위해 기존의 모든 끈을 기꺼이 끊을 수 있다는 것을 의미한다. 우리는 개인적 목표를 달성하는 데 도움이 되는지를 따져 보고 집단과 조직을 선택한다. 우리는 **그 조직**에 충성하고 **그 조직**의 목표를 섬기는 것이 아니다. 그렇게 하는 것은 잘못이라고 많은 이들이 생각하고 있다. 그런 것들이 없이도 잘 살 수 있고, 그것들이 우리 정체성을 규정해 주지 않는다고 본다. 단 가족과 민족은 예외에 속한다. 이사야 벌린(Isaiah Berlin)의 말을 인용해 보자.

> 과거에 사람들이 충성의 대상으로 삼았던 전통적 위계 구조와 사회 생활의 질서가, 산업의 진보에 따른 필요로 생겨난 관료적 '합리화'의 중앙 집중화에 의해 파괴되자, 수많은 사람들이 사회적·정서적 안정감을 잃게 되었고, 악명 높은 소외 현상과 영적 방황, 아노미 현상이 생겨났으며, 이제는 옛 질서의 기반이었던 문화적·정치적·종교적 가치들을 대치할 만한 심리적 등가물을 사회 정책을 통해 의도적으로 창조해야만 했다. 사회주의자들은 계급적 연대감과 억압받는 자들의 형제애 그리고 혁명이 가져올 정의롭고 합리적인 사회에 대한 전망이 필수불가결한 사회적 접합제 역할을 해줄 것이라고 믿었다. 사실 어느 정도는 그렇게 되었다. 더욱이, 가난한 자, 추방된 자, 소외된 자의 일부는 신세계를 찾아 이주했다. 그러나 대다수의 경우는 그 공백이 전문가 단체나 정당이나…혁명의 신화 등으로 채워진 것이 아니라, 오랜 전통적 유대, 언어, 토지, 실재와 상상의 산물인 역사적 기억, 그리고 사람들의

공동체 의식이 구현된 제도들이나 지도자들, '게마인샤프트'(Gemein-schaft) 등, 사회주의자나 계몽된 자유주의자가 생각하는 것보다 훨씬 더 강력한 힘을 발휘하는 것으로 판명된 상징들과 기관들에 의해 충족되었다.[3]

요컨대, 인간의 마음속에는 어떤 집단에 충성하고픈 강한 충동이 억제하기 어렵게 존재하는 만큼, 현대 사회 질서로 볼 때 우리가 민족에 대해 지나친 충성심을 가질 위험이 다분하다고 할 수 있다. 사실 민족에 필적하는 다른 경쟁자가 거의 없기 때문이다.

내가 지금까지 지적한 특징들은 물론 민족에 따라 그 정도가 다르다. 한 민족에 속한 구성원들은 그 생활 방식이 비슷한 편이다. 또 자기 민족에 대해 그 구성원들이 가진 개념도 대동소이하며, 사람에 따라 상대적으로 선명한 의식을 가진 정도일 것이다. 따라서 민족 의식 자체도 다양한 편이라 할 수 있다. 민족 집단에 따라 민족 의식이 다소 다를 수 있다는 뜻이다. 민족에 따라 그 정도가 다른 또 하나의 특징이 있는데, 이 경우는 다른 특징들과는 달리 어떤 민족에서는 전혀 찾아볼 수 없다. 어떤 민족은 자신들에게 역사적으로 특별한 역할이 주어졌다고 믿는다. 즉 인류의 운명과 관련하여 자신들이 특별하게 기여할 바가 있다고 믿는 것이다. 이런 경우에는 민족에 대한 충성이 단지 민족적 충성의 차원을 넘어서서 인류 전체를 위한 자신들의 역할에 대해 모든 민족이 존경을 표할 것을 요구하게 된다. 대표적인 예를 들자면, 자신들이 "언덕 위의 빛"이라고 믿는 미국인과 인류의 도덕적 엘리트로 자처하는 유대 민족을 언급할 수 있다.

한 민족이 형성되어 발전하는 과정에서 어느 시점에 이르면 **민족주의**라는 새로운 현상이 나타난다. 민족주의란 내가 생각하기에, 한 민족이 스스로의 민족 의식에 사로잡히는 것을 의미한다. 한 국가에서 함께 살아가는 데 그치지 않고 민족적 존재 자체에 몰입하게 된다. 이는 마치 어떤 사람이 자기 할 일을 하면서 심장은 또 제 할 일을 하도록 내버려두면 될 것을, 줄곧 자신의 맥박을 재고 있는 형국이다. 민족 구성원 중 일부가 어떤 계기로 말미암아 자기 민족에게 무언가 부족한 것이 있다고 확신하게 될 때 이런 자기 몰입 현상에 빠지기 쉽다. 하지만 이보다 더 흔하게는, 어떤 민족이 부당한 피해를 당했다고, 어떤 불의에 희생당했다고, 자기 몫을 제대로 받지 못했다고 확신할 때 민족주의가 촉발된다. 이사야 벌린에 따르면, "어떤 사회의 집단적 정서, 혹은 적어도 그 정신적 지도자들이 상처를 입었을 때" 흔히 민족주의 정서가 야기된다.[4] 민족주의의 기원이 어떤 것이든 상관없이, 그 기능은

질병을 알려주는 것이다. 신체 기관은 질병의 공격을 받기 전에는 자기를 주목해 달라고 요구하지 않는다. 이와 비슷하게, 민족주의의 기저에는 무언가 부족한 것, 어떤 질병이나 불안에 대한 인식이 있다. 그 구성원들은 부족한 부분을 채우고, 그 질병과 불안을 해결해야겠다는 강박을 점점 강하게 느끼게 된다. 민족의 내재적 과업과 그 외적·내적 조건 사이의 모순 관계가 더욱 심화되거나 정교하게 표현되어 민족 구성원들의 정서가 영향을 받게 된다. 우리가 민족주의라고 부르는 것은 이에 대한 그들의 정신적 반응이다.[5]

민족주의를 불러일으키는 상처는 그 모습이 아주 다양하다. 우리의 논의와 관련하여 특히 주목해야 할 중요한 점은 식민주의가 바로 그런 상처에 해당한다는 것이다. 이 점을 직시하면, 우리는 근대 세계체제에서 민족과 경제 사이에 어떤 연관성이 있는지 인식할 수 있게 된다. 제2차 세계대전 이후 제3세계에서 민족주의가 크게 일어난 것은 식민지 기간에 제국주의 국가에게 당한 착취와 억압과 굴욕에 대한 반작용이었다.

이처럼 경제적 착취와 정치적 억압이 민족주의를 촉발하는 상처가 될 수 있음을 분명히 알 수 있을 것이다. 아울러 굴욕과 온정주의—존중심 없이 잘 대해 주는 것—도 상처가 될 수 있다. 그리고 주인 노릇을 하던 제국주의가 식민지 민중을 언제나 열등한 인간으로 취급했다는 정도는—그들의 존재를 의식이라도 했다면—우리도 잘 알고 있다. 전형적인 식민주의에는 그 점령한 땅을 텅 빈 곳으로 여기는 태도와 열등한 인종이 거주하는 땅으로 여기는 태도가 기묘하게 섞여 있기 때문이다. 이런 양면적 태도는 유럽인의 아메리카 대륙에 대한 묘사, 아프리카너의 남아공화국에 대한 묘사, 유대인의 팔레스타인에 대한 묘사 등에서 볼 수 있다.[6] 그 땅에서 살아오던 원주민들이 정복자의 눈에 보이지 않는 경우도 종종 있다. "땅 없는 민족을 위한, 민족이 없는 땅"이라는 헤르츨(Herzl)의 유명한 경구처럼 말이다. 또 때로 주목을 받더라도 조롱을 받는 경우도 있다. 어느 경우든 식민주의는 상대방에 대한 존중의 거부를 의미한다.

존중의 거부 자체가 민족주의를 촉발하는 상처가 될 수 있다는 점을 이해하면, 우리 서구인들은 우리가 의아해하는 한 가지 현상을 잘 이해할 수 있게 될 것이다. 즉 현대 세계에서 제3세계 국민이 비교적 계몽된 식민주의적 온정주의에도 강하게 반발하고, 그것보다는 차라리 자기 국가의 권위주의적 정권을 참고 견디겠다는 태도를 보일 것이라는 사실이다. 아울러 흑인들이 아프리카너에게 보이는 반응도 이해할 수 있다. 물론 그렇다고 아프리카너의 온정주의가 계몽된 것이라는 말은 아니다. 그러나 어쨌든 그것은 온정주의다. 아프리카너는 흑인들은 자기들이 잘 보살펴서—그리고 천천히—어른으로 키워야 할 어린애라고 생각하고 또 그런 식으로 말하곤 한다. 이는 그들이 흑인들에게 가하는 상처의 일부일 뿐, 결코 그 전부는 아니다. 그런데 그들은 그 어린애들이 자신들이 베푸는 선정(善政)에 감사하지 않는다고 당황스러워한다. 어쨌거나 다른 어떤 아프리카 국가보다도 남아프리카의 흑인들이 더 잘 살지 않느냐는 말이다. 그러나 왜 그들은 자기들이 흑인을 어린애로 취급하는 것 자체가 깊은 상처를 준다는 사실을 모를까? 우리 자신도 어떤 때는 숨이 막히는 부모의 온정에서 벗어나 독립하고 싶은 때가 있지 않은가? 한동안 배고프고 추운 옥탑방에서 지내야 한다 하더라도 말이다.

 칸트는 "온정주의는 우리가 상상할 수 있는 최대의 폭정"이라고 말했는데, 좀 과장되긴 했어도 깊은 진실이 담긴 말이다. 한 민족 전체가 모욕적으로 어린애 취급을 당하기보다는 차라리 배가 좀 고프고 가혹하긴 해도 내 민족에게 통치를 받는 편이 나을 것이다. 그러면 적어도 인간 취급은 받을 것이기 때문이다. 벌린은 "자유의 두 가지 개념"이란 글에서 이렇게 말한다.

내가 남에게 인정받지 못하거나 충분히 존중받지 못하는 집단에 속해 있다면…자유롭지 않다고 느낄 것이다. 그럴 경우 내가 속한 계급 전체나 공동체, 민족이나 인종 혹은 직업 분야가 해방되길 소원하게 된다. 그것을 소원하는 정도에 비례하여, 나는 더 나은 신분을 향한 쓰라린 열망을 품은 채, 차라리 나와 같은 인종이나 계급에 속한 다른 이들에게 괴롭힘을 당하고 가혹한 통치를 받는 편이 낫겠다고 생각하게 된다. 나를 기대한 만큼 인정해 주지 않는 우월하고 낯선 집단에서 잘 대우받는 것보다, 나를 동등한 인간이자 경쟁자로 인정해 주는 동족에게 받는 괴롭힘과 악정이 나을 것이다."[7]

우리 서구인이 이런 역학 관계를 이해하기 전에는, 우리가 한 민족에게 무엇을 해주건 상관없이 그들을 성인으로 인정하지 않고 온정적으로 취급하는 것 자체가 깊은 상처를 준다는 것을 이해하기 전에는, 우리는 현대 세계에서 계속 고전하게 될 것이다.* 물론

---

* 민족적 자존감을 끈질기게 주장한 탁월한 사례는, 일부 쿠바인들이 적대국의 압력을 받을 때마다 사회주의의 원조에 기대려 하는 성향을 비판한 피델 카스트로의 강연한 대목에서 볼 수 있다. "언젠가 완전 봉쇄가 이루어져서 연료를 비롯한 모든 것이 들어올 수 없는 지경에 빠진다고 상상해 보라. 나는 우리 민족에게 그런 상황을 충분히 견딜 수 있는 힘이 있음을 추호도 의심치 않는다.…탱크와 화물차, 군대와 군수품 수송을 위해 연료를 보존해야 할 상황 말이다. 그러면 도시 인구는 어떻게 되느냐고? 우리는 모두 농촌으로 이사 가서 농부들과 나란히 소를 몰고 곡괭이와 삽으로 흙을 파게 될 것이다. 그리고 결국 승리를 거두게 될 것이다. 이는 우리에게 고개를 높이 들 권리와 우리의 의견과 생각을 표현할 권리가 있음을 의미한다. 즉 이 세계의 작은 나라들, 이 세계에서 제국주의나 식민주의에 지배당하는 저개발 국가들에게 좋은 선례가 될 권리가 있다는 뜻이다. 아울러 이는 우리가 세계 역사에서 한 자리를 차지하기로 굳게 다짐한다는 의미다"[1965년 1월 2일에 한 강연으로서 다음 책에서 인용. Denis Goulet, *The Cruel Choice: A New Concept in the Theory of Development* (New York: Atheneum, 1971), p. 46].

아프리카너들은 이 점을—스스로 마음에서 지워버리려 할지 모르겠지만—충분히 이해하고 있다. 그들 자신도 비교적 관대했던 영국의 온정주의를 거부하고 어려운 독립의 길을 택한 경험이 있기 때문이다.

한 민족은 이제 막 민족주의 의식이 싹트기 시작하는 지점에서부터 강한 자긍심까지 이르는 스펙트럼 중 어딘가에 위치하고 있을 것이다. 어떤 형태의 민족주의인가 하는 것은 자민족에게 몰입하도록 촉발하는 요인이 무엇인가와 그 민족이 이 스펙트럼 가운데 어디에 위치하는가에 따라 달라질 것이다. 이미 강한 자긍심을 가지고 있던 민족의 경우 남에게 상처를 입게 되면, 그것을 바로잡기 위해 거세게 반격하든가, 적어도 자기가 종이호랑이가 아님을 보여 주려 하든가, 아니면 자기 연민에 빠져 상처를 달래는 수밖에 없다. 베트남 전쟁이 끝난 후 미국이 보여 준 행동이 바로 이런 형태의 민족주의를 드러내는 탁월한 사례라고 생각된다. 이와 대조적으로, 민족 의식이 약한 경우에는 무엇보다 민족 의식을 강화시키는 방향으로 나갈 것이다. 이런 예로는 남아공화국의 흑인들과 근동의 팔레스타인 사람들을 들 수 있다. 사실 민족 정체성이 약한 경우 가장 확실한 방법은 그 집단에 상처를 주는 것이다. 그토록 많은 유대인 지도자들이 주장해 왔듯이, 설사 팔레스타인 사람들이 과거에는 한 민족이 아니었다 해도, 지금은 한 민족이 된 것이 분명하다. 그리고 남아공의 흑인들이 과거에는 여러 민족으로 나뉘어져 있었다 하더라도 지금은 하나로 통일되고 있음이 확실하다.

하지만 가장 흥미롭고 가장 흔한 사례는, 이 두 극단 사이에 있는 나라들이 상처를 받은 경우다. 만일 그 민족의 지도자들이 어려운 시기에 등장한다면, 무엇보다 먼저 민족의 자존심을 세우기 위해 다각도로 노력할 것이다. 그들은 각 사람에게 그 민족의 일원으로서 더욱 **자부심**을 갖게 하고 민족에 대한 **충성심**을 강화시키려 애쓸 것이다. 그렇게 하기 위해 민족의 과거 역사에서 '진정한' 요소들을 회복하고, 그 민족의 삶에서 '외래적' 요소들을 제거하여 '순수하게' 만들며, 그렇게 새로 회복되고 정화된 문화적 유산을 확대시키려 노력할 것이다. 그리고 바깥에서 지켜보는 자들과 자기 민족을 상대로 이 역사와 문화야말로 영광스럽고 소중한 것임을 설득하려 애쓸 것이다. 그것을 찬양하는 노래를 부를 것이다.[8]

나는 '**만일** 그 민족의 지도자들이 어려운 시기에 등장한다면'이라고 말했다. 자존심의 획득 혹은 회복이란, 한 민족이 상처를 받을 때 자동적으로 얻게 되는 것이 아니라는 말이다. 그 민족의 영광이 어디에 있는지를 보는 비전 있는 지도자들이 있어야 한다. 그런데 지도자들이 그런 비전을 품기 전에 흔히 생기는 일이 있다. 한 민족이 자존심에 상처를 입게 될 때는 전형적으로 **그것을 내면화한다**. 자기들은 존중받을 **가치**가 없는 민족이라고 믿게 되는 것이다. 자기가 흑인이라는 사실, 미국의 원주민이라는 사실, 아랍인이라는 사실에 대해 혐오감을 갖게 된다. 이런 경우 무엇보다 필요한 것은 그런 자기 혐오를 극복한 지도자들이다. 이들에게 하나님이 각 사람 모두에게 무언가를 말씀하고 계신다—너는 내 형상을 가진 자다—는 확신보다 더 강력한 것은 없다고 생각한다. 이 메시지를 확실히 듣게 되면 자기 혐오가 들어설 자리가 없어진다. 그리고 자기 혐오를 극복할 때에야 다음 단계로 나갈 수 있다. 자기 민족의 역사와 문화에서 무언가 중요하고 가치 있는 것을 볼 수 있게 된다.

아프리카너 왕국은 민족주의의 중간 형태에 해당한다. 던바 무디(T. Dunbar Moodie)가 「아프리카너 왕국의 발흥」(*The Rise of Afrikanerdom*)에서 분명히 밝히는 것처럼, 아프리카너들은 20세기 이전만 해도 특별한 자존감을 갖고 있지 않았다. 실은 민족의 정체감도 그리 강하지 않았다. 하지만 오늘날, 민족주의가 50년이 지나면서 상황은 근본적으로 바뀌었다. 그들은 영국인들이 가한 억압과 문화적 굴욕으로 인해 상처를 입었다. 그 어려운 시기에 반드시 필요했던 특히 지적인 지도자들이 일어났고, 그들은 자의식적으로 민족의 자부심을 끌어올리기 위해 노력했다. 그들은 아프리카너의 역사 및 문화(언어를 포함한) 의식을 가다듬고 심화시키며, 그 영광을 찬양하는 등 고전적인 방법을 사용했다. 이에 덧붙여 아프리카너의 문화적·정치적 자결을 위해 진력했다는 점도 추가해야겠다. 그 결과 아프리카너들은 자기 민족에 대해 지극히 강한 충성심과 자부심을 품게 되었다.

나는 방금 자결권을 얻기 위한 아프리카너의 분투를 언급했다. 민족주의는 자기 상처를 달래는 식의 소극적인 모습을 취하지 않는 한, 중요한 지점에서 자기 민족이 취하는 삶의 형태를 스스로 결정할 권리를 위해 싸울 수밖에 없을 것이다. 이는 본질적으로 **문화적** 자결권을 얻기 위한 싸움이지만 정치적으로도 중대한 의미를 지닌다. 한 민족이 정치적 독립 없이도 문화적 자결권을 누리는 것이 가능하기에 굳이 정치적 **독립**을 목표로 삼을 필요는 없지만, 현대 세계에는 종종 그것을 방해하는 요인들이 존재한다. 어쨌든 한 민족의 민족 의식 강화와 자존감의 심화가 정치적 의미를 함축하고 있다는 사실은 친구와 적 모두에게 명약관화하다. 그러므로 이스라엘이 자신들이 점령한 영토에서 팔레스타인의 문화 의식을 억압하기 위한 온갖 노력을 기울이는 것은 결코 우연한 일이 아니다. 이와 동일한 이유로 아프리카너도 흑인의 문화 의식을 억누르기 위해 온갖 노력을 기울이고 있다.

나는 민족주의란 한 민족이 자신들에게 무언가 부족한 점이 있다는 것을 인식한 결과 그 자체에 몰입하는 것이라고 주장했다. 그것은 그 민족이 스스로 병들었거나 상처를 입었다는 것을 인지했음을 시사한다. 민족주의자가 들려 주는 그 민족에 관한 일화들은 흔히 그 병을 치료하거나 고통을 완화시켜 주는 역할을 한다. 이런 경우 민족주의는 회복용 항체로, 치료용 연고로 작용하게 되는 셈이다. 식민지 시대 이후 제3세계의 민족주의는 다분히 치료제의 성격을 가지고 있다.

그런데 때로는 민족주의가 사라지지 않는 경우도 있다. 부족한 점이 바로잡힌 후에도 민족의 자기 몰입 현상이 계속될 때가 있다. 이런 경우 우리는 치료가 아니라 어떤 파괴적인 문제에 직면하게 된다.

본래 민족주의는 그 민족에게 무언가 부족한 것을 보충하기 위해 분투하도록 고무한다. 그런데 민족주의가 그 합법적 한계를 넘어서서 부족한 것을 극복하는 것 이상의 기능을 하려 할 때는, 역사적 인물들의 삶에서 볼 수 있는 소위 **오만**(hybris)의 죄를 범하게 된다. 성스러운 경계를 넘어 오만방자하게 되는 것이다. 이제는 질병을 드러내는 역할이 아니라, 그 자체가 하나의 무덤이요 복합적인 질병이 된다. 민족이 목표로 삼았던 권리는 획득했지만 건강은 회복하지 못할 수 있다. 잘못된

민족주의는 스스로의 골수를 빨아먹기 때문이다.⁹⁾

　한 민족이 자기 존재에 너무 몰입하게 되면 자신의 영광을 최고의 선으로 떠받들게 된다. '가장 뛰어난 독일'(독일 국가에 나오는 가사—역주), '미국이 최고다'라는 식이다. 그렇게 되면 그들의 행동은 더 이상 정의와 평화의 법에 순복하지 않게 된다. 규범적 평가에도 순복하지 않는다. 주권자이신 주님의 요구에도 개의치 않는다. 그들은 스스로를 주권자로 생각하기 시작한다. 자신을 가장 우월하고 궁극적인 존재로 취급한다. 민족에 대한 충성 자체가 하나의 목적이 된다. 그 민족의 일원이라는 자부심이 다른 모든 정체성을 앞선다. 합법적인 민족주의가 우상 숭배적 민족주의로 전락한 것이다. 이는 앞서 보았듯이, 경제 성장의 추구가 우상 숭배의 성격을 띠는 것과 마찬가지다. 우상 숭배적 민족주의는 건강하지 않다. 이는 아주 유독한 것이다. 고삐 풀린 민족주의에 시달리는 민족의 삶은 비틀어지고, 그들은 국제 평화와 법의 기준을 받아들이지 않게 되므로 여러 나라에게 위협적인 존재가 된다. 자기 마음대로 조약을 깨고, 유리할 때 전쟁을 일으키고, 국제적 관습과 조직을 경멸하는 행동을 일삼으면서, 오로지 자기 이익만을 꾀한다. 민족적 자기 과시가 유일한 목표다. 이를 억제하는 것은 공포의 균형 (balance of terror: 핵무기로 서로 전쟁을 억제하는 체제—역주)밖에 없다.

　그리스도인을 비롯한 우리 모두는 민족주의가 암과 같은 증상을 보이지 않는지 언제나 경계할 필요가 있다. 증상이 보이면 우리는 전력을 다해 그 유독한 질병을 막아야 한다. 금세기에 우리는 샬롬을 파괴하는 면에서 그런 민족주의보다 더 나쁜 세력이 없음을 이미 보았고 지금도 계속 보고 있다. 이에 대해 마르틴 부버는 1921년 9월에 열린 제12회 시온주의자 대회에서 앞을 내다보는 훌륭한 연설을 했다.

한 민족의 성찰적인 구성원은 합법적 민족주의와 자의적 민족주의를 구별해야 할 의무가 있고—상황과 정책 결정이 이어짐에 따라—날마다 이 점을 새롭게 점검해야 한다. 이것은 무엇보다도 민족과 민족 운동 지도자들에게 부과된 책임이다.

하지만 그것을 판단할 기준은 민족주의 자체에 담겨 있지 않다. 그것은 민족이 민족적 차원 이상의 의무를 갖고 있음을 알아야만 발견할 수 있는 것이다. 민족을 최고의 원칙으로, 궁극적 실재로, 최종적 재판관으로 간주하는 이, 수없이 많은 여러 민족 위에 개개인과 공동체들이 내적으로 책임져야 할 하나의 권위—지칭하는 이름이 있든 없든—가 존재함을 인식하지 못하는 이는 아무리 노력해도 이 선을 어떻게 그어야 할지 알 수 없을 것이다…

민족 자체를 목적으로 삼는 이는 오직 자기 민족의 범세계적 우월성만 인정할 뿐, 그보다 더 큰 구조가 있다는 것을 시인하지 않으려 할 것이다.…그는 자기 책임에 직면하지 않는다. 민족을 스스로의 재판관으로 생각하는 나머지 다른 누구에게도 책임을 지지 않는다. 이런 식의 해석은 민족을 '몰렉'으로 둔갑시켜 그 민중의 어린아이들을 제물로 삼켜버리게 만든다.…권력 투쟁에 있어서 온 세계의 주권자, 곧 나의 주권자인 동시에 내 대적, 내 경쟁자의 주권자인 존재에게 종속된 위치에 머물지 않을 때, 모든 주권은 거짓되고 헛된 것이 되고 만다.[10]

한 민족을 건강하게 회복시키는 민족주의는 굳이 스스로를 정당화할 필요가 없다. 그런 민족주의는 자명한 것이다. 그러나 암적 존재가 된 민족주의는 그렇지 않다. 이런 민족주의는 이데올로기를 필요로 한다. 근대 세계에서 암적인 민족주의를 지지하기 위해 동원된 이데올로기의 전형은 19세기 독일의 낭만주의 운동에서 나온 것이다. 그 운동은 먼저 각 개인은 특정한 민족에 속해 있고 그 민족의 생활 방식이 각 구성원의 성품과 인생 목적을 결정한다고 주장했다. 개인은 그 민족을 떠나서는 이해될 수 없다는 것이다. 민족은 자결권을 가진 개인들이 모인 집단으로 이해되어서는 안 되고, 오히려 개인을 자결권을 가진 민족의 일부로 생각해야 한다고 했다. 둘째로, 부분과 부분의 관계, 부분과 전체의 관계는 생물학적 유기체에 빗대어 생각하는 것이 최상이라고 주장했다. 즉 개인이 지닌 의미는 다른 사람들과의 상호 작용 가운데 전체의 작동에 기여하는 데 있다는 것이다.*

그런데 민족이 더 큰 전체에 해당하고 그것이 개개인의 성품을 규정하며 그들에게 기여할 것을 요구한다고 주장한다면, 당연히 다음과 같은 의문이 제기될 수 있다. 여기서 더 큰 전체가 한 민족

---

* 피히테는 이렇게 말했다. "최근 들어 유기체라는 개념이 통일성을 지닌 공적 권위의 여러 분과를 규정하는 데 종종 사용되곤 한다. 하지만 내가 아는 한, 아직까지 사회적 관계 전체를 설명하는 데 사용된 적은 없었다. 자연의 산물인 경우, 각 부분은 오직 전체와의 관계를 통해서만 그 본연의 모습을 갖게 되고 이 관계를 떠나서는 절대로 그런 모습을 가질 수 없다.⋯이와 비슷하게, 사람도 오직 사회적 관계를 통해서만 사물의 체계에 있어 정해진 자리와 자연에서 고정된 위치에 도달하게 된다.⋯고립된 인간과 시민의 관계는 원재료와 조직화된 사물의 관계와 같다.⋯유기체의 경우, 각 부분은 계속해서 전체를 지탱하고, 그럼으로써 스스로도 지탱한다. 시민과 국가의 관계도 이와 비슷하다"[Elie Kedouri, Nationalism, 2d ed. rev. (New York: Praeger, 1961), pp. 39-40에서 인용].

이 아니라 인류 전체여서는 안 되는가? 이에 대해 독일의 낭만주의는, 경쟁적인 요소들이 서로 싸우는 것이 하나됨을 향한 인류의 진보에 필수적이라고 응답한다. 자아 실현은 별 문제 없이 원만하게 이루어지는 과정이 아니라, 갈등과 투쟁의 결과라고 한다. 칸트는 이미 "영구적 평화"라는 논문에서 이 점을 분명히 했다. "자연은 사람들이 서로 섞이는 것을 방지하고 그들을 서로 차별화하기 위해 두 가지 수단을 사용한다. 즉 **언어**와 **종교**상의 차별성이다. 이런 차별성은 상호 간의 증오를 불러일으키고 전쟁의 빌미를 제공하는 경향이 있다. 하지만 동시에, 문화가 발전하고 사람들이 서서히 가까워짐에 따라, 평화와 이해를 가져오는 원칙들에 더욱 동의하게 만들기도 한다."[11] 문명의 진보와 궁극적 조화의 성취는 민족끼리 상호 경쟁할 것을 요구한다는 말이다.

민족과 민족의 투쟁이 역사적 진보의 필수 요건이라는 주장은 언제나 네 번째 주제—민족 간 다양성의 중요성—와 함께 등장해 왔다. 슐라이어마허(Schleiermacher)와 같은 저자들은 각 민족이 인류를 구성하는 자연스런 구분으로서 각기 독특한 성격을 갖고 있으며, 그 구성원들은 그것을 보존하고 발전시킬 의무가 있다고 보았다. "모든 민족은 세상에서 그 독특한 조직과 위치를 통해 신적 형상의 특정한 측면을 상징하도록 운명지어져 있다.…왜냐하면 각 민족에게 이 땅에서 담당할 특별한 임무를 직접 부여하시고, 각 민족을 통해 특이한 방법으로 스스로 영광을 받고자 특별한 영을 불어넣으시는 분이 바로 하나님이기 때문이다."[12]

19세기 독일 이론가들이 이 네 가지 주제—자결, 유기체론, 투쟁, 다양성—를 함께 엮어서 내린 결론은, 민족이란 하나님이 정해 주신 서로 별개의 자연스런 실체라는 것, 개개인은 민족에게 충성을 다함으로 인생의 의미를 발견하게 된다는 것, 각 민족이 자결권을 갖게 하는 것이 올바른 정치 질서라는 것 등이다. 이런 질서가 갖추어져야만 지구상의 여러 종족이 각각 전체 인류에 독특한 기여를 함으로써 자기 운명을 성취할 수 있고, 각 사람은 민족이라는 전체에 깊이 잠길 때에야 자유와 성취감을 찾을 수 있다고 말한다. 더 나아가, 이렇게 정돈된 국제 질서로부터 초래되는 투쟁은 인도적 견지에서 발전을 이룰 것이다. 금세기 초에 아프리카너 지식인들이 남아공화국에 자의식적으로 수입한 이념이 바로 이런 것이었다. 그들은 그것을 남아공의 상황에 맞추어, 그 이념이 구약에 기반을 두고 있다고, 또 아프리카너 **민중**을 규정하는 특징 중 하나는 기독교라는 종교라고 주장했다. 이렇게 해서 출현한 이상한 혼합물이 바로 아프리카너들이 **기독교 민족주의**(Christian nationalism)라고 부르는 것이다.

이제까지 나는 민족주의의 일반적 특징을 설명하면서 그것이 미국을 비롯한 구체적인 사례에도 잘 들어맞는다는 것을 보여 주었다. 그럼에도 미국의 경우는 중요한 면에서 여러 특이한 점들이 있는 게 사실이다. 그래서 현 세계체제에서 민족과 국가 그리고 민족과 경제 질서의 상호 관계를 살펴보기 전에, 이 특이한 점들을 고찰하는 것이 좋을 것 같다. 이 문제에 접근할 때 우리는 왜 오늘날의 미국 지식인들은 자기 민족의 역사와 문화를 찬양하기를 그토록 꺼리는가 하는 물음으로 시작할 수 있다. 아프리카너 지식인들은 민족의 발전을 위해 온갖 노력을 기울였고 그 영광을 찬양하는 데 전력을 기울이기를 주저하지 않았다. 사실 20세기의 첫 사반세기가 흐를 때까지는 미국의 지식인들도 똑같이 그렇게 했었다. 그런데 왜 지금은 침묵을 지키는가? 아니, 오히려 왜 신랄한 공격을 퍼붓고 있는가? 왜 그럴까?

글쎄, 먼저 지식인이 할 수 있는 일이 무엇인지 물어 보자. 미국이 지난 10년 동안의 경험으로 상처를 입었다고 느끼고 있음이 분명하지만, 그렇다고 민족 의식이 약한 것은 아니다. 또 미국이 인류 역사에 특별한 의미를 가진 민족이라는 의식이 부족해서 학자들이 그걸 극복하도록 도와주어야 할 경우도 아니다. 오히려 오랜 기간에 걸쳐 이런 의식이 고양되어 온 것이 사실이다. 이를테면, 금세기 초에 시카고 대학의 첫 총장이 된 유명한 구약학자 윌리엄 하퍼(William Rainey Harper)가 한 다음과 같은 말을 보라. 이는 어떤 괴짜 같은 인물이 한 말이 아니다.

> 이제 또 하나의 위대한 시대가 시작되고 있는데, 이는 이전 시대를 무색하게 할 것이다. 마치 그 시대가 그 이전의 시대를 무색케 한 것처럼 말이다…첫 시대에는 바빌로니아가, 두 번째 시대에는 시리아가, 세 번째 시대에는 영국이 차지했던 그 자리, 아니 그 이상으로 미국이 네 번째 시대를 주름잡게 될 것이다….
>
> 개인주의의 관념, 개인의 지극한 존엄성이란 관념은 문명이 진보할 때마다 더욱 분명하고 더욱 구체적으로 스스로를 표출했다….
>
> 그런데 이제는 이런 관념들이 단지 "여러 분리된 시대와 장소에서, 뿔뿔이 흩어진 채 조금씩, 일관성 없이" 그 모습을 드러내고 있을 뿐이다. 신약 성경에서 그런 관념들을 가르쳐 온 것이 분명하다지만, 그것이 인간 역사에서 그 완전한 모습을 드러낸 적은 아직 없었다. 개인주

의의 문제는 아직 시험 중에 있다.…그 위대한 시험대는 바로 미국이다. 대중이 수행하는 모든 인간적 기능을 방해하는 전통과 제도로 가득 찬 옛 국가들은 우리가 직면하는 문제들을 해결할 수 없다.

…여기 이 위대한 나라, 곧 필요한 모든 시설을 하나님이 친히 제공해 준 나라, 죽은 제도와 전통의 짐과 구속으로부터 하나님이 친히 보존해 주신 나라에서 기독교적 삶과 사상이 완전히 실현될 것이다. 이것이 바로 19세기에 걸친 우리 역사의 페이지마다 기록되어 있는 메시지다. 참으로 놀랍고 중요한 메시지다.

…자, 이제 우리에게 이 위대한 사명이 주어졌다고 확실히 믿는다면, 우리 자신을 깨끗히 해야 하지 않겠는가? 우리 앞에 놓인 그 과업을 위해 우리 자신을 한 민족으로 조직해야 하지 않겠는가?[13]

이와 같이 미국의 중요성을 현란하게 묘사한 것은 하퍼의 개인적 견해에 불과한 것이 아니다. 이 말을 들었을 때, 거의 모든 미국인이 한 목소리로 이에 동의했을 것이다. 지금도 다수가 그럴 것이다. 그리고 하퍼가 대변하고 있는 민족적 자부심은 18세기와 19세기 내내 미국 지식인들이 조심스레 부추겨 왔던 것임을 기억할 필요가 있다. 이처럼 고도로 발달된 자부심이 상처를 입게 되면, 지식인들로서는 회복시킬 수 있는 방도가 거의 없다고 나는 생각한다. 굳이 상처를 받을 필요가 없다고 설득하는 것 외에는 말이다. 그들로서는 할 수 있는 일을 이미 모두 한 셈이다.

우리가 오늘날 미국 지식인들의 소외감과 분노를 충분히 공감하려면, 그들이 지닌 민족적 자존심의 독특한 성격을 이해하지 않으면 안 된다. 18세기 이래 미국의 자존심은 언제나 자유, 평등, 박애라는 범세계적 계몽주의의 목표와 밀접히 연관되어 있었다. 미국인들은 그 위대한 이상이 맨 먼저 실현될 곳이 바로 이 땅이고, 이 땅으로부터 전 세계로 퍼져 갈 것이라고 주장했다. 미국은 열방 중의 한 나라, 아니 심지어 **중요한** 한 나라에 불과한 것이 아니었다. 여러 민족의 파편들이 미국에 모여 새 민족이 창조되고 있었고, 그것은 장차 모든 민족의 모델이 될 것이었다. 각 민족이 각기 독특한 기여를 한다는 낭만주의 이데올로기는 미국인 가운데 인기를 얻은 적이 없었다. 미국은 모든 민족의 미래였다. 그리고 과거 50년 동안 미국이 좌절감을 맛본 이유 중 하나는, 자기들처럼 특별한 사명을 부여받았다고 믿는 또 다른 사회 집단의 지도자들이 등장했다는 사실 때문이었다. 그 집단은 이름하여 **소련**이라 불리는 나라다.

오늘날 우리는 이상(理想)이 꺾인 세계에 살고 있다. 러시아 사람들 가운데 그들의 땅에서 평등과 참여의 새 시대가 열릴 것이라고 믿는 이들은 많지 않다. 미국인들 가운데도 그들의 땅에 자유와 평등의 새 시대가 도래했다고 믿는 이들이 더 이상 많지 않다. 미국의 외교관들은 자기 이익만을 배타적으로 추구하는 정책을 따르고 있다. 그런 자기 이익을 확보하려면 자유를 억압하고 있는 세계의 여러 정권으로부터 지지를 받아야 한다는 사실에 그다지 개의치 않는다. 카터 행정부 당시 미국이 전 세계 인권의 보호자라는 말이 잠시 오간 적이 있다. 그 짧은 빛은 기업의 이익을 앞세우고 공산주의를 반대하는 어두운 밤 속으로 사라지고 말았다.

이처럼 세계적인 자부심에 이끌려 활약하던 어떤 민족이나 집단의 지식인들이 그 이상이 꺾이고 목표를 더 이상 추구할 수 없는 현실에 직면하게 되면 소외감을 맛보게 된다. 대다수의 경우 그런 소외감은 충성심의 저하로 나타날 것이다. 한편 소수는 가열찬 반격을 가하게 될 것이다. 소수의 신보수주의자들은 그 집단의 영광이 여전히 위대하다고 주장하면서, 이상이 꺾인 것이 아니라 불충한 자들이 그렇게 **말할** 뿐이라고 격렬하게 외칠 것이다.

이제 내가 이 장의 초두에 제기한 주장으로 돌아갈 때가 되었다. 근대 세계서 권리의 박탈과 불행의 영속화를 야기하는 **원인들**을 자세히 조사해 보면, 민족에 대한 잘못되고 지나친 충성심이 작동하고 있음을 거듭해서 발견할 수 있을 것이라는 것이다. 민족 자체에 병적으로 몰입하게 하는 민족주의는 좋지 않다. 더 나아가, 그것이 그 민족의 존재와 확장을 궁극적인 사회적 선으로 여길 정도의 충성심을 낳는다면, 이는 샬롬을 파괴하는 우상 숭배에 다름 아니다. 이런 충성심은 때로 한 국가가 다른 국가와 국민들을 공격하고 공포에 몰아넣고 이기적으로 학대하는 모습으로 드러난다. 또 때로는 자기 국민들을 가혹하게 취급하는 모습으로 드러나기도 한다. 이 둘 가운데 어느 것이 더 큰 상처를 주는지는 잘 모르지만, 나는 여기서 민족에 대한 충성이 어떻게 불의를 낳는지를 설명하기 위해 후자에 초점을 맞출까 한다.

근대 세계의 정치적 구도가 지닌 특징은 국가들이 민족-국가(nation-state)의 성격을 띤다는 사실이라고들 이야기한다. 이것이 만일 대다수 국가의 국민이 단일 민족에 속한다는 의미라면, 이는 물론 잘못된 명제다. 오히려 현 세계는 우리가 엄격한 의미에서 근대 국가라 부르는 실체들로 구성되어 있으며, 이런 국가들의 차별성을 보여 주는 중요한 요소들 가운데 하나는 여러 민족이 각기 그들만의 국가를 구성하겠다고 고집하고 있는 현실이다. 민족들이 항상 **문화적** 자결권을 얻기 위해 싸워 온 것은 주지의 사실이다. 근대 세계의 특이성은 민족들이 **정치적** 자결권을 얻기 위해 싸워 온 정도가 이전과 다르고, 또 그 성공도도 다르다는 점에 있다. '민족마다 국가를!'이라는 원칙이 주권을 할당할 때 당연히 따라야 할 원칙인 것처럼 간주되기에 이르렀다. 베르사유 조약에서 유럽의 옛 정치 지도가 완전히 찢어지고 이 원칙에 따라 새로운 지도가 그려졌다.

그런데 우리가 이 원칙에 대해 피상적 수준을 넘어 좀더 깊이 성찰해 보면, 이는 현대 세계에서 결코 수용될 수 없는 원칙이라는 결론을 내릴 수밖에 없을 것 같다. 그것은 언제나 불의와 갈등을 낳게 되기 때문이다. 문제의 핵심을 설명하면 이렇다. 근대 국가는 영토를 중심으로 한 실체인데, 현 세계 어디에도 한 국가에 속한 영토 안에 단 하나의 민족만 사는 경우는 없다. 따라서 각 민족이 각기 그들만의 국가를 갖게 될 때라도 그 속에는 그 민족에 속하지 않는 국민들이 있을 것이고, 이들에게는 단 두 가지 대안밖에 없게 된다. 온갖 구속을 무릅쓰고 이민을 가든가, 여러 권리를 박탈당하고 억압을 감수하면서 현 국가에서 이등 국민으로 살아가든가 해야 하는 것이다. **이 밖에 다른 대안은 결코 없다**.

아프리카너들은 그들이 그들만의 국가를 가져야 한다고—그들이 좋아하든 싫어하든 흑인 부족들도 (결국에는) 그들의 국가를 갖게 될 것이라는 주장과 더불어—주장하는데, 남아공화국이 흑인들에게 그토록 심한 불의를 행하고 있는 바탕에는 그러한 주장이 자리잡고 있는 것이다. 아파르트헤이트(apartheid) 배후에 있는 역학은 단순한 인종 차별이 아니라 암적인 민족주의(물론 인종 차별적 성격을 지닌)다. 민족에 대한 충성이 모든 것을 앞지르는 민족주의다. 이런 충성심은 아프리카너로 하여금 '**내 민족** 내 국가'라는 원칙을 끌어안게 만들고, 이 원칙에 정의와 평화의 규범마저 종속되어 버린다. 국가의 행위는 그것이 정의의 규범에 걸맞는지가 아니라 아프리카너 민족의 대의에 걸맞는지 여부에 따라 판단된다.

공식적으로 아프리카너들은 아파르트헤이트의 법적 구조가 어떤 궁극적 선은 아니며 본래 없어도 될 **수단**에 불과하다고 주장한다. 그들이 이런 말을 할 때 염두에 두는 것은, 그런 구조가 정의로운 사회를 이룩하는 수단이라는 의미가 아니고 '내 민족 내 국가'라는 목표를 달성하는 수단이라는 것이다. 좀더 일반적으로 말하면, **아프리카너 민족의 자결권**을 얻기 위한 수단이라는 뜻이다. 그들로서는 자기 민족의 완전한 자결권을 포함하지 않는 사회적 선이란 생각할 수조차 없다. 정의가 아니라 자기 **민족**이 궁극적 가치인 셈이다. 그들이 사적인 차원에서 동족들에게 하는 이야기를 들어보면 이를 분명히 알 수 있다. 1970년에 아프리카너 형제 연맹(Broederbond)의 의장인 피에트 마이어(Piet Meyer) 박사는 이렇게 말했다. "우리는 분리 개발과 반공주의 정책을 폐기하라거나 약화시키라는 그 어떤 요구도 받아들여서는 안 된다.····우리 나라의 모든 영역—교회, 사회, 문화, 경제, 정치 등—에 걸쳐 어떤 형태의 통합도 일어나지 않도록 단호히 싸우고 배격해야 한다."[14] 그리고 1975년에는 그 연맹의 대표가 "백인의 미래를 백인들이 책임지는 정치적 통제력을 잃지 않도록 모든 조치를 취해야 한다. 따라서 유색 인종과 권력을 공유하는 것은 결코 받아들일 수 없다"[15]라고 천명했다. 그러나 남아공화국과 같이 경제적으로 통합된 다민족 국가의 경우에는 '아프리카너들로만 이루어진 국가'라는 원칙이 평화와 정의의 법과 양립할 수 없다고 나는 생각한다.

한 민족이 '자기 국가'를 갖는 것은 여러 형태를 띨 수 있다. 남아공화국은 민족 국가의 한 형태다. 거기서는 흑인이 다수를 이루고 있으므로, 아프리카너의 핵심 정책은 국가의 사안에 대해 그들이 아무 목소리도 내지 못하게 하고 최대한 그들을 고향으로 돌려보내는 것이다. 이스라엘은 또 다른 민족 국가 형태를 보여 준다. 한 가지 차이는 이스라엘 본토에서 팔레스타인 아랍인들에게 투표권이 주어진다는 점이다. 하지만 이스라엘은 어디까지나 유대 민족 국가다. 만일 누군가 이스라엘이 아랍인에게 과거로부터 현재까지 행해 온 불의가 무엇이냐고 묻는다면, '유대 민족이 자신의 국가를 가져야 한다'는 원칙이라고 대답할 수밖에 없다.*

시온주의는 19세기 유럽 민족주의의 맥락에서 발생했다. 이스라엘인 편집자 게르솜 쇼켄(Gershom Schocken)은 이런 말을 했다. "시온주의는 19세기에 유럽의 얼굴을 바꿔놓은 민족 운동, 서

---

* 이스라엘이 팔레스타인 아랍인에게 가진 태도와 관련하여 다른 요소들도 고려할 필요가 있다. 1891년에—그러니까 유대인이 자기 나라를 갖기 57년 전에 이미—유명한 유대인 작가 Ahad Ha-am은 유대인 정착민이 꼴사나운 행동으로 그 본토인의 분노를 불러일으켜서는 안 되고 우호적인 정신으로 그들을 대해야 한다고 경고했다. 그는 "그런데 우리 형제들은 팔레스타인에서 실제로 어떻게 하고 있는가?"하고 물었다. "정반대로 행동하고 있다! 디아스포라의 땅에서는 농노였던 그들은 갑자기 자유인이 되었고, 이런 변화가 그들의 마음속에 폭정의 성향을 불러일으켰다. 그들은 아랍인들을 적대감과 잔인함으로 대하고, 그들의 권리를 빼앗고, 이유 없이 그들을 못살게 굴며, 심지어 그런 짓을 자랑하기도 한다. 그리고 우리 가운데 누구도 이처럼 비열하고 위험한 성향을 반대하는 자가 없다"[Hans Kohn, "Zion and the Jewish National Idea," in Zionism Reconsidered: The Rejection of Jewish Normalcy, ed. Michael Selzer(New York: Macmillan, 1970), p. 195에서 인용].

민의 정신적 부와 그들의 필요와 문제들을 발견한 러시아의 '나로드니키'(19세기 후반에 러시아의 청년 귀족과 급진적인 지식인을 중심으로 일어난 농본주의적 사회주의 운동—역주), 독일의 낭만주의 등이 없었다면 결코 일어날 수 없었을 것이다. 독일 시온주의의 창도자 쿠르트 블루멘펠트(Kurt Blumenfeld)는 시온주의가 유럽이 유대 민족에게 준 선물이라고 말했는데, 충분히 근거 있는 말이다."[16] 유럽 민족주의의 정신을 흡수한 시온주의는, 유대인은 뚜렷이 구별되는 민족이고 각 민족은 자신의 땅과 국가를 가질 자격이 있듯 유대인도 그럴 자격이 있다고 주장했다. 1900년도에 이미 동유럽의 정통 랍비 한 사람은 시온주의가 유대주의가 아니라 민족주의에 의해 고무되었다는 이유로 그것을 신랄하게 공격했다.

> 우리의 허다한 죄로 인해 낯선 자들이 거룩한 양떼를 먹이러 일어났다. 그들은 이스라엘 백성이 다른 모든 민족처럼 세속적 민족주의의 옷을 입어야 한다고, 유대주의는 민족 감정과 땅과 언어에 기초하고 있다고, 민족 감정은 유대주의를 보존하는 데 있어 가장 찬양할 만한 요소이자 가장 효과적인 것이며, 그에 비해 토라와 계명의 준수는 개인의 성향에 달린 사적인 문제라고 떠든다. 주님, 이 악한 자들을 책망하시고 예루살렘을 택하는 자로 그들의 입을 봉하게 하소서.[17]

초기 시온주의 지도자들의 경우 단순히 유대인이 구별되는 한 민족을 이루고 있으므로 자기들의 국가를 가져야 한다는 주장만을 그들 입장의 근거로 삼은 것은 아니었다. 그들은 '민족에 따른 국가'라는 원칙이 위배되었을 때 따르는 악한 결과도 지적했다. 아니면 거꾸로, 그 원칙을 존중했을 때 따르는 유익을 지적했다고 할 수 있다. 유대인에게 그들만의 국가를 승인해야만 '유대인 문제'—도처에 팽배한 반(反)유대주의—가 해결될 수 있다고 주장했다(여기서 나는 이처럼 널리 퍼져 있는 유대인에 대한 악의에 찬 증오와 차별 의식이 지금도 여전히 중요한 쟁점이라는 사실만 지적하고 싶다). 이에 덧붙여, 유대인에게 그들만의 국가를 승인해야만 '유대주의 문제'—유대인의 정체성이 쇠퇴하는 문제—도 해결될 수 있다고 주장했다. 시온주의와 유럽식 민족주의의 동맹은 그 지도자들로 하여금 한편으로는 근대주의자—'유대인 문제'를 해결하려면 해방과 계몽을 더욱 도모해야 한다고 주장하면서 '유대주의 문제'에 대해선 해답이 없는 경우—와, 또 다른 한편으로는 전통주의자—자신들의 전통을 보존하는 것이 '유대주의 문제'에 대한 해결책이라고 보았으나 '유대인 문제'에 대해선 해답이 없는 경우—에 대항하여 싸울 수 있게 해주었다.

'유대인에게 유대인 국가를'이란 원칙이 팔레스타인에서 어떻게 실행되었는지를 알려면 한 가지 사항을 덧붙일 필요가 있다. 유대인 지도자들은 전통적으로 유대 족속이 팔레스타인에 존재했던 **유일한** 민족이었다고 생각해 왔다는 점이다. 이런 면에서 그들은 다른 여러 민족들과 공존하고 있다고 생각하는 아프리카너들과 다르다. 유대인은 팔레스타인 사람들이 한 민족을 구성하고 있는 것이 아니라고 주장한다. 이것이 바로 골다 메이어(Golda Meir)가 다음과 같이 말한 배후에 깔려 있는 주장이다.

우리가 점령한 그 영토를 어떻게 돌려줄 수 있는가? 돌려줄 대상이 없다.…팔레스타인 사람이라고 말할 만한 존재가 거기에 없었다.…이전에 스스로를 팔레스타인 민족이라고 생각하던 이들이 팔레스타인에 있었는데 우리가 와서 그들을 쫓아내고 그 나라를 빼앗은 것이 아니다. 그런 민족은 아예 존재하지도 않았다.[18]

메이어는 이스라엘 국가가 형성되기 전에 아랍인들이 팔레스타인에 살고 있었다는 사실을 물론 알고 있었고, 그들이 그들의 땅을 빼앗겼다는 점도 아주 잘 알고 있었다. 그러나 그녀가 보기에 그들은 한 민족이 아니었으므로, 본질적으로 권리의 문제가 들어설 여지가 없었다. 자기 민족이 아닌 사람들도 피와 눈물이 있다는 사실이 민족주의에 눈이 어두워진 이에게는 보일 리가 없다.

심하 플라판(Simha Flapan)은 「시온주의와 팔레스타인 사람들」(*Zionism and the Palestinians*)이란 책에서 팔레스타인에 사는 아랍인들에 대한 유대 지도자들의 태도를 자세히 추적하고 있다. 사실 그들 가운데 유대 민족을 위한 유대인 국가 이외의 것을 추구한 자는 거의 없었다. 이처럼 민족 국가를 추구한 다수의 지도자들 가운데, 유대인으로만 구성된 유대인 국가가 팔레스타인 사람들의 권리와 관련하여 심각한 문제를 일으킬 것을 분명히 내다본 인물은 나훔 골드만(Nahum Goldmann) 박사 한 사람밖에 없다. 골드만은 이런 말을 한 적이 있다.

시온주의 역사에서 가장 크게 간과된 것 중 하나는, 팔레스타인에 유대인 국가가 세워졌을 때 아랍인들과의 관계에 충분한 주의를 기울이지 않은 것이다. 시온주의를 주창하는 대변인과 사상가들 가운데 그 관계를 강조한 이들이 늘 있었다.…그리고 시온주의 운동을 이끌던 이념적·정치적 지도자들은 유대인의 조국이 아랍인과 평화롭고 조화로운 관계를 맺는 가운데 창설되어야 한다고—내가 보기엔, 진심으로—언제나 강조했다. 그러나 안타깝게도, 이런 신념이 이론의 차원에만 머무르고 실제로 크게 실천된 적은 없었다. 유대인 문제란 기본적으로 "집 없는 민족을 민족이 없는 땅으로 옮기는" 문제라고 간단명료하게 표현한 테오도르 헤르츨의 정의조차도 팔레스타인에 대한 아랍인의 권리를 무시하는 잘못을 범하고 있다. 헤르츨의 시대만 하더라도 팔레스타인은 민족이 없는 땅이 아니었다. 거기에는 이미 수십만의 아랍인들이 살고 있었고, 그들은 조만간에 홀로 혹은 다른 아랍인들과 함께 독립된 국가를 세울 수 있을 것이었다.[19]

하지만 부상하는 팔레스타인 민족의 존재를 의식했던 골드만은 승리를 거두지 못했다. 오히려 1936년에 "유대 민족주의와 팔레스타인 민족주의 사이에 갈등이 없는 것은 유대 민족이 팔레스타인에 있지 않고 팔레스타인은 민족이 아니기 때문"[20]이라고 했던 데이비드 벤-구리온(David Ben-Gurion) 같은 인물들이 시온주의 및 이스라엘의 정책을 좌우했다. 시온주의 지도자들의 전형적인 견해는 이러했다. 거기에 아랍 민족은 있으나 팔레스타인 민족은 없다는 것, 팔레스타인은 아랍인이 점령한 근동 영토의 2퍼센트 남짓밖에 되지 않으므로 아랍인보다 그 작은 영토를 더 필요로 하고 또 그것을 더 잘 사용할 수 있는 유대인에게 내어주지 않을 이유가 없다는 것이다.[21] 이런 태도가 대대로 이어져 내려오기 때문에 팔레스타인 사람들은 당연히 불평을 토로할 수밖에 없는 것이다.

1944년에 세계 시온주의 조직(WZO) 가운데 가장 큰 미국의 시온주의자들이 만장일치로 "팔레스타인 전 지역을, 분할과 감축 없이 포괄하는…유대인의 자유 민주주의국가"를 요구하기로 결의했을 때[22] 드디어 주사위가 던져졌다. **유대인**의 국가. 한 인종으로 된 국가. 따라서 아랍인들은 현대 세계에서 한 민족이 자기들만의 국가를 주창했을 때 당연히 직면하게 되는 운명에 처하게 되었다. 조국을 버리고 어느 정도의 구속을 감수하면서 다른 나라로 이민을 가든지, 어느 정도의 억압을 감수하면서 이등 국민으로 추락하든지. **이 밖에 다른 대안은 결코 있을 수 없다.** 시온주의의 아버지 가운데 한 사람이 한 말을 인용해 보자. 1953년에 모세 스밀란스키(Moshe Smilansky)는 이스라엘 의회가 "1953년 토지 청구법"을 통과시킨 데 대해 이런 반응을 보였다.

우리가 이천 년 전 우리나라에서 쫓겨난 후 거기로 다시 돌아왔을 때, 우리는 우리 자신을 '용감하다'고 자평했고, 전 세계 앞에서 이 나라의 문이 닫혀 있다고 당당히 불평했다. 그리고 이제 그들[아랍 피난민들]이 과거 천 년 동안 살던 땅에서 쫓겨나거나 도망쳤다가 그들 나라로 용감하게 돌아오려 했을 때, 그들을 '침입자'라고 부르며 태연하게 그들에게 총을 쏘았다. 유대인들이여, 무엇을 하고 있는가? 왜 우리는 이 불쌍한 사람들에게 최소한 관대하게 보상금이라도 지급하지 않는가? 그 돈을 어디서 가져올 것인가? 그런데 우리는 땅과 하늘로부터 우리에게 소리 높여 독촉해 오는 빚을 갚는 대신…궁전들을 짓고 있다. 그리고 과연 우리는 피난민들에게만 죄를 짓는 것일까? 우리와 함께 지내면서 이등 국민으로 전락한 아랍인들을 학대하고 있지 않는가?…아랍인 농부들에게서 그들의 땅을 빼앗은 법에 반대하여 손을 들었던 사람은 의회에서 단 한 명의 유대인 농부밖에 없지 않았는가?…유대의 양심이여, 어찌 예루살렘 도시에서 그처럼 홀로 앉아 있는가!"[23]

두 가지 사례를 살펴 보았을 뿐이지만 논점은 분명히 드러났다고 생각한다. 한 국가의 합법성을 좌우하는 것은 민족 자결의 원칙이 아니라 정의와 샬롬이다. 그 국가가 거기에 살고 있는 자들의 권리를 보호해 주는가? 그들을 공평하게 대우하는가? 평화를 도모하는가? 어떤 민족이 그들만의 국가를 갖고 있는지 여부를 따질 것이 아니라, 이런 질문들을 던져야 한다. 민족이 정의 앞에 머리를 숙여야 마땅하다. 국가란 **모든** 시민들의 국가가 되어야지 그 시민 **가운데** 일부 민족의 국가가 되어서는 안 된다.[24] 우리가 하나님의 형상을 지닌 자로서 하나가 되는 것이 여러 민족으로 갈라지는 것보다 더 중요하다. 전 세계 국가들은 정의를 베풀 때, 인간으로서의 하나 됨을 인종적 차이보다 우선시해야지 이 순서를 뒤집어서는 안 된다. 이는 현대 세계에서 민족 국가가 있을 수 없다는 것을 의미한다. 그런 국가는 반드시 불의를 행하게 되기 때문이다. 그 증거는 곳곳에 널려 있다. 조지 오웰(George Orwell)이 한 말이 옳다. "민족주의자는 자기편이 저지른 잔학 행위를 비난하지 않을뿐더러, 그러한 비난에 대해 귀를 막는 놀라운 능력도 갖고 있다."[25]

그리스도인들은 현대 세계에서 민족과 민족 간의 갈등을 줄이려고 애쓰면서 그들이 속한 또 하나의 민족을 잊어서는 안 된다. 그것은 곧 베드로가 "거룩한 나라"라 부른 예수 그리스도의 교회다. 모든 민족으로부터 선택되어 온 땅에 퍼져 있는 민족이다. 오순절

이후 하나님의 선택된 백성은 자연스레 형성된 어떤 집단도 배제하지 않는다. 그리스인도 유대인도, 여자도 남자도, 종도 자유인도 상관하지 않는다. 그런 구분을 배제하는 것이 아니라 그런 것들을 초월하기 때문이다. 이전에 중시했던 것을 파괴하지 않고 오히려 변혁시킨다. 그런 것들은 이 새로운 민족을 풍요롭게 만드는 역할을 한다. 적어도 원래는 그렇게 하도록 되어 있다. 그것도 여기저기서, 때에 따라 말이다. 그러나 현대 세계의 경우 민족주의가 교회 속으로 깊이 파고들어와 대다수의 미국 그리스도인은 러시아, 베트남, 독일, 엘살바도르 등지에 사는 신자들과 함께 그 거룩한 나라의 일원이라는 의식보다, 미국인으로서 러시아인, 베트남인, 독일인, 엘살바도르인과 다르다는 차별 의식을 더 강하게 가지고 있다. 그래서 독일 그리스도인이 로테르담의 교회에 독일 폭탄을 떨어뜨린 것처럼, 미국 그리스도인도 하노이의 성당에 미국 폭탄을 떨어뜨린다.

    이런 현실이 과연 변할 수 있을까? 교회는 그 본질에 걸맞게 행동할 수 있을까? 그것이 샬롬이 충만한 하나님 나라의 상징이요 성례가 되어서, 자기가 지은 집에 다른 민족이 들어가 살지 않고 자기가 심은 것을 다른 민족이 먹지 않을 곳(사 65:22)이 될 수 있을까? 그 나라에서는 "나라와 나라가 칼을 들고 서로를 치지 않을 것이며 다시는 군사 훈련도 하지 않을 것"이기 때문이다(사 2:4).

부록: 안보 국가의 등장

이 장에서 우리는 근대 세계체제에서 민족과 국가 및 경제가 서로 주고받는 복잡한 상호 작용 가운데 일부를 고찰했다. 예를 들어, 민족에 대한 충성이 어떻게 불의를 초래하는지를 살펴보았고, 식민지 시대의 제3세계에 대한 착취가 민족주의를 낳았다는 것과, 그 민족주의에서 볼 수 있는 바 민족에 대한 충성과 이윤 추구 간의 상호 관계에 대해서도 간략히 다루었다. 이 시점에서 이 두 가지 중요한 요인의 상호 작용이 보여 주는 또다른 양상을 살펴보는 것이 좋을 것 같다. 이 두 요인은 제3세계에서 고전적 식민주의가 무너진 다음에 발생한 것으로, 현재 그 지역이 겪고 있는 불행의 뿌리에 놓여 있는 것이다.

국가의 입장에서 볼 때, 그 영토 안에 가장 편애하는 민족이 하나 있으면 상당한 이점이 있다. 어떤 국가 정책을 입안해 놓고 국민의 지지가 필요할 경우에, 그것이 **모든** 국민의 권리를 보장하고 복지를 증진시키는 것임을 증명하기보다 그 집단의 민족적 충성심에 호소하기만 하면 되기 때문이다. 물론 이런 이점을 얻기 위해서는 그 집권 민족에 속하지 않는 사람들의 동요를 감수해야 하고, 때로는 아주 값비싼 대가를 치러야 한다. 그럼에도, 현대 국가가 지닌 권력의 상당 부분이 이런 민족적 충성심에 호소하는 능력에서 나오는 것이 사실이다.*

---

* 마르크스주의 이론에 따르면, 공산주의 국가는 이런 민족적 충성심에 의존하는 정도가 높아서는 안 되지만, 실제로는 그렇지 않다. 가령, 조선인민주주의공화국(비공식적으로는 북한)의 수령 김일성의 말을 들어 보라. "조국은 모든 사람의 진정한 어머니다. 우리는 조국을 떠나서는 결코 살 수 없고 행복할 수도 없다. 우리 조국의 번

최근에는 제3세계에서 이런 민족주의에 호소하는 현상이 자주 보이는데, 주로 집권한 민족의 일부 구성원이 중심부에서 온 기업들과 손을 잡고 **동족의 다른 구성원들을** 경제적으로 착취하는 정책에 대한 지지를 얻기 위한 것이다. 앞 장에서 우리는 제2차 세계대전 이후 고전적 식민주의가 쇠퇴함에 따라 중심부와 비중심부 간에 새로운 경제 관계가 등장하기 시작했음을 보았다. 중심부 국가들의 제조 기업들이 종종 다국적 기업의 후원과 비중심부 국가의 엘리트의 협조를 받아 비중심부로 이동했다. 그 주된 목적은 노동 비용을 줄이기 위함이었다. 따라서 제3세계 엘리트의 입장에서는 노동 비용의 상승을 막고 노동자 세력을 조용하게 묶어 두는 것이 유리했다. 이러한 목적을 성취하기 위해서는 필연적으로 억압이 따른다는 것이 판명되었다. 최근에는 이러한 억압이 군사 쿠데타로, 이후로는 엘리트와의 협조를 통해 이루어지곤 했다. 그런데 보통은 권력을 잡은 자들과 그들에게 억압당하는 자들이 동족일 경우가 많다. 그러니까 여기서 우리가 다루고 있는 경우는 옛 식민주의에 직접 상응하는 것이 아니다. 오히려 집권 민족의 일부 구성원들이 동족을 억압하는 데 국가 권력을 이용하는 경우다.

그런 지배자들은 흔히 국민의 민족적 충성심을 이용하되 그것이 국가를 지지하는 방향으로 나가도록 활용함으로써 자신이 조장한 억압을 받아들이도록 설득한다. 이것은 분명 위태로운 상황으

창과 번영만이 우리를 행복의 길로 들어서게 해줄 것이다. 우리 민족 최고의 아들딸들은 한 사람도 예외 없이 무엇보다 열렬한 애국자들이었다. 조선 공산주의자들이 해방되기 전에 온갖 난관과 장애를 무릅쓰고 일본 제국주의에 대항하여 싸운 것도 조국을 되찾기 위함이었다"[Immanuel Wallerstein, *The Capitalist World-Economy*(Cambridge: Cambridge University Press, 1979), p. 59에서 인용].

로 갈 수 있다.* 그 위태로움을 덜기 위해 자주 사용하는 전략은, 국민들에게 현재 자국이 공격을 당하고 있다는 것, 또 국가가 국민의 보호자라는 것, 이 '긴급 상황'에서 모두가 협력하여 국가를 지원해야 한다는 것, 사면초가의 상황에서는 불평등과 자유의 침해가 불가피하다는 것 등이다. 또 군비에 엄청난 돈을 쏟아붓게 되고 그 결과 국민은 더욱 가난에 허덕이게 된다. 국가는 자신의 설득력을 믿지 못한 나머지 소위 '보안법'을 통과시키는 최종 수순을 밟는다. 겉으로는 체제 전복으로부터 국민을 보호한다는 명목을 내세우지만 실제로는 내부 반대자를 묵살하기 위한 것이다. 이 모든 복합적 현상에는 **안보 국가**(national security state)라는 그럴듯한 명칭이 붙어 있다.

이 모든 전략과 철학에 대해 칠레의 아우구스토 피노체트 우가르트(Augusto Pinochet Ugarte) 장군만큼 단도직입적이고 명료하게 진술한 사람은 없을 것이다. 그는 1976년 9월 11일에 행한 대통령 연설에서 이런 말을 했다.

따라서 국가 안보의 개념은 국가를 온전히 보전하는 것일 뿐 아니라,

---

* 이와 관련하여 근대 국가에 적용되는 일종의 '법칙'을 만들 수 있겠다. 한 국가가 불의를 더 많이 관용하거나 영속시킬수록, 국가 정책이 합법적이라는 여론을 조성할 목적으로 민족에 대한 충성심에 호소할(그리고 그것을 배양할) 필요가 더 커진다는 것이다. 또 그 불의의 정도가 심하면 심할수록 민족주의 감정에 더 크게 호소해야 한다. 이런 민족적 충성심이 적절한 한계를 넘어서면 다른 모든 민족에게 위협이 된다는 것은 이미 살펴보았다. 그러므로 사회적 불의와 민족적 갈등은 서로 밀접한 관계가 있다. 이는 정의와 평화가 서로 밀접한 관계에 있는 것과 같다. 몇 년 전만 해도 불의를 관용하거나 영속시키는 국가들이 자신들의 행동을 정당화시킬 때 민족적 충성심에 호소하기보다는 더 나은 미래로 가는 단계라고 주장했었다. 요즈음에는 이상이 좌절되었다는 의식이 더욱 만연하면서 이런 유의 주장이 점점 잦아들고 있다.

아주 특별한 의미에서 민족의 혼 혹은 전통을 구성하는 본질적 가치들을 지키는 것으로 이해할 수 있다. 이런 것들이 없이는 민족의 정체성이 무너질 것이기 때문이다. 이를 든든한 기초로 삼아, 국가 안보는 발전의 장(場)에 역동적으로 자기를 투영하되 물질적 차원뿐 아니라 인간의 정신적 진보를 조화롭게 도모한다. 그러므로 진정한 전통과 물질적·정신적 국가 발전을 포괄하는 국가 안보는 어떤 공동체의 공동선에서 빼놓을 수 없는 요소인 것 같다….

오늘날의 세계에서 적은 정확히 어떻게 구성되는가? 마르크스주의는 역사상 등장했던 수많은 잘못된 교의들 가운데 하나에 불과한 것이 아니다.…그것은 오늘 소련 제국주의를 시중드는 영구적 침략이기도 하다.…이 현대판 영구 침략은 이전과 같은 영토적 침입이 아니라 내부로부터 국가를 통제하려는 최신식 전쟁을 낳는다. 이를 위해 공산주의는 두 가지 전술을 동시에 사용한다. 한편으로는, 자유로운 사회의 핵심부—대학과 지성계, 언론, 노동 조합, 국제 기구, 그리고, 우리가 본 것처럼 심지어는 교회까지—에 침투한다. 다른 한편으로는, 온갖 형태의 무질서를 조장한다….

그러므로 새로운 제도는 민주주의를 파괴하려는 것들로부터 적극적으로 부지런히 스스로를 변호할 수 있는 새로운 민주주의를 토대로 잉태된다.…오늘 우리가 선포하는 이 헌법은 이런 가치들에 도전하는 한 개인이나 집단의 행동 일체를 불법으로 규정하고 사법적으로 처벌할 것이다….

우리 국민이 영구 침략의 피해자라는 사실은 우리에게 공산주의의 체제 전복을 분쇄하고 그 길을 열어 주는 자들을 무력화하기 위해 강력하고 효율적인 비상 체제를 갖도록 요구한다.…앞서 시도한 분석의 결과, 영구적 침략으로 변한 마르크스주의에 직면하여 군대와 경찰의 힘에 뿌리를 두는 것이 절대로 필요하다는 결론이 도출된다. 그들만이 적에 대응할 수 있는 조직과 수단을 갖고 있기 때문이다.[26]

이 진술과 칠레에서 실제로 벌어지고 있는 현상을 함께 묶어 보면, 분명한 유형이 드러난다. 지배자들은 엘리트의 민중 착취를 지원하고 있다. 그들은 국민들의 민족적 충성심에 호소하면서 정책을 설득하고 있다. 아울러 감정적으로 접근하여, 국가가 현재 공격을 받는 중이라는 고전적 전략을 이용한다.

민족에 대한 충성심을 이보다 더 심하게 남용하는 경우는 상상하기 힘들 것이다. 이처럼 소련 제국주의의 위험을 반복해서 이용하는 것은 당장의 현안으로부터 주의를 분산시키기 위한 것이다. 소련의 팽창주의가 엄연히 존재한다는 사실을 그대로 인정하면서도 이렇게 말할 수 있다. 내가 앞 장에서 주장한 것처럼, 오늘날 지구상에 공산주의 국가가 하나도 없더라도 제3세계에서는 혁명 운동이 일어날 것이다. 그리고 사실상 혁명이 일어나야 마땅하다. 현재와 같이 불공평하고 억압적인 사회 질서는 완전히 개조되어야 하기 때문이다. 현재 자행되고 있는 불의는 오래 전 미국 혁명 당시 영국인에게 당한 미국인의 고통보다 훨씬 더 심각한 수준이다. 개혁을 요구하는 몸짓을 모조리 공산주의 음모로 돌리는 것은 순전히 냉소주의일 뿐이다. 억압받는 민중이 동요를 일으키면 불의를 바로잡아야 하는 것이지 그 억압을 제도화해서는 안 된다.

국가 권력자들이 이처럼 자기들의 정책이 국민의 안보를 위한 것이라고 주장하면서 스스로를 정당화하는 것은 아이러니컬하게도 그들 스스로 심히 불안하기 때문이다. 오늘날 세계를 휩쓸고 있는 보안법과 군사력 증강의 광풍은 또 다른 불안만 가중시킬 뿐이다. 이는 구약 성경의 선지자적 관점, 즉 주님의 길을 좇지 않고 정의를 구하지 않는 나라는 결코 안전하지 못할 것이라는 심오한 진리를 확증시켜 주는 것이 아닌가? 폭정을 휘두르는 자는 편하게 잘 수 없다. 누구도 특권을 유지하는 동시에 안전을 확보할 수는 없는 법이다. 진정한 안보에 이르는 길은 정의다.

6장 · 기쁨의 도시: 샬롬과 도시의 미학

서양에는 선한 삶의 본질에 관해 몇 갈래 사상적 전통이 내려오고 있다. 그 가운데 하나는 **행복**을 가장 근본적인 핵심 개념으로 보는 아리스토텔레스로 거슬러 올라간다. 두 번째 전통은 **자유**를 핵심 개념으로 보는 계몽주의에서 유래한다. 그리고 세 번째로 **질서** 개념을 중심으로 삼는 플라톤에서 내려오는 전통을 들 수 있지 않을까 생각한다.

이 셋 가운데, 자유의 전통은 근대 세계에서 타의 추종을 불허할 만큼 막강한 자리를 차지하고 있다. 하지만 나는 이 전통이 결국 막다른 골목에 다다를 수밖에 없다고 확신한다. 자율성이란 의미의 자유는 인간의 궁극적 목표가 될 수 없다. 즉 그것은 선한 삶을 규정짓는 잣대가 될 수 없다. 인간이 기본적으로 자율적 존재가 될 수 있다고 생각하는 것은 하나의 환상에 불과하다. 그러므로 이 책에서 내 입장은 행복의 전통을 중심으로 삼는다. 만약 우리가 새로운 방향을 절실히 원한다면 이 방향으로 사고해야 한다고 나는 확신한다.

그런데 나는 우리가 선한 삶을 추구하는 데는 해방을 위한 싸움도 포함되어야 한다는 점을 이미 분명히 했다. 여기서 '해방을 위한 싸움'이란 매우 포괄적인 의미의 자율성을 얻기 위한 싸움을 가리키는 말이 아니다. 내가 의미하는 해방은 불의, 곧 권리의 박탈과 직결된 것이다. 행복을 위한 싸움은 정의를 위한 싸움을 포함해야 한다. 4장에서 권리에 관해 논할 때, 나는 권리란 언제나 의무, 책임, 책무에 근거를 두고 있다고 주장했다. 따라서 행복에 관해 생각할 때도 책임의 수행이 그 기본 요소의 하나임을 유념해야 한다.

나는 샬롬이라는 성경적 개념이 이런 요건을 잘 충족시킨다고 주장했다. 샬롬의 공동체는 무엇보다 책임 있는 공동체다. 샬롬이 있는 곳은 서로에 대한 그리고 하나님과 자연에 대한 책임을 수행하는 곳이다. 하지만 샬롬은 그 이상이다. 온전한 샬롬이 임하려면 그런 관계들 가운데 **기쁨**과 **환희**도 있어야 한다. 우리가 모두 서로에 대해, 또 하나님과 자연에 대해 책임을 잘 수행한다 하더라도 거기에 기쁨이 결여될 가능성은 있다. 고통이 여전히 존재할 수 있다는 말이다. 모든 형태의 고통이 어느 편의 무책임으로 초래되는 것은 물론 아니기 때문이다. 이는 우리가 자연을 적절한 방식으로 더욱 정복할수록 더 나아질 수 있는 영역의 하나다. 자연 정복이 인간의 실존적인 슬픔을 일부 줄일 수 있다는 뜻이다.

나는 이 논의를 선한 삶에 대한 사상 가운데 행복의 전통 안에 두었다고 했는데, 이는 근대의 계몽주의 및 계몽주의 이후의 전통에 반대한다는 입장 표명일 뿐 아니라, 중세의 기독교 전통과 손을 잡았다는 것을 의미한다. 중세 사상의 중심에는 지복(至福), 즉 '베아티투도'(*beatitudo*)의 개념이 있었기 때문이다. 하지만 곧바로 덧붙일 말은, 행복에 대한 샬롬 중심의 이해가 중세적 이해와는 근본적으로 다르다는 것이다. 가령, 중세에는 지복을 논할 때 불의의 문제를 거론하지 않았으며, 따라서 당연히 불의에서의 해방에 대한 필요성도 거기에 포함되지 않았다.

지복은 중세인들에게 **지적인** 경험이었다. 지성과 관련된 것이었다는 말이다. 더 구체적으로, 그것은 하나님에 관한 관조로 이루어져 있었다. 아퀴나스가 중세를 대표하는 만큼 이 개념을 그의 말로 소개하는 것보다 더 나은 방법은 없을 것이다. 그는 인간의 참된 목적은 행복이라고 말하면서, "인간의 행복은 본질적으로 창조되지 않은 지고의 선(Uncreated Good)과 연합하는 데 있다"라고 했다. 따라서 "인간의 궁극적이고 일차적인 선은 하나님을 즐거워하는 것이다." 인간의 행복을 이루는 이 하나님과의 연합의 본질은 "지성의 활동에 있다." 구체적으로는, 하나님의 본질을 지적으로 아는 것, "신적인 것에 대해 관조하는 것이다.…그러므로 우리가 내세에 얻으리라 고대하는 최종적인 완전한 행복은 순전히 관조에 있다. 그러나 우리가 이생에서 얻을 수 있는 불완전한 행복도 무엇보다 먼저 관조에 있고, 둘째로는 인간의 행위와 열정을 지도하는 실제적 지성의 작동에 있다…." 그리고 비록 "완전하고 참된 행복을 이생에서는 얻을 수 없다 하더라도, 그 행복에 어느 정도 참여하는 것은 가능하다." 인간이 지혜를 추구하는 데 몰두하는 만큼 현세에서도 진정한 행복에 어느 정도 동참할 수 있다.[1]

그러나 인간 행복의 본질이 순전히 하나님에 관한 관조에 있다면, 궁극적으로 우리 인생에서 인간끼리의 교제는 필요 없는 것이 아닌가? 그리고 자연에서 영위하는 삶도 우리에게 성취감을 주지 않는가? 자연과 조화를 이루며 정의롭고 행복한 공동체에서 사는 것이 인간의 궁극적 행복과 전혀 상관이 없을까? 글쎄, 아퀴나스라면, **상관이 없는 건** 아니지만 꼭 필요한 것은 아니라고 대답할 것이다.

이생에서 행복하려면 친구도 필요하고 몸을 지탱해 주는 것도 필요하지만, 완전한 행복을 얻었을 때는 그렇지 않다고 한다. 하나님에 관한 지적인 관조에는 부족한 것이 전혀 없다고 아퀴나스는 주장한다. "하늘의 조국에 있을 완전한 행복을 논한다면, 인간은 하나님 안에서 완전무결한 상태에 도달할 것이므로 친구와의 교제는 행복의 필수 요건이 아니다." 우리가 다른 인간들 가운데 있다면 그들에 대한 사랑은 하나님에 대한 사랑에서 나올 것이지만, 인간끼리의 교제가 없다고 해서 결핍한 상태가 되는 것은 아니다. 이와 마찬가지로, 육체에서 분리된 사람이 하나님을 아는 지식을 갖고 있다면 결핍된 것이 없다. "인간의 완전한 행복은 신의 본질을 보는 데 있으므로 몸에 좌우되지 않는다. 따라서 몸이 없어도 영혼은 행복할 수 있다." 하나님을 알고 사랑하는 자들은 결국 부활할 때 새 몸을 받게 될 것이고, 그 때 행복의 **범위**가 증대되는 것을 경험할 것이다. 그러나 그 **강도**가 심화되는 것은 아니다. 그리고 한 가지 덧붙일 것이 있는데, 그들의 새 몸은 "동물적인 것이 아니라 영적인 몸이 될 것이다. 따라서 [현재 우리 몸에 좋은] 외적인 것들이 그 완전한 행복에는 아무 소용이 없을 터인데, 그것들은 본래 동물적 삶을 위해 주어진 것이기 때문이다…."[2]

인간의 참된 행복에 대한 이런 이해는 내가 이제까지 주장해 온 샬롬 중심적 이해와 근본적으로 다르다. 먼저 나는, 우리 견해는 인류의 성숙한 경지를 대변하는 데 비해 중세의 관점은 사춘기 시절의 생각에 불과해서 이 중세적 견해를 배격하는 것이 아니라는 점을 분명히 하고 싶다. 그렇게 생각하는 것은 오히려 우리의 유치함을 드러낼 뿐이다. 내가 그런 신(神)-일원론적(theo-monistic) 견해를 배격하는 결정적 이유는 그것이 성경적이지 않기 때문이다. 내가 믿기로, 성경의 저자들이 제시하는 바 하나님이 우리 인간에게 정해 주신 운명을 가장 잘 대변하는 것은 **샬롬**이라고 생각한다. 우리의 운명은 자연에 둘러싸인 인간 공동체 안에서 사는 삶이라는 말이다.

앞의 두 장에서는 이 샬롬의 개념이 동료 인간들에 대한 대우와 관련하여 어떤 함의를 지니는지를 살펴보았다. 나는 그 작업을 추상적으로 하지 않았다. 오히려 현대 사회 질서의 지배적인 특징 가운데 두 가지―대량 빈곤과 민족주의로 인한 권리의 박탈―를 취해서 그것들을 샬롬의 빛에 비추어 보았다. 이 장에서는 샬롬이 우리와 물리적 실재의 관계에 어떤 함의를 지니는지 살펴보고자 하는데, 이번에도 구체적인 상황을 놓고 논의하려 한다.

우리가 샬롬에 비추어 우리와 자연과의 관계가 어떤 근본적인 특징을 보이고 있는지 고찰할 때, 즉시 마음에 떠오르는 것은 지구의 오염과 자원의 고갈 문제다. 이 문제의 중요성을 부인할 생각은 없지만, 여기서는 우리 대다수가 몸담고 있는 **창조된** 환경, 곧 도시에 대해 생각하고 싶다. 좀더 구체적으로, 우리가 살고 있는 이 현대 도시의 **추함**에 대해 고찰하고 싶다. 현대 사회 질서가 낳은 가장 중요한 결과의 하나는 사람들로 하여금 농촌을 떠나 대도시와 소도시로 이주하게 만든 것이다. 이 과정의 배후에 있는 요인인 농업 자본화 현상은 미국의 경우 이미 너무 많이 진행되어, 현재 농업에 종사하고 있는 사람은 전 인구의 10퍼센트도 되지 않는다.[3] 농촌을 떠나 도시로 간 그들은 그 추한 모습 속에 잠겨 버린다.

루이스 멈포드(Lewis Mumford)는 「역사 속의 도시」(*The City in History*, 명보문화사 역간)라는 훌륭한 책에서 17세기의 암스테르담은 인류 역사상 가장 멋지고 인간미 넘치는 도시의 하나였다고 말한다. 그리고 오늘날까지 사람들은 원근 각지에서 그 유물의 아름다움을 감상하기 위해 몰려오고 있다. 그런데 그런 관광객들 가운데 제2차 세계대전 이래 새롭게 단장한 새 암스테르담을 좋아하는 사람은 별로 많지 않으리라 생각한다. 가령, 멀리서 혹은 가까이서 온 사람들 가운데 도시의 아름다운 모습을 즐기기 위해 드불르란과 반 데르 부호르스트라트가 만나는 지점*에 오는 사람은 아마 없을 것이다. 이것이 무슨 중요한 문제인가? 이것이 과연 인간 생활이 빈약해지고 샬롬이 줄어든 것을 상징하는가? 가난한 자들과 폭정에 시달리는 자들의 울부짖음이 하나님의 가슴에 사무치고 있다. 리우데자네이루의 빈민가, 맨해튼의 슬럼, 케이프타운 불법 거주 지역의 추한 모습에 억눌린 빈민들의 울부짖음도 그분의 가슴을 치고 있지 않은가?

여기서는 우리가 도시의 물리적 차원에 초점을 맞추게 될 것이다. 그러려면 먼저 그 차원에 대해 어떻게 사고할지를 정해야 한다. 우리는 도시를 조망할 때 단지 서로 인접한 건물들이 대단위로 모여 있는 곳, 그리고 각 건물이 다소 독립적이고 어느 정도 건축학적 독특성을 지니고 있는 곳으로 생각하는 것이 보통이다. 여기서 나는 이런 식의 원자론적 사고 방식에서 벗어나 도시를 하나의 통합된 실체로 보고 각 건물을 추상적 부품으로 조망할 것을 제안한다.

총체적인 관점에서 도시를 본다는 것은, 지표면의 일정한 면적에 인간이 모여 살 수 있도록 길과 구획을 조직적으로 편성한 하나의 단위로 본다는 말이다. 한때 사람들이 아무렇게나 모이고 다니던 그 자리에, 도시는 제한과 제약과 장벽을 도입한다. 사람들이 모이는 곳은 집, 사무실, 공장, 가게, 광장 등이다. 길은 도로와 인도로 되어 있다(단, 네덜란드에는 자전거 길이 있다). 도시는 그 거주민이 좋든 싫든 여러 활동을 할 수 있는 하나의 환경—**공유** 환경인

---

* 거기에 이 책의 내용이 맨 처음 발표된 암스테르담 자유 대학의 주요 건물들이 위치해 있다.

점을 강조하고 싶다―을 조성하기 위해 땅 위에 이런 제약들을 부과한다. 즉, 도시란 근본적으로 인간 활동을 위한 공유 환경이다.

도시는 공간에 형태를 부여한다. 부분적으로 도시는 공장, 사무실, 집, 공연장 등 여러 건물 안에 **내부** 공간을 꾸민다. 이에 못지않게 중요한 것은, 우리가 문을 나설 때 시야를 제한하는 건물, 나무, 여타 물체들로 **외부** 공간―이를 **도시 공간**이라 부른다―도 꾸민다는 사실이다. 사람들은 도시 공간을 감지하고 그 다양한 특질들을 마음으로 느끼지만, 보통 그것을 의식하지는 않는다. 하지만 도시 공간은 엄연히 존재하는 실체다. 당신이 지금 있는 방이나 사무실을 둘러보라. 벽, 천장, 바닥 등이 특정한 방식으로 공간에 형태를 부여하고 있는 것을 볼 수 있다. 설사 '뚜껑'에 해당하는 천장을 뜯어낸다 하더라도 그 공간은 벽과 바닥에 의해 그 형태가 정해지게 될 것이다. '새는' 곳이 위에 있어서 불완전하긴 하지만 말이다. 이와 마찬가지로, 도시에 있는 건물들과 다른 물체들도 그 공간에 어떤 특성을 부여하고 있으며, 우리는 그 공간 안에서 움직일 때 그것을 감지하고 느끼게 된다. 함께 공유하는 한 도시의 공적 차원이 아름다운지 혹은 추한지 여부는 그 공간을 꾸미고 있는 건물의 외양 및 여러 특징들 그리고 그 속에 들어가는 빛에 주로 좌우된다.

사용 가능한 기술의 한계 내에서, 도시 거주민의 내부/외부 환경을 결정짓는 것은 주로 그들이 필요하다고 또 바람직하다고 생각하는 활동이다. 이런 활동은 도시에 따라 어느 정도 차이가 있으므로, 각 도시는 그 주민들의 생활 방식이 낳은 결과이자 표현물이다. 아니, 더 정확히 말하면, 그 곳을 거쳐 간 여러 세대들과 현재 주민들의 합작품이라 할 수 있다. 도시는, 하나의 예술 작품처럼,

지각할 수 있는 재료에 심겨진 가치이자 합리성이다. 훈련이 잘된 눈으로 보면 한 네덜란드 도시의 물리적 특징을 통해 현재와 과거에 걸친 네덜란드 사람의 생활 방식에 대해 무척 많은 것을 알 수 있다.

이런 인과 관계가 거꾸로도 작동한다는 것을 아는 것이 중요하다. 도시란 그 거주민들의 생활 방식을 표현할 뿐 아니라 그들의 생활 방식을 **좌우하기도** 한다. 도시에서 어떤 활동은 매력적으로 보이고 또 하기 편한 반면, 또 어떤 것은 거의 불가능하다. 네덜란드 사람의 생활 방식이 미국인과 다른 이유는, 부분적으로 그들이 다른 종류의 도시들에 살고 있기 때문이다. 건물이 도덕의 매개물인 것처럼 도시도 도덕의 매개물이다. 19세기 영국의 산업 도시들은 역사상 유래가 없을 정도로 인간의 삶을 왜곡시켰다. 남아공의 흑인 도시들, 남미의 빈민가, 미국의 슬럼도 오늘날 똑같은 기능을 발휘하고 있다. 이런 도시들은 아리스토텔레스의 금언―"도시는 사람들이 살 수 있게 하려고 존재하는 곳이다. 그것은 그들이 잘 살게 하려고 존속한다"[4]―을 잘못 드러내는 비극적 사례들이다. 그리고 좋든 싫든, 미국의 교외 지역은 거기에 사는 사람들의 생활 방식을 좌우하고, 네덜란드에 등장한 대규모 아파트 단지는 오늘날 네덜란드 사람들의 생활 방식을 좌우한다.

하지만 우리가 도시와 거주민의 관계를 어떤 주어진 활동들을 수행하기 위한 물리적 환경 정도로만 생각한다면, 아주 중요한 측면을 놓치게 될 것이다. 왜냐하면 우리가 물리적 환경에 부과하는 아주 독립적인 요구도 있기 때문이다. 가령, 전통 이슬람교에서는 그들의 도시가 '통일성-안의-풍요로움'(이것이 알라의 의미다)을 표현하는 상징물이 되기를 기대한다. 그리고 나는, 우리 모두의 잠재 의식 속에도 우리 도시의 전반적 특징이 거주민의 근본 신념 및 태도와 잘 어울리기를 기대하는 마음이 있다고 믿는다. 그것은 마치 톱니 모양의 들쭉날쭉한 선(線)과 동요하는 감정이 서로 어울리는 것과 같다.⁵⁾ 파리 중심부의 특징은 암스테르담 중심부의 특징과 아주 다르다. 전자는 왕의 화려한 모습과 자만심을 표현하는데 비해, 후자는 부르주아의 '오손도손한 삶의 방식'(*gezelligheid*)을 표현한다.

이런 이유로 도시를 체험한다는 것은 지표면의 이 장소에서 인간으로 산다는 것이 어떤 것이었는지를 어느 정도 감지하는 것이다. 아울러 과거의 어떤 인물과 사건을 기리는 기념관―렘브란트 기념관, 워싱턴 기념관―을 봄으로써 여기에 살았던 사람들의 정체성 형성에 결정적 영향을 준 요인들을 인식하게 되는 것이다. 요컨대, 도시란 우리가 동시대인들과 함께 모일 수 있는 장소를 제공할 뿐 아니라, 그 곳이 돌, 벽돌, 나무, 타일 등은 우리에게 과거로부터 내려오는 동료 인간들과 접촉할 수 있게 해준다. 어떤 도시가 과거의 흔적을 없애 버린다면, 그 시대의 인간 공동체가 지닌 역사적 차원은 희석된다.

이 모두가 중요하긴 하지만, 여기서 내 관심사는 인간 공동체를 세우거나 무너뜨릴 수 있는 도시의 잠재력에 대한 것이 아니다. 오히려 도시 자체에 대한 우리의 체험에 있다. 잘 꾸며진 공적 공간, 이 공간을 꾸미는 외양과 다른 특징들, 빛이 이 공간을 지배하는 방식 등이 지닌 심미적 탁월성에 있다. **이것이** 과연 행복, 샬롬과 무슨 관련이 있을까?

미학의 중요성에 대한 성찰은 물론 오랜 전통을 가지고 있다. 클리브 벨(Clive Bell)과 미켈 뒤프렌(Mikel Dufrenne)과 같은 현대 사상가들은 심미적 체험을 통해 일상적인 인간 경험을 뛰어넘어 사물의 궁극적 실재를 포착하곤 한다. 이슬람교도와 비잔틴 시대의 그리스도인들은 그 상황을 정반대 방향으로 보았다. 즉, 아름다움과 동일시되는 심미적 탁월성은 신성의 반영이었다. 앞에서 이슬람교도들은 도시에 대해 이런 신념을 품고 있었다고 이미 언급한 바 있다. 실제로 그들은 도시를 건설할 때 그런 신념을 적용했다. 그들은 도시의 아름다움을 알라의 '통일성-안의-풍요로움'을 상징하는 데서 찾았다. 내가 판단하기에, 이슬람교도처럼 도시에 대한 이해와 그들의 세계관 및 인생관을 깊이 연계시키는 경우는 없는 것 같다. 우리가 그들을 모방할 필요는 없을지라도 눈여겨볼 필요는 있다고 생각한다. 이와 대조적으로, **자유**를 선한 삶의 중심에 두는 우리 사회는 도시에 대해 할 말이 아무것도 없다. 예술 작품에 대해선 할 말이 많을지 몰라도 도시에 대해선 할 말이 없다. 이 사실은 이런 측면에서 우리의 사상이 얼마나 빈곤한지 보여 주는 게 아닐까?

나는 도시에 대한 이슬람 사상의 심오함을 높이 평가하지만, 비잔틴 기독교와 이슬람교처럼 심미적 탁월성을 초월적 현상으로 여기거나 벨과 뒤프렌처럼 심미적 체험을 초월적 현상으로 보는 것은 아니다. 그러므로 나는 도시가 하나님을 표현하는 상징이어야 한다는 식으로 도시의 미학을 기독교 사상에 맞추지 않는다. 나는 심미적 탁월성이란, 서구의 주류 전통이 늘 주장해 왔듯이, 지각적 인식에 즐거움을 주는 것이라고 생각한다. 아퀴나스가 말하듯이,

"아름다운 사물이란 눈으로 보기에 즐거움을 주는 것"[6]이다(여기에 "혹은 **귀로 듣기에**"란 말을 덧붙이고 싶다). 따라서 나는, 샬롬과 도시 미학의 연결 고리는 기쁨이라는 현상에서 찾아야 한다고 생각한다. 구체적으로는, 감각적으로 기쁨을 체험하는 것이다. 여기서 가장 근본적인 문제는 과연 그런 기쁨이 샬롬의 진정한 구성 요소인가 하는 것이다. 나로서는 그렇다고 결론을 내리지 않을 수 없다.

샬롬은 물리적 세계와 우리의 올바른 관계—아니, 그 이상으로 **그것을 기뻐하는 상태**—를 포함한다. 샬롬의 하나님 나라가 임했다는 표징으로서, 예수는 죄를 용서하시고 종교적 번민을 덜어 주셨을 뿐 아니라, **신체적** 질병도 고쳐 주셨다. 그런 치유는 샬롬을 붉은 포도주를 갖춘 기쁜 잔치 자리로 보았던 선지자적 비전과 잘 어울리는 것이다. 그리고 선지자들이 말한 그 포도주가 비물질적인 혹은 영적인 포도주가 아니었다. 예수님이 치료하신 그 몸들이 비물질적이기니 영적인 몸이 아니었던 것처럼.

창세기 기사에 따르면, 샬롬은 창조의 맞은편에 있는 종말론적 성취임을 알 수 있다. 하나님은 영혼을 지닌 피조물인 사람—흙으로 만들었으나 책임성을 덧입혀 준—을 포함하여 친히 만드신 모든 것을 돌아보고 아주 좋다고 말씀하셨다. 자신이 만든 작품에 대해 만족과 기쁨을 표명하는 이 장면에서 우리가 또 들어야 할 것은, 우리를 둘러싼 이 물리적 세계가 우리의 임무를 완수하기에도 아주 **적합하다**는 말씀이다. 아니, 사실 그 일을 위해 만들어진 것이다. 우리를 여기에 두시고 자신의 피조물을 좋다고 인정하신 그 하나님은 바로 자신이 만든 인간을 사랑하는 그 하나님이 아니신가? 그렇다면 우리 역시 이 물리적 세계를 우리의 임무를 완수하는 장(場)으로 긍정하는 것이 마땅하다고 생각한다. "땅은 사람에게 주셨다"(시 115:16). 그것을 사용하고 **기뻐하라고** 주신 것이다. 창세기 2장은 에덴동산에서 "주 하나님은 **보기에 아름답고** 먹기에 좋은 열매를 맺는 온갖 나무를 땅에서 자라게…하셨다"(창 2:9)라고 말한다.

이런 주제를 논하면서 여러 기독교 전통이 예술가에게 가한 격심한 고통을 언급하지 않을 수 없다. 여기에는 물론 개혁주의 혹은 칼뱅주의 전통도 포함된다. 여기서 내가 예술에 대한 사상을 논하려는 것은 아니다. 사실 나는 일부러 그 길을 피했는데, 인간이 감각적 상쾌함을 맛보려면 소위 예술품이라 부르는 그런 물체들이 아니라 무엇보다 먼저 도시에 주목해야 한다고 깊이 확신하기 때문이다. 나는 예술을 매우 사랑하는 사람이다. 하지만 오늘날 우리 현대인이 심미적으로 추한 황야 같은 도시를 건설하고서 양심을 달래기 위해 자그마한 오아시스 같은 공연장과 박물관을 여기저기 심어놓은 행태를 볼 때 혐오감밖에 일어나지 않는다. 이는 현대 사회가 범한 아주 커다란 잘못이다. **도시**야말로 거의 **모든** 사람을 둘러싸고 있는 **가장** 포괄적인 환경이기 때문이다.

그러니까 나는 예술에 관해 논하는 것이 아니다. 도시의 미학에 관해 이야기한 것인데, 내가 했던 지적들은 예술과 깊은 관련이 있고, 그 때문에 앞에서 언급한 고통도 논의에서 등장할 것이다. 어떤 면에서는 현대 예술 자체가 매우 종교적인 현상이므로 모든 종교 전통 및 종교적 공동체와 갈등을 일으키는 것이 사실이지만,[7] 거기에는 그 이상의 고통이 있다. 칼뱅주의 전통의 경우 현대 칼뱅주의가 지닌 지성주의적 특징으로 인해 고통이 야기되는 것을 볼 수 있다. 예술가란 그 본성상 자기 아이디어와 가치관을 합리적 담론이 아닌 이미지로 표현하는 사람인데, 분석적 추론에 빠진 현대 칼뱅주의자는 그런 예술 작품에 의심의 눈초리를 보내는 경우가 비일비재하다. 이보다 더 깊은 차원으로 들어가면, 많은 현대 칼뱅주의자들은 **순종적 행위**를 기본 범주로 삼는다. 그들은 하나님을 순전히 입법자로 인식하고, 우리가 일생 동안 깨어서 우리 앞에 있는 악한 자와 싸우는 순종의 행위로 일관해야 한다고 주장한다. 따라서 그들은 심미적 즐거움의 가치에 대해선 의심스런 태도를 보이는 조심스런 공리주의자라 할 수 있다.

이는 현대 칼뱅주의가 그 본래의 뿌리에서 일탈한 또 하나의 영역이다. 가령, 칼뱅의 「기독교 강요」에 나오는 다음 대목을 생각해 보라. 그는 우리가 물리적 사물을 꼭 필요할 때만 사용해야 한다는 주장에 명시적으로 반박하면서 이렇게 말한다.

이런 원칙을 만들기로 하자. 우리가 하나님의 선물들을 사용할 때 창조주가 우리를 위해 창조하신 그 본래 목적을 따르면 결코 잘못된 것이 아니라는 것이다. 그분은 우리의 파멸이 아니라 유익을 위해 그것들을 창조하셨기 때문이다.…가령 하나님이 음식을 창조하신 목적을 곰곰이 생각해 보면, 그것이 우리의 필요를 채워 줄 뿐 아니라 기쁨과 즐거운 기분을 불러일으키기 위한 것임을 알 수 있을 것이다. 의복의 목적도 필요를 채울 뿐 아니라 단정함과 품위를 위한 것이다. 풀, 나무, 열매 등도 다양한 용도가 있을 뿐 아니라 외양의 아름다움과 향기로 즐거움을 준다.…이게 사실이 아니라면, 성경의 선지자는 하나님이 주신 유익들을 말하면서 포도주는 사람의 마음을 즐겁게 하고 기름은 그 얼굴에 윤기가 나게 한다는 말을 하지 않았을 것이다.…성경은 그분이 그 모든 것을 사람에게 주셨다고 그분의 친절함을 반복해서 상기시키지 않았을 것이다. 그리고 사물들의 자연적 성질 자체가 우리가 무엇을 위해 또 어느 정도 그것을 즐겨야 하는지 충분히 보여 준다. 주님이 꽃들에게 우리 눈에 반가운 대단한 아름다움으로 옷을 입히셨고 우리 코에 감도는 향기로운 냄새를 부여하셨다면, 우리 눈이 그 아름다움에 반하거나 우리 코가 그 향기에 빠지는 것이 부당하다고 할 수 있을까? 그분이 색들을 그렇게 구별하셔서 어떤 것을 다른 것보다 더 멋지게 만드신 것이 아닌가? 그분이 금과 은, 상아와 대리석에 아름다움을 더해 주셔서 다른 금속이나 돌보다 더 귀하게 만드신 것이 아닌가? 요컨대, 그분은 많은 것들을 쓸모 있게 만드셨을 뿐 아니라 우리가 보기에 매력적으로 만드신 것이 아닌가?…

그렇다면, 그 비인간적 철학을 모두 내다버리자. 피조물의 쓸모만 인정하는 철학은 우리에게서 하나님의 은혜로 인한 합법적 열매를 빼앗아갈 뿐 아니라, 사람에게서 그 모든 감각을 앗아버려 인간을 나무토막으로 전락시킬 뿐이다.[8]

우리 시대에 초기 칼뱅주의를 해석한 인물 가운데 가장 유명한 사람은 물론 막스 베버다. 그는 초기 칼뱅주의를 '세속적 금욕주의'와 '금욕적 개신교'라 불렀다. 그러나 만일 칼뱅이 말한 이 대목이 초기 칼뱅주의를 대변한다면—이것이 적어도 초기 칼뱅주의의 한 주류를 대표한다고 나는 믿는데—, 우리는 베버의 해석에 의문을 제기하지 않을 수 없다. 베버는 부르주아 자본주의를 관찰했는데, 거기서 지극히 부자연스런 모습으로 쉴새없이 열심히 일하면서 자본을 축적하되, 감각적 쾌락을 추구하는 인간의 자연스런 성향을 억누른 채, 자본이 구매할 수 있는 것을 거의 즐기지 않는 인간을 발견하고 큰 충격을 받았다. "이 윤리의 **최고선**, 곧 돈을 계속 더 많이 버는 것이 인생의 쾌락에 대한 엄격한 기피와 합쳐지면 쾌락주의는 말할 것도 없고 행복을 추구하는 일조차 모두 완전히 사라지고 만다. 순전히 그 자체를 목적으로 생각하기 때문에, 한 개인의 행복이나 효용의 관점에서 보면 그것은 완전히 초월적이고 비합리적인 것처럼 보인다."[9]

베버는 이어서 무엇이 그런 부자연스런 인간의 모습을 낳았을지 질문하고, 대체로 소명의 개념과 "세속 활동을 통해 자기 믿음을 입증해야 한다는 사상"을 가진 칼뱅주의가 그 범인이라고 주장한다(PE, p. 121). 하나님께 선택받았다는 징표는 자신의 소명을 실천함으로써 하나님께 영광을 돌리는 그 일에서 찾아져야 한다는 것이다. "선한 일이 구원을 얻는 수단으로서는 아무 쓸모가 없다 하더라도…선택의 징표로서는 필수불가결한 것이다"(PE, p. 115). "세속 활동은…종교적 불안감을 상쇄시킬 수 있는 가장 적합한 수단으로 여겨질 수 있다…"(PE, p. 112).

이에 따른 결과로 "일반인의 도덕적 행위가 지닌…무계획적이고 비조직적인 성격이 사라지고 이제는 일관된 행동의 틀에 종속"(PE, p. 117)되었다고 베버는 주장한다. 그는 "개혁주의 신앙에 특유의 금욕적 색채를 더한 것은 바로 이 합리화"라고 말한다(PE, p. 118). 베버가 이런 합리화를 '금욕적'이라고 부르는 이유는, 중세 수도원에서도 이와 비슷한 합리화 현상이 있었다고 판단하기 때문이다. 거기서는 "성도의 삶이 오로지 구원이라는 초월적 목표만을 지향하고 있었다. 그러나 바로 그런 이유 때문에 그것이 이 세상에서 철저히 합리화되어 이 땅에서 하나님께 영광을 돌리는 것만을 목표로 삼게 되었다"(*PE*, p. 118). 수도원주의는 "인간을 비합리적 충동과 세상 및 자연에 대한 의존 상태에서 해방시키려고, 즉 **자연상태**를 극복하게 하기 위해 체계적인 합리적 행동 방법을 개발했다. 그것은 인간을 합목적적 의지에 종속시키려고 노력했다…"(*PE*, pp. 118-119). 그러므로 청교도주의는 수도원의 금욕적 합리화를 취해서 거룩한 국가의 모든 구성원에게 그리고 일반 사회에서 행하는 모든 활동에 적용시켰다고 할 수 있다. "이제 모든 그리스도인들은 일평생 일종의 수도사가 되어야 했다"(*PE*, p. 121).

이런 해석이 그럴듯하게 보이긴 하지만, 방금 인용한 칼뱅의 글에 비추어 볼 때 나는 그것이 타당성을 잃는다고 생각한다. 베버의 해석은 초기 칼뱅주의에서 **순종적 행위**를 기본 범주로 삼는 해석들의 변종이다. 하지만 내가 첫 장에서 주장했듯이 이는 정확한 해석이 아니다. 가장 근본적인 범주는 **감사**이고, 순종적 행위는 감사가 겉으로 표현된 것일 뿐이다. (더 나아가, 행위와 선택의 관계는 근면한 활동으로 자기가 선택받았음을 증명하는 것이 아니고, 순종의 행위로써 선택에 대해 **감사**를 표현하는 것이다.) 감사를 표현하는 또 한 가지 방식은, 칼뱅의 글에 분명히 나와 있는 것처럼, 하나님이 우리에게 주신 이 세계를 기뻐하는 것이다.

그러므로 초기 칼뱅주의에서 실제로 찾아볼 수 있는 것은 감각적 **금욕주의**가 아니다. 감각적 즐거움이 수도사들에게는 그들이 전력을 다해 추구한 하나님에 대한 명상을 흩뜨리는 것이었다. 그들은 그런 산만함이 완전히 제거될 날을 갈망했다. 가난은 하나의 이상으로 받아들여졌다. 이 모든 것이 칼뱅주의 사상과 관행에는 낯선 것이며, 나는 거기서 감각적 금욕주의가 아니라, 감각적 즐거움과 관련하여 **절제된 검약**을 발견한다고 주장한다. 감각적 즐거움은 거부할 것이 아니라 잘 절제되어 감사의 구성 요소가 되도록 해야 한다. 중세 수도사들은 절제된 금욕주의를 추구하면서 하나님에 대한 관조가 주는 지복에 못 미치는 그 모든 즐거움에 빠지지 않기 위해 열심히 싸웠다. 이에 비해 칼뱅주의자는 절제된 검약을 추구하면서 감사하지 않는 죄에 빠지지 않기 위해 열심히 싸웠다. 양자가 공유하는 것은 절제이지 금욕주의가 아니다.

칼뱅주의 사상과 관행에 나타나는 예술과 미학의 역사는 앞으로 누군가 집필해야 할 주제다. 네덜란드의 칼뱅주의자들 가운데서 회화가 꽃을 피우고 영국, 프랑스, 네덜란드에서는 시인이 쏟아져 나왔음에도 불구하고, 비판가들로 하여금 초기 칼뱅주의가 미학에 둔감했다고 생각하게 만든 것은, 첫째, 그들이 심미저 우아함을 심미적 둔감함으로 오해했기 때문이고, 둘째, 칼뱅주의 교회 예배에서 예술적 요소를 포기한 것을 칼뱅주의적 삶의 전반적 특징으로 해석했기 때문이다. 그런데 사실은 전혀 그렇지 않았다. 이런 면에서 영국의 시인 도널드 데이비(Donald Davie)의 최근 저서 「모인 교회」(*A Gathered Church*)에서 제시하는 해석이 베버의 해석보다 훨씬 더 타당하다고 생각한다.

데이비의 책은 18세기에 칼뱅주의로부터 영감을 받아 영국에서 일어난 국교 반대 운동들을 그 주제로 삼고 있다. 그 가운데 한 장은 칼뱅주의자 시인 아이작 왓츠(Isaac Watts)가 사우스햄튼에 살던 자기 교인들을 위해 작곡한 찬송가들에 대해 논하고 있다. 그 찬송들은 과거 그 어떤 시보다도 영어권 사람들의 의식 속에 깊이 스며들었다고 한다. 그 논의를 마무리하면서 데이비는 왓츠의 시가 칼뱅주의 미학의 패러다임—이를 '칼뱅주의적 고전주의'라고 부른다—에 가깝다고 주장한다. 이어서 이렇게 말하고 있다.

칼뱅주의 미학은 분명히 존재한다. "칼뱅에게 심미적 감각이 없었다고 주장하는 견해보다 칼뱅을 더 오해할 수는 없을 것이다…" 개신교 예배에 심미적 은혜와 그에 따른 찬송의 미학적 표현을 맨 먼저 덧입힌 사람이 바로 장 칼뱅이었다. 그리고 프랑스의 칼뱅주의 교회에서 예배를 드려 본 사람이라면, 거기서 어떤 종교적 체험을 했든 그 무엇보다도 심미적 체험을 했다는 것을, 그것도 아주 강렬한 체험을 했다는 것을 누가 부인할 수 있겠는가? 교회의 건축과 장식에서부터 교회 음악, 목사가 입은 제네바 가운에 이르기까지 모든 것이 **소박**, **절제**, **절도**의 분위기를 풍긴다. 이런 것이 바로 칼뱅주의 미학이 예술적 사물에게 요구하는 특질들이다.… 그러므로 설사 우리가 논의의 필요상 칼뱅주의가 심미적 즐거움을 부인한다는 점을 시인한다 하더라도, 칼뱅주의적 현상에 직면하면 이런 의문이 거듭해서 떠오르게 된다. 여기서 우리는 심미적 즐거움이 부인되는 것을 목격하는가, 아니면 심미적 즐거움이 전개되는데 특별히 절제된 방식으로, 까다로울 정도로 섬세하게 나타나는 현상을 보고 있는 것인가? 특히 청교도 예술은 이런 의문을 제기하게 만든다. 이 예술이 가장 흔한 종류는 아니지만 말이다.[10]

옛 암스테르담, 옛 브뤼주, 옛 플로렌스, 옛 케이프타운, 옛 보스턴 등은 모두 오랜 전통을 지닌 기쁨의 도시들이다. 그런데 왜 오늘날의 우리에게는 기쁨의 도시를 건설할 능력이 없을까? 이처럼 추한 모습의 배후에는 어떤 역학이 작용하고 있을까? 그저 이상주의에 빠져 현대 도시의 추함을 슬퍼만 해서는 아무 소용이 없다. 우리가 속한 이 사회적 세계―특히 이 경우에는 그 물리적 환경―를 개조하고 싶다면 오늘과 같은 모습을 빚어 낸 역학을 이해해야 한다. 물론 지역에 따라 이 다양한 역학의 힘이 다소 차이가 있다는 점을 전제로, 추한 현대 도시들을 만든 그 배후의 역학에 대해 살펴보기로 하자.

미국을 비롯한 세계 여러 나라에서 공공 계획에 대한 강력한 저항이 존재하는 것을 볼 수 있는데, 심지어는 모두가 공유하는 공적 환경에 대한 규제마저 반대하고 있는 실정이다. 개인들은 도시의 어떤 부분을 소유하고 있든지 최소한의 규제를 받으며 자기 마음대로 계획할 수 있어야 한다고 주장한다. 이런 생각은 부분적으로 사적(私的) 자본주의에서 나오는 것이다. 이 자본주의는 모든 형태의 공공 계획과 규제를 자유 시장을 침해하는 것으로 보고, 때로는 필요할 수도 있지만 언제나 유감스런 것으로 간주한다. 그것은 또한 현대 세계에 깊이 물들어 있는 사생활 중심주의에서 연유한다. 우리가 지겨운 임금 노동에 승복하는 것은 우리 자신과 가족을 위해 필수품과 사치품을 구입하기 위함이다. 우리의 관심은 가족의 테두리를 넘어가는 경우가 거의 없다.

이런 강력한 역학에 직면하여 시민으로서의 정체감이 현대 세계에서 급격히 사라지고 있다. 자기 도시의 운명과 관련하여 국민들이 발언권을 가지고 있는 경우라 할지라도, 대다수는 그것을 사용하려 하지 않는다. 공적인 환경에 무관심하기 때문이다. 사적 경제가 우리 도시에 부리는 횡포를 내가 가장 뼈저리게 느끼게 된 계기는, 아테네에서 이에로스 오도스(Ieros Odos), 곧 아테네에서 델피에 이르는 고대의 성스러운 길(Sacred Way)을 처음 보았을 때였다. 수년 동안 나는 그 성스러운 길의 모습을 마음에 그리고 있었는데, 그것은 한때 델피의 거룩한 장소를 향하던 경배의 행렬이 밟고 갔던 아름다운 길의 모습이었다. 그런데 내가 실제로 거기서 목격한 것은 자동차 정비소, 폐차장, 타이어 상점, 네온사인 등이 즐비한 타르로 포장된 지저분한 도로였다.

공공 계획과 규제가 상당히 강력하게 실시된 지역마저도 심미적 차원이 아주 최소한으로밖에 고려되지 않았음을 거듭해서 발견할 수 있었다. 반면에 경제 성장과 이윤 획득은 최대 중요시했음을 볼 수 있었다. 만일 경제 성장과 도시 환경의 파괴 가운데 하나를 선택해야 할 경우라면, 전자를 선택한 나머지 인간이 살 만한 환경이 파괴되고 만다. 이런 현상이 일어나는 이유는 강력한 경제적 이해 관계가 공공 규제 및 기획을 맡은 기관들을 좌우하여 자신에게 유리한 방향으로 유도하기 때문이다.[11]

그런데 그런 기획 부처와 그에 속한 건축 자문위원들이 심미적 차원에 대해 명시적인 제안을 한다 해도 결과가 크게 달라지는 것은 아니라는 점도 인정해야겠다. 20세기의 건축술은 다른 모든 예술과 마찬가지로, 아니 어쩌면 그 이상으로, 계몽주의가 낳은 자식이었다. 도시는, 르 코르뷔지에(Le Corbusier: 스위스 출신의 세계적인 건축가—역주)의 우아하지만 비인간적인 '방사형 도시'에서 볼 수 있듯이, '합리적' 근거에 입각해서 다시 설계되어야 했다. 건축가들은 진정한 삶의 원천들을 탐구하고 거기에 맞춰 도시를 설계하는 것이 아니라, 이런 저런 장소와 구멍들 그리고 바람에 노출된 평지들을 담은 '합리적 설계안'을 만들어놓고 거기에다 인간의 삶을 끼워 맞췄다. 도시는 "생활을 영위하기 위한 기계"로 전락해 버렸다. 20세기 도시들은 계몽주의 철학이 구체화된 것에 다름 아니다. 콘크리트와 유리와 강철로 온통 뒤덮인 우리의 도시들.

도시 환경을 파괴한 또 하나의 중요한 요인은 자가용이라는 테크놀로지의 편리함을 누리려는 확고한 태도다. (자동차는 사실 또 하나의 요인 정도가 아니다. 현대 도시 생활에 없어서는 안 될 필수품이 되어서 전 세계 주요 도시를 계획하고 규제할 때 가장 중요한 고려 사항의 하나가 되었다.) 대다수의 도시는 지상에 있는 모든 지점의 대충 100미터 이내까지(더 가까울수록 좋지만) 자동차가 접근할 수 있도록 하자는 데 암묵적으로 동의하고 있다. 이런 식의 계획은, 보행자가 도시의 어느 곳에 가든지 치명적인 위험에 둘러싸이는 결과를 초래한다. 또 하나의 결과는 도로가 자동차의 진입을 위해 더 넓어질 수밖에 없는 것인데, 그렇게 되면 우리가 유럽의 오랜 도시들에서 즐길 수 있는 좁다란 길과 넓은 광장의 대조적인 모습이 모두 파괴되고 만다. 그 대신 대규모의 황량한 주차장이 들어선다. 그리고 설상가상으로 무서운 폭풍이 지나가듯 넓은 고속도로들이 도시를 가로지른다. 이로 인해 엄청난 재난이 임할 때도 있다. 옛 보스턴의 경우를 보라. 그리고 당연한 말이지만, 차로 여행하는 경우에는 그 도시의 공적인 환경을 즐기는 것이 거의 불가능하다. 이처럼 자동차를 일차적인 운송 수단으로 삼게 되면, 우리 머리에 떠오르는 도시의 이미지는 더불어 살아가는 삶을 위한 통합된 공적 환경이 아니라, 이런 저런 건물들이 모여 있는 집합체에 불과하다. 우리가 한 곳에서 다른 곳으로 자동차 경주하듯 총알같이 움직일 때는 길가에 있는 것에 아무런 주의를 기울이지 않고, 또 실제로 주의를 기울이는 것이 불가능한 일이기도 하며, 오직 길이 안 막히기만 바라고 그 목적지가 황량한 광야 같은 도시에서 조금이라도 상쾌한 오아시스이기를 바랄 뿐이다.

이런 역학의 결과들을 낱낱이 설명할 필요는 없을 것이다. 눈만 뜨면 우리 주변에 널려 있기 때문이다(몇몇 나라들은 최악의 상태를 모면하고 있긴 하지만 말이다. 가령, 네덜란드는 오랜 세월 동안 공공 계획으로 생계를 유지해 온 나라다). 이제 우리가 잃은 것이 무엇인지를 조금이라도 감지하기 위해 루이스 멈포드가 묘사한 중세 유럽의 도시를 상상해 보자.

대체로…중세 도시는 그저 상당히 멋진 사회적 복합체에 불과한 것이 아니었다.…그 유적으로 미루어 볼 때 그것은 아주 번성하던 생물학적 환경이었음을 짐작할 수 있다. 연기가 자욱한 방들이 있었다. 집 뒷편 정원에는 향내가 넘쳤다. 향기 나는 꽃들과 향료용 풀들이 널리 재배되었기 때문이다. 길거리에는 헛간 냄새가 많이 풍겼지만, 16세기에 이르면 말과 마구간이 늘어난 것만 제외하면 그 냄새는 많이 줄어들었다. 하지만 봄에는 과수원의 꽃에서 나는 향기가, 여름에는 갓 베어 낸 곡식 냄새가 들판을 가로질러 흘러넘치고 있었다….

눈과 귀를 즐겁게 하는 면에서 어느 편이 더 나은지는 의심할 여지가 없다. 이런 면에서 중세 도시 대다수는 지난 두 세기 동안 세워진 도시들보다 훨씬 나았다. 오늘날까지 사람들이 그곳들을 찾는 이유는 그 아름다움 때문이 아닌가? 중세 도시에 살던 사람들은 수탉의 울음소리에 잠을 깨고, 처마 밑 새들의 노랫소리를 듣고, 저 바깥 수도원에서는 시간을 알리는 종소리가 귓전을 때리고, 시장 한복판에 세운 새 종탑으로부터 하루 일과를 시작하는 종소리와 시장의 개장을 알리는 종소리를 들었을 것이다. 수도사의 읊조림으로부터 시장의 서정시인이 부르는 후렴구, 혹은 견습공과 하인의 흥얼거림에 이르기까지 입가에 노래가 늘 맴돌았다. 그 때만 해도 노래하기, 연극하기, 춤추기 등이 모두 자기가 '손수' 하는 활동이었다.

 귀가 활기찬 자극을 받았을 뿐 아니라 눈도 즐거움에 흠뻑 젖었다. 도시는 그 성벽부터 시작해서 모든 부분이 하나의 예술 작품으로 구상되고 지어졌다. 눈에 안 보이는 성스러운 구조물의 부분들조차도, 오래 전에 러스킨이 알아차렸듯이, 완전히 드러나 보이는 부분마냥 정성스럽게 만들어졌다. 적어도 하나님만은 그 기술자의 믿음과 기쁨을 목격한 증인일 것이다. 휴일에는 가까운 들판이나 숲을 노닐던 일꾼들은 돌을 깎고 나무를 다듬고 베를 짜고 금을 세공하는 자신의 일로 돌아왔을 때, 자연에서 받은 풍성한 인상을 자기 작품에 옮겨놓았을 것이다. 건물들은 진부하고 '예스러운' 모습과는 거리가 멀었고, 중세의 조명인양 밝고 깨끗했다. 보통은 석회를 이용하여 흰색으로 만들었는데, 그것은 유리나 다색채의 나무에 새겨넣은 이미지의 모든 색들이 벽에 반사되어 춤추는 모습이 나타나게 하기 위함이었다. 그림자들은 정교하게 깎인 건물의 외관과 격자 무늬 창에 비춰어 라일락 꽃잎이 흩어진 것처럼 떨리기도 했다…

 이처럼 사람의 감각이 작동하면 삶이 활짝 피게 된다.…중세 당시에 먹을 것은 대체로 빈약했고, 참회하며 절제하는 사람이 아니더라도 몸을 편하게 하는 것들은 얼마 되지 않았지만, 가장 비참한 자든 가장 금욕적인 자든 아름다움에 완전히 눈을 감을 수는 없었다. 도시 그 자체가 하나의 예술 작품이었기 때문이다.[12]

이제까지 현대 세계에서 도시의 공적인 환경을 파괴하는 요인들에 관해 이야기했다. 여기에 현대의 지식인들이 이런 파괴적 흐름에 거의 저항하지 않았다는 점을 덧붙여야겠다. 가령 프랑크푸르트학파를 보자. 이 학파는 현대 문화에 대한 비판의 일환으로 1940년대에서 1970년대에 걸친 예술에 상당한 주의를 기울였지만, 도시의 미학에 관해서는 한마디도 하지 않았다. 이는 아주 전형적인 사례라 할 수 있다. 현대 사회의 지식인들은 음악회장, 오페라 하우스, 극장, 미술관 등의 건축과 보존을 지지하는 등 예술에 굉장한 관심을 가져 왔다. 그러나 그들 역시 그런 멋진 보석 상자들에 들어가기 위해 추한 환경을 기꺼이 지나간다. 그들 중 아무도 우리 모두가 생활을 영위하는 환경으로서의 도시에 대해 관심을 기울이지 않았다.

표면상으로는 아주 이상한 조합인 것 같다. 한편으로는 예술에 지대한 관심을 가지면서, 다른 한편으로는 도시의 미학에 대해 전혀 무관심한 태도 말이다. 사실 도시의 거주민 가운데 대다수가 미술관이나 오페라 하우스 혹은 극장을 전혀 이용하지 않는다. 그리고 거기에 가는 사람이라도 거기서 대부분의 시간을 보내는 경우는 많지 않다. 그렇다면, 정말 예술에 관심이 있는 사람이라면 우리 모두의 항구적 환경인 이 도시의 미학에 대해 **좀더 많은** 관심을 기울여야 하지 않을까?

이 역설적인 상황을 이해하려면 현대 지식인들이 예술에 대해 어떤 태도를 가지고 있는지 살펴보아야 한다. 먼저, 그들이 심취하고 선전하는 것은 **예술 일반**이 아니다. 그들은 **고급** 예술, **엘리트** 예술에 심취한 자들이다. 그들이 예술을 논할 때에는 주로 엘리트 예술만 염두에 두는 경우가 많다. 그래서 그들이 어떤 일반론을 이야기할 때에는, 그것이 고급 예술에는 해당될지 몰라도 예술 전반에 해당되지는 않는 것이 분명하다. 설사 '더 저급한' 형태의 예술을 인정한다 할지라도 보통은 드러내놓고 조롱하는 경향이 다분하다. 바로 이런 태도가 프랑크푸르트학파의 특징이었다. 그들이 이른바 '대중 문화'에 대해 상세히 연구하긴 했으나 그들의 글 곳곳에는 조롱하는 태도가 묻어 있다.

고급 예술을 숭상하는 것은 현대 지식인을 특징짓는 태도로서, 고급 예술가가 하는 일에 대한 그들의 이해에 근거하고 있다. 그 핵심에는 **표현**의 개념이 있다. 서구의 오랜 전통이 견지하고 있듯이, **예술가는 실재를 표상하는 것**을 목표로 삼지 않는다. 오히려 **자기 자신**—자신의 느낌, 자신의 태도, 자신의 인생관—을 **표현하는** 것을 목표로 삼는다. 그리고 진정한 예술가들의 경우 그들이 표현하는 실재관은 우리 사회의 모습과 대다수 인간들의 삶을 좌우하는 관점과 판이하게 다를 것이다. 따라서 우리는 예술을 통해, 합리화된 사회에 대한 뚜렷한 대안을 볼 수 있을 뿐 아니라, 우리 사회 질서를 휘두르는 관점을 비판적으로 부정하는 관점도 발견할 수 있다. 그래서 지식인들이 예술에 관해 논할 때 그토록 자주 종교적 언어에 기대는 이유도 알 수 있다. 그들에게 예술은 하나의 종교, 선지자적인 구원의 종교다. 그러나 동시에 이런 태도에는 지식인들의 관심을 예술에서 도시로 옮겨 줄 요인이 없다는 것도 쉽게 알 수 있다. 예술가는 우리 사회의 전반적 태도 가운데 잘못된 요소를 깊이 통찰할 수 있는 안목을 갖고 있는데, 도시는 어떤 환경에서든 그 안목을 자유로이 담아낼 수 없다는 이유로 그들은 예술과 도시를 서로 **대립시킨다**.

근대 지식인이 지닌 이런 태도를 영속화시키는 요인은 미학을 예술에 국한시키는 이상한 경향이다. 요즘의 미학 **이론** 가운데 실재의 미학적 차원이 예술에만 국한된다고 주장하는 경우가 전혀 없음에도 불구하고, 흔히들 예술의 배후에는 언제나 심미적 의도가 있다고, 혹은 거꾸로 말하면 미학은 예술을 넘어서지 않는다고 생각한다. 즉, 미학은 예술과 단단히 밀착되어 있다. 그래서 예술을 미학적으로 비평하는 자들은 미학이 우리 모두에게 거의 모든 시간에 걸쳐 영향을 주는 곳, 바로 도시의 존재까지 그 관심의 폭을 넓히지 못하는 것이다.[13]

우리는 이제까지 도시와 샬롬의 관계에 대해 논의했다. 결론적으로, 이와 관련하여 성경의 메시지에 익숙한 우리 모두의 의식을 울리는 또 다른 측면을 보고자 한다. 성경의 저자들은, 동산에서의 삶이 아니라 도시에서의 삶을 우리의 궁극적 운명으로 그리고 있다는 사실이다. 이런 면에서 성경의 비전은 다른 위대한 종교들의 비전들과 차별되는 독특성이 있다. 그러면 우리의 궁극적 운명이 도시의 이미지로 그려지고 있다는 것은 무슨 의미가 있는가? 자크 엘륄(Jacques Ellul)은 「도시의 의미」(*The Meaning of the City*)라는 도발적인 책에서 아주 생생한 응답을 하고 있다. 그 가운데 일부를 인용해 보자.

기독교적 관념은…새로운 도시를 고대하는 것이다. 그리고 이는 아주 독자적인 신화다. 곧 황금기 혹은 다가올 에덴 동산을 그리는 이방인들의 신화들과 나란히 놓을 수 없는 것이다. 이 모든 신화들이 지닌 특징은 태초에…만사와 인간의 마음이 평형 상태에 있었던 황금기가 있었다고 생각하는 데 있다. 삶은—자연 안에서—자연스러웠고, 문제가 생긴 것은, 가령, 프로메테우스의 자만 혹은 다른 어떤 사건 때문이었다. 그 때 이래 무슨 일이 생겼든지 간에, 전쟁과 죽음이 이 세상에 있어 왔고, 인간은 그 잃어버린 황금기를 추구해 왔다. 그리고 인간은 거기에 도달할 것이라는…황금기가 그 동일한 모습으로 이 땅에 돌아올 것이라는 소리를 들었다.…이처럼 자연 상태에서 새로운 삶을 살 것이라는 오랜 신화는…에스키모에서 북미 인디언을 거쳐 타타르인들에 이르기까지 지구 곳곳에서 다양한 형태로 발견된다. 자연을 평화를 가져오는 이상향으로 그리는 것을 어디에서나 볼 수 있다.…그리고 이런 관념의 특징은 인간이 자기 방어를 위해, 자기의 우월성을 확보하기 위해, 지구를 정복하기 위해 건설한 것을 모조리 버리고, 자연 상태로 또 사물과의 직접적인 관계로 돌아가는 것을 언제나 옹호하는 데 있다…

일반적으로 신화에는 과거 지향적 움직임이 있다.…그 핵심은…기존 질서에 대한 거부이며, 향상이라는 의미가 아닌 단순한 진화의 의미에서의 인간의 '진보'를 부정하는 것이다. 그것은 역사를 통틀어 오직 인간의 역사는 퇴보했다고 검은 선을 긋는 것이다.…인간은…한때 자기가 포기하고 파괴했던 그 상태로 돌아와야 한다. 그러나 히브리인의 관념은 이와 전혀 다르다. 이 견해는 도시를 중심으로 삼으며 인간이 이룬 모든 일과 인간 역사 전체를 포괄한다. 과거로의 회귀를 옹호하는 것이 아니라 앞으로 나아갈 것을 요청한다. 인간이 한 일 가운데 아무

것도 잃고 싶어하지 않는다. 그리고 이 면에서 칼 마르크스는, 많은 이들이 주장했듯이, 유대인의 신화로부터 직접적인 영감을 받았다. 유대인의 신화는 인간이 이룩한 놀라운 문명에서 파괴할 것이 전혀 없다는 입장을 취한다. 오히려 인간의 역사는 초월되어야 마땅하다.…따라서 황금기는 역사의 부정이 아니라 역사의 수용을 그 특징으로 삼을 것이다. 그러므로 이 신화는 인간의 업적에 조롱과 거부감을 나타내는 것이 아니라 오히려 그것을 고상하게 만든다.[14]

아울러 성경은 우리의 운명을 도시에서의 삶으로 그릴 때, 예루살렘으로 상징되는 이 도시가 하나님으로부터 하늘에서 내려오는 것으로 묘사한다(계 3:12, 21:10). 우리의 궁극적 운명은 부지런하고 합리적인 활동으로 성취되는 것이 아니다. 그것은 어디까지나 "첫 창조만큼이나 특별하고 믿을 수 없고 예상치 않았던" 하나님의 창조다.[15] 하지만 이 종말론적 도시 이미지가 우리에게 주는 확신은, 현재의 도시들을 인간이 살 만한 장소로 만들려는 노력—너무 자주 좌절되고 너무 자주 절망에 빠지는 그 노력—이, 역사의 신비한 패턴에 의해, 마침내 기쁨의 도시를 향해 타일과 목재를 나르리라는 점이다.[16]

십여 년 전, 내가 살던 미시간 주 그랜드래피즈에 새로 설계된 광장 한복판에 알렉산더 칼더(Alexander Calder)가 고안한 아주 크고 붉은 조각상이 세워졌다. 내가 판단하기에 그것은 칼더의 걸작품 가운데 하나다. 칼더가 없었다면, 그 광장은 그저 서둘러 지나치는 황량한 공간에 불과했을 것이다. 칼더 덕분에 그 광장은 주목의 대상이 되어 마치 자석이 쇠를 끌어당기듯 많은 이들을 끌어 모으는 장소가 되었다. 이제 칼더는 그랜드래피즈 주민의 도시 이미지에서 지울 수 없는 한 부분이 되었다. 칼더의 작품을 구입하는 문제가 논의될 때만 하더라도 일부 주민은 그 돈을 차라리 가난한 자에게 주어야 한다고 주장했다. 물론 이 문제가 등장하기 전에는 그만한 거액을 모아 가난한 자에게 주자고 제안한 사람이 아무도 없었다. 내가 이 장에서 제기한 질문은 바로 이것이다. 감각적 즐거움이 결여된 채 한 도시에서 사는 것 자체가 일종의 빈곤이 아닌가?

연결부 II
저항의 문제

우리는 현대 사회 질서를 특징짓는 불행과 불의에 관해 공부했다. 아울러 그런 불행과 권리 박탈의 뿌리에 있는 역학 관계와 관행도 자세히 파헤쳐 보았다. 대량 빈곤에 대해 살펴본 결과 무엇보다도 성장을 궁극적인 경제적·사회적 선으로 여기는 경제적 관행과 법규가 그 뿌리에 놓여 있다는 것을 발견했다. 이로 인해 판매용으로 시장에 내놓는 상품의 생산과 상품화 과정에 대해 최소한의 규제밖에 할 수 없게 되었고, 기업에 자본을 대는 사람은 그 기업에 관여할 수 있는 권한을 얻지만 노동을 제공하는 사람은 그렇지 못하게 되었다. 또 민족에 대한 과도한 충성으로 인해 민권이 박탈되고 공포가 조장되는 현상도 공부했다. 끝으로 근대 도시의 추한 모습에 주목하면서, 그것이 문화 엘리트들의 과오, 즉 우리가 공유하는 이 열악한 도시 환경은 무시하고 고급 예술만 즐기는 그들의 관행에 의해 영속화되고 있음을 살펴보았다.

우리는 경제 성장, 민족에 대한 충성, 고급 예술의 감상이 우상의 지위를 부여받기도 한다는 것을 보았다. 그러니까 다른 모든 가치들은 규범적 비판에 종속되지만, 유독 이런 것은 초월적인 것으로 간주되어 그런 비판에서 면제된다는 말이다. 그래서 결국 우리의 삶이 빈약해지는 것을 목도하지만 어떻게 해야 거기서 빠져나올지를 알지 못한다. 이 밖에도 우리가 다룰 만한 문제들이 여럿 있다. 그 가운데 가장 위험한 것은 세계 곳곳에서 열을 올리고 있는 엄청난 군사력 증강의 문제일 것이다. 우리가 발견한 그 역학 관계는 다른 대다수의 문제에도 적용될 수 있을 것이다. 지금까지 다룬 문제들은 하나의 표본에 불과하다고 할 수 있다.

우리는 또한 다수의 눈에 이런 관행이 정당한 것처럼 보이게 하는 이데올로기들을 일부 살펴보았다. 나는 이런 대규모 관행들이 어떤 관념을 실행에 옮기겠다는 의식적 결정의 산물이라고 주장하지 않았다. 내가 보기에 대개의 경우 그렇지 않다. 이런 관행을 영속화시키는 것은 오히려 **모델링**과 **조건화**와 같은 심리적 기제다.[1] 그러나 관념도 실질적인 결과를 낳는다. 주로 그것들은 사람들의 눈에 이런 관행을 정당화하는 이데올로기의 형태로 작동한다. 마치 다른 대안이 없는 것처럼, 이런 관행이 옳고 선한 것처럼 보이게 만들곤 한다. 이데올로기는 어떤 관행을 **창조하기보다** 그것을 **지속시키는** 역할을 한다.

나는 논의를 진행하는 과정에서 이런 관행들을 지탱해 주는 이데올로기들을 비판했지만, 사실 나의 더 큰 관심사는 이런 불의와 불행이 바로 샬롬을 침해하는 것이며 따라서 그런 결과를 낳는 관행들도 도무지 받아들일 수 없음을 최대한 강력하게 입증하는 것이었다. 이와 같은 논증은 단지 학술적 차원에 머무르지 않는다고 나는 확신한다. 그런 관행을 바꾸는 한 가지 방법은 개개인에게 그것이 잘못임을 설득하는 일이기 때문이다. 만일 우리와 대화하는 상대가 옳고 그름이 하나님의 뜻에 근거하고 있다고 수긍한다면 도덕적 담론이 실질적 행동으로 이어질 수 있다.

이제까지 내가 대안적 실천, 대안이 될 만한 제도와 규정을 제안 하지는—어쨌든 자세하게는—않았지만, 모두가 당연히 그것을 알 고 싶어하리라 생각한다. 이는 부분적으로 지적 호기심의 문제지 만 실은 그 이상의 문제다. 우리는 우리가 가진 에너지를 어느 방향 으로 써야 할지 알고 싶은 것이다. 하지만 어느 면에서는 우리가 그 대안을 이미 상당 부분 알고 있다고, 혹은 쉽게 알 수 있다고 확신 한다. 이 세계에는 모든 시민을 인종과 상관없이 똑같이 대우하는 모범적인 국가들이 존재한다. 또 자본주의를 잘 규제해서 시민들 이 빈곤에 빠지지 않게 하는 모범 국가들도 있다. 그리고 대안적 실 천을 보여 주는 구체적인 모범이 없는 경우—가령, 중심부 국가와 주변부 국가와의 경제적 교류 방법 같은 것—라도 바람직한 제안 을 얼마든지 할 수 있다. 현대 학자들은 이처럼 여러 대안들을 제안 하는 면에서는 결코 게으르지 않았다. 아무리 생각해도 우리가 당 면한 진짜 문제는 다른 데 있는 것 같다. 현재의 관행과는 다른 대 안을 **반드시** 실행해야겠다는 확신이 아직 부족하다는 것이다.

아니, 어쩌면 **권력을 가진** 자들이 대체로 설득되지 않았다고 말 해야 할지 모르겠다. 여기서 아주 중요한 점 하나를 새로 지적해야 하는데, 이런 관행이 우리 모두에게 똑같은 피해를 주는 것이 아니 라는 사실이다. 지나친 민족애는 **피해자뿐** 아니라 **수혜자도** 낳는다. 우리의 경제적 관행은 피해자뿐 아니라 수혜자도 낳는다. 이익을 보는 자도 있다. 도시를 외면하고 고급 예술에서만 의미를 찾는 엘리트의 관행도 이와 마찬가지로 피해자와 수혜자를 낳는다. 그리고 우리가 잘 알다시피, 그런 수혜자들은 우리의 논리, 곧 그런 관행이 틀렸다는 논리를 접하게 되면 그것을 고치기보다는 그런 논리 자체를 거부할 확률이 높다. 자기 이익이 도덕적 신념을 좌우하는 것이 보통이다.

이런 상황에서 피해자들 (및 피해자 편에 서는 자들)은 어떻게 해야 하는가? 누군가 자신들의 말을 들어 주리라 기대하면서 발언만 계속해야 하는가? 아니면 적극적인 저항과 반대 행위에 돌입해야 하는가? 그리고 어떤 상황에서—만일 그런 상황이 있다면—시민 불복종 운동이 저항의 한 형태로서 도덕적으로 허용될 수 있을까? 또 어떤 상황에서—만일 그런 상황이 있다면—폭력의 사용이 정당화될 수 있을까?

이런 의문들은 매우 중요한 주제들로 이어지는데, 유감스럽게도 여기서 내가 다룰 수 있는 것이 아니다. 그것은 아주 복잡한 문제라서 간단히 취급할 수 없다. 단 독자들에게 상기시키고 싶은 점은 이미 오랜 세월에 걸쳐 이런 문제가 깊이 성찰되어 왔고, 특히 기독교 사상은 이와 관련하여 긴 역사를 갖고 있다는 사실이다. 종교개혁 당시 루터주의자, 칼뱅주의자, 가톨릭교도가 가지고 있었던 사상을 잘 정리하려면 퀜틴 스키너(Quentin Skinner)의 「근대 정치 사상의 토대」(*Foundations of Modern Political Thought*)의 두 번째 책을 참고하라. 특히 정당한 저항에 대한 종교개혁자들의 사상의 본질과 근원을 분석한 대목은 아주 뛰어나다.

현대 사회에는 국가의 명령에 항상 복종해야 한다고 말하는 이들—그리스도인을 포함하여—이 있지만, 중요한 기독교 사상가 가운데 이런 견해를 견지한 사람은 한 명도 없었다. 그 누구도 권세에 복종하라는 로마서 13장에 나오는 바울의 가르침을 이런 식으로 해석하지 않았다. 오히려 국가가 우리에게 하나님의 법에 어긋나는 것을 하라고 요구하면, 우리로서는 국가에 불복종하는 것이 허용될 뿐 아니라 그럴 의무가 있다고 모두가 한 목소리로 말한다. 우리는 사람보다 하나님께 순종해야 옳다는 말이다.

종교개혁자들의 주목을 끌었던 상황은 국가가 어떤 사람에게 하나님의 뜻에 반대되는 그 무엇을 시킨 경우가 아니라, 국가가 신민이 보기에 하나님의 법에 상반되는 일을 행하는 경우였다. 이 경우에도 상당 부분 의견이 일치했다. 마침내 모두가 내린 결론은, 법에 대한 불복종과 폭력 사용을 수반하지 않는 한, 그런 상황을 바로잡기 위해 적극적으로 저항하는 것이 허용될 뿐 아니라 심지어 그럴 의무조차 있다는 것이다. 정권을 바꾸는 일이나 법과 제도를 개혁하는 일마저도 말이다.

마침내는 불복종과 폭력의 문제에 대해서도 의견이 일치되었다. 처음에 종교개혁자들은 저항은 하되 시민 불복종의 형태나 폭력은 없어야 한다고 말하는 경향이 있었다. 그들은 윤리적으로 정부에게만 폭력이 허용된다고 믿었기 때문에 불의를 참고 견뎌야 한다고 생각했다. 그러나 핍박에 관해 깊이 성찰한 끝에 결국 그들은 정치 권력을 쥔 자가 모두 정당하게 권력을 사용하는 것이 아니라는 결론에 도달했다. 특히 국민에게 "잔학하고 악명 높은 상처"를 주며 자기 권한을 벗어나는 행위를 한 관료는 합법적 공권을 상실한 것이라고 결론지었다. 그런 이들은 "자동적으로 스스로를 흉악한 사적 시민의 지위로 전락시킨 것이었다."[2] 그는 더 이상 우리에게

복종을 요구할 권한이 없다. 처음에 종교개혁자들은 그런 경우 정치적 직책을 가진 다른 사람들―"그보다 낮은 행정관"이나 "국민의 치안관"―이 그 범죄자를 규제하는 것이 윤리적이라고 생각했다. 그러나 이후, 스코틀랜드와 영국의 칼뱅주의자들은 사적인 시민들도 때로는 불경하게 폭정을 휘두르는 지배자에 대항해 무기를 들고 법을 위반하는 것이 허용된다는 결론을 내렸다. 아니, 때로는 시민이 그렇게 할 의무가 있다고까지 주장했다.

내 견해는 이렇다. 종교개혁자들이 내린 결론, 곧 전제 정치에 대한 적극적 저항이 허용될 뿐 아니라 의무적으로 그렇게 해야 한다는 입장이 분명 옳다고 생각한다. 때로 시민 불복종이 불가피하더라도 말이다. 단, 그들이 이런 결론을 내린 까닭은 다시 진술할 필요가 있지만 말이다. 이제 오늘날의 논의는 그런 저항을 전개할 때 폭력이 윤리적으로 허용될 수 있는지 여부에 초점을 맞출 필요가 있다. 우리가 사는 이 시대는 저항 운동의 폭력보다 정부가 휘두르는 폭력을 훨씬 더 너그럽게 보아 준다. 피로 얼룩진 금세기에 저항 운동이 저지른 폭력과 정부가 휘두른 폭력을 비교해 보면 전자가 거의 눈에 보이지 않을 정도로 미약했음에도 불구하고 말이다. 이렇게 된 것은, 정부가 아무리 최악의 폭력을 휘두르더라도 어쨌든 권위를 가지고 있다고 가정하기 때문이다. 종교개혁자들은 이러한 생각에 단호히 도전한다. 잔학하고 악명 높은 상처를 입히는 정부는 그 합법성을 상실한 것이고, 그런 정부의 관료들은 범죄를 저지른 민간인의 지위를 가질 뿐이라고 말이다. 이런 결론이 옳다면, 정부와 저항 운동 간의 적대 관계를 생각할 때 고려해야 할 핵심 사항은, 민간인 편에서 폭력에 대해 폭력으로 대응하는 일이 과연 정당화될 수 있는가 하는 문제다.

만일 교회가 사회적 세계에 등을 돌리지 않고 그것을 개혁하는 일이 자기 소명임을 분명히 깨닫는다면, 그런 불의와 폭정과 권리 박탈에 대항하여 적극적으로 싸우는 기관이 될 수 있을까? 나는 잘 모르겠다. 하지만 오늘날 우리가 달리 희망을 찾을 수 없음은 분명하다. 노동자 계급이 그런 역할을 할 것이라는 마르크스주의의 신념은 역사상 거대한 환상에 불과했음이 증명되었다. 일부 교회는 나치 독일에서 그랬던 것처럼 남미와 폴란드에서 이미 주요 저항 세력이 되었다. 하지만, 그 교회의 행동은 단지 인간적 공감에만 의존하는 것이 아니다. 그들은, 사랑의 행동을 하도록 우리를 부르고 그런 행동이 결코 허망하지 않을 것이라고 확신을 주는, 우리의 존재 바깥에서 오는 말씀에 근거하고 있다. 그들은 또한 사람들에게 용기를 주는, 우리의 존재 바깥에서 오는 능력으로부터 힘을 공급받는다. 그들은 민족들을 초월하는 한 공동체의 지원을 받는다.

그럼에도 불구하고 교회에 대해 실망하기 쉽다. 샬롬이 충만한 하나님의 나라가 단지 교회 교인들이 하는 활동에만 달려 있다고 생각하지 말자. 그러나 교회가 오랜 암흑의 세월을 지나오면서, 그래도 새 날을 가리키는 인상적인 표지이자 성례로 남을 수 있었던 이유가 하나 있다. 역사 속에서 늘 성경을 전하는 일꾼 역할을 해온 것이다. 그 성경은 하나님의 말씀인 나사렛 예수를 가리켜 보여 주는 하나님의 말씀이다. 교회는 그 심부름꾼이 타락했을 때라도 그 말씀을 증언했다. 그렇게 함으로써 교회는 자기도 놀랄 만큼의 저항과 소망의 씨앗을 심었다. 남아공화국의 흑인들 가운데, 남미의 농부들 가운데, 그 밖에 세계 곳곳에서 그런 역할을 했다.

7장 · 정의와 예배: 개신교 예배 의식의 비극

교회가 그 제자도 가운데 사회 질서의 개혁을 위한 분투를 포함해야 한다는 확신이 들 때, 한 가지 특별한 근심거리가 따라온다. 지금 이 세상에서 그리스도인의 존재 방식은 그 독특한 색채를 모두 잃어버리지 않았는가? 이제 교회는 여러 사회 개혁 기관 가운데 하나가 되어버리지 않았는가? 활동 프로그램을 내놓을 때마다 그런 근심이 더 깊어지는 것은, 그런 계획에 대체로 동의하는 사람들이 다른 데도 늘 있기 때문이다. 현대 세계에는 대량 빈곤에 대해, 민족주의의 영향에 대해, 도시 환경의 문제에 대해 우려하는 사람들이 있기 마련이다. 그러니까 그리스도인이 타락한 사회 질서의 개혁을 자기 과업으로 수용하는 것도 독특하지 않을 뿐더러, 그들이 세우는 목표도 독특한 것이 못된다는 말이다. 겉으로 보면 그리스도인이 사회에 참여하는 모습은 세속적 사회주의자, 세속적 진보주의자와 다를 것이 없다는 것이다. 그러면 그리스도인의 독특함은 어디서 찾아야 할까?

그리스도인이 다른 이들과 비슷한 목표를 가진다 하더라도, 그들과 다른 동기를 품고 있고 그 동기 밑에 깔려 있는 신념의 틀도 다르다는 데서 독특함을 찾아야 할까? 그리스도인은 성경과 교회에서 그 원동력과 방향성을 찾지만, 세속적 개혁자들은 그런 것 없이도 잘 한다고 봐야 할까? 요컨대, 겉으로 드러나는 행동은 비슷하지만 **내면**이 다르다는 점에 차별성이 있는 것일까? 이제까지 우리가 전개한 생각이 얄궂게도 그렇게 귀결되는 것일까? 우리는 논의를 시작하면서 기독교는 내면의 복음일 뿐 아니라 특정한 행동도 요구한다는 점을 부각시켰다. 구체적으로, 기독교 정신은 우리에게 사회를 개혁하는 싸움에 참여하도록 요구한다고 했다. 그런데 이제 와서 우리의 독특성을 내면에서 찾는다면, 참으로 실망스럽고 사기 당한 느낌마저 들 것이다. 결국 이렇게 귀결된다는 말인가? 이렇게 긴 여정이 결국은 내면으로 돌아간다는 말인가?

나는 교회를 비롯해 인류 전체가 내면을 무시하는 것은 위험을 자초하는 일이라고 확신한다. 여기서 내가 말하는 내면은, 사회 참여의 동기와 그 아래 깔려 있는 신념만을 의미하는 것이 아니다. 나는 관조(contemplatation)를 의미한다. 이를 영성이라 부르는 전통도 있고, 경건이라 부르는 전통도 있다. 서구 세계는 행동은 난무하나 관조에 굶주려 있는 것처럼 보인다. 그래서 성경이 분명히 증언하는 것처럼, 참된 경건이나 영성이 결여된 곳에는 삶 전반에 깊은 상처가 생기는 게 맞는 것 같다. 내가 판단하기로는, 관조, 영성, 경건이야말로 진정한 샬롬에 속하는 것이며, 그 영향력은 우리 존재 전반에 미친다. 더 나아가, 나는 앞으로 서구인들 가운데 그러한 추구가 더욱 활발해지리라 예상한다. 방금 제기한 독특성의 근거를 다루는 한 가지 방법은 정면으로 부딪쳐서 단도직입적으로 이렇게 말하는 것이다. 내면 생활은 참으로 중요하다. 그게 전부는 아니더라도 중요한 건 사실이다.

다른 이들은 이와 다른 응답을 제시했다. 그들은 뒤로 조금 물러나서 그리스도인의 사회 프로그램이 정말 다른 이들의 것과 본질적으로 같은지 심각한 의문을 제기한다. 실은 그들과 다른 목표, 다른 전략을 제시하는 등 근본적으로 다르지 않은가? 재세례파는 폭력을 거부하는 자신들의 입장이 다른 입장들과 근본적으로 다르다고 믿는다. 다른 한편, 네덜란드의 신칼뱅주의자는 '영역 주권'을 포용하는 자신들의 입장에 차별성이 있다고 믿는다.

이런 반응도 진지하게 고려할 가치가 있다고 생각한다. 하지만 여기서 나는 세상에서 존재하는 방식에서 기독교의 독특성과 관련하여 다른 응답을 제시해 보려고 한다. 그것은 곧 **예배**, 교회의 의식에 참여해서 드리는 예배다. 좀더 정확하게 말하면, 일과 예배, 노동과 의식의 순환 구조가 그리스도인의 존재 방식을 특징짓는 중요한 요소가 아닐까 하는 점을 탐구하고자 한다.

이렇게 말하고 나니 그리스도인 독자 가운데 어떤 이들이 이미 실망스런 표정과 불편한 심기를 드러내는 모습이 보이는 것 같다. 여러분은 무언가 중요한 것, 의미심장한 것, 가령 마르크스주의자와 토론할 때 주저 없이 말할 수 있는 내용을 기대했을 것이다. "실천과 관련하여 뚜렷이 다른 점은 바로 이거야" 하고 내놓을 수 있는 것 말이다. 그러나 마르크스주의자에게 교회의 예배 참여가 한 가지 중요한 차별성이라고 말하는 것은 당혹스럽게 느껴질 것이다. 그러면 그런 말은 우리 같은 어른이 고려할 가치도 없는 것이라며 손사래를 칠 것이다.

여기서 마땅히 제기해야 할 의문이 있다. 왜 당신은 마르크스주의자(혹은 다른 누구라도)가 중요성에 대한 **당신의** 기준을 정하도록 허락하는가? 왜 그들에게 이렇게 말하지 않는가? "당신은 당신이 중요하다고 생각하는 것을 내게 말해 주십시오. 그러면 중요성에 대한 **당신의** 기준에 비추어 우리 사이에 어떤 차이점이 있는지 알 수 있을 것입니다." 당신과 그들 사이의 중요한 차이점은 바로 기준이 서로 다르다는 데 있을지도 모른다. 일단 이 문제는 넘어가자. 방금 지적한 것처럼 그리스도인의 존재 방식과 세속주의자 사이의 중요한 차이점이 그리스도인의 예배 참여에 있는 게 사실이라면, 당신이 느끼는 실망은 **당신 자신**이 이 점을 중요하게 생각하지 않는다는 데 그 이유가 있다.

현대 교회—특히 개혁주의/장로교 전통에 속한 교회들—에 전반적으로 퍼져 있는 신념은, 예배 의식이 그 자체로는 중요하지 않다는 것과, 그 중요성은 순전히 세상에서 살아가는 데 필요한 유익을 주는 데 있다고 생각하는 것이다. 그러므로 예배가 주는 유익이 없이도 잘 살 수 있는 내면의 힘이 있다면, 굳이 예배를 드릴 필요가 없다고 본다. 표현 방식은 다양해도, 일요일은 결국 월요일에서 토요일까지의 평일을 위해 존재한다는 생각이 팽배하다. 예배는 근본적으로 재충전을 위한 주유소 정도에 불과하다는 것이다. 또 교회가 곧 **선교**이므로, 이상적으로는 교회가 예배를 위해 모일 필요가 없고 일하러 흩어지는 것이 좋다는 생각이다. 교회에 가는 것은 설교를 들으러 가는 것이고, 설교의 기능은 세상에서 하는 일을 위해 우리에게 힘을 주는 것이라고 생각한다. 그리고 예배 의식 자체에 돈을 투자할 필요가 없으므로 교회 건물에는 최소한의 돈을 들이는 것이 좋다고 생각한다. 세상에서 우리가 하는 일에 대해서는 "우리가 어떻게 해냈는가?"라는 질문을 던져야 하지만, 예배 의식에 대해서는 "내가 무엇을 얻었는가?"라고 묻는 것이 가장 중요하다고 여긴다. 한마디로, 예배는 행진 명령을 내리는 것이라고 본다.

그런데 예배 의식의 목적이 세상에서의 삶을 위한 것이라는 말이 과연 옳은가? 그 자체로는 중요성이 전혀 없는가? 이 질문과 더불어 더 근본적인 질문 하나를 탐구하고 싶다. 그것은, 주일 예배에 빠지면 어떤 식으로든 우리의 삶이 바뀌느냐는 것이다. 예배 의식은 우리의 세상에서 하는 활동의 **진정성을 입증해 주는 것**은 아닐까?

우리는 세상에서 책임 있게 수행하는 활동은 그 자체로 완결성이 있는 것이라고 생각하지만, 예배에 대해서는 그렇게 생각하지 않는 경향이 있다. 제2차 세계대전 이래 나온 예배 관련 도서 가운데 예배와 그리스도인의 삶의 관계에 대해 다루지 않은 책은 거의 없다. 다른 한편, 그리스도인의 사회 참여에 관해 다룬 책들 가운데 사회 참여와 예배의 관계에 대해 한마디도 하지 않는 책을 찾는 일은 식은 죽 먹기다. 이는 우리의 신념을 반영하는 것이다. 즉, 진정한 예배는 그 참여자가 세상에서 정의와 평화를 위해 싸울 것을 요구하는 데 비해, 정의와 평화를 위한 싸움의 진정성이 **예배**로 입증되어야 한다고는 생각하지 않는다. 우리는 전자에 대해서는 이미 익숙해져 있어서, 이 문제에 관한 한 하나님이 주시는 메시지가 분명히 있다고 말한다. 구약 성경의 선지자들이 거듭해서 단언하는 바는, 세상에서 불의를 행하는 자들이 드리는 제사와 종교 집회를 주님이 싫어한다는 것이나. 그것은 그분을 불쾌히게 만든다.* 그러나 열심히 사회 참여를 하는 자들 가운데 주님의 백성과 예배하기

---

* 예를 들어, 아모스서에 나오는 다음 대목을 보라.

"나는, 너희가 벌이는 절기 행사들이 싫다.
   역겹다. 너희가 성회로 모여도 도무지 기쁘지 않다.
너희가 나에게 번제물이나 곡식 제물을 바친다 해도,
   내가 그 제물을 받지 않겠다.
너희가 화목제로 바치는 살진 짐승도
   거들떠보지 않겠다.
시끄러운 너의 노랫소리를 나의 앞에서 집어치워라!
   너의 거문고 소리도 나는 듣지 않겠다.
너희는, 다만 공의가 물처럼 흐르게 하고,
   정의가 마르지 않는 강처럼 흐르게 하여라"(암 5:21-24).

를 거부하거나 소홀히 하는 자들을 주님이 싫어한다는 말씀은 찾아볼 수 없다고 우리는 생각한다. 일과 예배의 관계에 대한 이러한 비대칭적 사고가 성경 메시지 자체에서 나오는 것이라고 생각한다.

정교회의 훌륭한 신학자 알렉산더 슈메만(Alexander Schmemann)은 세속주의를 '예배의 부정'으로 정의한다. "그것은 예배하는 존재, 곧 '호모 아도란스'(*homo adorans*)로서의 인간을 부정하는 것이다…."[1] 당신은 이와 다르게 정의하고 싶을지도 모르겠다. 하지만 인간이 예배하는 존재로 지음받았다는 주장에 어떤 깊은 진리가 담겨 있는 것은 아닐까? 그리고 사회 참여의 과정에서 이 진리를 부정할 때는 세상에서 하는 우리의 활동에 세속성이 스며들게 되지 않을까?

슈메만의 사상을 조금 더 따라가 보기로 하자. 그의 글에는 인간의 삶에서 예배의 위치와 그리스도인의 삶에서 예배 의식의 위치에 관한 심오하고 도전적인 성찰이 담겨 있다. 슈메만은 주로 정교회 전통을 부활시키는 데 전념해 온 사람이므로, 그가 예배에 관해 깊이 논하는 것은 놀랄 일이 아니다. 다른 어떤 전통보다 이 전통이 예배의 중요성을 줄곧 강조해 왔는데, 정교회의 예배 의식에 나오는 다음 문구가 그것을 잘 요약한다. "당신이 다스리는 모든 곳에서 당신을 찬송하고, 당신을 송축하고, 당신을 찬양하고, 당신에게 감사를 드리며, 당신을 예배하는 것이 합당하나이다…." 슈메만의 사상 가운데 가장 인상적인 점은 실재를 '영적인 것'과 '물질적인 것'으로, '성스러운 것'과 '세속적인 것'으로, '초자연적인 것'과 '자연적인 것'으로 분리하는 태도에 강력히 반대한다는 점이다.

그는 이렇게 말한다. "하나님은 창조 때에 세계를 축복하셨고,

인간을 축복하셨고, 일곱째 날(즉, 시간)을 축복하셨다. 이는 그분이 현존하는 모든 것을 그분의 사랑과 선으로 채우셨고 만물을 '아주 좋게' 만드셨다는 것을 의미한다." 이런 하나님의 역사(役事)에 대해 "하나님께 이 복되고 성화된 세계를 받은 인간이 보일 **자연스런**('초자연적인' 것이 아니라) 반응은 그분께 감사하고, 하나님이 보시듯 세계를 보고 — 이 감사와 경배의 행위 가운데 — 세계를 알고, 지명하고, 소유하는 일밖에 없다." 이어서 그는 이렇게 말한다.

> 사람을 다른 피조물과 구별시켜 주는 것, 곧 이성적·영적인 속성을 비롯한 그 모든 특징들은 하나님을 송축하는 능력에 그 구심점이 있으며 그 행위로 완성된다.… '호모 사피엔스', '호모 파베르'…맞다, 하지만 그 무엇보다도 [인간은] '호모 아도란스'다. 먼저, 인간에 대한 기본적 정의는 그가 **제사장**이라는 것이다. 그는 세계의 중심에 서서 하나님을 송축하고, 세계를 하나님에게서 받고 또 그것을 하나님께 바치는 행위를 통해 세계를 하나로 만든다. 또 세계를 이 성찬으로 가득 채움으로써, 세계로부터 받은 자신의 삶을 하나님 안에 사는 삶으로, 그분과 교제하는 삶으로 변화시킨다. 세계는 물질, 곧 모든 것을 포괄하는 단 하나의 성찬을 구성하는 재료로 창조되었고, 인간은 이 우주적 성례를 집행하는 제사장으로 창조되었다(*LW*, p. 15).

따라서 이 세계는 하나님의 **성례**(sacrament)라고 슈메만은 말한다. 세상은 우주로서의 그 총체성과 역사 양면에서 "하나님의 현현(顯現)이자 그분의 계시, 현존, 권능의 도구다. [그것은] 진정 그분에 관해 '말하고' 있으며, 그 자체가 하나님에 관한 지식을 얻고 그분과 교제하는 데 꼭 필요한 도구다. 이것이 세계의 진정한 본질이요 궁극적 운명이다." 따라서 "예배는 꼭 필요한 행위이고, 사람은 본래 예배하는 존재다.…예배의 개념 자체가 세계를 하나님의 '현현'으로 직관하고 경험하는 데 기초하고 있으며, 따라서—예배 가운데—세계는 그 진정한 본질과 '성례'로서의 소명을 드러낸다"(LW, p. 120).[2]

이처럼 슈메만의 글을 몇 대목만 보아도 예배가 소위 세속적 세계에 등을 돌리고 소위 거룩한 세계로 진입하는 것이 아님을 알 수 있다. 예배란 다른 어떤 세계가 아니라 **이** 세계의 궁극적 의미와 본질을 깨닫고 그에 대해 보이는 반응이다. 이 세계가 하나님의 현현임을 파악하고 그에 대해 보이는 반응이다. 게다가 예배는 **이** 세계를 모욕하거나 그 가치를 부정하는 것과 아무 관련이 없다. 그것은 **이** 세계를 주신 하나님께 감사하며 그것을 즐기기 위한 것이다. "하나님이 임재하시는 성례로서, 하나님과 나누는 교제로서 인간에게 주어진 것이 (어떤 '다른 세계'가 아니라) 바로 **이 세계**, (어떤 '다른 삶'이 아니라) 바로 **이 삶**이고, 인간은 오직 이 세계, 이 삶을 하나님과 나누는 교제로 '변모시키도록' **창조되었다**"(LW, p. 100).

그런데 타락의 사건이 발생했다. 타락의 본질은 바로 이 세계가 사람에게 불명료한 것이 되어 더 이상 성례로 보이지 않게 된 데 있다. 그래서 "하나님이 세계를 선물로 주신 데 대해 감사하지 않는 것이 자연스러워 보이고…성례 의식을 갖지 않는 것이 자연스러워 보이게" 되었다(LW, p. 16). 요컨대, 슈메만의 말에 따르면, 사람이 **세속적**이 된 것이다. 그는 이렇게 말한다.

세속주의자는, 흔히 신이라는 관념을 인정한다. 하지만 그가 큰 소리로 부정하는 것은 바로 인간과 세계의 성례적 성격이다. 세속주의자는 세계가 그 자체의 의미와 지식 및 행동의 원리들을 내포하고 있다고 본다.…이 세계에 있는 만물과 이 세계 자체가 존재하게 된 원인과 원리는 **다른 어딘가**에 있으며, 그뿐 아니라 **그들 자체가 그 어딘가**의 표현이고 현존이며, 이것이 진정 그들 삶의 진수라는 원초적 직관을 거부한다…(LW, p. 124).

여기서 잠시 슈메만의 사상 가운데 한두 가지 점은 내가 선뜻 수용할 수 없다는 것을 밝히고 싶다. 내가 보기에 그는, 하나님을 예배하는 행위와 세계를 하나님의 성례로 감사히 받는 것을 섞어버리는 경향이 있는 것 같다. 하지만 나는 하나님을 예배하는 것은 그런 수용이 겉으로 표현된 결과라고 말하고 싶다. 또 다른 표현은 세계의 잠재력을 책임 있게 개발하는 것이고, 또 하나는 이웃을 사랑하는 것이다. 인간은 실로 '호모 아두란스'다. 하지만 동시에 '호모 라보란스'(*homo laborans*, 노동하는 인간)요 '호모 아만스'(*homo amans*, 사랑하는 인간)이기도 하다.

둘째, 내가 아는 한, 슈메만이 소위 세속주의에 자주 수반되는 고통을 인정하는 대목은 없다. 세계를 그저 세계로만 보는 자들이 모두 그 안에서 행복한 것은 아니다. 어떤 이들은 세계를 하나님의 표현물로 보고 싶어하지만 그런 갈망이 잘 채워지지 않는다. 그들은 세계를 창조주의 지혜와 권능과 작품이 현현된 것으로 보기 원하지만, 그런 모습을 찾을 수 없다. 성경을 하나님의 말씀이라는 성찬으로 보고 싶지만, 아무것도 들을 수 없다. 또 어떤 이들은 세계가 너무 고통스런 곳임을 체험하고—고대 이집트의 벽돌 공장에서, 소련의 강제 수용소에서, 암 병동의 침상에서—하나님께 구원해 달라고 계속 울부짖지만, 이 세계를 하나님의 성례로 파악할 수는 없다. 그들의 눈물이 눈을 가리고 그들의 울음이 듣지 못하게 한다. 그들은 예배를 드릴 수 없다.

이는 슈메만의 주요 논점, 즉 예배는 이 세계를 하나님의 성례로 이해하는 데 근거하고 있다는 것으로 다시 연결된다. 예배는 그런 깨달음에 대한 감사의 반응으로서, 하나님을 송축하고 찬양하는 것이다. 그리고 혹자가 어쩌다가 그런 취향을 갖게 된 경우라면, 즉 어쩌다가 '종교적'이 된 경우라면 이것은 어떤 쾌락적인 일로 여겨지지 않는다. 오히려, 그런 깨달음은 사물의 실재를 인식하는 것이다. 그런 깨달음에 예배로 반응하는 것은 인간의 참된 본성이다. 예배는 존재론적 근거를 가진다.

이제 세계를 하나님의 성례로 파악하는 사람은 일과 예배가 서로 깊이 관련되어 있다는 것을 쉽게 알 수 있다. 둘 다 감사의 표현이다. 둘 다 하나님께 대한 헌신이 겉으로 드러난 양상이다.

지금까지 내가 말한 내용 가운데 기독교 예배의 독특성을 이야기한 것은 없다. 그리스도인의 일이 지닌 독특성을 이야기한 것도 없다. 그리스도인의 예배가 보통 인간이 드리는 예배와 연속성이 있는 한 그것은 별 문제가 없다. 하지만 기독교 예배는 또한 중요한 차별성을 가지고 있는 것도 **사실**이다. 그리스도인의 삶에서 일과 예배의 상호 관련성을 온전히 이해하려면, 그것을 독특하게 만드는 것이 무엇인지를 분별하지 않으면 안 된다. 그러기 위해서는 예배 신학을 다루어야만 한다.

요한계시록에서 하나님은, "나는 알파요 오메가"라고 말씀하신다. 그분은 "지금도 계시고 전에도 계셨고 앞으로 오실"이다. 고전적 신학자들이 그린 하나님은 시간의 바깥에 계신 분, 과거도 미래도 없고, 감정도 변함도 없는, 무소부재하시고 영원 가운데 거하는 하나님이었다. 그런데 성경 저자들이 그리는 그림은 전혀 다르다. 그분의 **행동**은 지금 있을 뿐 아니라 과거와 미래에도 있기 때문에, 그분 역시 지금 계실 뿐 아니라 과거와 미래에도 계신다. 그분의 활동은 우리의 역사 안에 놓여 있다.[3] 기독교 예배의 주된 특징은 우리가 예배하는 하나님을 역사―이는 그분의 역사인 동시에 우리의 역사다―에 개입하시는 분으로 이해한다는 점이다. 하지만 이 역사의 주인은 하나님이지 우리가 아니다. 이런 측면에서 그리스도인의 예배는 옛 이스라엘 예배의 후예라고 할 수 있다.

신명기에서, 모세가 이스라엘 지파들에게 한 고별 연설을 상기해 보라. 커다란 징소리가 반복해서 들리는 것처럼, 그 연설에는 세 가지 주제가 계속 얽혀 있다. 그것은 **기억하라, 기대하라, 유념하라**는 것이다. 이스라엘은 천지를 지으신 하나님이 그들을 고통스러운 이집트의 벽돌 공장에서 해방시킨 분임을 영원히 기억해야 한다. 또 하나님이 그분의 약속대로 자기 백성에게 땅을 주시고 그들을 축복하실 것임을 영원히 기대하면서 살아야 한다. 그리고 영원한 기억과 영원한 기대 사이에 놓인 빈 공간에 하나님의 계명을 유념하는 일이 놓여져야 한다. 그 계명은 낯설고 생소한 의무가 부과된 것이 아니라, 그 구성원들의 유익을 위해(10:13), 그들로 하여금 살게 하려고(4:1) 주어진 것이다. 사회에서 그들은 정의를 왜곡해서는 안 되며, 오직 정의를 따라야 한다(16:19-20). 아울러 그들은 하나님이 그들에게 주신 온갖 좋은 것을 누리면서 그분을 예배해야 한다(26:10-11). 이스라엘의 삶에서 독특한 점은 하나님께 대한 믿음을 일과 예배를 통해 표현해야 한다는 것이며, 그들이 영원히 기억하고 기대해야 할 것은 바로 그 하나님이 역사 가운데 이루신 해방과 축복이라는 점이다. 우리가 곧 보게 되겠지만, 그리스도인의 일과 예배도, 그 내용은 다르지만 동일한 구조를 배경으로 가진다. 온전한 기독교 신학은 우리가 기억하고 소망하는 그 하나님께 대한 믿음을 지키는 것뿐만 아니라, 소망과 기억의 신학이 될 것이다.

우리가 예배하는 하나님이 곧 역사 가운데 일하시는 하나님이라는 사실로부터 이제 다음 단계, 곧 이스라엘의 경우 일과 예배가 순환적으로 교체되는 관계에 있다는 사실로 넘어가야겠다. 아니 오히려, 일과 **안식**이 번갈아 일어나고, 예배는 안식의 맥락에서 일어난다고 하는 편이 낫겠다. 예배는 일상 생활의 순환 구조 안에서 일어나게끔 되어 있다. "너희는 엿새 동안 모든 일을 힘써 하여라. 그러나 이렛날은 주 너희 하나님의 안식일이니, 너희는 어떤 일도 해서는 안 된다…"(신 5:13-14). "이렛날은 반드시 쉬어야 하는 안식일이다. 거룩한 모임을 열어야 하고, 어떤 일도 해서는 안 된다. 이 날은…주의 안식일이다"(레 23:2-3).

이처럼 엿새 일하고 하루 쉬는 식으로 리듬을 유지하며 사는 것은 어떤 의미가 있는가? 이 질문을 둘로 나누어, 먼저 노동과 안식을 번갈아 해야 한다고 했는데 이 안식의 의미를 다루고, 다음에 이런 순환적인 리듬 자체가 지닌 의미를 다루도록 하자. 신명기가 어떻게 말하는지 들어 보라. 이렛날의 의미는 "너희가 이집트 땅에서 종살이를 하고 있을 때에, 주 너희의 하나님이 강한 손과 편 팔로 너희를 거기에서 이끌어 내었으므로, 주 너희의 하나님이 너에게 안식일을 지키라고 명한다"(신 5:15)라는 데 있다. 이렛날은 종살이에서 해방된 것을 기념하는 날이다. 강제 노역에서 자유롭게 된 것을 경축하는 날이다. 이렇게 질문할 사람이 있을지 모르겠다. 종살이에서 벗어나 누리게 된 그 자유를 자기가 주인 노릇을 하는 것을 통해 표현하지 않고 왜 안식을 통해 표현해야 하느냐고 말이다. 이에 대한 부분적인 대답은, 한 민족이 종살이에서 해방되면—제2차 세계대전 이후 네덜란드 국민이 독일의 손아귀에서 벗어났을 때처럼—한동안 일을 중단함으로 그것을 경축하기 때문이라고 할 수 있다. 좀더 깊은 차원에서 보면, 안식일은 해방의 울림일 뿐만 아니라 다른 의미들도 반향하고 있다.

이렛날의 안식에 대해 다른—상충되는 의미가 아니라 보완적인—의미를 부여한 출애굽기 저자의 말을 잘 들어 보라. "내가 엿새 동안 하늘과 땅과 바다와 그 안에 있는 모든 것을 만들고 이렛날에는 쉬었기 때문이다. 그러므로 나 주가 안식일을 복 주고, 그 날을 거룩하게 하였다"(출 20:11). 이 저자는 하나님의 창조 사역이 순간적으로 일어난 것이 아니라 상당 시간에 걸쳐 이루어졌다고 이해했다. 그리고 하나님의 창조 사역이 안식으로 완성되었다는 것을 알았다. 따라서 사람도 일과 안식을 교체함으로써 하나님의 삶의 유형을 반영하게끔 되어 있다. 그러면 하나님의 안식에는 어떤 의미가 담겨 있는지 물을 수 있다. 일에 지쳐 쉬셨다는 뜻인가? 일이 지루해서 거기서 벗어나셨다는 뜻인가? 상쾌한 상태로 다시 일하기 위해 재충전할 시간을 가지셨다는 뜻인가? 그 어느 것도 아니다. 하나님의 안식은 자신이 한 일을 보고 기뻐하는 안식이다.

이처럼 일상 생활에서 엿새 일하고 하루 쉬는(6+1) 리듬을 유지하는 것이 정상이라면, 인간의 삶은 본래 노동 이상의 것, 세계를 정복하고 사회를 개혁하기 위해 부지런히 힘쓰는 것 이상을 포함하도록 되어 있다고 생각할 수밖에 없다. 설사 종살이 상태에서가 아니라 자유로운 가운데 그런 노력을 하더라도 말이다. 인생은 하나님이 만드신 작품과 사람이 만든 작품을 보고 기뻐하는 일을 포함해야 한다. 엿새의 노동과 하루 안식의 리듬은 노동을 하다가 너무 힘들어 잠시 쉬었다가 다시 노동하는 식의 순환이 아니다.* 그것은 감사한 마음으로 세계를 누리면서 자연 세계와 사회적 세계를 번갈아가며 정복하는 것이다. 안식의 날, 곧 안식일은 "역사와 인간의 역사 경험에 너무나 쉽게 영향을 미치는 권력 확장에 대한 조급함과 욕망과 관련하여, 그리고 그에 반대하는 면에서 중요한 의미가 있다. 출애굽은 이집트 기술 관료제의 확장에 속박된 상태에서 해방되는 것을 의미했다. 곧이어 안식일을 기억하고 지키라는 강한 명령이 주어진 것은 그런 확장에 반대한다는 표시인 동시에 건전한 역사적 삶을 위한 분명한 지표였다." 안식의 날을 거룩한 날로 제정한 것은 역사에서 잠시 도피하여 완전한 불변의 영역으로 들어가기 위함이 아니라, "우리에게 주어진 것을 경축하고, 더 구체적으로는 평범한 것을 아주 값진 것으로 높이는 시간을 가

---

* 이런 측면이 전혀 없는 것은 아니다. "너희는 엿새 동안 일을 하고, 이렛날에는 쉬어야 한다. 그래야 너희의 소와 나귀도 쉴 수 있을 것이며, 너희 여종의 아들과 몸 붙여 사는 나그네도 숨을 돌릴 수 있을 것이다"(출 23:12).

지라"는 초대였다.⁴⁾

그런데 왜 그 **리듬**을 고집해야 하는가? 정복하는 일과 감사함으로 즐기는 것 사이에 균형을 맞추라는 요구라면, 상당히 지혜로운 조언으로 받아들일 수 있을 것이다. 그런데 왜 하필이면 그 둘을 주기적으로 번갈아 하라고 하는가? 각자가 자기 나름대로 그 둘을 섞으면 안 되는가?

이와 관련하여 맨 먼저 지적할 점은 부정적인 측면이다. 그것은 자연의 리듬을 반영하는 것이 아니다. 세계의 여러 종교들은 일과 축제의 리듬으로 가득 차 있다. 축제일은 흔히 자연의 리듬을 반영하는 것이 보통이다. 어떤 축제는 곡식을 심는 때에 또 어떤 것은 추수 때에 맞춰져 있고, 어떤 경우는 연중 낮이 가장 짧은 때와 또 어떤 경우는 낮이 가장 긴 때와 일치하게끔 되어 있다. 이에 비추어 볼 때, '6+1'의 리듬은 아주 특이한 구조다. 이는 자연의 리듬과 전혀 상응하지 않는다. 물론 아주 애매하긴 해도 자연의 리듬 가운데 엿새 일하고 하루를 쉬는 식의 유형이 있다는 일부 주장도 있다. 하지만 이런 경우는 일과 기진맥진의 순환일 것이다. 정말 그런 순환 구조가 존재한다면, 왜 대다수 민족이 그것을 깨닫지 못하고 쉼 없이 오랜 시간 노동으로 일관하는 경우가 많았는지 이해하기 어렵다. 어쨌든 설사 그런 자연적 순환이 있다 하더라도, 이스라엘이 그 리듬을 중요시하는 이유는 거기서 연유하지 않는다. 그 리듬을 실행하라는 명령은 하나님의 창조 활동의 유형과 이스라엘 해방의 유형을 기념하는 것으로 주어진 것이다. **일상 생활의 리듬 그 자체가 예배 의식의 실행이 되어야 했다.**

여기서 우리는 무언가를 기념하는 혹은 기억하는 행위와 마주하고 있다. 이는 우리에게 생소한 개념이라 파악하기가 쉽지 않다. 하지만 그것을 우회할 수는 없는데, 그 이유를 프랑스 떼제 공동체의 신학자인 막스 투리안(Max Thurian)은 이렇게 말하고 있다. "기도와 구제가, 제사처럼 하나님 앞에 **하나의 기념물**로 바쳐진다는 개념은 유대교 예배 신학의 일부다. 이는 구약과 신약 모두에 일상적 사실로 나타나 있으며, 그것을 지칭하는 단어는 그리스도가 '나를 기념하여 이를 행하라'고 말씀하셨을 때 사용하신 단어와 동일한 것이다."[5]

잠시 후에 나는 히브리인들이 그런 기념 행위를 어떻게 생각했는지 설명할 생각이다. 그보다 먼저 일상 경험에서 비유를 하나 드는 것이 좋을 듯하다. 매년 10월 20일이 되면 암스테르담 자유 대학은 개교 기념일 행사를 한다. 하던 일을 몇 시간 동안 멈추고, 기쁨의 안식이 대학 구성원들의 삶에 끼어든다. 공짜 음료수가 나오고, 여러 강연이 개최되며, 그 날의 클라이맥스로 만찬이 열린다. 이 모든 행사는 그 대학의 창립을 기억하는 것과 연관되어 있다. 이 기념 행사는 모두가 1880년 10월 20일을 떠올리면서 1분 묵념을 하는 식으로 시행되지 않는다. 그 날을 **기억하는 일환으로** 공개 행사가 펼쳐진다. 기념 예배를 드리고 감사의 찬송을 부르며, 예복을 입은 교수들이 행진을 하고, 교수 가운데 한 사람이 이에 맞는 주제 강연을 하며, 학교 창립자들의 건학 정신을 이어받은 학자들이 학교와 그 전통에 대한 감사와 충성심을 말과 몸짓으로 표현한다. 바로 이런 모습이 히브리인들이 무언가를 기념한다고 했을 때 의미하는 바가 아닐까 생각된다.

유대인이 생각하는 기념은 다른 사람들로 하여금 그 기념의 대상물을 주목하게 하는 데 그 핵심이 있다. 이스라엘이 이집트에서 구출된 날을 기념하여 유월절 만찬을 먹는 것은 이스라엘이 누군가로 하여금 그 구원에 주목하게 하기 위함이다. 이와 마찬가지로, 성만찬을 예수님을 기념하여 행하는 것도 누군가로 하여금 이 주님을 주목하게 하려는 것이다.

그러면 어떤 기념 행사를 할 때 누구의 주목을 끌기 위함인가? 한편으로는, 하나님이 그 수납자다. 사람들이 기념물을 하나님께 드리는 맥락—이는 흔히 말로 분명히 표현되는데—을 보면, 언약적 신실함을 보여 주신 하나님께 **감사하는** 것과(그 때에 기념하는 사건이나 인물이 바로 그런 신실함의 증거다) 장래에도 계속 축복해 주실 것을 **간구하는** 것으로 되어 있다. 즉 감사와 간구라는 맥락에서 하나님 앞에 무언가를 드리는 것이 기념 행위의 한 측면이다. 다른 한편으로는, 기념의 일환으로 무언가를 할 때 **자기 스스로에게** 그 사건이나 인물을 주목하게 만들기도 한다. 사람들이 스스로 그 기념물을 제시하는 것은 **순종을 새롭게 다짐하는** 맥락에서 이루어진다. 즉, 순종을 갱신하는 의미에서 무언가에 주목하는 것이 기념 행위의 또 다른 측면이다. 물론 둘 중 어느 측면이 더 우세한지는 경우에 따라 다르겠지만, 대부분의 경우 이 두 요소를 다 가지고 있다. 그 전반적인 맥락이 이중성, 즉 뒤를 돌아보고 앞을 내다보는 것, 과거를 기억하고 미래를 기대하는 측면을 모두 내포하고 있다.

그런데 여기서 특별히 우리의 관심을 끄는 또 하나의 특징이 있다. 그것은 그 기념하는 사건의 진수를 의례적으로 재연하는 일이다. 이런 특징은 유월절 축제에 아주 뚜렷이 나타나지만, 엿새의 노동과 하루 안식의 리듬이나 일부 안식일의 준수에서도 나타나는 중요한 측면이다. 이스라엘이 '6+1'의 리듬을 일생에 걸친 기념 행위, 곧 하나님이 창조 사역을 끝내고 그것을 기뻐하신 행위와 이집트라는 '용광로'에서 자기 백성을 해방시키신 그 위대한 행위를 기억하는 것으로 이해했었다는 사실을 아는 것이 중요하다(신 4:20). 7일을 주기로 하는 순환은 하나님의 창조 행위와 안식 그리고 이집트의 강제 노역과 하나님의 구원을 상기시켜 주었을 뿐 아니라, 실은 그것을 **재연하는 것**이었다.

    이스라엘 예배 행위의 전반적인 배경이 된 일과 안식의 순환은 하나의 기념 행사로 이해되었을 뿐 아니라, 안식의 날에 하도록 제정된 구체적인 예배 행위도—그 대부분이—기념 행위로 이해되었다. 투리안의 주장처럼, 이스라엘은 예배의 모든 측면을 하나의 기념 행위로 이해했고 실행했다. 이것이 바로 이웃나라들이 행한 예배와 크게 다른 점이었다.

    오늘날 기독교에서 드리는 예배는 옛 이스라엘의 예배와 비교할 때 내용이 달라지기는 했으나 구조는 그 연속선상에 있다는 것을 굳이 자세히 설명할 필요는 없을 것이다. 교회가 드리는 예배는 이전과 마찬가지로 기억과 기대의 맥락에서 시행되지만, 그 중심에 있는 위대한 사건은 하나님 나라의 완전한 도래, 곧 샬롬의 나라의 도래다. 이제는 그것이 매주 첫날로 바뀌었는데, 이는 곧 부활의 날, 즉 초대 그리스도인들이 이미 '주님의 날'이라 불렀던 날이기 때문이다. 그래서 그 리듬이 이제는 '6+1'이 아니라 '1+6'으로 바뀌었다. 그리고 그 날 드리는 예배의 정점에는 주님의 만찬을 기념하는 행위가 놓여 있다.

    지금까지 예배 신학에 대해 간략히 개관해 보았고, 이제는 그리스도인의 삶에서 일과 예배, 노동과 예전의 관계를 살펴볼 차례가 되었다. 앞서 우리는 세계와 역사를 하나님의 성례로 보는 사람에게는 일과 예배가 동일한 뿌리를 가지고 있다는 것을 보았다. 그 뿌리란 바로 감사다. 이제 한 단계 더 깊이 들어가 보자. 그리스도인의 사회적 존재 방식은 그 예배 방식과 더불어 역사적 존재 방식 안에 포함된다. 일과 안식은 하나님의 새 창조와 우리의 해방을 기념하는 '1+6'의 리듬 안에서 서로 얽혀 있다. 그리하여 안식의 날을 빠뜨린 삶은 그 전반적인 리듬이 깨지고 만다.

거꾸로 말하면, 안식의 날에 우리는 하나님의 과거 행위와 미래에 기대되는 행위를 기념하는 것이며, 그 행위 중심에는 그리스도의 부활과 샬롬의 나라의 도래가 놓여 있다. 우리는 늘 기억하고 기대하는 가운데 일상 생활을 영위하지만, 예배 때에는 우리가 기억하는 행위와 기대하는 행위 그 자체를 기념한다. 따라서 안식의 날에 예배를 빠뜨리면, (기념 행사를 통해) 우리 존재의 항구적 맥락을 구성하는 행위들을 전면에 가져오는 실천을 파괴하는 셈이다. 그리고 그런 일이 발생할 때, 우리가 하는 일의 중요성(기억과 기대라는 맥락에서 수행되는 일로서 갖는 의미)은 금방 시야에서 사라져 버린다. 우리의 일 자체가 변질된다.

양자의 상호 관계와 관련하여 한 가지 더 언급할 것이 있다. 예배가 드려지더라도 자비와 정의의 사역이 빠진다면, 예배 위에 그림자가 드리워지고 그 진정성이 위태로워진다. 우리가 기념 행위를 통해 예배하는 바로 그 하나님은 우리에게, 그분의 행위에 대한 감사의 반응으로서, 자비와 정의를 행함으로 그분을 유념하라고 요구한다.[6] 그런데 거꾸로 자비와 정의의 사역은 행하지만 예배가 빠지면, 그 사역 위에 그림자가 드리워지고 **그들의** 진정성이 의심스러워진다고 말할 수 있지 않을까?* 왜냐하면 우리가 하나님의 행위에 감사하여 자비와 정의의 사역을 행하면서 기억하고 기대하는 바로 그 하나님이, 또한 우리에게 그분의 행위를 예배로써 기념하라고 요구하시기 때문이다. 일과 예배는 이런 면에서 서로 진정성을 확증해 주는 관계라고 할 수 있다.

본회퍼는 [제2차 세계대전 당시] 유대인을 돕는 사람만이 그레고리안 성가를 부를 수 있다는 지극히 타당한 말을 했다. 그러나 유대인을 돕는 사람이라면, 하나님의 사역을 기억하며 기대하면서 그분을 유념하는 심령으로, 또한 그레고리안 성가를 부르게 되지 않겠는가? 일부 그리스도인은 인생의 어떤 시점에서 예배를 드릴 수 없는 처지에 있을 수 있다는 것을 나는 안다. 그들은 세상에서 정의와 샬롬을 위해 일하지만, 예배는 그들에게 너무 과분하고 너무 버겁다. 정의와 평화의 사역을 전혀 하지 않는 것보다는 의무감 때문이라도 하는 편이 낫다. 그러나 이 경우에는 무언가를 놓치게 된다. 바로 니체의 파격적인 고발처럼 그리스도인이 기쁨을 잃게 되는 것이다.

이제야 내가 이 장의 제목으로 삼은 '개신교 예배 의식의 비극'에 관해 다룰 때가 되었다. 나는 개신교 전반에, 그리고 특히 개혁주의/장로교 전통에 예배 의식의 비극이 존재한다고 주장한다. 그 비극은, 이 전통에는 우리가 이제까지 논의해 온 '예배'의 요소가

---

* 여기서 나는 그런 사역을 하는 사람들의 성실성을 의심한다는 말이 아니고—누구든 기독교 예배에 참여하지 않고도 정의를 위한 사역을 성실하게 수행할 수 있으므로—그들의 (기독교적) 진정성을 의심한다는 뜻이다.

너무나 적다는 데 있다. 달리 말하면, 이 전통에는 그리스도인이 과거 사건을 기념하고 경축하는 핵심적인 행위를 억누르는 경향이 있다는 것이 바로 비극이다.

교회의 예배 의식을 잘 관찰해 보면 두 가지 방향성, 두 가지 지향성이 있다는 것을 알 수 있다. 일부 행위는 우리를 향해 있다. 즉 하나님이 우리에게 말씀하시고 우리는 수납자의 위치에 있다. **선포**의 행위가 바로 그런 것인데, 그 중심에는 성경 봉독과 설교가 있다. 아울러 하나님을 향한 행위들도 있다. 우리가 하나님께 말씀드리고 그분이 수납자의 위치에 선다. 이것이 진정한 의미에서 **예배**의 행위다. 기독교의 예전은 선포 행위와 예배 행위가 번갈아 이루어지는 것으로 되어 있다.

기독교 예전의 역사를 잠깐만 살펴봐도 이 둘 사이에 균형을 잡는 것이 얼마나 어려운지 알 수 있다. 로마 가톨릭과 정교회 전통은 역사적으로 하나님이 우리에게 심판과 은혜의 메시지를 주신다는 측면—이것이 곧 선포다—에 합당한 비중을 두기가 어려웠다. 반면에 개신교 전통은 역사적으로 우리 편에서 하나님께 사랑과 헌신을 고백하는 측면—이것이 곧 예배다—에 합당한 비중을 두기가 어려웠다. 이런 실질적인 어려움은 이런 전통에 속한 자들이 예배 의식에 대해 생각하고 말하는 모습에 잘 드러난다. 로마 가톨릭과 정교회 전통에 속한 이들은 예배가 예전의 전부인양 말한다. 루터교회와 개혁교회 전통에 속한 이들은 선포가 예전의 전부인양 말한다. 하지만 예배 의식 전체가 예배나 선포로만 일관된 경우는 없었다. 그럼에도 그 강조점에서 현격한 **차이**가 **있고**, 개신교 예배 의식—특히 개혁주의 전통의 예전—의 비극은 예배의 측면을 억누른다는 점에 있다. 때로는 아주 과격하게 억압하기도 한다. 그 결과 예배 의식이 '성례전적' 성격을 잃게 되고, 교회와 그리스도인의 삶에서 가장 근본적인 측면이 소홀히 여겨지게 된다.

내가 이렇게 말한다고 해서 예전의 선포적 측면을 과소평가하거나, 또는 개신교가 선포의 행위는 아주 잘하고 있다고 생각하는 것으로 오해하지 말기를 바란다. 진정한 예전이 집행될 때 사람들은 하나님의 말씀을 중심으로 한 공동체로 모이게 되고 그로부터 세상의 일에 필요한 영감과 지침과 위안을 얻는다. 그런 모임은 자체로 하나님 나라가 작동하는 모습의 하나이며, 그와 같은 모임과 말씀에 대한 경청 없이 그리스도인이 세상에서 방향성을 유지하며 역동적으로 활동할 수 있다고 생각하기는 어렵다. 그런데 너무나 흔히 일어나는 현상은, 현상 유지를 위해 하나님의 날카로운 말씀이 들리지 못하도록 온갖 기묘한 방식으로 방해하는 것이다. 이 점은 더 논의할 만한 가치가 충분히 있지만, 이제 우리가 초점을 맞출 주제는 예전의 또 다른 측면인 예배다.

개혁주의 예배 의식에서 예배의 측면을 억누르는 현상은 독특한 설교 중심적 경향에서 아주 뚜렷이 드러난다. 예를 들어 보자. 주후 2세기에 이르면 이미 예배를 드릴 때 사회자와 회중 사이에 오가는 대화의 요소가 조금씩 있었다. 다음은 예배 의식 중 성찬식이 시작될 때 사용했던 대화다.

사회자: 여러분의 마음을 올려드릴지어다.
회중: 우리가 마음을 주께 올려드리나이다.

이 대화는 지금도 로마 가톨릭의 예전에 그대로 남아 있다. 그러나 17세기 독일의 팔츠 주에서 기원한 개혁주의 예배 의식에는 오래 전부터 내려오던 대화가 모두 사라지고 없었다. 이전에 회중이 응답하던 말―"우리가 마음을 주께 올려드리나이다"―을 빼앗아 성만찬 때 목사가 읽는 긴 도입부 설교 속에 포함시켰다. 그러니까 회중이 스스로 고백하던 헌신의 **표현**이 그들에게 주는 일종의 **명령**으로 바뀐 셈이다. 하지만 이것은 일례에 불과하다. 이처럼 옛날에는 예배 때 회중의 입에서 나왔던 말―중세 후기의 로마 가톨릭 예전에서도 볼 수 있는―이 개혁주의 예배에서 목사의 권면으로 바뀐 예를 들라면 한 장 전체를 채우는 것도 쉬운 일이다. 물론 개혁주의 예전을 전반적으로 평가해 보면 회중의 시편 찬송을 기독교 예전에 도입한 위대한 공헌에 주목해야 하지만 말이다.

이처럼 예배의 측면을 약화시키면 개혁주의 예배 의식과 그 배경에서 흔히 볼 수 있듯이 굉장히 경직된 분위기를 가져오게 된다. 우리 인간이 지닌 풍부한 다양성이 너무나 적게 반영된다! 포기하는 면이 너무 많다! 앞 장에서 나는 영국 시인 도널드 데이비가 개혁주의 예전에 심미적 탁월성이 없지 않다고 주장한 것을 언급했다. 물론 거기서 바로크 가톨릭 정신을 특징지었던 풍성한 미학을 찾을 수는 없지만 말이다. 데이비는 그것을 **소박**, **절제**, **절도**라는 말로 묘사했다. 나는 데이비의 주장을 반박하는 것이 아니다(하지만 그가 염두에 두고 있었던 것은 제네바와 스트라스부르에서 유래한 **프랑스** 개혁교회의 예배 의식이었음을 지적하고 싶다. 이 경우는 팔츠에서 유래한 예배 의식에 비해 내가 언급한 성향이 훨씬 약하다). 그럼에도 불구하고 설교를 중심으로 한 선포의 측면이 예배

의식을 압도할 때 무슨 일이 일어날지 예측하기는 어렵지 않다. 우리의 주의를 끄는 다양한 것들은 모조리 없어지고 회중들은 그저 하얀 벽돌 건물 속에 줄줄이 앉아 잠잠히 듣고만 있는 지경에 이른다. 물론 이처럼 세상을 모조리 제거하면, 최상의 경우에 초월 의식을 불러일으킬 수 있다는 것을 부인하진 않는다. 현대 예술에서 위대한 신비적 그림들―로스코(Rothko), 마더웰(Motherwell), 바네트 뉴먼(Barnet Newman)―이 거의 없어진 데는 타당한 이유가 있다. 하지만 동시에 그만큼 인간의 진정한 면모들도 없어진다는 점에 주목해야 한다. 삶의 상당히 많은 부문이 억압되고 만다. 반면에, 선포적 측면이 예배 의식을 압도하지 못하게 하고 **예배** 측면에도 정당한 비중을 둔다면 삶의 풍성한 모습이 그 면모를 드러내게 될 것이다. 다양한 색깔과 몸짓과 움직임과 공간과 소리가 찬양과 감사를 나르는 수레가 될 것이다.

예배 측면을 억누를 때 발생하는 또 하나의 결과는 전통적인 개혁주의 예배 의식을 특징지어 온 심각함, 냉정함, 기쁨이 없는 상태 등이다. 이는 예전이 반영하게끔 되어 있는 하나님의 안식, 그리고 사람들의 해방이라는 정신과 너무나 대조되는 것이다. 예배 의식에서 선포 측면이 예배를 압도하게 될 때는 기쁨이 반감될 것을 예상하지 않으면 안 된다. 아니, 본래는 선포 그 자체를 기쁨으로 받아야 옳다. 정교회의 예전은 그렇게 잘 하고 있다. 아주 놀라운 방식으로, 성경 봉독 앞뒤로 기쁨에 찬 헌신이 표출된다. 그리고 물론 개혁주의 전통도 정교회만큼이나 성경과 성경 봉독을 성례전적으로 이해한다. 더 나아가, 개혁주의 전통은 설교를 로마 가톨릭과 정교회 전통보다 더욱 성례전적으로 조망하는 것이 사실이다. 그럼에도 우리의 경험으로 볼 때, 예전이 진행되는 동안 예배 차원에 합당한 강조점을 두지 않을 경우 선포 행위는 윤리적 심각성만 부여한 채 기쁨을 제거하게 된다.

개혁주의 예전에서 예배적 요소의 약화 현상은 스위스 종교개혁의 처음 두 세대에 이미 생겨났다. 그 기간 동안 기독교회에서 역사상 가장 급진적인 개혁이 일어났던 것이다. 왜 거기서 강조점이 예배에서 선포로 옮겨지게 되었는지는 어렵지 않게 알 수 있다. 스위스 개혁자들의 눈에 자기 교구의 교인들이 기독교 복음에 대해 너무 무지한 것으로 비쳤기 때문이었다. 더 나아가, 중세 후기의 예전에 예배 요소가 상당히 포함되어 있기는 했지만, 그 예전이 회중의 헌신을 표현하는 역할을 제대로 못 했다는 사실을 기억할 필요도 있다. 평민들은 개인의 헌신에 관한 책들을 교회로 가져가서 앞에서 난해한 예전이 진행되는 동안에 그것을 탐독하곤 했다. 그러니까 스위스 개혁자들은 그들이 인식하기에 그 당시 가장 필요한 것을 다루었던 것이다. 그것은 바로 성경을 가르치고 성경으로 권면하는 일이었다. 나는 이 점을 문제 삼을 생각이 전혀 없다. 그리고 사실상 교인들이 과거의 예전에서보다 새로운 예배 의식을 통하여 자신의 헌신을 더 잘 표현할 수 있었을 것이다. 그럼에도 불구하고, 이런 개혁이 그 후예들에게는 인간의 가장 근본적인 차원인 예배를 억누르는 것으로 전해졌다.

그런데 이런 현상이 신학적으로 칼뱅의 전통에 서 있는 교회들에서 발생했다는 사실은 참으로 아이러니가 아닐 수 없다. 온 우주를 성례전적으로 이해한 신학자가 있었다면, 그게 바로 칼뱅이었기 때문이다. 그가 보기에, 실재는 신성함으로 흠뻑 젖어 있었다.

이 책 맨 앞에서 나는 칼뱅의 개혁이 세계를 향한 급진적인 방향 전환이라고 주장했다. 하지만 그에게는, 슈메만의 경우처럼, 그 세계가 바로 하나님의 성례다. 여기서 우리가 기억할 점은, 팔츠에서 유래한 예배 의식에 결정적 영향을 준 인물은 칼뱅이 아니라 츠빙글리—예전과 관련하여 타의 추종을 불허할 정도로 가장 급진적이었던 개혁자—였다는 것이다.

내가 보기에, 츠빙글리를 필두로 여러 개혁자들이 뒤따랐던 가장 치명적인 조치는 성만찬을 기독교 예배 의식의 정규 순서에서 뺀 것이다. 맨 처음부터 성만찬은 교회의 기념 행위와 감사의 표시 가운데 가장 중요한 의식이었다. 1500년대에는 세계 곳곳에서 일요일마다 집전된 기독교 예배에서 성만찬과 말씀의 선포가 주된 요소였다. 그런데 1525년에 이르러 츠빙글리가 취리히에 있던 자기 교회에서 이 둘을 따로 떼어놓고 1년에 48회는 설교 중심 예배로, 네 번은 성찬 예배로 나누는 치명적 조치를 취했다. 칼뱅은 죽는 날까지 이런 관행에 반대하면서 일요일마다 집전되는 교회 예배가 성만찬을 포함해야 한다고 주장했다. 그는 회중이 1년에 한 번 성체를 주는 중세 관습에 반대하면서 「기독교 강요」의 마지막 판에서 이렇게 말했다. "성만찬이 교회에서 매우 자주 베풀어지는 것이 가장 적합하다. 적어도 매주 한 번은 집행되어야 한다." 그리고 다시 말하기를, "주님의 식탁은 그리스도인의 모임에서 적어도 매주 한 번씩 차려져야 한다…"고 했다." 그러나 칼뱅의 주장은 아무 소용이 없었다.

다시 말하지만, 츠빙글리가 그런 조치를 취한 이유는 어렵지 않게 알 수 있다. 그 배경에는 어떤 신학적 확신이 있었을 뿐 아니라

목회적 고려도 결정적 역할을 했다. 다른 무엇보다, 그는 성만찬의 절정은 "주최자를 높이는 데" 있지 않고, 만찬 자체—실제로 먹고 마시는 일—에 있다고 확신했고, 성직자만이 아니라 신실한 회중 전체가 그 일에 참여해야 한다고 믿었다. 그러나 오랜 세월에 걸쳐 중부 유럽 교회의 일반 교인은 1년에 한 번, 부활절에만 성체를 받을 수 있었고, 그 이상 넘어가는 경우는 거의 없었다. 츠빙글리는 그보다 더 자주 시행하는 것이 불가능하다는 것을 알았고, 실제로 먹고 마시는 일 없이 성찬을 집행하는 것은 허식에 불과하다고 생각한 나머지 그 두 요소를 따로 떼어 각각 다른 예배에 포함시키는 전략을 도입했다. 그 밖에 다른 대안이 없었을지도 모르겠다. 사실 그의 교구에 속한 교인들은 중세 후기 대다수의 가톨릭 교회에서보다 더 자주 성찬에 참여했다는 사실을 유념할 필요가 있다. 하지만 그럼에도 불구하고 그것은 비극적 결과를 몰고 왔다.

    제2바티칸 회의가 낳은 주요한 결과들 가운데 하나는 가톨릭 교회가 예배 의식 면에서 개신교와 같은 방향으로 큰 걸음을 내디딘 것이다. 이 개혁은 교회 역사상 스위스의 종교개혁 다음으로 거대한 변혁이다. 나는 우리 개신교인도 이제 가톨릭의 방향으로 그와 같은 큰 걸음을 내디딜 때가 되었다고 깊이 확신한다. 이는 신·구교가 공통적으로 가지고 있는 고대의 전통에 따라 성만찬을 예배 의식의 정규 프로그램으로 복귀시키는 것이다. 이는 우리가 다시금 예배와 선포의 균형을 잡으려면 반드시 취해야 할 결정적 조치라고 생각한다. 개신교 예전의 비극을 극복하고자 한다면 그렇게 해야 한다. 이것이야말로 그 안에서 우리가 예수 그리스도를 기억하고 다가오는 샬롬의 나라를 고대하는 위대한 경축 행사이기 때문이다. 이는 또한 창조에 대한 감사이며 출애굽의 해방과 부활에 대한 커다란 감사의 표시다. 이는 모든 민족에 걸쳐 '하나의 거룩한 민족'으로서 우리의 하나됨을 선포하는 위대한 공동체다.

예배 의식에서 예배가 선포와 균형을 이루게 되면, 거꾸로 예배 의식이 기쁨의 안식 안에 자리를 잡게 될 것이다. 거기서 그리스도인이 '1+6'의 리듬과 더불어, 정의와 샬롬을 구체화시키기 위한 싸움이 참된 삶을 고갈시켜 버리는 것이 아니라고 선포할 때, 세상에서 그리스도인의 존재 방식의 독특성은 내면에만 국한되지 않을 것이다. 그 모습은 모두에게 밝히 드러나게 될 것이다.

8장 · 이론과 실천: 실천 지향적 학문

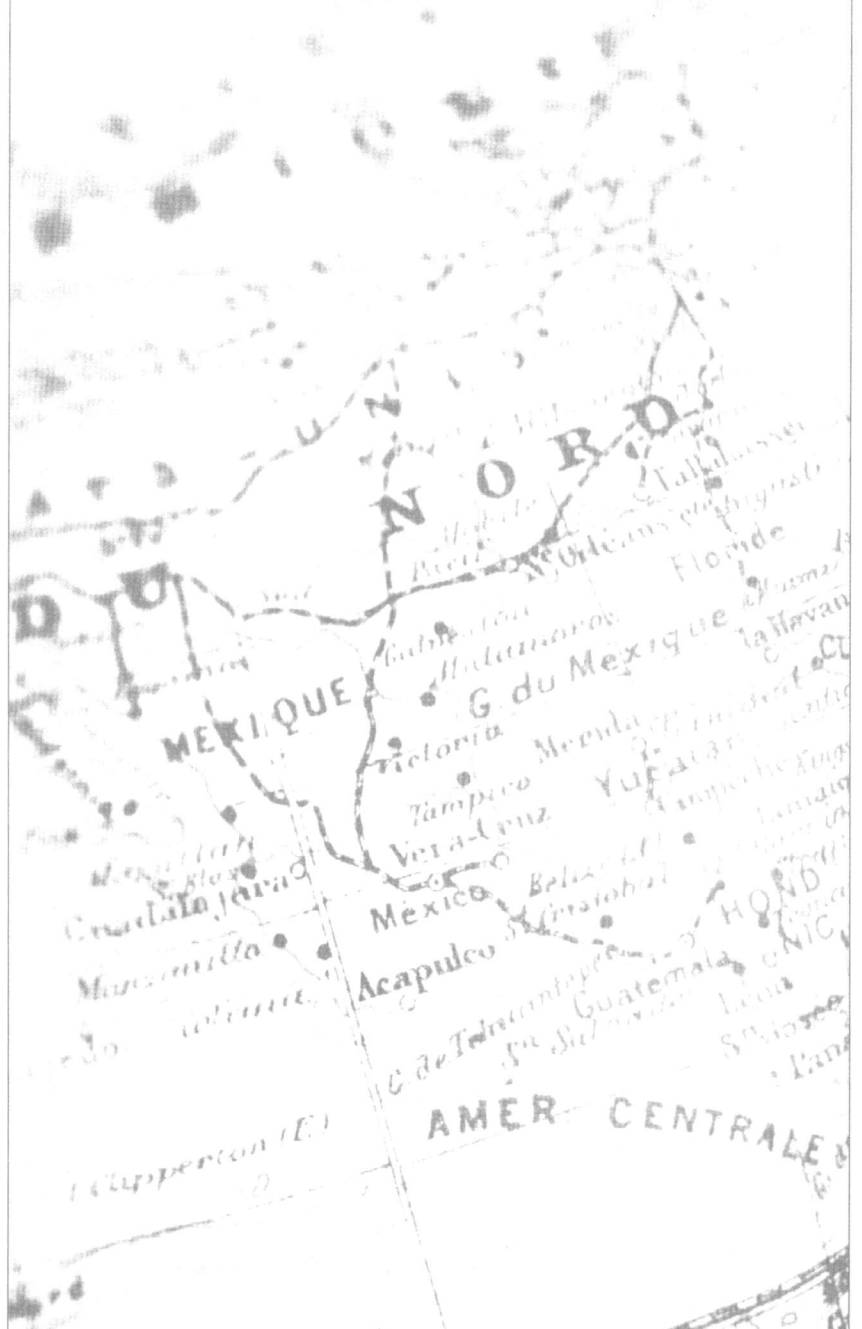

현대 세계의 중심부가 보여 주는 한 가지 특징은 그 구성원에게 고급 문화가 대량으로 공급되고 있다는 점이다. 그 가운데 대부분은 그것이 원래 만들어진 사회로부터 시공간적으로 멀리 떨어져 있는 것으로서, 지금 우리 사회에서는 간접적이고 사소한 기능을 발휘할 뿐이다. 마이스터 에크하르트(Meister Eckhart)의 저술, 코페르니쿠스의 이론, 마야 인디언의 예술, 13세기 노트르담 악파의 음악 등이 그 본향에서 떨어져 나와 우리 사회에서 통용되게 되었다. 주로 학자들이 이런 위대한 문화 유산의 연구를 전공으로 삼아 샅샅이 탐구하고, 견해를 펼치며, 여기저기에 글을 쓰다가 다음 세대에 넘겨 준다. 일부 학자들은 한 걸음 더 나아가 이런 작업을 일생일대의 사명으로 여기면서, 사회가 형편없는 지경까지 곤두박질을 치건 말건 연구실에 틀어박혀 '교양'(*Bildung*)을 추구하고 싶은 유혹을 뿌리치지 못한다. 로테르담이 불타고 있는데, 그들은 산스크리트어의 동사형을 연구하고 있다.

이와 선혀 나쁜 현대 세계의 또 한 가지 특징은, 이른바 사회적 세계의 구조 개혁을 위한 **프로젝트**가 있다는 사실이다. 여러 종류의 집단이 그들이 처한 위치를 초월하여 사회의 구조를 고민했다. 그 결과 사회 구조는 바뀔 수 있고 또 바뀌어야 한다는 결론에 도달했다. 그래서 그들은 구조 개혁을 위해 헌신하게 되었다. 방금 말한 것처럼 위대한 문화 유산 연구에 몰두하는 학자들이 있듯이, 갖가지 구조 개혁을 중심 주제로 삼아 이론을 세우는 데 몰두하는 학자들도 있었다. 그들은 사회 참여의 학문을 해 왔다고 할 수 있다. 이를 실천 지향적 이론화 작업이라 부를 수 있다.

가령 어떤 학자가, 이 책의 서두에서 본래 칼뱅주의에서 유래했다고 내가 주장한 세계-형성적 기독교의 비전을 포착했다고 가정해 보자. 그가 보기에 예수 그리스도께 순종한다는 것은, 기존 사회에 순응하면서 기회가 있을 때마다 종교적 진리와 문화적 기쁨이 충만한 고상한 세계로 도피하는 것이 아니라, 자기가 할 수 있는 한 정의와 샬롬이 이루어지는 사회 개혁을 위해 싸우는 것을 의미한다. 그러면 그들이 학자로서 할 수 있는 일은 무엇일까?

그런 싸움에 참여하는 자신과 동료들에게 유용한 이론화 작업을 하게 되지 않을까? 이 관심사가 그들의 학문을 지배하지 않을까? 그들의 학문 연구도 이 목표를 달성하는 수단이 되지 않을까? 그들은 '교양'의 매력—그것을 '기독교적 관점'에서 연구하고 싶게 하는 매력까지—을 뿌리치고 이 세상에 샬롬을 이루려는 실질적 싸움을 위해 이론화 작업을 하지 않을까? 이런 식으로 실천이 그들의 이론화 작업을 지배하지 않을까? 인간 역사는 샬롬을 증진하는 세력과 저지하는 세력이 싸우는 각축장이다. 이 싸움에 참여하는 것은 학자들, 특히 그리스도인 학자들의 소명이 아닌가?

이 책에서 줄곧 전개해 온 논의의 유형을 생각해 보라. 사회 질서와 관련된 규범적 질문을 탐구할 때, 먼저 바람직한 사회 질서의 비전—즉 샬롬의 비전—이 함의하는 바가 무엇인지 설명하고, 그러고 나서 그것을 더 큰 기독교 복음의 합법적·해석학적 맥락 안에 설정했다. 그러고는 현재의 사회 질서를 규범적 구조에 비춰 보아 어떤 면이 부족한지를 살펴보았다. 또 그 가운데 몇 가지를 골라내어 그 배후에 있는 역학 관계를 탐구했으며, 그것을 바꾸기 위해 할 수 있는 일이 무엇인지 물어 보았다. 이런 식의 이론화 작업은 세계-형성적 기독교에 반드시 필요한 짝이 아닐까? 제3세계의 가난한 자와 억압받는 자를 위해 헌신한 해방신학자들이 요구하고 또 실천하는 것이 바로 이런 유의 이론화 작업이 아닌가?

나는 이런 결론에 도달하는 것이 결코 쉽지 않았다. 나 자신도 순전히 위대한 문화 유산 연구에만 몰두하는 학자들의 전통에서 성장했기 때문이다. 그럼에도 불구하고 나는 이런 결론을 내리지 않을 수 없다.

여기서 나는 학자들이, 사회의 구성원으로서, 단순히 이론이 적용되는 방식에 대해 책임이 있다고 말하는 것이 아님을 분명히 밝히고 싶다. 서구에서 흔히 이해하는 학문과 실천의 관계는 이런 것이다. 학자들이 고급 문화에 몰두하는 목적은 더욱 통합된 법 체제를 발견하고 개발하는 데 기여하여 우리가 경험하는 바를 좀더 완전히 설명할 수 있게 하기 위함이라는 것이다. 과학 기술자들은 이 법칙론적 이론 체제를 적용하는 이들이다. 그들은 자연적, 사회적, 심리학적 세계를 바꾸는 데 유용한 발견을 위해, 이론이 구성한 절대석인 사원을 깊이 파고든다. 그러니까 학자들은 법칙을 발견하고 과학 기술자들이 그것을 적용한다고 생각하는 것이다. 그리고 오늘날 우리 대다수는 그 지식이 실제로 사용되는 방식에 대해 이론가를 포함한 우리 모두에게 공동 책임이 있다고 주장한다. 과학자들도 우리와 그 이론이 파괴적인 목적이 아니라 건전한 목적을 위해 사용되도록 할 책임이 있다. 그들이 이런 사회적 책임을 회피할 여지는 없다.

그러나 내가 여기서 호소하는 것은, 학자들도 법칙론적 이론이 적용되는 방식에 대해 공동 책임이 있음을 인정하라는 것이 아니다. 그보다 나는, 사회적 신념과 이론화 작업을 **통합**할 것을 주장한다. 더 구체적으로는, 기독교적 신념이 이론화 작업의 **지배적 관심**이 되도록 양자간의 통합을 이루라는 것이다. 물론 학자들에게는 법칙론적 이론 체계를 형성하는 것이 탐구의 지배적 관심일 수 있다. 자기들이 복종해야 할 누군가가 그렇게 하라고 일러 주었기 때문에 그럴 수 있다. 혹은 법칙론적 지식에 인류를 위한 고유한 가치가 있다고 생각하고 그 유익을 인류에게 나누고자 그렇게 할 수도 있다. 아니면 법칙론적 이론이 테크놀로지에 쓸모가 있다고 생각해서 그럴 수도 있다. 아니면 이처럼 이타적인 동기는 전혀 없고, 자연 법칙을 발견하는 자의 대열에 낀다는 것 자체가 무척 기쁘고 신나는 일이라 그렇게 할 수도 있다. 그 이유가 무엇이든 간에 그들은 법칙론적 이론 형성에 기여하는 것을 연구의 지배적 관심사로 삼을 수 있다. 그러나 이와 마찬가지로 그들이 어떤 사회적 목표를 지배적 관심사로 삼는 것도 얼마든지 가능하며, 그런 식으로 신념과 이론화 작업을 통합할 수 있다.

여기서 내가 신학자들이 흔히 상황 신학(contextual theology)이라 부르는 것을 요청하고 있는 것이 아니라는 점도 분명히 하고 싶다. 이 용어는 여러 가지 의미로 사용되어 왔다. 그 중 하나는, 신학자들이 기독교 복음과 신학적 전통의 여러 측면 가운데 그들의 사역 대상에게 적절한 측면을 강조해야 한다는 것이다. 아르헨티나에서의 강조점은 미국 LA에서의 강조점과는 달라야 한다. 사회적 맥락에서 벗어나 완전히 추상화된 신학, 즉 신학적 영역의 내부적 요구만을 반영하여 단순히 그 수납자가 모두 인간이라는 이유로 누구에게나 무차별적으로 적용되는 신학은 안 된다는 것이다. 상황 신학을 지향하는 이들은 흔히 정의라는 주제가 대다수의 청중에게 특별히 적실한 것이어서 그것이 부각되기를 소망한다. 하지만 내가 여기서 요청하는 것은 정의라는 주제를 강조하는 이론화 작업이 아니다. 오히려 정의를 위한 투쟁을 뒷받침하기 위해 존재하는 이론화 작업을 요청한다. 너무 자주 인용되어 어쩌면 진부하게 들릴지 모르지만, 그래도 이 대목에 딱 맞는 칼 마르크스의 말이 있다. 바로 **"목표는 세상을 설명하는 것이 아니라 그것을 바꾸는 것이다."** 상황화된 학문의 목표는 세상을 잘 설명하는 것이다. 이에 비해 실천 지향적 학문의 목표는 세상을 바꾸는 것이다.

막스 호르크하이머(Max Horkheimer)는 "전통적 이론과 비판 이론"이라는 유명한 글에서 프랑크푸르트학파의 강령을 형성하는 과정에서 법칙론적 이론에 '전통적 이론'이란 이름을 붙인 다음, 자신과 동료들이 참여하고 있는 프로젝트를 '비판 이론'이라 부르면서 차별화시키고 있다. 그 자신이 설명하고 또 그 학파에 속한 동료들이 실천했듯이, 비판 이론은 인간을 모든 형태의 지배력으로부터 해방시키는 것을 그 목표로 삼는다. 이 이론은 사회적 실천 행위에 대한 관심에서 출발한 것인 만큼, 내가 실천 지향적 이론이라 부르는 것에 속한다고 볼 수 있다. 즉, 사회 구조에 대한 규범적 견해를 설명하고 그것을 해석학적·합법적 맥락 안에 둔다. 기존 사회 질서를 그 규범적 구조에 비추어 평가하고, 어느 면에서 크게 부족한지 단점을 파악하고 그 배후에 있는 역학 관계를 분석한 다음, 그러한 역학을 바꾸기 위해 할 수 있는 일이 무엇인지 질문을 제기하는 것이다. 물론 프랑크푸르트학파의 분석을 지배하는 시각은 내가 이 책에서 제시한 것과는 다르다. 그렇기 때문에 나는 내 이론을 비판 이론이라 부르지 않는다. 프랑크푸르트학파에게는 개인의 자율성이 사회적 이상이었다. 그래서 그들은 철저한 해방을 이룩하기 위해 지배력을 비판했던 것이다. 이에 비해 나는 샬롬을 이룩하기 위해 불의와 권리 박탈을 비판한다.

19세기에 네덜란드의 신칼뱅주의적 학문도 기독교 신념과 이론화 작업의 구조적 통합에 강한 관심을 갖게 되었다. 하지만 이론과 실천 사이에 결정적인 결합이 일어나는 지점에 대한 그들의 이해는 실천 지향적 이론과 다르다. 연계성과 구조적 통합에 대한 이 두 견해를 비교해 보면 대단히 중요한 쟁점들이 드러나게 된다. 그런 비교를 하기 전에 먼저 나는, 신칼뱅주의적 비전의 핵심에 실천과 이론 사이의 연결 고리가 확실히 존재한다는 점을 주장하고 싶다. 아니, 좀더 정확하게 말하면, **삶**과 이론 사이의 연결 고리라고 해야겠다. 신칼뱅주의적 기독교 학문에 비판적인 많은 이들은 그것이 실생활과 너무 유리되어 그들에게 아무런 유익을 주지 못하는 완전히 추상적인 학문이라고 혹평했다. 그런 비판이 어느 정도는 일리가 있다고 생각한다. 그러나 그들이 지적하는 그 결함의 뿌리가, 바로 거기에 속한 학자의 이론적 작업이 그의 인간으로서의 삶과 유리되어 있다는 점이라고 비판할 수는 없다. 이와 반대로, 도여베르트는 이론이란 이른바 **자율적**이 아니라고, 또 그렇게 될 수도 없다고 끈질기게 주장했다. 이론화 작업은 학문 영역 바깥에 놓여 있는 그 이론가의 삶의 요인들에 의해 영향을 받을 수밖에 없다는 것이다.

신칼뱅주의에 따르면, 학문적 노력의 목표(이는 학자의 이론화 작업의 방향을 좌우하는 '관심사'다)는, 비철학적 학문의 경우, 사회를 개혁하여 더욱 정의롭고 건강한 구조로 바꾸는 데 필요한 이론 체계를 세우는 것이 아니라, 법칙론적 이론 체계—추상적이고 일반적이며 통합된 법칙 체계—를 세우는 데 있다.* 우리가 본 것처럼, 실천 지향적 이론가의 경우 이론과 실천 간의 결정적 연결 고리는 사회적 신념이 학자의 이론화 작업에서 **지배적 관심사**가 되는 데 있었다. 이에 비해, 신칼뱅주의자의 경우 그 결정적 연결 고리를 종교가 학자의 탐구 활동을 지배하는 **통제 원리**로 작용하는 데서 찾는다.

신칼뱅주의자의 주장은 이렇다. 우리가 학문 분야에서 일어나는 현상을 자세히 뜯어보면, 학자들이 특정한 이론적 주장을 배격하는 것은 그런 주장이 자신들의 종교적 신념과 조화되지 않는다는 것을 다소 의식적으로 인지하기 때문이라는 것이다. 누구나 종교를 갖고 있기 때문에(누구나 무언가를 절대시하고, 누구나 자신의 노력에 일관성을 부여해 주는 어떤 것에 집중한다는 의미에서) 이런 역학 관계는 모든 학자에게 해당된다. 따라서 어떤 이론화 작업이 **기독교적** 성격을 갖게 되는 것은, 다름 아니라 기독교가 그 학자의 이론 수용을 통제하도록 허용되는 경우다. 기독교와 조화되지 않는 이론적 주장은 그것이 맞는 이론이 아니라는 **이유로** 배격되고, 볼 때 서로 조화가 되지 않기 **때문이고**, 또 어떤 이론이 수용되는 경우는 그것이 엄밀하게는 기독교 원리를 따르고 있다는 **이유에서다**. 이런 과정을 거쳐 일단의 기독교적 이론이 형성된다. 그리

---

* 카이퍼는, 그리스도인 정치가가 그리스도인 대중의 지지를 받아 사회 구조의 개혁을 위해 진력해야 하는 것처럼, 그리스도인 학자도 그리스도인 대중의 지지를 받아 학문의 개혁을 위해 진력해야 한다고 끈질기게 주장했다. 그러니까 학문이 사회 개혁의 **종노릇**하는 것이 아니라, 학문의 개혁과 사회 개혁이 **병행되어야** 한다고 강조한 것이다.

고 이는 사실상 타당성을 지닐 뿐 아니라, 그리스도인이 그런 식으로 이론화 작업을 하는 것은 전적으로 당연하고 합당한 일이다. 아니, 사실은 그렇게 하는 것이 그들의 의무다.

실천 지향적 개념과 학문 프로젝트에서 기독교적 신념은 학자가 지향하는 연구 방향에 영향을 미친다. 그것은 그들의 이론화 작업에서 지배적 관심사를 결정한다. 신칼뱅주의적 개념과 학문 프로젝트에 따르면, 기독교적 신념은 어떤 이론의 수용과 거부를 좌우한다. 그것은 또한 이론화 작업의 통제 원리로 작용한다. 전자의 경우에는 이론과 실천의 연결 고리가 학자의 연구 주제 선택과 관련된다. 후자의 경우에는 자기가 선택한 주제에 관해 어떻게 생각할 것인지와 관련된다.

카이퍼가 신칼뱅주의적 개념을 창안한 인물로 거론되지만, 그것을 고전적으로 정립한 인물은 헤르만 도여베르트다. 내가 이제까지 말한 내용을 도여베르트의 사상을 빌어 조금 설명하는 것이 도움이 될 것 같다.

도여베르트는 사물의 '기능'—속성, 특질, 행위 등—을 열넷이나 열다섯 가지 그룹—이를 '양상'(modality)이라고 불렀다—으로 분류할 수 있다고 주장했다. 그 가운데 하나가 '물리적' 양상이다. 또 '정신적' 양상도 있고, '심미적' 양상도 있다. 이런 식으로 계속 열거할 수 있다. 이론가들이 자기 전문 분야에서 탐구의 대상으로 삼는 것, 그들이 자기 연구에서 초점을 맞추는 실체는 언제나 그런 추상적 양상이라고 그는 확신했다. 그리고 이론가의 목표는 그 양상에 속한 기능들의 상호 관계와 관련하여 법칙들을 만드는 일이라고 믿었다. 혹은 특정한 양상 안에서 실체들이 가지고 있는 기능들과 관련하여 그것들의 상호 관계에 관한 법칙을 만드는 것이라고도 할 수 있다. 요컨대, 그 목표는 법칙론적 학문을 정립하는 데 있다. 도여베르트는 학문에 관한 논의를 마무리하면서 철학의 임무는 양상들 간의 상호 관계에 대해 공관(共觀)적 그림을 제공하는 것이라고 했다.

이어서 도여베르트는 이런 주장을 펼친다. 학문의 구조 안에는 본래 어떤 철학적 신념이 내재되어 있다는 것, 그리고 철학적 이론화 작업의 구조 안에는 철학자가 절대적인 것으로 삼는 그 무엇이 내재되어 있다는 것, 그들은 그 무엇을 실재에 관한 일반 이론을 정립할 때 해석의 실마리로 삼는다는 것 등이다. 그들이 해석의 실마리로 절대시하는 그것이 이런 양상 중 하나이거나—이 경우에는 그들의 사상이 환원주의적 성격을 지닐 것이다—, 창조 질서 바깥에 있는 그 무엇—말하자면, 하나님—일 수 있는데, 후자의 경우에는 적어도 환원주의를 피할 수 있는 희망이 있다. 그런데 우리가 어떤 것을 절대시하는 문제를 거론할 때는, 도여베르트가 보기에, 이미 종교의 영역에 발을 들여놓을 수밖에 없게 된다. 그러므로 이론가에게 종교적 헌신은 피할 수 없는 문제로 대두된다. 물론 안타깝게도 어떤 학자들은 입으로는 하나님을 주인으로 고백하면서도 이론화 작업에서는 하나님이 아닌 다른 그 무엇을 절대시하는 게 현실이긴 하지만 말이다. 그런 경우에는 이론과 삶, 혹은 적어도 이론과 고백 사이의 종교적 이중성을 보게 된다.

신칼뱅주의적 시각을 들여다보면 아주 도발적인 주장이 많지만 여기서 그걸 언급할 필요는 없을 것이다. 그 모두를 제쳐놓고 다만 그 비전과 실천 지향적 시각을 서로 대조시켜 볼까 한다. 나는 가능한 한 가장 날카롭게 이 둘을 대조시켜 보았는데, 이로 말미암아 제기되는 쟁점들이 기독교 학문 공동체—그리스도인 학자의 정체성에 관심을 갖고 있는 만큼—에서 논의하고 논쟁할 핵심 사안이 되어야 한다고 생각하기 때문이다. 이 두 시각은, 기독교를 세상에서 인정받는 학문 연구 결과에 덧붙여야 할 대상으로 보았던 예전의 견해와는 아주 거리가 멀다. 양자 모두에 학문과 기독교적 신념을 묶는 구조적 통합이 있지만, 그 연결 지점은 앞서 말했듯이 서로 아주 다르다.

가장 근본적인 쟁점들로 내려가기 위해서는 먼저 몇 가지 인식론적 문제를 고려해야 한다.[1] 나는 신념, 지식, 학문의 형성에 관해 성찰하려면, 반드시 우리가 정상적 인간으로서 다양한 **신념 성향**(belief dispositions)을 가지고 있다는 점으로부터 시작해야 한다고 생각한다. 달리 말해서, 우리는 다양한 성향, 기호, 경향을 갖고 있어서 우리가 경험하는 어떤 사건이 그 성향을 자극할 때 어떤 신념이 생기고, 어떤 명제를 수용하게 된다는 뜻이다. 예를 들어, 우리는 체질상 특정한 기억을 갖게 될 때 과거의 사건들에 대한 특정한 신념을 갖는 성향이 있다. 특정한 감흥을 느끼게 될 때 우리는 우리가 어떤 물리적 객체의 존재 가운데 있다고 믿는 성향이 있다. 또 어떤 다른 감흥이 일어나면 우리는 어떤 사람의 존재 가운데 있다는 것을 믿는 경향이 있다. 우리가 이미 믿고 있는 어떤 명제가 (아직) 믿지 않는 다른 명제를 증명하는 타당한 증거라고 판단하는 즉시 우리는 후자를 믿게 되는 성향이 있다. 그리고 일부 명제들(전통적으로, **자명하다**고 불리던 것)에 대해서는 그것들을 이해하는 즉시 진실이라고 믿는 성향이 있다.

이런 성향 가운데 일부는 선천적인 것처럼 보인다. 즉, 학습이나 조건화의 결과가 아니다. 하지만 어떤 것들은 분명히 선천적인 것이 아니고, 18세기 영국 철학자들이 즐겨 말했듯이 '귀납'의 결과다. 그들이 흔히 들었던 예를 하나 들어 보자. 마차를 볼 때마다 거기서 나오는 어떤 소리를 '항상 함께' 듣게 되면, 한참 후에는 처음에는 마차가 눈에 보여서 마차가 한 대 지나간다고 믿었다가 나중에는 그 소리만 듣고도 그렇게 믿게 된다. 이와 같이 새로운 신념적 성향을 얻게 되는 과정은 소위 고전적인 파블로프의 조건 반사에 해당하는 경우다.[2)]

이 밖에 이른바 **조작적인**(operant) 조건화도 새로운 신념적 성향을 낳는 작용을 한다. 혹은 우리가 태어나면서 부여받은 것들을 수정하는 역할을 한다고 말할 수도 있다. 이를테면, 우리 인간은 타인들이 일러 주는 말을 믿는 성향이 있다. 아주 어릴 때에는 이런 성향이 무조건적인 성격을 갖고 있다. 즉 누가 우리에게 무엇에 관해 무슨 말을 하든 그대로 믿는다. 그러나 그렇게 믿게 된 것 가운데 일부는 거짓이라는 사실을 서서히 발견하게 되면, 그로 말미암아 애초의 무조건적 성향이 수정되어 마침내 특정 부류의 사람들이 특정한 조건 아래서 특정 문제에 관해 이야기하는 것은 더 이상 믿지 않게 된다.

내가 지금까지 설명한 것은 인간의 신념 구조를 형성하는 토대로 볼 수 있다. 전체적인 그림을 보려면 여기에 새로운 차원을 덧붙여야 하는데, 바로 인간 의지의 차원이다. 내가 보기에, 철학자들은 종종 신념 형성에서 의지의 역할을 과대 평가한 나머지, 의지만 있으면 당신이 지금 손에 책을 쥐고 있다는 믿음도 포기하기로 결정할 수 있는 것처럼 주장한다. 그러나 사실은 그럴 수 없다. 그럼에도 의지가 일정 역할을 담당하는 것은 사실이다. 우리에게는 우리의 신념 성향이 작동하는 것을 여러 방법으로 **제어할 수 있는 능력**이 있다. 아마도 어떤 특별한 경우에는 우리가 어떤 것을 믿을지 말지 결정할 수 있을 가능성이 있다. 하지만 우리가 훈련을 통해 신념 성향을 억제하고 수정할 수 있다는 것은 의심의 여지가 없다. 이는 마치 다른 성향들을 훈련으로 억제하고 수정할 수 있는 것과 같다. 예를 들면, 우리가 어떤 부부 문제에 관여할 때 양편 이야기를 다 들을 때까지는 그 진상에 대해 최종 결론을 내리는 것을 스스로 억제할 수 있다. 이런 형태의 제어를 **수용 제어**(acceptance governance)라고 부르자. 어떤 상황에 처하면 특정한 성향이 정상적으로 발동하게 되는데, 그 때 그것을 저지하고 자동적으로 어떤 명제를 수용하는 것을 피하는 방향으로 신념 성향을 제어할 수 있다는 것이다.

이 밖에 신념 성향을 제어하는 또 다른 방식이 있는데, 이를 **방향 제어**(direction governance)라고 부르자. 나는 나의 추론적 성향—어떤 것으로부터 다른 것을 추론하는 성향—을 전혀 바꾸지 않으면서 내가 어떤 종류의 대상에 관하여 추론할지 제어하는 것이 가능하다. 내가 내년에 미학에 관해 추론할지 사회 이론에 관해 추론할지 결정할 수 있다. 이와 마찬가지로, 내가 인지적 신념 성향의 작동을 전혀 바꾸지 않고도, 내가 차를 둘러보면서 타이어에 바람을 더 넣어야 하는지를 살펴볼지 말지 결정할 수 있다.

이를 요약하자면, 인간의 신념 형성(여기서 말하는 '신념'은 지식까지 포함한다)의 바탕에는 신념 성향들이 있는데, 그 가운데 일부는 선천적인 것이고 또 어떤 것은 조건화의 결과다. 그리고 그 바탕 위에 이런 성향의 작동에 대한 제어 능력이 있다. 그 능력은 수용 제어와 방향 제어로 구분할 수 있다.

신념에 대한 제어 능력과 관련된 것으로는 규범, 의무, 책임이 있는 것 같다. 우리는 타인에 대해 '아무래도 좋다'는 말을 하곤 하는데, 사실은 그렇지 않다. 또 우리의 믿음과 관련해서도 '무엇을 믿든 상관없다'고 하는데, 이것도 사실이 아니다. 어떤 명제들이 제시되었을 때 우리는 그것이 옳으면 믿고 틀리면 거부하기 위해 적절한 단계를 밟을 의무가 있다. 그래야만 실재에 더 가까이 다가갈 수 있기 때문이다. 방향 제어라는 의무는 그 명제들을 자세히 살펴보게 한다. 그리고 수용 제어라는 의무는 우리가 밟을 단계를 자세히 밝혀 준다.

마지막으로, 우리의 신념 제어와 관련된 의무는 그 사람이 인간으로서 가지고 있는 전반적인 의무와 상관없이 정해질 수 없다는 점을 강조하고 싶다. 당신은 전혀 그럴 의무가 없는 어떤 문제에 대해서, 나는 그 진실을 발견하기 위해 최선을 다할 의무가 있을 수 있다. 이런 차이가 생기는 것은 우리 각자가 처한 상황이 서로 다르기 때문이다. 신념 성향을 제어할 수 있는 존재로서 우리가 가진 의무는 우리의 전반적인 의무와 불가분의 관계에 있다.

이제 이 도구를 들고 앞에서 다루던 주제, 곧 신념과 학문의 관계에 대한 신칼뱅주의자의 이해와 실천 지향적 이론가의 이해의 차이점으로 돌아가자. 먼저 신칼뱅주의자의 주된 논점 가운데 하나는 **수용** 제어 및 그에 따른 의무와 관련된 것임을 쉽게 알 수 있다. 세상에서 상당히 인정받는 학문 사조들을 보면 그것들이 기독교 신념과 긴장 관계에 있다는 것을 거듭 발견하게 된다고 그들은 확신한다. 이로부터 두 가지 논점을 더 전개한다. (1) 이처럼 양자가 양립할 수 없는 이유는, 흔히 학자들이 기독교 이외의 종교를 신봉하고 그 종교가 그들의 이론화 작업을 제어하되, 그들이 수용하는 것과 그 종교가 서로 양립할 수 있도록 하기 때문이다. (2) **그리스도인** 학자들도 그들이 수용하는 것과 기독교 신념이 서로 양립할 수 있도록 그들의 이론화 작업을 제어하는 것이 정당할 뿐 아니라 반드시 그렇게 할 의무까지 있다는 것이다.

이 두 주장이 합쳐져서 계몽주의 이후 서구에 깊이 뿌리박게 된 신념을 날카롭게 반박하게 되는데, 그 신념이란 본인의 종교적 신념과 학문의 결과가 서로 상충될 경우, 합리적 인간으로서 자신의 종교적 신념을 수정함으로써 그 갈등을 해결해야 한다는 믿음을 말한다. 이에 대해 신칼뱅주의자는 상상력과 용기를 동원하여 상당히 도발적인 의문을 제기했다. 즉 때로는 합리적인 인간이 자신의 이론적 결론을 수정함으로써 조화로운 상태를 회복할 권리와 의무가 있지 않느냐는 것이다. 이 의문이야말로 합리성의 본질을 우리가 어떻게 이해하고 있는가 하는 문제를 불러일으켰다.

신칼뱅주의자가 주장한 이 논제들은 근본적으로 옳다고 나는 확신한다. 그 논제들을 전면에 내놓음으로써 그들은 신념과 이론의 관계와 관련하여 중요한 기여를 했고, 나 자신도 몇몇 글에서 나름대로 그것들을 정리하고 변호하려고 노력했다.[3] 물론 이런 쟁점들과 관련하여 실질적으로 할 일이 아직 남아 있지만, 그에 대한 신칼뱅주의적 견해가 대체로 옳다고 생각한다.

실천 지향적 이론가들의 입장에서는 이런 논점들을 꺼릴 이유가 전혀 없는데, 그들의 논점은 수용 제어가 아니라 방향 제어와 관련된 것이기 때문이다. 실천 지향적 이론가들은 특정한 사회적 목표에 헌신되어 있고, 학문을 추구함으로써 그 목표를 달성하는 데 도움이 되는 지식을 얻을 수 있으리라고 생각한다. 그래서 그들은 그 목표를 염두에 두고 학문을 한다. 그것이 탐구의 방향을 제어하는 관심사로서 역할을 한다. 그것은 무엇이 연구할 만한 가치가 있는지를 정하는 데 도움이 된다.

실천 지향적 이론화 작업을 반대하는 가장 흔한 입장은, 사회적 신념이 자신의 탐구를 제어하도록 허용하는 것은 암묵적으로 합리성의 잣대를 침해하는 것이라는 견해다. 학자들은 최선을 다해 모든 사회적 신념으로부터 독립해야 마땅하다고 주장한다. 학문은 가치중립적으로 추구하여 실재를 있는 그대로 묘사해야 하는데, 이에 못 미칠 경우에는 합리성이라는 규범에 반하기 때문이라는 것이다. 그런데 우리가 가지고 있는 인식론에 입각해서 생각해 보면, 이것이 근거 없는 반대임을 쉽게 알 수 있다. 실천 지향적 이론가들은 수용 제어의 잣대나 규범에 관해서는 아무런 제안도 하고 있지 않다. 구체적으로, 그들은 어떤 명제의 수용 여부를 결정하는 기준이 사회적 목표 달성에 도움이 되는지 여부여야 한다고 주장하는 것이 아니다. 그렇게 말한다면 대단히 잘못된 것일 것이다. 그들이 제안하는 것은, 단지 우리의 탐구 **방향**이 그로 인한 지식이 사회적 실천 행위에 장차 쓸모가 있을 것인지 여부에 의해 제어되어야 한다는 것이다. 그리고 그들은 학자들이 탐구의 **방향**을 정할 때 사회적 신념으로부터 완전히 독자적이어야 **마땅하다**고 주장하는 것이 아니다. 오히려 만일 그렇다면 그것이야말로 무책임한 일이라고 주장한다. 앞서 살펴보았듯이, 한 사람이 어떤 주제에 대해 진리를 발견하는 것이 중요하다고 여기는가 하는 것은 그가 인간으로서 가진 전반적 의무에 의해 좌우된다.

그렇다면 논쟁거리가 되는 것은 방향 제어의 문제다. 신칼뱅주의자는 전통적으로 학문의 지배적 관심사가 법칙론적 이론 체계를 정립하는 것이어야 한다고 주장해 왔다. 실천 지향적 이론가는 사회적 신념이 지배적 관심사가 되어야 한다고 주장한다. 내가 보기에, 어느 쪽이든 배타적인 입장은 잘못된 것이다. 양자를 모두 포용할 수 있을 만큼 다원적인 학문을 추구해야 한다.

이 장에서 지금까지 나는 실천 지향적 이론의 정당성을, 아니, 더 나아가 그 **필요성**을 확고하게 주장했다. 이는 이 책에서 내가 말한 모든 내용으로부터 자연스레 나오는 것이다. 하지만 나는 법칙론적 이론을 정립하는 일도 타당성이 있다고 믿는다. 사실 이론가가 제공하는 지식은 그 **고유한** 가치를 갖고 있는 경우가 많다. 모든 정당한 '로고스'가 **실천**의 '로고스'인 것은 아니다. 이해, 터득, 지식도 피조물로서 우리의 본성을 실현하는 한 모습이다. 이론가가 우리에게 제공하는, 우리 자신과 현실 세계에 관한 지식―모든 것을 하나로 묶는 구조와 그 설명의 원칙들에 관한―도 하나님이 우리에게 주시고자 했던 샬롬의 한 요소다. 그런 지식이 없으면 인생은 피폐해지고 만다. 어떤 이들은―하버마스가 한 예인데―인간이 그런 지식을 만족스럽게 여기지 않는다고, 우리는 지식 그 자체를 가치 있게 여기지 않는다고, 지식을 추구하는 것은 언제나 도구적 가치 때문이라고 주장했다는 것을 나도 알고 있다. 하버마스는 모든 지식은 도구적 가치―기술적 관심, 실제적 관심 혹은 해방적 관심을 위한—만 있을 뿐이라고 생각했다.[4] 내가 보기에 이것은 전혀 설득력이 없는 주장이다.

그런데 학자들이 실천 지향적 이론에 관여하고 있지 않더라도, 사회적 현실은 무엇이 탐구할 가치가 있는지—탐구 방향—에 대한 판단에 줄곧 영향을 미친다는 점을 주목할 필요가 있다. 어떤 사회 개혁의 목표를 달성하는 데 유용한지 여부를 그 중요성의 평가에서 고려하지 않는다 하더라도, 그들이 학문 세계의 고유한 고려 사항을 제외한 다른 모든 것을 자동적으로 배제하게 되는 것은 아니다. 과거 두 세기에 걸쳐 신학자들이 인식론의 문제에 큰 비중을 두었던 것은 분명 우리 사회의 종교 다원주의 및 불신 풍조가 낳은 결과다. 즉 이런 사회적 추세로 인해 쟁점들이 두드러져 보였던 것이다. 그리고 철학자들이 자유나 해방과 같은 주제에 중요성을 부여한 것도 우리 사회에서 귀속주의의 후퇴와 그에 따른 가치 일반화의 증대로 인한 결과다. 이런 사회적 추세는 이미 2장에서 논의한 바 있다. 이런 식으로 학문 사조는 사회 현실을 반영하게 되어 있고 또 그래야 한다. 이와 달리 생각하는 것은 환상에 불과하다.

따라서 학자들은 탐구의 방향을 정할 때 실천 지향적 이론의 필요성과 실천 지향적이지 않은 이론의 필요성을 저울에 달아 보는 어렵고도 복잡한 작업을 해야 할 것이다. 위대한 문화 유산에 몰두하는 일과 사회 개혁 프로젝트에 참여하는 일의 중요성을 서로 달아 보아야 할 것이다. 아울러 항상 그들이 속한 구체적이고 전반적인 상황에 비추어 그렇게 해야 한다. 특히 현 사회 질서에서 발견되는 궁핍과 억압적 상황에 비추어 그 비중을 달아 보아야 한다. 마치 자기가 역사를 초월한 것처럼 행동해서는 안 된다.

만일 실천 지향적 이론을 추구하지 **않기로** 결정한다면, 그들이 고려해야 할 요인 가운데 하나는 그로 인한 사회적 결과들이다. 사회에는 언제나 현재 상태를 그대로 영속화하는 요인들이 있기 마련이고, 심지어는 불의를 증대시키는 요인도 있다. 때로는 학자들이 실천 지향적 이론을 발전시켜 이런 역학 관계를 바꾸는 데 기여할 수도 있다. 만일 그들이 그 길을 포기하면—그 대신 순수 이론을 추구하기로 하면—, 이런 역학이 아무 간섭 없이 제 길을 가도록 허용한 책임을 모면할 수 없을 것이다. 학자들이라고 사회적 책임을 피할 수 없다.

이런 사고 방식이 옳다면, 신칼뱅주의가 학문 추구에 부여하는 정당성의 근거가 보완될 필요가 있다는 결론을 내릴 수밖에 없다고 생각한다. 그들은 흔히 그 근거를 '문화 명령'에서 찾는다. 이는 하나님이 인류에게 다양한 사회 영역들을 분화시키고 그 각각의 잠재력을 개발하는 방향으로 일하라고 주신 명령으로 해석된다. 그래서 그들은 실천 지향적 이론에 저항하는 경향이 있고 순수한 법칙론적 이론을 선호하는 것이다. 그들에게 그것은 학문이 '그 고유한 성격'을 갖게 하는 것을 의미한다. 그러나 문화 명령만 거론하게 되면 학자들은 학문의 방향을 어떻게 정해야 할지 아무런 원칙을 가질 수 없다. 특히, 그 방향을 정할 때 인간의 필요와 연관되어야 한다는 원칙을 제시하지 않는다. 하지만 학자들이 사회가 어떤 면에서 정의와 샬롬에 못 미치는지 잘 파악할 수만 있다면, 학문의 방향을 책임 있게 설정할 수 있을 것이다. 문화 명령은 학문 연구의 근거로서 불충분하다. 그래서 샬롬을 위해 일하라는 명령도 동시에 필요하다.

신칼뱅주의는 기독교 신념이 '실재를 보는 방식'을 내포한다는 사실에 초점을 맞추었고, 이 사실이 실제로 학문 연구에 어떤 결과를 낳는지를 진지하게 성찰했다. 하지만 그들이 미처 생각하지 못한 것은, 기독교 신념이 사회 참여의 방식도 내포하고 있다는 점과 그에 따른 결과다. 그들이 이해하는 신념은 너무 추상적인 차원에 머물러 있었다. 참으로 필요한 것은 순종적인 이론화 작업의 본질에 대한 성찰만이 아니라, 이론화 작업과 순종적 행동의 상관성을 성찰하는 일이다. 사실상, 이론화 작업이 순종적 행동과 관련이 있다는 것과 이론이 행동을 섬기는 역할을 해야 한다는 점을 인식하지 않으면, 순종적 이론화 작업의 본질도 이해할 수 없다.

끝으로 전략의 문제를 짚고 넘어가자. 우리가 학문 연구를 할 때 제1세계의 비교적 부유한 시민의 입장에서 벗어나 반드시 소외되고 억압받은 자의 울부짖음을 듣도록 최선을 다해야 한다. 자칫하면 이런 의견을 하나의 슬로건으로만 떠들기 쉽다. 좀더 깊이 살펴보도록 하자.

먼저 아브라함 카이퍼의 아주 도전적인 말에서 시작하자. 카이퍼는 「신성한 신학의 백과사전」(*Encyclopedia of Sacred Theology*)에서 '학문과 죄'라는 주제를 다루고 있다. 내가 소개한 인식론적 논의에 비추어 보면, 카이퍼가 그 대목에서 우리의 신념 성향에 담긴 여러 **기형적인 모습**(그리고 그런 성향에 대한 우리의 수용 제어도 어느 정도 포함한), 즉 죄가 인간 현실에 들어와서 생긴 여러 추한 모습을 지적하고 있음을 분명히 알 수 있다. 더 나아가, 그가 지적하고 있는 기형적 모습은 낯설거나 우발적인 것이 아니다. 오히려 정상적인 법칙처럼 작동한다. 근대 초기 철학자들 가운데 자기 몸이 유리로 만들어졌다고 믿는 사람이 있었다는 이야기가 나돈 적이 있다. 그런 인물이 정말 있었는지 나로서는 알 수 없지만, 어쨌든 카이퍼의 관심사는 이런 우발적인 기형이 아니다.

데카르트 이래 근대 철학자들은 우리의 신념의 기원과 관련하여 이런 법칙과 같은 기형에 관심이 있었다. 하지만 그들은 그 범위에 대해 지극히 편협하게 생각했다. 가령, 데카르트는 자기의 관심사를 "우리의 감각이 때로 우리를 속인다"는 것, 우리가 사람들의 말을 너무 쉽게 믿고 너무 서둘러 결론을 내린다는 것 정도에 국한시켰다. 카이퍼의 경우는 이처럼 낯익은 현상들에 대해 큰 관심이 없었다(그렇다고 그런 것을 간과한 것은 아니지만). 그가 훨씬 더 관심을 쏟은 주제는, 이른바 우리의 사회적 목표, 반감, 배경 등이 우리의 신념 성향 (및 이런 성향의 수용 제어)의 작동을 어떻게 왜곡시키는가 하는 점이었다. 이 점은 현재 우리의 논의와 직결된 것이다. 그런 성향은 특히 사회 이론의 정립에 반드시 영향을 미친다고 그는 생각한다. 물론 이 이상의 영향력이 있다는 것도 알고 있지만 말이다.

사회적 배경이 미치는 영향에 관한 그의 사상을 일부 인용하면 이렇다.

> 궁핍하고 소외된 환경에서 자란 사람이 사법적 관계와 사회적 규제를 보는 눈은 풍족하게 어린 시절을 보낸 사람과는 전혀 다를 것이다.

그리고 사회적 목표나 관심이 미치는 영향에 관해서는 이렇게 말한다.

사물을 보는 우리의 관점도 수많은 개인적 **이해 관계**의 지배를 받는다. 영국인이 네덜란드와 영국 간에 있었던 해전(海戰)의 역사를 보는 눈은 네덜란드 역사가의 관점과 아주 다를 것이다. 각기 의도적으로 진실을 왜곡하려 해서가 아니라, 무의식적으로 국가적 이해 관계의 지배를 받기 때문이다. 상인들은 자유 무역, 공정 거래, 보호 등에 대해 제조업자와는 다른 견해를 가질 수밖에 없는데, 자기 이익과 무역상의 이해관계가 무의식적으로 영향을 주기 때문이다.…이 모든 것은 자기 이익의 지배를 받는 도덕적 차이로서, 때로는 의식적으로 양심을 위반하는 방향으로 작동하지만, 대체적으로는 무의식적으로 우리도 모르게 우리의 연구 결과를 좌우한다.

그리고 동정심과 반감이 미치는 영향에 대해서는 이렇게 말한다.

이해력이 어두워지는 현상은…**의식이 어두워지는 것**으로 묘사하면 더 잘 이해할 수 있다. 죄와 상반되는 것은 사랑, 존재에 대한 동정심이며, 현재 우리가 처한 이 죄 많은 상황에서도 동정심이 결여된 곳에서보다 동정심이 작동하는 곳에서 당신이 훨씬 더 잘 그리고 더 정확하게 이해할 수 있다는 사실을 주목할 만하다. 어린이들의 친구는 어린이와 어린이의 생활을 잘 이해한다. 동물 애호가는 동물의 생활을 잘 이해한다. 자연의 물질적 작용을 연구하려면 자연을 사랑해야 한다. 연구 대상에 대한 이런 호감과 갈망이 없다면 한 발짝도 전진하지 못할 것이다.… 그리고 이 점은 모든 연구 분야에서 중요한 의미를 지닌다.[5]

내가 보기에도 여기서 카이퍼가 가리키는 현상은 분명히 존재하는 것 같다. 우리의 신념을 결정하는 성향 가운데 이와 같은 기형적인 모습이 있다. 물론, 누구나 자기가 연구하는 법칙을 가능하면 정확하게 표현하고 싶어한다. 그런 법칙이 있다는 것을 경험론적으로 철저히 확증하고 싶어한다. 현재 작동 중인 정신적 메커니즘에 관한 이론을 정립하고 싶어한다. 내가 알고 있기로는, 이런 면에서 신념 형성에 관한 경험론적 연구는 아직 갈 길이 멀다. 하지만 우리가 연구 대상으로 삼아야 할 이런 현상이 존재하는 것만은 분명해 보인다.

현 시대에 이런 대목을 읽으면 즉시 마르크스가 떠오르는 것을 피할 길이 없다. 분명 마르크스가 규명했던 이데올로기는, 카이퍼가 논의하는 주제의 구체적인 사례. 인간에게 어떤 신념 성향이 있느냐에 대한 마르크스의 견해는 이렇다. 개개인이 사회에서 불의한 특권을 누리고 있음을 인식할 때 그들은 어떤 신념 구조를 채택하게 되는데, 자신의 사회적 지위를 정당화해 주는 구조를 택한다는 것이다. 그는 이런 신념 구조를 '이데올로기'라고 불렀으며, 이런 이데올로기가 가지고 있는 아주 특징적인 요소는 사회 구조는 변화될 수 없다고 혹은 적어도 더 나은 방향으로 변화될 수 없다고 믿는 신념이라고 주장했다. 한편으로는, 기형적인 모습에 대한 카이퍼의 성찰이 마르크스의 경우보다 훨씬 더 보편성을 가지고 있다. 카이퍼는, 마르크스와는 달리, 이런 기형의 배후 어딘가에 죄가 존재하고 있다는 것을 안다.* 다른 한편, 이데올로기를 발생

---

* 당신의 인식론에서 죄의 실존을 빠뜨리면 안 될 것이다. 죄라는 것이 설사 순전히 윤리적인 개념이라 할지라도 그처럼 무시해서는 안 된다. 죄가 당신이 지적인 영역에서 다루어야 할, 또 **학문**을 점검할 때 다루어야 할 모든 자료를, 직접적으로나 간접적

시키는 바로 그 기형적 모습에 대해서는 마르크스가 훨씬 더 깊이 파헤쳤다.

카이퍼가 이 안타깝고 도발적인 주장을 더 깊이 파고들지 않은 데는 그만한 이유가 있다. 우리의 신념 성향에 내재하는 사회적으로 형성된 기형적 모습은, 이론화 작업에 미치는 영향 면에서, 종교적으로 형성된 기형과 비교할 때 훨씬 미미하다고 생각했기 때문이다.

우리가 마음대로 쓸 수 있었던 재료들에 대해 죄가 미친 가장 해로운 영향은 하나님에 관한 지식을 얻지 못하게 한 것이다. 그렇게 해서 전체를 아우르는 개념을 형성할 수 없게 되었다. 마음속에 하나님에 대한 의식이 없는 자는 하나님을 아는 지식에 도달할 수 없으며, 사랑이 없으면, 혹은 하나님에 대한 거룩한 호감이 없으면, 그 지식이 결코 풍성해질 수 없을 것이다…이로부터 동시에 도출되는 것은, 우주 전체에 대한 지식 혹은 좁은 의미의 철학에 대한 지식도 죄로 인한 이 걸림돌에 똑같이 넘어지게끔 되어 있다는 사실이다.[6]

카이퍼가, 학문 연구에 미치는 영향과 관련하여 사회적으로 형성된 기형이 종교적으로 형성된 기형에 비해 덜 중요하다고 생각해서 후자에 대해 더 연구하지 않은 것은 참으로 유감스러운 일이

으로 변경시킨다면 더더욱 무시해서는 안 될 것이다. 죄로 인한 무지가 모든 진정한 학문을 가로막는 가장 어려운 걸림돌이다[Kuyper, *Principles of Sacred Theology*, trans. Hendrik de Vries(Grand Rapids, Mich.: Eerdmans, 1965), pp. 113-114에서 인용].

다. **덜** 중요하다고 해서 중요하지 **않은** 것은 결코 아니기 때문이다. 더구나—이것이 여기서 가장 중요한 점일 것이다—사회적으로 형성된 기형은 **종교적인** 신념과 태도에 영향을 미친다. 종교적 신념과 태도는 결코 독립된 것이 아니다. 미국인과 아프리카너의 종교적 신념이, 카이퍼가 지적하는 바 사회적으로 형성된 기형에 의해 생겼다는 점은 거의 의심의 여지가 없다. 카이퍼와 그 추종자들은 종교적으로 형성된 기형의 작동 방식과 관련하여 의심의 해석학(the hermeneutics of suspicion)을 대단히 노련하게 활용했다. 그런데 사회적으로 형성된 기형의 작동 방식을 밝히는 데도 의심의 해석학을 활용하는 것이 똑같이 필요하다. 죄가 우리의 신념에 미친 영향은 우상 숭배의 영향을 뛰어넘는다.

우리의 신념 성향에 내재하는 기형과 관련된 하나의 문제는 신뢰성의 문제다. 이런 요인들이 작동할 때, 거기서 나오는 신념은 잘못될 경우가 너무 많다. 그러면 그런 신념이 잘못되었다는 것을 우리가 어떻게 **발견할 수** 있는가 묻고 싶을 것이다. 여러 가지 방법이 있다. 가장 중요한 방법의 하나는 우리와 사회적 배경이나 목표 혹은 공감하는 바가 달라서 현 상황을 다르게 보는 사람들의 말을 경청하는 일이다. 우리처럼 역사를 위에서 내려다보는 사람들은 아래편에서 올려다보는 자들의 말을 경청하는 것이 매우 중요하다. 이방인은 유대인의 말을, 유대인은 팔레스타인 사람들의 말을, 남자는 여자의 말을, 가난한 자는 부자의 말을, 남아공의 백인은 흑인의 말을, 네덜란드 사람은 몰루카 사람의 말을, 북미인은 남미인의 말을, 제1세계는 제3세계의 말을 귀담아 들어야 한다.

우리가 자기 비판적인 자세를 견지할 수 있도록 돕는 또 하나의 방법이 있는데, 이는 모든 방법을 통틀어 가장 직접적인 방법이다. 그것은 자기 기만을 철저히 벗겨내는 성경의 선지자적 말씀에 열심히 귀를 기울이는 일이다. 하지만 이 둘은 서로 만난다는 것을 알게 될 것이다. 즉 우리가 억압받고 소외당한 자들의 울부짖음에 귀를 기울일 때, 우리는 선지자들의 말을 제대로 들을 수 있게 된다. 아울러 하나님과 동등됨을 취하려 하지 않고, 오히려 종의 모습을 취해, 멸시받는 범죄자로 처형되기까지 겸손한 순종의 길을 걸으셨던 그분, 곧 샬롬의 왕이 하시는 말씀도 들을 수 있게 될 것이다.

후기

"역사는 되돌릴 수 없고, 기독교가 다시금 사람들의 삶과 생각을 지배하게 되는 것은 불가능해 보인다."[1] 루시앙 골드만이 「계몽주의 철학」(*Philosophy of the Enlightenment*)에서 한 말이다. 인류 앞에 놓인 대안은 자본주의의 '부르주아적 개인주의'와 사회주의 둘 중의 하나라고 한다. 골드만이 보기에, 전자는 도덕적으로 중립적인 전문 지식에 헌신된 만큼 영적으로 텅 비어 있고, 후자는 새 공동체의 창조에 헌신된 내재적, 역사적, 인본주의적 종교다. 자본주의의 영적 공허함은, 우리가 알다시피, 사회주의의 특징인 개인의 양심 침해에 의해 상쇄되기 때문에 이는 참으로 고통스런 선택임을 그도 시인한다. 그러나 초월적 신앙이 역사를 좌우할 가능성은 이제 물 건너간 것 같고, 어쨌든 '역사의 심판'은 기독교를 비껴갔다. 현대 사회는 누구든 자기 삶 전체를 진정한 기독교적 색채로 채색하는 것을 불가능하게 만든다는 디드로(Diderot)의 주장은 그 어느 때보다 오늘날 더욱 타당성을 지닌다. 현대인이 더 열심히 성실하게 신앙 생활을 하면 할수록, 그것

은 그만큼 사회에 대한 영향력을 모두 잃어버린 내면적이고 심리적인 '사적 문제'가 되어 버린다.[2)]

내가 이 책을 쓴 바탕에는 골드만이 틀렸다는 확신과, 서구 세속주의는 지나가는 현상일 뿐이라는 확신이 깔려 있다. 물론 나도 골드만이 회의적으로 생각하는 그리스도인들의 모습을 목격하고 있다. 나는 또 예배 의식의 갱신과 평화에 대한 헌신을 한없이 창의적인 방식으로 결합시키고 있는 베이어스-노드(Beyers-Naudé: 남아공화국의 성직자로서 인종 차별에 대항했던 인물—역주), 헬더 카마라(Helder Camara: 브라질의 가톨릭 사제로서 인권 운동과 가난한 자를 위해 평생 헌신했던 인물—역주), 프랑스 떼제 공동체의 형제들을 직접 목격했다. 나는 세계 곳곳에서 일단의 그리스도인들이 성부 하나님과 그 아들 예수 그리스도를 찬송하는 동시에 불의에 대해 '아니오!'라고 외치고 있다는 소식을 듣고 있다. 나는 이와 같이 믿음과 사랑과 소망이 구현된 모습에서 영감을 받아 이 글을 썼다.

한국어판 후기: 25년이 흐르고

이 두 번째 후기를 쓰는 2007년은 「정의와 평화가 입 맞출 때까지」가 출간된 지 24년, 그리고 이 책의 배경이 된 카이퍼 강좌가 개최된 지 26년째 되는 해이다. 최근에 들어 이 책의 개정판에 대한 요청을 받을 때가 가끔 있다. 그런 요구에 내가 응하지 않는 이유가 여럿 있는데, 그 가운데 하나는 이 책이 당시의 시대 상황을 반영하도록 그대로 두는 편이 최선이겠다는 판단 때문이다. 이 책을 최근 상황에 맞추어 다시 쓰는 대신에, 출간된 지 거의 25년이 되는 시점에서 책을 다시 읽으면서 생각나는 점을 몇 가지 적어 볼까 한다.

첫 장에서 나는 내가 **세계-형성적 기독교**라고 부르는 것의 의미를 설명했다. 당시 이 책은 종교적으로 세계-형성적 기독교에 속한다고 생각하는 이들이 어떻게 현 사회 질서에 개입해야 하는지를 숙고하기 위해 기획되었다. 나는 무엇을 고치려고 힘써야 하는지, 무슨 이유로 또 어떤 방향으로 고쳐야 하는지, 그리고 무엇을 그대로 유지해야 하는지 등을 다루었다. 이런 질문에 답하기 위해서는 현 사회 질서의 구조와 역학을 분석하고, 그 근본적인 불행과 불의 그리고 그 원인을 규명해야만 했다. 이와 더불어 우리 그리스도인은 기독교 사회참여의 합당한 목표를 비전으로 품을 필요도 있었다.

내가 이 책을 쓸 때만 해도 대다수의 사회 분석가는 **사회**를 가장 기본적인 분석 단위로 삼았었다. 세상은 상당히 많은 수의 각기 다른 사회들이 다양한 근대화 단계에서 서로 상호작용을 주고받는 것으로 이루어져 있다고 생각한 것이다. 내가 보기에 이 점은 지금도 많이 변하지 않은 것 같다. 이 책에서 나는 세계체제론자들이 제시한 분석이 다른 분석들에 비해 현실을 훨씬 잘 조명한다고 주장했다. 세계체제론에 따르면, 현대 세계를 이해하기 위해 우리는 국가, 민족, 경제 등을 서로 구별하되 그것들이 대체로 영토상 서로 일치하지 않는다는 사실을 인식할 필요가 있다고 한다. 어떤 국가는 여러 민족으로 구성되어 있고, 또 어떤 민족은 여러 국가에 산재되어 있으며, 단일한 경제가 여러 국가와 여러 민족을 가로지르는 경우도 있다.

나는 이 세계체제 중심의 분석이 25년 전 이 책을 쓴 당시보다 오늘날의 상황을 더 잘 조명해 주고 중요성도 더 커졌다고 생각한다. 여러 국가와 여러 민족을 가로질러 그것들을 단일한 경제로 묶어 주는 역학을 일컬어 **세계화**라 부른다. 이제 삼척동자도 알고 있는 사실은, 이런 역학으로 인해 소수의 작은 부족만 제외하고, 단 하나의 경제가 전 지구를 포괄하고 있으며, 그 경제가 갈수록 더 긴밀하게 통합되고 있고, 그것을 이름하여 자본주의 경제라 부른다는 것이다. 특히 컴퓨터의 도입으로 더욱 가속화된 세계화의 추세를 제외하면, 과거 25년 동안 세계경제에 일어난 가장 중요한 변화는 바로 공산주의의 몰락이었다.

또 하나 자명한 사실은, 세계체제론자들이 주장한 것처럼, 하나로 통합된 세계경제가 중심부, 주변부, 반주변부로 이루어져 있으며, 이는 주로 경제력에 의해 정해진다는 것이다. 따라서 경제력의 변화에 따라 그 구성도 달라질 수 있다. 25년 전만 해도 중국은 주변부에 속했으나, 지금은 반주변부에 확실히 진입했으며, 앞으로 어쩌면 한국처럼 중심부에 들어갈 지도 모르겠다.

지난 25년에 걸쳐 세계체제의 국가적 구성 요소와 관련하여 일어난 주된 변화는 투표자-민주주의의 확산이었다. 내가 "투표자-민주주의"(voter-democracy)라고 부르는 이유는 민주주의에는 투표 이상의 것이 포함된다는 것을 가리키기 위함이다. 민주주의는 특정한 정신과 더불어 여러 면을 가진 정치 구조다. 한 국가가 여러 면에서 민주적인 정치 구조를 갖추지 못했고 그 국민도 민주주의 정신이 없다 하더라도, 선거를 허용하는 것은 가능하다. 현재 이라크가 바로 그런 경우다. 이라크에서는 선거가 죽 있어 왔다. 그러나 완전한 민주주의의 필수 요소에 해당하는, 선거에 지더라도 그 패배를 인정하는 자세, 기꺼이 타협하려는 자세는 전혀 찾아볼 수 없다. 이라크가 완전한 민주주의 국가가 될지는 아직 두고 볼 일이다.

내가 「정의와 평화가 입맞출 때까지」에서 설명하고 도입한 사회 분석의 큰 결점이 있다면, 현대 세계를 이해하려면 경제, 국가, 민족과 별개로 종교를 하나의 요인으로 인식해야 한다는 것을 거의 주지시키지 못한 점이다. 당시에 나는 이매뉴얼 월러스틴과 같은 세계체제론자들의 발자취를 따르고 있었는데, 월러스틴의 저술에서는 종교가 별로 중요시되지 않는다. 하지만 그것은 어디까지나 나의 뜻밖의 불찰이었다. 내가 쓴 다른 여러 글에서는, 현대 사회에 영향을 미치는 가장 중요한 요인 중 하나가 국가별로 국민들 가운데 존재하는 종교적 다양성을 다루는 문제라고 주장했기 때문이다. 당시에 비해 지금에 와서 더 분명해진 사실은, 종교가 근대화의 조건 아래서 사라지거나 순전히 사적인 것으로 변하는 것이 아니라, 오히려 그 특유의 근대화된 옷을 입고 나타난다는 것이다. 오늘날의 종교적 근본주의와, 때로 그 후원을 받는 테러리즘은 현대 사회의 역학에 대한 일종의 반응이라고 할 수 있다.

나는 현 사회 세계의 구조와 역학을 이해하기 위해 세계체제론의 한 유형을 제시한 다음, 이 세계가 낳은 가장 중요한 불행과 불의 중 세 가지를 논의했다. 우리가 피할 수도 있었던 도처에 산재한 빈곤의 문제, 여러 형태의 민족주의로 인한 불의, 현대 도시의 추한 모습 등. 물론 원한다면 이밖에 다른 불행과 문제들을 규명하고 논의할 수도 있었다. 이 책을 오늘 다시 쓴다면, 현대 세계에서 종교로 말미암은 불행과 불의에 대해 한 장을 할애할 것이다. 그런데 한 가지 놀라운 점은, 지난 25년 동안 이 세 가지 문제는 아무것도 변한 게 없다는 사실이다. 일부는 엄청난 부를 누리는 데 비해 수억의 인구가 여전히 가난에 처해 있고, 민족주의가 현대 세계에서 암적인 존재로 여전히 건재하고 있으며, 수많은 사람이 여전히 보기 흉한 도시에 몸담고 있는 형편이다.

그리스도인이 현대 세계가 낳은 이런 불행과 불의에 대항해 싸울 때, 풍성하고 인간다운 삶을 목표로 삼아야 하고 그런 삶에는 정의가 반드시 포함된다고 나는 주장했다. 지금도 나는 그렇게 믿고 있다. 그런데 지금 돌이켜보니 이 책에서 가장 약한 부분이 정의에 대해 다룬 대목이 아닌가 생각된다.

나는 정의가 권리에 달려 있다고 말했다. 그리고 누구든지 "(1) 본인이 도덕적으로 정당한 권리를 갖고 있을 것, (2) 그 유익을 실제로 향유할 수 있을 것, (3) 통상적이고 심각하며 구제 가능한 위협으로부터 사회적인 안전 보장을 받을 수 있을"때 권리를 지닌다고 할 수 있다고 했다. 나는 지금도 정의가 권리에 근거를 두고 있다고 생각한다. 지금도 우리에게 어떤 유익을 주장할 권리가 있다고 생각하며, 그런 권리는 도덕적으로 정당한 권리라고 여전히 생각한다. 그런데 문제는 도덕적으로 정당한 권리에 대한 내 설명이 너무 짧아 별로 도움이 되지 않았다는 데 있다. 그리고 지금 돌이켜보니, 어떤 유익에 대한 권리가, 모종의 위협에 대한 사회적 보장을 받는 가운데 언제나 그것을 누릴 수 있는 정당한 권리라고 덧붙인 것은 실수였다고 생각된다.

어떤 유익에 대한 도덕적으로 정당한 권리와, 모종의 위협에 대한 사회적 보장을 받는 가운데 그것을 누릴 수 있는 도덕적으로 정당한 권리는 서로 별개의 것이다. 둘 다 권리에 해당하는 건 사실이다. 그리고 이제 나는 후자가 없이도 전자를 가질 수 있다고 논증할 수 있다. 나는 당신에게 나를 특정한 방식으로 대우해 달라고 도덕적으로 정당한 요구를 할 수 있다. 나에게 그런 권리가 있을 수 있다는 말이다. 그런데 당신이 내게 그런 대우를 하도록 사회적으로 보장하기 위해 어떤 시스템을 만드는 일은 너무 번잡해서 커다란 불의를 야기할 수도 있다. 따라서 권리를 침해하는 모든 행위를 불법이라 할 수는 없다.

곧 출간될 「정의: 옳은 것과 그른 것」(*Justice: Rights and Wrongs*, Princeton University Press, 2008년 출간 예정)에서 나는 정의, 권리 그리고 이 둘의 관계에 대한 이론을 자세히 다루었다. 이런 면에서 「정의와 평화가 입맞출 때까지」와 「정의: 옳은 것과 그른 것」은 서로 짝을 이루는 책들이다. 후자는 전자에서 사용된 정의 개념을 더 분명히 설명해 주기 때문이다.

2007년 4월
니콜라스 월터스토프

주

머리말

1) Goldmann, *The Hidden God: A Study of Tragic Vision in the "Pensées" of Pascal and the Tragedies of Racine*, trans. Philip Thody(London: Routledge&Kegan Paul; New York: Humanities Press, 1964), p. 264. 「숨은 신」(연구사).

2) 이런 인식론적 주제에 대해 좀더 자세히 다룬 것을 보려면 내가 쓴 다음 글을 참고하라. "Can Belief in God Be Rational if It Has No Foundations?", in *Faith and Rationality*(Notre Dame, Ind.: University of Notre Dame Press, 1983).

3) Walzer, *The Revolution of the Saints: A Study in the Origins of Radical Politics*(Cambridge: Harvard University Press, 1965), p. vii.

4) Abraham Kuyper, *Calvinism: Six Stone Lectures*(Grand Rapids, Mich.: Eerdmans, 1931), p. 27.

1장 세계 형성적 기독교

1) Walzer, *The Revolution of the Saints: A Study in the Origins of Radical Politics*(Cambridge: Harvard University Press, 1965), p. 12.
2) Troeltsch, *The Social Teaching of the Christian Churches*, trans. Olive Wyon(New York: Macmillan, 1931), 2: 602. 「기독교 사회윤리」(한국신학연구소).
3) 내가 여기서 설명한 회피적 종교와 형성적 종교의 한 가지 변형은, 현재의 실재는 수용할 수 있으나 미래―가령, 죽음 이후의―는 위협적인 것으로 보는 종교다.
4) 이 세 번째 형태는 Lucien Goldmann이 '비극적 세계관'(tragic vision)이라 부르는 것과 같다. 그는 그 대표적 인물로 파스칼, 라신느, 칸트 등을 들고 있다. "여러 형태의 종교적, 혁명적 의식은 하나님과 세계, 가치와 현실이 서로 양립할 수 없다고 주장했다. 그러나 그들 대부분은 모종의 가능한 해결책이 있을 것이라고 인정했다. 그것은 이런 가치들을 이룩하기 위해 이 세상에서 할 수 있는 노력의 형태를 띠든지, 이와 달리 이 세상을 완전히 포기하고 지적이고 초월적인 가치의 세계 혹은 하나님의 세계로 도피하는 형태를 띠었다. 비극의 가장 급진적인 형태는 이 두 해결책을 모두 연약함과 환상의 표지로 거부하고, 그것들을 의식적으로든 무의식적으로든 타협하려는 시도로 간주한다. 왜냐하면 비극은, 이 세상이 변해서 그 틀 안에서 진정한 가치들이 실현될 수 있다고도 믿지 않고, 인간은 하나님의 도시로 도피하는 한편 세상은 그냥 내버려둘 수 있다고도 믿지 않기 때문이다"[*The Hidden God: A Study of the Tragic Vision in the "Pensées" of Pascal and the Tragedies of Racine*, trans. Philip Thody(London: Routledge & Kegan Paul; New York: Humanities Press, 1964), p. 64].
5) Claus Westermann은 성경에서는 하나님이 구원자로서 뿐 아니라 축복

을 베푸는 자로 고백되고 있지만, 현대 교회는 후자를 거의 완전히 무시해 버렸다고 주장한다. "성경 이야기의 처음부터 끝까지, 하나님이 인류를 다루는 두 가지 방식—구원과 축복—이 함께 등장한다. 이 둘은 단일한 개념으로 환원시킬 수 없는데, 그 한 가지 이유는, 그것들이 각기 달리 경험되기 때문이다. 구원은 하나님의 개입을 보여 주는 사건들을 통해 경험된다. 축복은 현존하거나 현존하지 않는 하나님의 지속적인 활동이다. 그것이 한 사건을 통해 경험될 수 없는 것은 성장이나 동기 유발 혹은 힘의 쇠퇴 같은 것이 그러한 것과 마찬가지다.…성경이 하나님과 인류의 접촉에 관해 거론할 때는 그분의 축복이 그분의 구원과 나란히 존재한다. 이 둘이 함께 있을 때에만 역사가 생성된다.…우리는 이제 더 이상, 하나님이 자기 백성에게 하는 행위는 그분이 일으키는 '기적'에서만 찾을 수 있다고 주장해서는 안 된다. 그것은 사건을 통해 경험되는 이런 행위들과 더불어, 행위의 형태가 아니라 흔히 '비역사적인' 것으로 간주되는 어떤 과정들을 통해서도 나타난다. 그 백성의 성장과 번성, 그리고 그들의 물리적 생명을 보존하는 힘들의 효과가 그런 것이다.…모든 형태의 성장, 번영, 성공이 그에 속한나"[*Blessing in the Bible and in the Life of the Church*(Philadelphia : Fortress Press, 1978), pp. 3-6].

6) Max Weber의 종교 유형론—*Protestant Ethic and the Spirit of Capitalism*에서 예상했고 *Sociology of Religion*에 나오는—에 익숙한 사람들은 내가 제안하는 것과 그의 구분이 서로 어떤 관계에 있는지 궁금할 것이다. 사실 그는 구원의 종교들을 기본적으로 이른바 '신비적 종교'와 '금욕적 종교'로 구별했다. 이에 대해 부분적인 응답을 하자면, Weber가 주로 신비적인 것으로 분류한 종교들을 나는 주로 회피적 종교로 분류했고, 그가 주로 금욕적 종교로 분류한 것을 나는 주로 형성적 종교로 분류했다고 할 수 있다. 이런 면에서 서로 비슷하게 분류한 셈이다. 그렇지만 그 특징에 대해 생각하는 방식은 서로 다르다. 나는 금욕, 자기 훈련, '합

리화'의 정도를 뚜렷한 특징으로 간주하는 것은 잘못이라고 생각한다. 이미 말했듯이, 회피적 종교의 실천가들이 형성적 종교의 실천가들만큼 자기 훈련이 잘 되어 있을 수도 있다. 이는 더 높은 실재를 향한 열망이 얼마나 강한지 그리고 이 열등한 영역에서 계속 즐기고자 하는 열망이 얼마나 강한지에 달려 있다. 더구나, 회피적 종교가 굳이 일반적 의미에서 '신비적'이 될 필요가 없으므로, '신비적'이란 말을 회피적 종교에 갖다붙이는 것은 아주 잘못이라고 생각한다. 이 밖에 다른 차이점도 있지만, 그걸 설명하자면 Weber의 유형론을 자세히 논의해야 할 것이다. 이는 상당히 가치 있는 작업이라 생각하지만 여기서 내가 다룰 수 있는 문제는 아니다.

7) Fortescue, E. M. W. Tillyard, *The Elizabethan World Picture*(London: Chatto&Windus, 1948), pp. 24-25에서 인용.

8) Walzer, *Revolution of the Saints*, pp. 155-156. 참고. Wrllian J. Bouwsma: "중세적 세계관과 르네상스의 세계관 사이의 결정적 차이는 질서의 본질에 대해 전혀 다른 개념을 갖고 있었다는 점에 있다. 다른 모든 차이점은 이것과 연관되어 있다. 가장 단순하게 말하면 이렇다. 중세적 실재관은 우주의 모든 차원과 인간 존재의 모든 측면을 객관적이고 우주적인 질서 체제의 일부로 보았다. 반면에 르네상스 사상은 전혀 그런 식으로 보지 않았다. 이들은 우주 전체의 응집성을 찾을 수 없었고 또 찾으려 하지 않았기 때문에, 인간이 고안할 수 있는 수준 정도의 제한되고 일시적인 질서 유형만 인식했을 뿐이다. 더 나아가, 중세적 세계관은 우주 질서에서 확실한 유형을 규명했다. 만물은 복잡성과 가치 면에서 단일한 위계 구조로 배열되어 있는 것처럼 보였다. 그 바탕에는 이상형이 있기에 완전히 정적인 그런 구조였다. 이런 개념에 따르면, 어떤 것들은 더 높은 차원이고 더 우월한 반면에, 또 어떤 것들은 더 낮은 차원이고 더 열등한 것일 수밖에 없다. 반면에 르네상스의 세계관에는 그런 위

계 구조가 없고, 정적인 상태 대신 사물의 끊임없는 변천이 있었다" [*Venice and the Defense of Republican Liberty: Renaissance Values in the Age of the Counter Reformation*(Berkeley and Los Angeles: University of California Press, 1968), p. 4].

9) 중세 종교의 회피적 성격과 위계적 실재관 사이의 연관성은 다음과 같은 Bouwsma의 말에 잘 표현되어 있다. "중세의 입장은 인간을 그의 지성과 동일시하는 경향이 있었으며, 우주 질서의 유형을 파악할 수 있는 능력이 인간 존재의 궁극적 목적과 밀접하게 연결되어 있었다. 인간은 우주의 완벽한 구조를 명상하고 그 단계를 밟아 올라감으로써, 지성을 통해 선한 상태에서 더 선한 상태로 올라가고 마침내 스스로 최선의 상태에 지적으로 연합되고자 애쓰게 된다. 따라서 명상은 인간이 걸을 수 있는 가장 고상하고 가장 높은 길이었다. 인간 세계와 특히 사물의 세계에서의 활동은 열등할 뿐 아니라, 자기보다 우월한 차원에 기여하는 데서만 그 정당성을 찾을 수 있었다"(*Venice and the Defense of Republican Liberty*, p. 5). 이런 식으로 명상이란 것을 우주적 위계 질서를 밟아 올라가는 행위로 설명하는 고전적 글로는 아우구스디누스의 초기 저술인 *De vere religione*가 있다.

10) 국가와 관련하여 이런 구별이 발전된 경위를 논한 글로는 다음 책을 참고하라. Quentin Skinner, *The Foundations of Modern Political Thought*(Cambridge: Cambridge University Press, 1978), vol. 2, The Age of the Reformation, pp. 352-358.

11) Troeltsch, *Social Teaching of the Christian Churches*, 1: 303. 「기독교 사회윤리」(한국신학연구소).

12) Case, Walzer, *Revolution of the Saints*, pp. 10-11에서 인용.

13) Walzer, *Revolution of the Saints*, pp. 1-2. 참고로 Bouwsma의 글을 인용하면 이렇다. "인간은 보편적 체제에 종속된 구성원으로서 스스로를

다스릴 권리를 갖고 있지 않으며, 또 국가도 별도의 행동을 할 권리가 없는 것으로 보았다. 이 견해에 따르면, 자결권은 가장 깊은 의미에서 실재의 구조를 위반하는 것으로 보일 뿐이었고, 정치적 의무는 참을성 있게 순복하고 순종하는 데 있는 것으로 보였다. 이런 체제에서는 인간이 언제나 또 필연적으로 신민의 입장이었지 시민은 될 수 없었다"(*Venice and the Defense of Republican Liberty*, p. 6). 참고로 Walzer의 글을 인용하면 이렇다. "칼뱅주의 정치를 비롯한 급진주의는 오늘날 '근대화'라고 부르는 폭넓은 역사적 과정의 일부다. 칼뱅주의는 이전에 수동적이었던 사람들에게 정치 활동의 방식과 방법을 가르쳐 그들이 근대 국가라는 정치 체제에 참여할 권리를 주장하게 하는 데 성공했다. 근대성이란 것이 정치적 급진주의자들이 의도적으로 만든 것이라는 말은 아니다. 예를 들어, Weber가 상술한 근대적('합리적-법적') 질서의 구성 요소 가운데 급진주의자의 열망과 상당한 관련이 있는 것은 별로 없다. 칼뱅주의는… 근대성이 아니라 근대화와 관련이 있다. 즉, 근대화의 결과보다 그 과정 자체와 훨씬 더 관련이 있다는 말이다. 성도는 그 과정의 어느 시점에 등장했고, 훗날에 기억된 것은 그 자신의 동기와 목적이 아니라 그가 담당한 극적인 역할과 그 결과였다"(*Revolution of the Saints*, p. 18). 여기에 다음과 같은 Michael Oakeshott의 말을 덧붙여 보라. "현재 상태와 다른 모습을 상상하고 그런 변화를 도모하든가 저지하든가 하기 위해 *respublica*에 규정된 조건들을, 그 권위가 아니라 바람직한지 여부에 입각해서 검토하는 일에 관여할 때, 우리는 정말 정치 문제에 관심을 갖는 셈이다.…그렇다면 정치는 상상된, 희망하는 *respublica*의 조건, 곧 어떤 면에서 현재 상태와 다르고 지금보다 더 바람직하다고 여겨지는 조건에 관심을 갖는 것이다"[*On Human Conduct*(Oxford: Oxford University Press, 1975), pp. 163, 168].

초기 칼뱅주의의 중요성을 해석하는 면에서 Walzer가 Weber/

Troelsch의 노선을 따르고 있다는 점, 그리고 나 자신의 해석도 그 노선을 좇고 있다는 점이 분명해질 것이다. 여기서 나로서는 Quentin Skinner가 이 노선(특히 Walzer의 견해)에 대해 망설이고 있음을 언급하고 싶다. Skinner는 아주 중요한 책인 *Foundation of Modern Political Thought*에서, 칼뱅주의자들이 정당한 저항론을 펼칠 때 그들은 주로 루터파로부터 그 논점들을 빌려 왔으며, 루터파는 중세의 법령과 법 이론에서 그것들을 가져왔다고 설득력 있게 주장한다. 또 프랑스 칼뱅주의자들의 경우는 급진적 입헌주의에 대한 스콜라 전통에서 직접 가져왔다고 한다. 따라서 Walzer의 논제에 대해 Skinner는 이렇게 주장한다. "근대 초기 유럽에서 칼뱅주의가 혁명 이데올로기로서 담당한 역할에 대한 이 접근은 그 저변에 상당한 혼동이 있는 것처럼 보인다. 물론 이 기간에 혁명을 선호하는 주장을 폈던 자들 가운데 칼뱅주의자가 많았던 것은 사실이다. 그러나 그들이 칼뱅주의의 논점을 구체적으로 활용했다고 말하는 것은 옳지 않다"(*Foundations*, p. 323). 이에 대해 몇 가지 사항을 지적해야만 한다. 먼저 Walzer의 핵심 주장은, 칼뱅주의자들이 최초의 근대적 **혁명가들**이었다는 것이지, 그들이 혁명 **이론**을 취한 최초의 인물들이었다는 말이 아니다. 둘째, 혁명 이론의 문제에 있어서도, 정당한 저항론은 아직 혁명 이론이라고 볼 수 없다. 그리고 내가 중세의 저항론을 모두 살펴봐도 혁명 이론에 조금이라도 근접하는 것을 하나도 찾지 못했다. 그럼에도 불구하고, Skinner가 칼뱅주의의 정당한 저항론의 뿌리를 중세에까지 추적하면서 Walzer의 이론에 아주 중요한 내용을 덧붙이고 또 수정을 가했다는 점은 확실히 인정해야겠다. 다른 한편, Skinner 자신이 칼뱅주의자들이야말로 저항의 권리를 평민의 손에 쥐어 준 최초의 사람들이었음을 보여 주고 있는데, 사실 이것이 Walzer의 핵심 주장 가운데 하나다.

이 모든 논의는 나의 핵심 논제와 약간 관련이 있다. Skinner는 정당한 저항론의 등장에 초점을 맞추고 있는데 비해, 나는 칼뱅주의자들 가운데서 중세의 특징과 다른 완전히 성숙된 종교적 비전—세계 형성적 기독교—, 곧 사회를 향한 새로운 '혁명적' 태도까지 포함하는 그런 비전을 발견할 수 있다고 주장한 것이다. Skinner가 연구한 정당한 저항론은 그 가운데 **일부분**에 불과하다. 물론 아주 중요한 부분이긴 하지만.

스위스 개혁 운동에서 평신도의 역할에 관해서는 Bernd Moeller의 다음 글을 참고하라. "'개혁' 도시의 특징들은 무엇인가? 그 외적인 특징들로서는 예배의 간소함, 성상 제작에 대한 반대가 있고, 무엇보다 루터교의 성찬 교리에 대한 목사들의 반대가 있다. 이와 더불어, 시민들은 공적인 자선 사업, 공적인 가르침, 시민의 기율을 개혁하기 위해 교회 공동체와 도시 공동체의 영적·도덕적 삶을 온전케 하고 공고히 하기 위해 특별한 노력을 기울였다. 칼뱅이 등장하기까지, 그들은 **거룩한 도시**(聖市)를 이상(理想)으로 설정했으며, 여러 곳에서 이 목표를 거의 실현시키는 단계에까지 이르렀었다. 그런데 우리의 목적상 우리가 주목할 가장 중요한 점은, **평신도들**이 이 모든 활동에서 지극히 중요한 역할을 했다는 사실이다. 물론 중세 후기에 이 도시들에서 시행되었던 엄격한 도덕률의 전통은 시의회 의원들이 교회 문제에 적극적으로 참여하였고 교회에서 평신도 직분이 대단히 중요했던 이유를 설명해 줄 수도 있을 것이다. 그러나 이에 덧붙여, 특히 북부 독일 도시들의 개혁의 특징은 '평민'이 전례 없이 교회 개혁에 적극적으로 참여한 것이었다. 그들의 참여는 종교 개혁을 도입하는 데 그치지 않고 그것을 유지하는 일도 포함했다" [*Imperial Cities and the Reformation: Three Essays*(Philadelphia: Fortress Press, 1972), pp. 92-93].

14) Bouwsma, *Venice and the Defense of Republican Liberty*, p. 29. Bouwsma의 위계적 정치관의 붕괴에 관한 논의는 pp. 11-17에 나온다.

15) Oberman, "The Shape of Late Medieval Thought: The Birthpangs of

the Modern Era", in *Studies in Medieval and Reformation Thought*, ed. Heiko A. Oberman et al.(Leiden: E. J. Brill, 1974), vol. 10, *The Pursuit of Holiness in Late Medieval and Renaissance Religion*, p. 11. 이와 동일한 논점이 Charles Trinkaus의 글에도 나타난다. "당시에 일어나고 있던 현상은 세속적인 것을 신성화시키는 동시에 신성한 것을 세속화시키는 경향이었다"["Humanism, Religion, Society: Concepts and Motivation of Some Recent Studies", *Renaissance Quarterly*, 29 (1976), 688].

16) Oberman, "The Shape of Late Medieval Thought", p. 25.
17) Bouwsma, *Venice and the Defense of Republican Liberty*, p. 30.
18) 아우구스티누스주의와 스토아주의의 관계와 관련하여 다음과 같은 Bouwsma의 말을 덧붙여야겠다. "르네상스에 있어서, 스토아주의든 아우구스티누스주의든 문헌들을 제공하고 전수하는 일이 주된 기능은 아니었다. 그 사조들은 오히려 르네상스 사회와 문화의 변화무쌍한 필요에 대한 일종의 반응이었다. 이런 필요는 중세 후기에 유럽인의 생활이 점차 복잡해지면서 생겨났고, 무엇보다 소도시의 발달과 그로 인해 인간 존재에 대한 새로운 비전이 창출되면서 생겨났다. 왜냐하면 소도시들은 유럽의 일부 지역이 스토아 학파와 아우구스티누스가 자라났던 헬레니즘 세계를 점점 닮아가게 만드는 일련의 조건을 낳았기 때문이다. 기근과 전염병, 도시의 무질서와 시골에서의 해묵은 전쟁, 개인과 집안과 사회 집단 사이에 벌어지는 끝없는 충돌, 사회적 유동성이 커짐에 따라 상당수의 도시민이 뿌리를 잃고 불안정해지는 현상, 무엇보다도 서로 가깝고 친숙했던 전통 사회를 떠나 전혀 예측 불가능하고 위협적인 세계에서 생존 투쟁을 벌여야 하는 끔찍한 현실이 계속해서 삶을 위협하는 곳이었다.

"이런 상황에서 스콜라 문화는 부적실하게 보였고, 스토아주의와 아우구스티누스주의는 각기 다른 방식으로 그것을 해석하고 해결하고자 했다. 이런 곤경에 처했기 때문에 사람들은 스토아 학파와 아우구스티누스의 저술들을 찾아 읽고자 했다고 설명할 수 있겠다"["The Two Faces of Humanism: Stoicism and Augustinianism in Renaissance Thought", in *Studies in Medieval and Renaissance Thought*, ed. Heiko A. Oberman et al.(Leiden: E. J. Brill, 1975), vol. 14, *Itinerarium Italicum*, ed. Heiko A. Oberman with Thomas A. Brady, Jr., pp. 16-17].

19) Bouwsma, "The Two Faces of Humanism", p. 52.
20) Zwingli, "Of the Education of Youth", in *Zwingli and Bullinger: Selected Translations*, trans. Geoffrey W. Bromiley(Philadelphia: Westminster Press, 1953), p. 113.
21) 초기 칼뱅주의자의 사상과 실천이 '근대화'와 어떤 관련이 있는지는 물론 많이 논의되어 온 주제지만, 그 가운데 특히 법과 관련된 부분은 다음 책을 참고하라. David Little, *Religion, Order, and Law: A Study in Pre-Revolutionary England*(New York: Harper & Row, 1969).
22) Troeltsch, *Social Teaching of the Christian Churches*, 2: 610.
23) 다시 한 번 Troeltsch의 통찰력을 주목하는 것이 좋겠다. "칼뱅주의는 개인의 활동과 공동체의 활동을 하나의 의식적이고 계통적인 형태로 종합했다. 그리고 교회(the Church)는 세속 공동체의 정치적·경제적 도움이 없이는 완전히 구축될 수 없으므로, 모든 직업이 그 거룩한 공동체의 목적을 달성하기 위한 수단으로 정리되고, 순화되고, 점화되어야 한다고 주장되었다. 그래서 이제는 섭리에 의해 좌우되는 정적인 직업 체계에 순복하는 것을 이상으로 삼지 않고, 거룩한 공동체의 목적을 실현하는 방법으로 직업을 자유로이 이용하게 되었다. 다양한 세속 직업들은, 형제 사랑이 실천되고 믿음이 보존되는 기존의 틀을 구성할 뿐만 아니라 자유롭게 다루어야 할 수단이 되었으며, 그것을 사려 깊고 지혜롭게 사

용하면 사랑과 믿음이 증진될 수 있다고 생각되었다. 이로부터 직업 체계에 대한 자유로운 개념, 실질적으로 가능하고 적합한 직업에 대한 고려, 노동의 강도를 일부러 높이는 등의 결과가 초래되었다"(*Social Teaching of the Christian Churches*, 2: 610-611, 「기독교 사회윤리」, 한국신학연구소).

24) Calvin, *Calvin's Commentaries: The First Epistle of Paul the Apostle to the Corinthians*, trans. John W. Fraser, ed. David W. Torrance and Thomas F. Torrance(Grand Rapids, Mich.: Eerdmans, 1960), p. 153(1 Cor. 7: 20).

25) 고린도전서 10:31-11:1에 대한 칼뱅의 설교 요지를 Wallace가 풀어 쓴 것. Ronald S. Wallace, *Calvin's Doctrine of the Christian Life* (London: Oliver and Boyd, 1959), p. 155.

26) *Institutes*, IV, xiii, 11에 나오는, 수도사의 엘리트주의에 대한 신랄한 혹평을 생각해 보라. 이와 관련하여 칼뱅은 학예를 신체적 기술보다 높이 평가했던 인문주의자들의 엘리트주의와도 결별했음을 기억할 필요가 있다(*Institutes*, II, ii, 14).

27) 참고. Troeltsch, *Social Teaching of the Christian Churches*, 2: 591. 「기독교 사회윤리」(한국신학연구소).

28) Marshall, Walzer, *Revolution of the Saints*, 권두에 인용.

29) 참고. Walzer, *Revolution of the Saints*, pp. 100 이하.

30) 이에 대해 Troeltsch가 잘 요약하고 있다. "칼뱅의 견해에 따르면, 사랑은 자신만 행복하다고 만족하는 것이 아니고, 사랑으로 남을 섬기는 데 몰두한다고 만족하는 것도 아니다. 더구나, 자기가 살고 있는 세상에 완전히 몸담지 않고 수동적으로 참고 견딘다고 만족하는 것도 아니다. 이와 반대로, 인생의 의미는 바로 이런 상황에 참여하면서, 내적으로는 그것을 초월하지만, 그것을 통해 신의 뜻이 나타나도록 하는 데 있다고 느

낀다. 갈등과 노동을 통하여 개인은 언제나 확신을 가지고 세상을 성화시키는 작업에 임하되, 그 스스로 세상의 삶에 빠져버리지는 않을 것이다. 왜냐하면 모든 일에서 그 개인은, 이런 유의 행동을 하도록 힘을 주는 선택의 의미를 힘써 성취해 갈 뿐이기 때문이다.…그 개인은 어쩔 수 없이 세계와 사회를 섬기는 일에, 끝없이 무언가를 만드는 노동의 삶에 전심으로 몰입하게 되었다"(*Social Teaching of the Christian Churches*, 2: 588-589, 「기독교 사회윤리」, 한국신학연구소).

2장 근대 세계체제

1) Talcott Parsons, *Societies: Evolutionary and Comparative Perspectives* (Englewood Cliffs, N. J.: Prentice-Hall, 1966), pp. 10-16.
2) Talcott Parsons, *The System of Modern Societies*(Englewood Cliffs, N. J.: Prentice-Hall, 1971), pp. 27-28. 「현대 사회들의 체계」(새물결).
3) 그런 비판에 관한 논의를 보려면 다음 책들을 참고하라. Charles Taylor, *Hegel and Modern Society*(Cambridge: Cambridge University Press, 1979, 「헤겔 철학과 현대의 위기」, 서광사); Peter Berger, *Facing up to Modernity*(New York: Basic Books, 1977).
4) Wallerstein, *The Capitalist World-Economy*(Cambridge: Cambridge University Press, 1979), p. 5.
5) Wallerstein, *Capitalist World-Economy*, pp. 5-6.
6) Wallerstein, *Modern World-System*, p. 348. 「근대 세계체제」(까치글방).
7) Robert L. Heilbroner, *The Worldly Philosophers: The Lives, Times, and Ideas of the Great Economic Thinkers*, 3d ed. rev. (New York: Simon and Schuster, 1967), p. 24. 시장 경제의 발흥에 관한 철저한 논의는 다음 책을 참고하라. Karl Polanyi, *The Great Transformation: The Political*

and Economic Origins of Our Time(1944 ; reprint ed., Boston : Beacon Press, 1957, 「거대한 변환」, 민음사). 이 책에서 저자는 이렇게 주장한다. "어느 사회든 모종의 경제를 소유하지 않고는 당연히 일정 기간 이상 생존할 수 없다. 그러나 우리 시대 이전에는, 원칙적으로라도, 시장에 의해 좌우되는 경제를 가진 적이 없었다. 19세기에 학문적 주문(呪文)이 그토록 끈질기게 울려 퍼졌음에도 불구하고, 상호 교환을 통한 이익이 인간 경제에서 중요한 역할을 담당한 적은 없었다. 후기 석기 시대 이래 시장이란 제도는 상당히 흔한 것이었지만, 그 역할은 부차적인 것에 불과했다.…역사적으로나 인종학적으로 다양한 종류의 경제—대부분 시장 제도를 포함한다—가 있어 왔지만, 우리 시대 이전에는 대충이라도 시장에 의해 통제되고 규제되는 경제는 존재한 적이 없다"(pp. 43-44).

8) 사실 Wallerstein은 이렇게 말한다. "단일한 경제 안에 복수의 국가가 있는 상태는 이윤을 추구하는 판매자들에게 두 가지 이점을 준다. 첫째, 단일한 정치적 권위가 부재하기 때문에 누구든 세계체제의 일반 의지를 입법화하는 것이 불가능하므로, 자본주의적 생산 양식을 금할 수 없다. 둘째, 국가의 행정 기구가 존재하기에 자본주의 판매자들은 시장 작동에 빈번히 필요한 인위적 규제 장치를 체계화할 수 있다"(*Capitalist World-Economy*, pp. 69-70). 동일한 문맥에서 이런 말도 덧붙인다. "따라서 자본주의적 세계경제가 작동하려면 여러 집단들이 단일한 시장에서 경제적 이익을 추구하되, 조직적으로 국가들에 영향을 미침으로써—어떤 국가들은 다른 국가들에 비해 훨씬 힘이 세지만 어느 한 국가가 세계 시장 전체를 좌우할 수는 없다—자신들의 이익을 위해 시장을 왜곡하는 것이 필요하다"(p. 25).

9) Andre Gunder Frank, *Crisis: In the World Economy*(London : Heinemann, 1980), pp. 172-262.

10) Wallerstein, *Capitalist World-Economy*, pp. 68-69.
11) Heilbroner, "The Demand for the Supply Side", *The New York Review of Books*, 11 June 1981, p. 37. 물론 임금 노동과 노예 노동 사이에 유사점도 있지만, 그 점만 생각하면 임금 노동으로 바뀌는 것은 자결권으로 인해 상당한 자유의 신장을 의미한다는 사실을 간과하기 쉽다. 사람들에게 선택권을 주었을 때 한결같이 다른 형태의 노동보다 임금 노동을 선호하는 것은 결코 우연이 아니다.
12) 이는 Alvin Gouldner가 제시한 자본의 정의와 아주 비슷하다. "자본을 간명하고도 일반적으로 정의하자면 이렇다. 판매 가능한 실용품을 만드는 데 사용되는 생산된 물질로서 그 소유자에게 **수입**을 제공하는, 혹은 수입에 대한 권한을 부여하는 것이며, 그 수입이 경제 활동에 대한 귀속적 기여로 인해 정당하게 규정되는 경우를 일컫는다…"[*The Future of Intellectuals and the Rise of the New Class*(New York: Continuum, 1979), p. 21). 여기서 나는 '생산된'이란 단어를 생략하고 싶은데, 내가 보기에 땅과 같은 것도 자본의 기능을 하기 때문이다. 골드너는 이어서 노동과 기술도 우리 체제에서 자본의 기능을 한다고 주장한다. 이제 이어지는 본문에서 분명히 드러나겠지만 나는 그렇게 생각하지 않는다.
13) Gouldner, *Future of Intellectuals*, p. 23.
14) Heilbroner, "Demand for the Supply Side", p. 37.
15) 현 세계체제에서 반주변부 지역이 담당하는 기능에 관해서는 특히 Wallerstein의 *Capitalist World-Economy*, pp. 95-118을 참고하라. Wallerstein은 오늘날 반주변부에 속하는 국가들을 다음과 같이 열거하고 있다. "거기에는 남미에서 상대적으로 강한 경제력을 가지고 있는 브라질, 멕시코, 아르헨티나, 베네수엘라가 포함되고 어쩌면 칠레와 쿠바도 포함될 수 있을 것이다. 또 유럽의 남쪽 주변부에 속한 포르투갈, 스페인, 이탈리아, 그리스, 대다수의 동유럽, 노르웨이와 핀란드 같은 북유

럽의 일부 국가도 포함된다. 그리고 알제리, 이집트, 사우디아라비아 등 아랍 국가들과 이스라엘도 포함된다. 아프리카에서는 적어도 나이지리아와 자이레, 아시아에서는 터키, 이란, 인도, 인도네시아, 중국, 한국, 베트남 등이 포함된다. 그리고 오랫동안 영연방으로 존재해 왔던 캐나다, 호주, 남아공화국, 뉴질랜드 같은 백인 국가들도 포함된다"(p. 100).

16) Wallerstein, *Capitalist World-Economy*, p. 71. 다음과 같은 Heilbroner의 말도 참고하라. "내가 보기에는, 자본주의가 단일한 세계 체제를 이룬 것은 시장의 힘으로 서로 연결되어 있기 때문만이 아니다. 자본주의가 세계를 하나의 체제로 묶는 과정은, 중심에 있는 선진 국가들이 세계적 규모로 잉여 가치를 모으기 위해 주변부의 '저개발 지역'으로 임금 노동 체제를 확장시키는 데 있다"("Demand for the Supply Side", p. 38).

17) Wallerstein, *Capitalist World-Economy*, p. 73.

18) 예를 들어, 다음 책을 보라. Reimar Schefold, "Religious Involution", in *Tropical Man, Yearbook of the Anthropology Department of the Royal Tropical Institute*, vol. 5(Amsterdam, 1973), pp. 46-81. 이 대목은 금기 사회의 경우 물리적 조건이 변할 때 역할 전문화가 증대되곤 하다는 것을 보여 주고 있다(이 참고 문헌은 Sander Griffioen이 제공한 것이다). 다음 책도 참고하라. Clifford Geertz, *Agricultural Involution*(Berkeley and Los Angeles: University of California Press, 1963).

19) 이 논점은 Anthony Giddens가 *New Rules of Sociological Method* (London: Hutchinson, 1977)의 2장에서 전개한 논점과 비슷하다.

20) Peter L. Berger의 말도 참고하라. "**근대 의식은 숙명에서 선택으로의 움직임도 내포한다.**…이전에는 숙명이었던 것이 지금은 일련의 선택 사항이 된다.…숙명이 결정 사항으로 변모된 것이다"[*The Heretical Imperative: Contemporary Possibilities of Religious Affirmation*(Garden City, N. Y.: Doubleday-Anchor, 1979), pp. 11, 16, 「이단의 시대」, 문학과지성사].

21) 같은 책, p. 13.
22) Max Weber, *The Protestant Ethic and the Spirit of Capitalism*, trans. Talcott Parsons(New York: Scribner's. 1958), p. 153.「프로테스탄티즘의 윤리와 자본주의 정신」(문예출판사).
23) 이는 기술적으로 합리화된 행동이 인류의 삶을 구성하는 특징적인 부분이 될 수 있으려면 사회적 세계의 **맥락**에 어떤 변화가 일어나야만 했다는 것을 함축한다. 즉 고대 및 중세와는 다른 새로운 유의 과학과, 과학의 혜택에 대한 새로운 견해가 등장해야 했던 것이다. 만일 문화적 맥락에서 그런 변화가 발생하지 않았더라면, 기술적으로 합리화된 행동은 발전될 수 없었을 것이다.
24) Heilbroner의 다음 말도 참고하라. "노동과 노동의 생산물에 대한 권리가 서로 분리된 것은 자본주의의 전형적인 업무 조직에 대한 이론적 근거를 제공한다. 이런 조직에서는 시간당 생산량이 피로감, 흥미, 창의성 등과 같은 다른 대다수의 고려 사항보다 우선시된다. 이런 조직의 대표적 특징은 직업의 다양화에 의한 노동 '분업' 뿐 아니라, 신체적 및 정신적 과업을 가장 단순한 요소들로 파편화시킴으로써 '분업'을 이룩하는 것이다. 이런 식의 분업은 인간의 '자연스런' 성향이 아니며, 다른 어떤 사회를 둘러봐도 자본주의만큼 심화된 경우를 찾을 수 없다. 노동 분업은 자본주의에게 엄청난 생산성을 선사해 주지만, 동시에 노동 과정에 대한 아주 엄격한 감독과 철저한 훈련의 필요성을 부과한다"("Demand for the Supply Side", p. 37).
25) Peter L. Berger, Brigitte Berger, and Hansfried Kellner, *The Homeless Mind: Modernization and Consciousness*(New York: Random House, 1973), pp. 88, 89, 90. 강조한 부분은 원문을 따른 것임. 저자들은 이 진술에 유보 사항을 덧붙인다. "모든 사회적 가면의 밑바닥에 있는 근본적인 정체성의 발견을 근대 의식의 공로로만 돌리는 것은 잘못일 것

이다.…사회가 부과한 역할과 규범 뒤에 혹은 아래에 인간성이 존재한다는 것과 이 인간성이 심오한 존엄성을 지닌다는 깨달음은 근대인만 누리는 특권이 아니다. 근대의 특이성은 이 고유한 인간성이 사회 현실과 서로 맞물려 있는 방식에 있다"(pp. 88-89). 윤리적 다원주의의 쇠퇴에 관해 흥미롭게 다룬 책을 소개하면, Benjamin Nelson, *The Ideal of Usury: From Tribal Brotherhood to Universal Otherhood*(Princeton: Princeton University Press, 1949).

26) 이것은 물론 칼뱅주의의 '세속적 금욕주의'가 자본주의의 발생과 확산에 결정적으로 기여했다는 Max Weber의 논제에 대해 의문을 제기한다. 이에 관한 문헌은 엄청나게 많은데, 그 가운데 특히 주목할 만한 자료는 다음과 같다. R. H. Tawney, *Religion and the Rise of Capitalism: A Historical Study(Holland Memorial Lectures, 1922)* (New York: Harcourt Brace, 1926); Kurt Samuelsson, *Religion and Economic Action*, trans. E. Geoffrey French and ed. D. C. Coleman(New York: Basic Books, 1961); Michael Walzer, *The Revolution of the Saints: A Study in the Origins of Radical Politics*(Cambridge: Harvard University Press, 1965), pp. 300-320; Andre Gunder Frank, *Dependent Accumulation and Underdevelopment*(New York: Monthly Review Press, 1979).

27) Ch'ien Lung, Frank, *Dependent Accumulation and Underdevelopment*, p. 18에서 인용.

28) "유럽이…세계를 지배할 수 있었던 능력은 문화적 우월성이나 경제적 힘이 아니라 획기적인 두 가지 기술적 발전에 달려 있었다. 곧 대양을 가로지를 수 있는 선박의 건조와 화약 및 해전용 대포의 개발이다"[Keith Griffin, "Underdevelopement in History", in *The Political Economy of Development and Underdevelopment*, ed. Charles K. Wilber(New

York: Random House, 1973), p. 70].

29) 자기 방향성의 자유라는 이상의 기원에 대해서는 다음을 보라. Michael Oakeshott's *On Human Conduct*(Oxford: Oxford University Press, 1975), pp. 236-242.

30) 세속화가 지역에 따라 그 강도가 다른 이유를 설명한 책으로는 다음이 있다. David Martin's *A General Theory of Secularization*(New York: Harper Colophon Books, 1979).

31) Berger, *The Heretical Imperative*, p. 26. 「이단의 시대」(문학과지성사).

32) Berger, *The Sacred Canopy: Elements of a Sociological Theory of Religion*(Garden City, N. Y.: Doubleday, 1967), pp. 132-133.

3장 리마인가 암스테르담인가?: 해방인가 개현인가?

1) Gutiérrez, "Notes for a Theology of Liberation", *Theological Studies*, 31(1970), pp. 249-250.

2) Gutiérrez, *A Theology of Liberation: History, Politics and Salvation*, trans. Sister Caridad Inda and John Eagleson(Maryknoll, N. Y.: Orbis Books, 1973), 「해방신학」(분도). 앞으로 이 책을 언급할 때 약자 *TL*로 표기하겠다.

3) Gutiérrez, *Liberation and Change*(Atlanta: John Knox Press, 1977), part one, *Freedom and Salvation: A Political Problem*, trans. Alvin Gutterriez, pp. 84-85.

4) 이와 같은 새로운 의식의 확산을 실례를 들어 설명한 책으로는 다음이 있다. Andre Gunder Frank, *Crisis: In the World Economy*(London: Heinemann, 1980).

5) TL, p. 84. and Gutiérrez, *Liberation and Change*, pp. 76-77.

6) Croatto, *Exodus: A Hermeneutics of Freedom*, trans. Salvator Attanasio(Maryknoll, N. Y.: Orbis Books, 1981), p. 5.
7) TL, p. 35. and *Liberation and Change*, p. 84.
8) Gutieérrez, "The Hope of Liberation", in *Mission Trends No. 3: Third World Theologies*, ed. Gerald H. Anderson and Thomas F. Stransky (New York: Paulist Press; Grand Rapids, Mich.: Eerdmans, 1976), p. 67. 다른 데서도 비슷한 말을 하고 있다. "역사를 통틀어 인간 해방 과정이 지닌 신학적 의미를 성찰하는 것"(*TL*, p. x), "신학의 기능은 말씀(the Word)에 비추어 그리스도인의 실천 행위에 관해 비판적 성찰을 하는 것"(*TL*, p. 13), "해방의 실천 행위에 관해 비판적으로 성찰하는 것"(*TL*, p. 14) 등등.
9) 나는 Gutiérrez의 접근을 소개할 때, 하나님의 말씀과 신학자의 과업에 관한 한은 마치 그가 처한 상황에 대한 그의 사회 이론적 **해석**과 그의 **프로젝트**가 이미 주어진 것인 양 묘사했고, 또 신학자가 할 일은 이처럼 이미 주어진 것을 하나님의 말씀에 비추어 해석하는 것에 불과한 것처럼 묘사했다. 물론 Gutiérrez가 이런 그림을 그리고 있지만, 그게 전부라고 생각하지는 않는다. 어쨌든, 나로서는 다음 몇 가지 사항도 염두에 둘 필요가 있다고 주장하고 싶다. (1) 하나님의 말씀은 우리의 실천(praxis)에 대한 비판이요 지침이자 원동력으로 다가온다는 것, (2) 하나님의 말씀에 비추어 우리 상황에 대한 우리의 사회 이론적 분석을 시도해야 한다는 것 [이 점은 이 책의 8장에서 좀더 깊이 개진되고 있으며, 내가 쓴 *Reason within the Bounds of Religion* (Grand Rapids, Mich.: Eerdmans, 1976, 「종교의 한계 내에서의 이성」, 성광문화사)에도 나와 있다], (3) 우리는 하나님의 말씀 자체에 대해 묵상할 필요도 있으며, 그렇게 함으로써 말씀이 사회적 실천 이상의 것을 다루고 있음을 알 필요가 있다는 것이다.

10) Gutiérrez, *Liberation and Change*, pp. 85-86.
11) Noam Chomsky와 Edward S. Herman은 미국의 '고객 국가들'에 관해 논하면서 "1930년대 유럽에서 그랬던 것처럼, 다수의 잠재적 보호자로 살아남은 것은 교회밖에 없었다"고 말한다. 그리고 남미에 관해서는 "교회가 대규모 민중을 위한 최후의 제도적 보루로서 외로운 투쟁을 하고 있다"고 한다[*The Washington Connection and Third World Fascism* (Boston: South End Press, 1979), vol. 1, *The Political Economy of Human Rights*, pp. 11, 262).
12) Croatto, Exodus, p. 5.
13) 여기서 우리를 자결권이 있는 초월적 자아와 그렇지 못한 경험적 자아로 나눈 칸트의 전략을 숙고할 생각은 없다. 인간의 자결권이란 문제를 폭넓게 다룬 책으로는 내가 쓴 Educating for Responsible Action(Grand Rapids, Mich.: Eerdmans, 1980)이 있다.
14) Georg Lukács, *History and Class Consciousness: Studies in Marxist Dialectics*(Cambridge: MIT Press, 1971). 「역사와 계급의식」(거름).
15) Issiah Berlin, "Two Concepts of Liberty", in *Four Essays on Liberty* (New York: Oxford University Press, 1970). 「이사야 벌린의 자유론」(아카넷).
16) D. Th. Kuiper, *De Voormannen: Een Sociaal-Wetenshappelijke Studie over Ideologie, Konflikt en Kerngroepvorming binnen de Gereformeerde Wereld in Nederland tussen 1820 en 1930*(Kampen: J. H. Kok, 1972). 또한 D. Th. Kuiper, "Historical and Sociological Development of ARP and CDA", in *Christian Political Options*(The Hague: AR-Partijstichting, 1979)를 보라.
17) Herman Dooyeweerd, *Roots of Western Culture: Pagan, Secular, and Christian Options*, trans. John Kraay and ed. Mark Vander Vennen

and Bernard Zylstra(Tronto: Wedge Publishing Foundation, 1979), p. 64. 「서양 문화의 뿌리」(크리스챤다이제스트). 앞으로 이 책을 언급할 때는 약자 *RWC*로 표기하겠다. 이런 주제들에 관한 더 자세한 논의는 다음 책을 참고하라. Dooyeweerd's *Critique of Theoretical Thought* (Philadelphia: Presbyterian and Reformed Publishing co., 1955), 2: 181-330. 「이론적 사유의 신비판 서론」(크리스챤다이제스트).

18) Goudzwaard, Capitalism and Progress, p. 191. 「자본주의와 진보 사상」(IVP). 앞으로 이 책을 언급할 때는 약자 *CP*로 표기하겠다.

19) Abraham Kuyper, *Calvinism: Six Stone Lectures*(Grand Rapids, Mich.: Eerdmans, 1931). 「칼빈주의의 강연」(크리스챤다이제스트).

연결부 I: 샬롬 안에서 정의를 이루기 위하여

1) 참고. Ernst Käsemann, "The Eschatological Royal Reign of God", in *Your Kingdom Come: Report on the World Conference on Mission and Evangelism, Melbourne, Australia,* 12-25 May 1980(Geneva: World Council of Churches, 1980).

4장 부자와 가난한 자: 빈부의 문제

1) Barth, *Church Dogmatics*, trans. T. H. L. Parker et al.(Edinburgh: T.&T. Clark, 1955-), vol. 2, The Doctrine of God, 1: 386. 「교회 교의학」(대한기독교서회).

2) Abraham Kuyper, Christianity and the Class Struggle, trans. Dirk Jellema(Grand Rapids, Mich.: Piet Hein, 1950), pp. 27-28, 50.

3) World Bank, Development Report, August 1981, p. 11. UN 국제 노동

기구(ILO)의 대표 Francis Blanchard의 보고서, *Employment, Growth and Basic Needs: A One-World Problem*에 담긴 다음 내용도 참고하라. "오늘날 국가적 차원과 국제적 차원에서 굉장한 노력을 기울이고 있음에도 불구하고, 인류의 상당 비율이 물질적으로 비참한 상태에서 겨우 연명하고 있는 실정이다. 7억이 넘는 인구가 극심한 가난 가운데 살고 있다. 적어도 4억 6천만 명이 최근의 식량 위기가 오기 전부터 심각한 수준의 단백질-에너지 영양 실조로 고통받고 있는 것으로 추산된다. 수천만 명이 아사의 위험에 처해 있다. 수백만 명이 온갖 종류의 질병으로 고통당하고 있으며, 가장 기본적인 의료 혜택도 받지 못하고 있다"[Report to the Tripartite World Conference on Employment, Income Distribution and Social Progress and the International Division of Labour (Geneva: International Labour Office, 1976), p. 17].

4) Gunnar Myrdal, *Against the Stream: Critical Essays on Economics* (New York: Vintage Books, 1975), p. 72.

5) Julio de Santa Ana, *Towards a Church of the Poor: The Work of and Ecumenical Group of the Church and the Poor*(Maryknoll, N. Y.: Orbis Books, 1981), p. 3.

6) 가난에 대한 교회의 태도를 역사적으로 고찰해 보기 위해서는 다음을 보라. Julio de Santa Ana's *Good News to the Poor: The Challenge of the Poor in the History of the Church*(Maryknoll, N. Y.: Orbis Books, 1979). 또한 Gustavo Gutiérrez's *A Theology of Liberation: History, Politics and Salvation*, trans. and ed. Sister Caridad Inda and John Eagleson(Maryknoll, N. Y.: Orbis Books, 1973), pp. 287-306를 보라. 「해방신학」(분도).

7) Calvin, *Institutes of the Christian Religion*, ed, John T. McNeil and trans. Ford Lewis Battles(Philadelphia: Westminster Press, 1960), 1:

696(III, vii, 6).

8) 신명기 4:39-43에 대한 칼뱅의 설교 요지를 Wallace가 풀어쓴 것. Ronald S. Wallace, *Calvin's Doctrine of the Christian Life*(London: Oliver and Boyd, 1959), p. 149.

9) Calvin, *Commentary on a Harmony of the Evangelists, Matthew, Mark and Luke*, trans. Williams Pringle(Grand Rapids, Mich.: Ecrdmans, 1956), 1: 304(Matt. 5:43).

10) 같은 책, 3: 61(Luke 10: 30).

11) 칼뱅의 사상을 왈리스가 정리한 것. *Calvin's Doctrine*, p. 151.

12) Calvin, *Sermons of M. Ionh Caluine upon the Epistle of Saincte Paul to the Galathians*, trans. Arthur Golding(London: Lucas Harison and George Bishop, 1574), p. 331(sermon on Gal. 6: 9-11); 철자법은 필자가 현대식으로 표기한 것임.

13) Calvin, *Sermons on the Epistle to the Ephesians*, rev. trans.(Edinburgh: Banner of Truth Trust, 1973), p. 457(sermon on Eph. 4: 26-28).

14) Calvin, *Commentaries on the First Twenty Chapters of the Book of the Prophet Ezekiel*, trans. Thomas Myers(Grand Rapids, Mich.: Eerdmans, 1948), 2: 224(Ezek. 18: 7).

15) Calvin, *Calvin's Commentaries: The Second Epistle of Paul the Apostle to the Corinthians and the Epistles to Timothy, Titus and Philemon*, trans. T. A. Smail and ed. David W. Torrance and Thomas F. Torrance (Grand Rapids, Mich.: Eerdmans, 1964), p. 112(2 Cor. 8: 14).

16) Calvin, Sermon XLIV on the Harmony of the Gospels(Matt. 3: 9-10), W. Fred Graham, *The Constructive Revolutionary*(Atlanta: John Knox Press, 1978), p. 71에서 인용.

17) Calvin, *The Sermons of M. Iohn Calvin vpon the Fifth Booke of*

Moses Called Deuteronomie, trans. Arthur Golding(London： H. Middleton for George Bishop, 1583), p. 770(Sermon on Deut. 22： 1-4). 철자법은 저자가 현대식으로 표기한 것임. 신명기 24：14-18에 대한 Calvin의 설교에 나오는 다음 대목도 참고하라. "부자들은 그런 식으로 처신할 때가 종종 있다.…그들은 이런저런 기회에 달리 계획할 일이 없으면 가난한 자의 임금을 반으로 깎을 궁리를 하게 된다. 가난한 자들은 먹고 살 수만 있다면 어디서든 기꺼이 노동을 하려 한다. 그런데 부자가 이런 말을 하는 걸 듣게 된다. '이 친구는 돈도 떨어지고 일도 떨어졌군. 이제 그가 내게 굴복할 수밖에 없게 되었으니 빵 조각만으로도 고용할 수 있게 되었군…임금의 반만 주어도 감지덕지할 거야'"(p. 860).

18) *Calvin's Commentaries: The Second Epistle to the Corinthians*, p. 114(2 Cor. 8： 15).

19) Kuyper, *Christianity and the Class Struggle*, pp. 48-49.

20) 같은 책, pp. 35-36.

21) 같은 책, p. 40.

22) 특히 생계 유지의 권리를 포함한 권리 전반에 관해 논의하는 이 부분은 다음 책에 빚진 바가 크다. Henry Shue, *Basic Rights: Subsistence, Affluence, and U. S. Foreign Policy*(Princeton： Princeton University Press, 1980).

23) Calvin의 말도 참고하라. "만일 우리 눈앞에 우리의 도움이 필요한 이웃이 있는데도 돕지 않는다면, 만일 그가 쓰러질 것을 알고 우리에게 그를 구제할 수단이 있는데도 아무 조치를 취하지 않는다면, 우리는 하나님 앞에서 중죄인으로 심판을 받을 것이다. 이것은 아주 어려운 사례다. 인간들이 이에 대해 왈가왈부는 할 수 있어도…모든 응답을 내려놓아야 할 것이다. 왜냐하면 하나님이 선포하신 만큼 그분의 말씀은 번복될 수 없는 선고이기 때문이다"(신 22：1-4에 대한 설교 중에서).

24) Joel Feinberg. *Social Philosophy*(Englewood Cliffs, N. J.: Prentice-Hall, 1973), pp. 58-59.
25) Bernard H. M. Vlekke, *The Story of the Dutch East Indies*(Cambredge: Harvard University Press, 1945), p. 178.
26) 여기에 나오는 세부 내용과 이어지는 논의는 내 동료 Eugene R. Dykema 의 미출간 논문, "The Drama of Bangladesh"에서 따온 것이다.
27) Rene Dumont, *Lands Alive*(London: Merlin Press, 1965), p. 139.
28) Nehru, *The Discovery of India*(New York: John Day, 1946), pp. 305-306, 295. 「인도의 발견」(우물이있는집).
29) "16세기 말에 이르러…향료 군도(Spice Islands)의 농업 경제, 인도 여러 곳의 내부 산업들, 인도양과 서태평양에 걸친 아랍의 무역 경제, 서부 아프리카의 원시 사회들과 카리브 군도 및 두 총독이 지배하던 스페인어권 아메리카의 광대한 지역에서의 생활 방식 등이 모두 유럽인의 영향을 크게 받기에 이르렀다.…[유럽의 팽창이] 비유럽 사회들에 미친 결과는… 때로 직접적이고 압도적인 것이었다…"[E. E. Rich, *The Cambridge Economic History of Europe*, ed. E. E. Rich and C. H. Wilson (Cambridge: Cambridge University Press, 1967), vol. 4, *The Economy of Expanding Europe in the Sixteenth and Seventeenth Centuries*, p. xiii].
30) Gunner Myrdal, *The Challenge of World Poverty: A World Anti-Poverty Program in Out line*(New York: Random House-Vintage, 1970), p. 212.
31) Keith Griffin, "Underdevelopement in History", in *The Political Economy of Development and Underdevelopment*, ed. Charles K. Wilber(New York: Random House, 1973), pp. 72, 74-75. 같은 본문에 나오는 Paul A. Baran의 글, "On the Political Economy of Development and Underdevelopment"도 참고하라. "그런데 설사 서구 자본주

의가 가장 후진적인 지역에 사는 사람들의 운명을 물질적으로 향상시키지 못했다 하더라도, 저개발 국가들의 사회적·정치적 상황에 중대한 영향을 미친 것은 분명하다. 그것은 그 지역에 놀랄 만큼 빠른 속도로 자본주의 질서에 내재된 모든 경제적·사회적 긴장을 끌어들였다. 그것은 후진 사회들에 남아 있던 '봉건적' 결속 관계를 모조리 와해시켰다. 또 대대로 내려오던 온정주의적 관계를 시장적 계약 관계로 대치시켰다. 농업 국가들이 유치하고 있던 부분적인 혹은 전적인 자급 자족 경제를 판매 가능한 상품의 생산 쪽으로 방향을 바꾸어 놓았다. 그들의 경제적 운명을 변덕스러운 세계 시장과 연계시키고 국제적인 가격 변동의 급격한 움직임과 맞닿게 했다.

"봉건적 혹은 반봉건적 노예 상태의 경직성이 자본주의 시장의 합리성으로 완전히 대체되기만 했어도, 과도기에 따르는 모든 고통에도 불구하고, 진보적 방향으로 중요한 발걸음을 내디딜 수 있었을 것이다. 그러나 실제로는 저개발 국가에서 오랜 세월 민중을 착취하던 대군주들의 압제가 봉건제 전통으로부터 내려오던 완충 장치에서 완전히 해방되는 현상이 일어났다. 이처럼 지주 계층의 오랜 압제 위에 사업적 **관습**이 첨가되자 더 복합적인 착취, 더욱 터무니없는 부정부패, 더 심각한 불의가 초래되었다"(p. 83).

다음과 같은 Frank의 말도 참고하라. "오늘날 신세계(the New World) 가운데 극도로 저개발된 '침체된' 지역들, 즉 보기 드문 가난, 억압적인 사회 제도들, 극단적인 가톨릭의 성직주의나 개신교 근본주의, 반자유주의적 정치 조직 등을 특징으로 삼는 지역들의 위치를 검토해 보면, 이전 시기에 그 지역에서 수출용으로 생산된 일차 상품들이 세계 자본주의의 발전 도상에서 그 탄광, 토질, 재목, 시장이 고갈된 다음에 쇠퇴일로를 걷게 된 지역임을 알 수 있다.…현재 그들이 가난한 이유는, 부분적으로는 자연 자원의 고갈 혹은 산으로 둘러싸인 탄광 지역에 형성된 높은 인구 밀도와 농토의 부족 때문이지만, 그처럼 극도로 저개발된 일차적 근원은 물리적인 환경보다는 수출 붐의 '황금기'에서 물려받은 사회 구조에 있다.…따라서 역사적·비교적 분석 방법을 동원해 보면, 아담 스미스가 예견하고 마르크스가 체계화한 얼핏 보면 역설적인 현상으로 귀결된다. 즉 부자가 가난해지고, 가난한 자가 부자가 되는 현상이 그것이다"(*Dependent Accumulation*, p. 23).

32) Barnet and Müller, *Global Reach: The Power of the Multinational Corporations*(New York: Simon and Schuster, 1974), pp. 133-134.

33) Myrdal, Challenge of World Poverty, p. 101.

34) 같은 책, p. 57. 강조는 원문에서.

35) 같은 책, p. 114. 강조는 원문에서.

36) Andre Gunder Frank, *Reflections on the World Economic Crisis* (London: Hutchinson, 1981), p. 131. 같은 본문의 앞부분에 다음과 같은 Frank의 글이 실려 있다. "독일의 경우 일 년 평균 근무 시간이 1,700시간에서 1,800시간 사이인데 비해, 남한은 2,800시간, 말레이시아는 2,500시간이다. 그런데 어디까지나 일 년에 2,800시간은 남한 정도의 나라의 평균 근무 시간이라는 점을 강조하고 싶다. 그 가운데는 죽을 때까지 혹은 일할 능력이 없어질 때까지 매주 60시간, 70시간, 아니 심지어는 80시간까지(하루 12시간씩, 일주일 내내) 일하는 사람도 적지 않다.…실질 임금이 줄어드는 데서 극도의 착취 현상을 볼 수 있다. 이런 현상은 군사 쿠데타 이래 실질 임금이 40퍼센트나 떨어진 브라질에서 찾아볼 수 있다. 아르헨티나의 경우, 1975년 이래 실질 임금의 하락폭이 60퍼센트에서 70퍼센트 사이였다. 쿠데타가 일어난 이래 일 년도 안 되어 40퍼센트가 떨어졌다. 칠레의 경우에는 군사 쿠데타 이래 50퍼센트 이상 떨어졌고, 1972년도 물가 대비 28퍼센트에서 30퍼센트 정도가 낮아졌다" (pp. 61-62). Noam Chomsky와 Edward S. Herman은 이렇게 말한다.

"브라질에서 최고 소득자 5퍼센트가 차지하는 소득 비율은 1960년도에 44퍼센트였던 것이 1970년도에는 50퍼센트로 증가했고, 최저 소득자 80퍼센트가 차지하는 비율은 35퍼센트에서 27.5퍼센트로 떨어졌으며, 전 인구 가운데 고소득층 10퍼센트만 소득 비율이 높아진 것은 놀랄 일이 아니다.···*Business Week*에 따르면, 브라질 인구 가운데 가장 낮은 소득층 80퍼센트의 **실질** 임금은 '국가 총생산액이 800억불로 세 배나 늘어났음에도 1964년-군인들이 정권을 잡은 해-이래 계속 떨어져 왔다'고 한다"[*The Washington Connection and Third World Fascism* (Boston: South End Press, 1979), vol. 1, The Political Economy of Human Rights, p. 58]. 이 문제에 관한 연구로는 다음 책을 참고하라. Peter Evans, *Dependent Development: The Alliance of Multinational, State, and Local Capital in Brazil*(Princeton: Princeton University Press, 1979).

37) 다국적 기업들이 제3세계에서 얻는 전반적인 혜택에 관한 평가는 다음을 참고하라. Ronald Müller, "The Multinational Corporation and the Underdevelopment of the Third", in *Political Economy of Development and Underdevelopment,* pp. 124-151.

38) 이런 정부들은 낮은 임금을 제공하기 위해, 그리고 다른 국가들과의 경쟁 입찰에서 국제 자본을 끌어들이기 위해 유리하게 임금을 낮추기 위해, 노동 조합을 파괴하고 파업을 비롯한 여러 노조 활동을 금지할 필요가 있다. 제3세계에서는 조직적인 감금, 고문, 노동 지도자 및 정치 지도자의 암살, 긴급 조치법, 계엄령, 군사 정부 등이 수시로 이용된다. 사실, 새로운 국제적 노동 분업의 현실에서 국가의 모든 기구는 이 같은 제3세계의 역할에 맞춰져야 한다"(Frank, *Reflections on the World Economic Crisis*, p. 130).

39) 중심부와 주변부 지역 귀족들 사이의 정경 유착은 전혀 새로운 것이 아닙니다. Myrdal이 말하듯이, "제2차 세계대전까지 범세계적으로 작동했던

식민지 권력 체제의 경우, **식민지 권력을 특권층과 거의 자동적으로 손잡게 만드는 내장된 메커니즘이 있었다.** 이 특권층은 '법과 질서'를 지키는 면에서 공동의 이해 관계를 갖고 있었으며, 이는 곧 경제적·사회적 **현상 유지**를 의미했다.

"식민지 권력은 자신들의 통치를 유지하기 위해 흔히 식민지의 평등하지 못한 사회적·경제적 구조를 견지하거나 강화시키는 것이 이익이 된다고 생각하곤 한다. 이것이 식민지 통치의 자유방임적 경향에 담긴 주된 요소였다.…심지어는 식민지 통치를 안정적으로 지속시키기 위해 식민지 권력이 새로운 특권과 특권층을 창출하는 일도 자주 벌어졌다.

"식민주의가 종료된 이후에도 그와 비슷한 메커니즘이 분명히 작동해 왔고, 특히 남미의 경우에는 정치적으로 독립된 저개발 국가들과 관련하여 그에 상응하는 기제가 이전이나 마찬가지로 지금도 작동하고 있다. **바로 이 점 때문에 '신(新)식민주의'라는 용어가 정당화될 수 있다.**

"식민주의가 제공하던 정치적 안정이 사라졌을 때, 부유한 서양 국가들이, 식민지 시대로부터 물려받은 사회적·경제적·정치적 권력 구조를 완강히 보존하는 보수 정권이 강력한 힘을 발휘하는 신생 독립 국가에 대해 특별한 동정심을 느끼는 것은 아주 자연스런 현상이다.

"서구가 사업상의 이익을 위해 그런 나라에 기꺼이 투자하려는 것도 똑같이 자연스런 현상이다. 또 그들이 그 나라의 부자와 권력자를 협상 대상으로 선호하는 것도 자연스러운 일이었다. 이런 움직임이 그 나라의 특권층을 강화시킨 것도 똑같이 자명한 사실이다"(*Challenge of World Poverty*, pp. 72-73; 강조는 원문에서).

그 뒤에 나오는 대목에서 Myrdal은 이렇게 덧붙인다. "더구나, 서구의 사업가들이 자기 나라에서는 아무리 자유주의적이라 할지라도, 저개발 국가에서 사업할 때는 사회적·정치적 반동 세력이 되는 경향이 많다. 그들은 모든 반대를 억압하는 독재적인 상층부 정권을 선호한다. 그 정권이 극도의 착취를 일삼는다 할지라도 말이다. 그런 정권을 잘 다루는 것이 사업에 도움이 되기 때문이다. 물론 길게 보면 사업에도 손해임에도 불구하고.

"많은 기업들은 특혜를 받아 사업을 처음 시작하던 초창기부터 자행한 무자비한 착취, 부정부패, 자명한 사기와 같은 역사적인 짐을 짊어지고 있다.…많은 기업의 경우…그런 잠재적인 스캔들이 폭발하지 않도록 귀족층에게 바짝 붙어 뇌물을 줘야 할 경우도 많다"(pp. 264-265).

40) 이에 대한 증거는 다음 책들에 나와 있다. Chomsky and Herman, *Third World Fascism*, 특히 pp. 44-46, 53-60, 또한 Frank, *Crisis: In the Third World*(New York: Holmes&Meier, 1980), 제6장.

41) 이에 대한 증거는 Frank, *Crisis: In the World Economy*의 제4장을 보라.

42) 제안 사항과 계획들을 담은 여러 견본들을 보려면 다음 자료를 참고하라. Denis Goulet, "Goals in Conflict: Corporate Success and Global Justice"(미출간 원고, University of Notre Dame, 1980); *Growth with Equity: Strategies for Meeting Human Needs*, ed. Mary Evelyn Jegen and Charles K. Wilber(New York: Paulist Press, 1979); George N. Monsma, "Biblical Principles and Economic Theory"(미출간 원고, Calvin College, 1980); *RIO: Reshaping the International Order*, ed. Jan Tinbergen(New York: New American Library, 1976); Pierre Uri, *Development without Dependence*(New York: Praeger, 1976).

43) 이 편지의 전문은 다음 자료에서 볼 수 있다. *Fellowship*(Journal of the Fellowship of Reconciliation), Sept. 1977, pp. 14-15.

5장 민족과 민족의 투쟁: 민족주의의 문제

1) Martin Buber, *Israel and the World*(New York: Schocken, 1973), p. 217.

2) "The Epistle to Diognetus"(v: 2-5), in *The Apostolic Fathers*, trans. Kirsopp Lake(Cambridge: Harvard University Press, 1913), 2: 359-361.

3) Isaiah Berlin, *Against the Current: Essays in the History of Ideas*, ed. Henry Hardy(London: Hogarth Press, 1979), pp. 351-352.

4) 같은 책, p. 346.

5) Buber, *Israel*, p. 218.

6) 유대인의 팔레스타인 사람에 대한 이런 태도를 확증해 주는 자료로는 Edward Said, *The Question of Palestine*(New York: Vintage Books, 1980)을 보라.

7) Berlin, "Two Concepts of Liberty", in *Four Essays on Liberty*(New York: Oxford University Press, 1970), p. 157. 「이사야 벌린의 자유론」(아카넷).

8) Karl Deutsch, *Tides among Nations*(New York: Free Press, 1979), p. 29.

9) Buber, *Israel*, p. 219.

10) 같은 책, pp. 220-224.

11) Kant, "Eternal Peace", in *The Philosophy of Kant: Immanuel Kant's Moral and Political Writings* trans. and ed. Carl J. Friedrich(New York: Modern Library, 1949), p. 454.

12) Schleiermacher, Kedourie, *Nationalism*, p. 58에서 인용.

13) Harper, *Religion and the Higher Life: Talks to Students*(Chicago: University of Chicago Press, 1904), pp. 174-180.

14) Meyer, Ivor Wilkins and Hans Strydom, *The Broederbond* (New York: Paddington Press, 1979), p. 203에서 인용.

15) 같은 책, p. 209.

16) Schocken, "Revisiting Zionism", New York Review of Books, 28, May 1981, p. 42. 시온주의와 민족주의의 관계에 대한 훌륭한 개관을 보려면 Kohn, "Zion and the Jewish National Idea", in *Zionism Reconsidered: The Rejection of Jewish Normalcy*, ed. Michael Selzer(New York: Macmillan, 1970), pp. 175-212.

17) Elie Kedouri, *Nationalism*, 2d ed. rev. (New York: Praeger, 1961), p. 76에서 인용.

18) Meir, Frank H. Epp, *Whose Land Is Palestine?: The Middle East Problem in Historical Perspective* (Grand Rapids, Mich.: Eerdmans, 1970), p. 253에서 인용.

19) Goldmann, *Memories: The Autobiography of Nahum Goldmann* (London: Weidenfeld and Nicholson, 1970), p. 284.

20) Ben-Gurion, Simha Flapan, *Zionism and the Palestinians* (New York: Barnes&Noble, 1979), p. 131에서 인용.

21) Flapan, *Zionism and the Palestinians*, p. 135.

22) 그 사건에 관해 Hannah Arendt는 이렇게 말한다. "50년에 걸친 시온주의 정치의 최종 결과는 세계 시온주의 조직 가운데 가장 크고 영향력 있는 지부가 발표한 최근 결의문에 잘 구현되어 있다. 미국의 시온주의자들은 1944년 10월 아틀랜틱시티에서 열린 마지막 연례 총회에서 좌파와 우파를 통틀어 만장일치로 '팔레스타인 전 지역을, 분열과 감축 없이, 포괄하는…유대인의 자유 민주국가'를 요구하기로 결의했다. 이는 시온주의 역사에서 하나의 전환점을 의미한다. 오랫동안 반대에 직면해 왔던 수정주의 프로그램이 마침내 승리를 거두었기 때문이다. 이 아틀랜틱시

티 결의문은, 소수 유대인이 다수 아랍인에게 소수민의 권리를 승인했던 빌트모어 프로그램(1942년)보다 한 걸음 더 나간 것이다. 이번에는 아랍인이 아예 언급도 되지 않았는데, 이는 그들에게 자발적 이민이나 이등국민 둘 중 하나를 선택하라는 말이나 마찬가지다"("Zionism Reconsidered", in *Zionism Reconsidered*, p. 213).

23) Smilansky, Kohn, "Zion and the Jewish National Idea", in *Zionism Reconsidered*, p. 206에서 인용.

24) 이 문제와 관련하여 Ahad Ha-am이 인생 후반에 자기 백성에게 슬픔을 토로한 다음 글을 읽고 깊이 생각해 보라. "팔레스타인에서 유대인의 역사적 권리는 여러 세대에 걸쳐 그 지역에서 거주 및 노동의 권리를 갖고 있는 다른 거주자들의 권리에 아무런 영향을 미치지 않는다. 그들에게도 그 나라가 민족의 고향이고, 그들도 자기 능력을 키우기 위해 민족의 힘을 개발할 권리를 갖고 있다. 따라서 팔레스타인은 여러 민족이 각기 민족적 고향을 설립하고 싶어 하는 공동의 땅이라 할 수 있다. 이런 상황에서 어느 한 민족이 그것을 모두 차지하는 것은 더 이상 불가능하다.…만일 당신이 빈 공간이 아니라 다른 집과 거주민이 있는 곳에 집을 세운다면, 당신이 완전히 주인 노릇을 할 수 있는 곳은 자기 집안뿐이다. 일단 집을 벗어나면 모두가 공동의 관계자인 셈이고, 모든 것을 그들 모두의 이해 관계에 맞추어 조정해야 한다"[*At the Crossroads*(1920)에서, Kohn, "Zion and the Jewish National Idea", in *Zionism Reconsidered*, p. 202에 인용].

25) Orwell, "Notes on Nationalism", in *The Collected Essays, Journalism and Letters of George Orwell*(New York: Harcourt, Brace&World, 1968), vol. 3, *As I Please: 1943-1945*, p. 370.

26) Pinochet Ugarte, Andre Gunder Frank, *Crisis: In the Third World* (London: Heinemann, 1980), pp. 266-267에서 인용. 브라질의 통치자

들에게 맡겨진 몫은 이 새로운 국가관에 19세기 독일 낭만주의자들에게서 창의적으로 빌려 온 '철학적 깊이'를 덧붙이는 일인 것처럼 보였다. 이를테면 Agencia Boliviana de Noticias가 1976년 8월 6일자 *Estado de São Paulo*에서 브라질적 관념에 대해 묘사한 대목을 살펴보라. "브라질의 군사 정권은 남미 여러 나라에서 이미 채택된 바 있는 새로운 지정학적 국가 개념의 모델에 해당한다. 이는 주로 대통령의 민간인 내각 수반인 Costa e Silva 장군의 사상에 기초하고 있다. 이 새 모델은 서구의 전통적 국가를 특징지었던 권력의 군국주의화와 더불어 시작되는데, 이는 입법부는 장식에 불과하고 사법부는 중요하지 않다는 의미다.···민중은 하나의 신화일 뿐이고, 오직 민족만 존재하며, 민족이란 곧 국가다.···전쟁은 인간 조건의 일부이며, 모든 민족은 전쟁 상태에서 살아간다. 경제적·문화적 활동을 비롯한 모든 활동은 민족을 위하거나 그렇지 않으면 대항하는 일종의 전쟁 행위다. 따라서 우리는 민족의 안전 보장을 위해 군사력을 키워야 한다. 시민은 안보가 복지보다 중요하다는 것과 개인의 자유를 희생시키는 것도 필요하다는 것을 깨달아야 한다. 군대는 국가를 주도할 책임을 지는 국가 엘리트가 될 것이고, 남미의 경우에는 선동적이고 타락한 시민들의 폭발 위험과 전쟁의 필요 때문에 이것이 더욱 정당화된다." Pinochet Ugarte가 한 다음 말도 참고하라. "국가 안보는 모든 칠레 국민의 책임이다. 그러므로 이 관념은 시민의 일반 의무의 일환으로 모든 사회경제적 차원에서 주지되어야 한다. 구체적으로 국내 상황에서는, 고유한 예술 전 영역에 걸친 문화적 업적을 선전하고, 조국의 과거에 대한 존경심을 불러일으키고, 역사적 전통에 관해 끝없이 가르치고 논평함으로써 애국적 가치관을 고무해야 한다"[Costa e Silva and Pinochet Ugarte quoted by Frank, *Reflections on the World Economic Crisis*(London: Hutchinson, 1981), pp. 63-64].

간헐적으로, 안보 국가를 옹호하는 자들의 글에서 민족을 노골적으로 절대시하는 글도 볼 수 있다. Costa e Silva 장군은 "민족은 절대가 아니면 아무것도 아니다. 민족은 그 절대 권력을 제한하는 것을 결코 수용할 수 없다"[*IDOC Monthly Bulletin*(Jan. -Feb. 1977), p. 3에 인용]고 했다. 또 때로는 군대를 절대시하는 소리까지 들을 수 있다. 우루과이에서 민간인 대통령으로 선출된 Juan Boardaberry의 1975년 12월 9일자 비밀 메모에는 이런 내용이 담겨 있다. "헌법 개정이 필수불가결해지고 있다. 권력은 확실히 군대의 손에 쥐어져야 하고, 그들의 기능이 명백히 규정되어야 한다.…군대의 행위는 심판을 받을 수 없다. 그들은 의문시될 수 없는 규범에 기초하여 행동하기 때문이다…"(Frank, *Crisis: In the Third World*, p. 261에 인용).

6장 기쁨의 도시: 샬롬과 도시의 미학

1) Aquinas, *Summal Theologica*, 2a. 3, 3; 2b. 23, 8; 2a. 3, 4; 2a. 3, 5; 2a. 5, 3, ; *Summa Contra Gentiles*, 1, 2.

2) Aquinas, *Summa Theologica*, 2a. 4, 8; 2a. 4, 3; 2a. 4, 7

3) Immauel Wallerstein의 글을 참고하라. "과거 4세기에 걸쳐 이루어진 [세계 경제를 향한] 구조적 합병은 다음 세 가지 발전을 포함했다. 첫째는 세계 농업의 자본화로서, 이는 고정 자본 비율의 증대와 더불어 대규모 생산 단위를 통해 세계의 땅과 바다를 더욱 효율적으로 이용하는 것을 의미한다. 시간이 흐르면서 그런 지역이 갈수록 넓어져서, 이제는 최후의 중대한 물리적 확장, 곧 소위 '생존을 위한' 소규모 생산에 국한된 작은 지면을 모두 제거하는 현상을 목격하기에 이른 것 같다. 이런 과정에 수반되는 현상은 세계 인구가 봉급 생활자로 전락하여 좁고 밀집된 지역에 더욱 집중되는 것이다. 이는 곧 프로레탈리아로 전락되고, 도시화되는 현상을 일컫는다. 이런 과정의 일차적 영향은 대규모 인구가 더욱 착

취하고 통제하기 쉬운 상태에 빠지는 것이다"[*The Capitalist Word-Economy*(Cambridge: Cambridge University Press, 1979), p. 62].
4) Aristotle, Politics, 1. 1. 1251b12.
5) 이처럼 '잘 어울리는' 현상에 관한 이론적 설명에 대해서는 내가 쓴 *Art in Action*(Grand Rapids, Mich.: Eerdmans, 1980), pp. 96-121을 참고하라.
6) Aquinas, *Summa Theologica*, 1. 5, 4. 심미적 탁월성에 관한 더 상세한 논의는 내 책 Art in Action을 보라.
7) 이런 갈등에 대한 생생한 묘사는 Chaim Potok의 소설 *My Name Is Asher Lev*에 잘 나와 있다. 그 역학 관계에 대한 분석은 내가 쓴 다음 글을 참고하라. "Art, Religion, and the Elite", in *Art, Creativity and the Sacred: An Anthology in Religion and Art*, ed. Diane Apostolos-Cappadona(New York: Crossroad-Continuum, 1983).
8) Calvin, *Institutes of the Christian Religion*, ed. John T. McNeil and trans. Ford Lewis Battles(Philadelphia: Westminster Press, 1960), 1: 726-27(III, x, 2-3). 칼뱅의 창세기 1:30절에 대한 주석에 나오는 다음 대목도 참고하라. "하나님이 의도하신 인간의 삶은 겨우 생존하는 수준이 아니었음이 분명하다. 오히려…그분은 달콤하고 즐거운 삶을 살기에 조금도 부족함이 없는 풍성한 복을 주겠다고 약속하신다"[*Commentaries on the First Book of Moses, Called Genesis*, trans. John King(Grand Rapids, Mich.: Eerdmans, 1948), 1: 100].
9) Max Weber, *The Protestant Ethic and the Spirit of Capitalism*, trans. Talcott Parsons(New York: Scribner's, 1958), p. 53. 「프로테스탄티즘 윤리와 자본주의 정신」(문예출판사). 앞으로 이 책을 언급할 때는 약자 *PE*로 표기하겠다.
10) Davie, *A Gathered Church: The Literature of the English Dissenting*

Interest, 1700-1930(New York: Oxford University Press, 1978), pp. 25-26.

11) 우리 도시는 인간이 살 만한 곳이어야 하는데, 이 도시를 파괴하는 자본주의 사회의 일부 '메커니즘'에 대한 통찰력 있는 분석을 보려면 다음 책을 참고하라. Charles Jencks, *The Language of Post-Modern Architecture*, 3d ed., rev. and enl. (London: Academy Editions, 1978), pp. 12-15.

12) Mumford, *The City in History: Its Origins, Its Transformation, and Its Prospects*(New York: Harcourt, Brace&World, 1961), pp. 296-299.

13) 미학의 본질, 범위, 역할 등에 관한 더욱 철저한 논의는 내가 쓴 다음 자료를 참고하라. *Art in Action* 그리고 "Art, Religion and the Elite", in *Art, Creativity and the Sacred*.

14) Jacques Ellul, *The Meaning of the City*, trans. Dennis Pardee(Grand Rapids, Mich.: Eerdmans, 1970), pp. 160-162. 「도시의 의미」(그리심).

15) 같은 책, p. 163

16) 우리는 Ellul의 책을 잘못 읽고 이런 주제들에 관한 그의 견해를 오해할 소지가 다분하다. 예를 들어, 그는 한 대목에서 이렇게 말하고 있다. "그리스도인도 다른 이들과 마찬가지로 법에서 해결책을 찾는다. 이런 문제들에 대한 기독교적 입장은 어떠해야 할까…? 어떻게든지 문제를 잘 정리하되 도시 생활이 가능케 하라. 도시에서의 여가 시간, 노동, 꿈 등 생활 전반에 도덕을 회복하라. 이런 식으로 그리스도인은 계획을 세워야 한다. 무엇을 해야 하는가? 하나님은 우리에게 할 일이 전혀 없다고 아주 분명히 계시하셨다.…도시는 사람의 힘이 전혀 미치지 못하는 현상, 사람이 아무 영향도 줄 수 없는 그런 현상이다. 우리가 이미 살펴본 것처럼, 사람은 도시를 현재의 모습과 다른 모습으로 바꿀 책임이 없기 때문이다. 할 일이 아무것도 없다. 그리고 문제는 변하지 않는다.…왜냐하면

하나님이 우리에게 도시를 위한 법을 주시지 않고, 도시 자체를 저주하고 정죄했기 때문이다"(*The Meaning of the City*, p. 47, 「도시의 의미」, 그리심).

Ellul이 말하고자 하는 바는 이렇다. 도시의 '권위'(*exousia*)라는 것이 존재한다. 이는 신약 성경 여러 곳에서 말하는 유사-인격적 권세의 하나다. 인간의 도시는 그 권세의 손아귀에 잡혀 있으며, 우리가 그것을 정복하기 위해 할 수 있는 일은 하나도 없다. "도시는 영적인 권세와 인간의 노력이 서로 뗄 수 없이 합쳐진 결과물이다. 그것은 아주 분명한 영적 특성을 갖고 있는데, 이는 선을 멀리하고 악을 가까이 하는 지향성으로서 사람에게 좌우되지 않는 것이다. 그리고 사람은 자기 뜻대로 그 내적인 정신을 결코 바꿀 수 없다. 우리가 날마다 목격하는 바는 그 바깥 얼굴조차 바꿀 수 없다는 사실이다"(p. 169). 물론 우리는 이 사실을 인정하고 싶어하지 않는다. 그래서 스스로 변명을 늘어놓는다. "'우리는 여러분의 도시들을 위해 아름다운 설계도를 그렸지만, 여러분이 짓지 않았소' 하고 건축가들은 개탄한다. 이번에 마귀들을 쫓아내지 못한 것은 돈이 부족했기 때문이다. 다음에는 전쟁을 일으키거나 숙청을 해야 할 것이기 때문에 하지 못할 것이다. 의도는 좋으나 빈약한 논리요, 늘 이리저리 헤매다가, 도무지 제거할 수 없는 비합리적인 욕구로 곤두박질치는 논리다. 결국 인간은 진리에 직면할 때 그 의지와 무력감이 요동치게 되는 것이다"(p. 168).

따라서 "우리는 도시 전문가들에게, 인간적인 노력으로 도시에 단순한 특성을 부여해 주기를 기대해서는 안 된다"라고 Ellul은 말한다. 하지만 곧이어 이렇게 덧붙인다. "우리는 이 이상주의자들에게 경의를 표해야 마땅하다. 그들은 나름대로 옳은 일을 하고 있는 셈이다. 비록 어딘가에 도달할 것처럼 믿는 것은 잘못이지만 말이다"(p. 168). 그들의 수고는 정당하다. 그러나 그들은 "이 싸움이 너무나 심각하고 심오하다는 것을 모른다. 그것은 사람의 손이 미칠 수 없는 영역에서 일어나고 있는 싸움이다"(p. 168). 그렇다면 대체로 이렇게 말할 수 있겠다. 도시 설계자의 작업은 "더욱 균형 잡힌 몸, 건강한 몸을 이루기 위한 불확실한 노력이요 일종의 암중모색으로서, 그 거주민들의 영혼 이외에는 다른 영혼이 없는 그런 작업이다"(p. 167). 그들은 당면 문제들이 안고 있는 그 차원은 안중에도 없다. 그럼에도 우리는 "그들이 행한 일과 하나님이 하신 일 사이에 어떤 합의점이 있다는 것과, 하나님이 최후의 대격변이 일어날 때까지 신비로운 방법으로 그 일을 촉진하고 계시다는 것을 볼 수 있다"(p. 167).

요컨대, 하나님의 저주를 받은 것은 바로 도시 배후에 있는 그 '권세'다. 하나님은 예수 그리스도를 통하여 그 권세와 싸우셨고, 결국은 승리를 거두셨다. 그러나 도시에 거주하는 인간들은 저주하지 않으셨는데, 그들을 사랑하기 때문이었다. 그리고 우리는 도시를 멀리해서는 안 된다. 오히려 그것이 더 살기 좋은 곳이 되도록 일해야 한다. "인간의 일 자체는 정죄를 받거나 저주받지 않았다. 하나님이 심판하고 정죄하시는 것은, 처음부터 반역의 영을 품고 도시의 역사 내내 유혹의 영으로 작용해온 그 권세다. 권세로서의 도시, 영적 실재로서의 도시, 바로 이것을 하나님이 자기 계획에서 배격하시는 것이지, 단순한 돌덩이와 집들을 거부하시는 것이 아니다.…그리고 하나님의 뜻은 이 권세를 사람의 일에서 떼어놓는 것이다. 실은 사람 자체와 그 운명의 일부분으로부터 분리시키는 것이다"(p. 164). "성경은, 하나님이 예수 그리스도를 통하여 사람의 일을 사탄의 손아귀에서 탈취하여, 다른 목적을 위해 그것을 사람에게 되돌려 준다고 가르치고 있다. 사람의 일은 그 타당성을 조금도 잃지 않았다. 그것은 타락과 권세에 대한 심판에 의해 삼켜지지 않았다. 이 심판은, 마치 사람이 신체적으로 심판에 묶여 있는 것처럼, 사람과 그의 일을 아래로 끌어내리지 않는다"(p. 167).

연결부 II: 저항의 문제

1) 이와 관련하여 내가 쓴 책 *Educating for Responsible Action*(Grand Rapids, Mich.: Eerdmans, 1980)을 참고하라.
2) Quentin Skinner, *The Foundations of Modern Political Thought* (Cambridge: Cambridge University Press, 1978), vol. 2, *The Age of Reformation*, p. 202.

7장 정의와 예배: 개신교 예배 의식의 비극

1) Alexander Schmemann, *For the Life of the World: Sacraments and Orthodoxy*(Crestwood, N. Y.: St. Vladimir's Seminary Press, 1973), p. 118. 앞으로 이 책을 언급할 때는 약자 *LW*로 표기하겠다.
2) "'성례전적'이란 단어의 의미는, 세계가 예배의 수단이요 은혜의 수단이 되는 것은 결코 우발적인 것이 아니고, 그 의미의 계시요, 그 본질의 회복이자, 그 운명의 실현이라는 뜻이다. 예배를 통해 표출되는 것이 바로 세계의 '자연스런 성례전적 성격'이고, 이는 예배를 인간이 행할 필수적인 일(*ergon*=work), 곧 인간으로서 영위하는 그의 삶과 활동의 토대요 원천으로 만들어 준다"(*LW*, p. 121).
3) 하나님은 시간 바깥에 계신 분이 아니라는 결론에 대한 논증을 보려면 내가 쓴 다음 글을 참고하라. "God Everlasting", in *God and the Good: Essays in Honor of Henry Stob*, ed. Clifton Orlebeke and Lewis Smedes(Grand Rapids, Mich.: Eerdmans, 1975), pp, 181-203.
4) Johan van der Hoeven, "History and Truth in Nietzsche and Heidegger", in *Life is Religion: Essays in Honor of H. Evan Runner*, ed. Henry Vander Goot(St. Catharines, Ont.: Paideia Press, 1981), pp. 74, 75.
5) Max Thurian, *The Eucharistic Memorial*, trans. J. G. Davies (Rich-

mond: John Knox Press, 1960), part 1, The Old Testament, p. 22. 여기서 '기념으로서 행하는 것'에 관한 논의는 Thurian의 통찰에 빚진 바가 크다.
6) J. Severino Croatto의 말도 참고하라. "내가 유월절을 경축할 수 있는 것은 출애굽 사건이 실제로 발생했기 때문이지만, 이 '기억 작용'을 통하여 나는 그 백성의 해방이 이루어진 다른 순간들도 상기하게 된다. 그리스도의 '유월절'조차 출애굽의 연장선상에 있다. 그런데 어떤 '기억'이 내게 의미를 가지려면 내가 어떤 면으로든 **현재** 해방의 과정에 관여하고 있어야 한다. 억압자들은 유월절을 경축할 수 없다. 그렇게 한다면 거짓에 불과할 것이다. 기껏해야 그들은 파라오 식의 축제를 원용할 수 있을 뿐이다. 유월절이 그들에게는 아무 소용이 없다. 그것은 바로 '체제 전복적인 기억'이기 때문이다"[*Exodus: A Hermeneutics of Freedom*, trans. Salvator Attanasio(Maryknoll, N. Y.: Orbis Books, 1981), p. 23]. 이와 더불어 Gustavo Gutiérrez의 다음 말도 참고하라. "착취와 소외에 대항하고 연대감과 정의가 충만한 사회를 지향하겠다는 진정한 헌신이 없다면, 성찬 행사는 그 참여자들의 참된 승인이 결여된 텅 빈 행사가 되고 만다"[*A Theology of Liberation*: History, Politics and Salvation, trans. and ed. Sister Caridad Inda and John Eagleson(Maryknoll, N. Y.: Orbis Books, 1973), p. 265, 「해방신학」, 분도].
7) Calvin, *Institutes of the Christian Religion*, ed. John T. McNeill and trans. Ford Lewis Battles(Philadelphia: Westminster Press, 1960), 2: 1421, 1424(IV, xvii, 43; IV, xvii, 46).

8장 이론과 실천: 실천 지향적 학문
1) 이어지는 인식론에 관한 논의는 내가 쓴 다음 논문에 더욱 충분히 개진

되어 있음. "Can Belief in God Be Rational if It Has No Foundations?", in *Faith and Rationality*(Notre Dame, Ind.: University of Notre Dame Press, 1983).

2) 유명한 Pavlov의 조건 반사 실험에서, 개들이 전자 종소리와 음식 제공을 '항상 함께' 연결시키도록 훈련되면, 한참 후에는 음식을 보아야 자연스레 침을 흘리는 현상이 종소리만 들어도 나타나게 된다.

3) 특히 내가 쓴 *Reason within the Bounds of Religion*(Grand Rapids, Mich.: Eerdmans, 1976)을 보라. 「종교의 한계 내에서의 이성」(성광문화사).

4) 특히 다음 책을 보라. Jürgen Habermas's *Knowledge and Human Interests*, trans. Jeremy J. Shapiro(Boston: Beacon Press, 1971).

5) Abraham Kuyper, *Principles of Sacred Theology*, trans. J. Hendrik de Vries(Grand Rapids, Mich.: Eerdmans, 1965), pp. 109. 110. 111.

6) 같은 책, pp. 112-113.

후기

1) Goldmann, *The Philosophy of the Enlightenment: The Christian Burgess and the Enlightenment*, trans. Henry Mass(Cambridge: MIT Press, 1973), p. 82.

2) 같은 책.

해설

여러분이 읽게 될 이 책은 가볍게 읽을 수 있는 책이 아니다. 대학을 졸업한 지 3년 만에 24세의 젊은 나이로 하버드 대학 대학원에서 박사 학위를 받고서는 지금까지 50년 넘게 활동한 한 학자가 자기 생애의 중간 시기를 지날 때 쓴 책이라 더욱 그렇다. 이 책 앞에 나온 월터스토프의 「보편자에 관한 연구」(*On the Universals*, 1970)와 「예술의 세계와 작품」(*Worlds and Works of Art*, 1980), 그리고 이 책 뒤에 나온 「말씀하시는 하나님」(*Divine Discourse*, 1995), 「존 로크와 믿음의 윤리」(*John Locke and the Ethics of Belief*, 1996), 「토마스 리드와 인식론 이야기」(*Thomas Reid and the Story of Epistemology*, 2001)는 일급 철학자로서의 면모를 유감없이 보여 준다. 시카고, 옥스퍼드, 캠브리지 대학 출판사에서 나온 것만 보더라도 그 성격이 어떤 책인지 말해준다. 그의 문제의식은 분명하고, 논증은 치밀하고 단단하며, 시야는 넓고, 텍스트를 읽고 다루는 솜씨는 대단히 꼼꼼하다. 그러므로 웬만한 훈련 없이는 그의 책을 읽어 가기가 쉽지 않다.

「정의와 평화가 입맞출 때까지」는 월터스토프가 그 이전과 그 이후에 쓴 책과 비교해 볼 때 한 가지 점에서 두드러진다. 이 책만큼 그리스도인 학자로서 월터스토프 자신의 신념과 사상, 열정이 분명하게 드러난 책이 없다. 무엇보다 불의에 대한 그의 날카로운 시선과 차가운 분석이 이 책만큼 광범위하고 치밀하게 이루어진 곳은 없다. 정치적 액티비스트는 아니지만 남아공화국에서 일어난 인종분리 정책을 고발하고 팔레스타인 난민들의 인권을 보호하기 위해 투쟁한 전력이 이 책 곳곳에 배어 있다. 무엇보다도 하나님의 귀한 형상으로 지음 받은 인간이 사회적 불의에 의해 고통받고 비참한 상황에 처해 있다는 사실을 월터스토프는 견디지 못한다. 나는 이 아픔, 이 고통이 이 책의 출발점이라고 생각한다.

　현재 지구에 살고 있는 사람들이 겪는 고통 가운데 월터스토프는 세 가지 문제를 들어 논의한다. 첫째가 빈곤의 문제이고, 두 번째가 민족주의의 문제이고, 세 번째가 삶을 피폐하게 만드는 도시의 문제다. 오늘날 세계가 경험하는 빈곤의 문제가 단순히 개별 국가의 문제거나 그 안에 거주하는 개인이나 가족의 개별적인 문제가 아니라 역사적으로 근대 서구 제국주의의 산물임을 월터스토프는 논증한다. 아프리카 대륙이나 아시아는 서구 열강과 일본에 의해 식민지 통치를 받기 전에는 지금처럼 가난하지 않았다는 것이다. 민족주의 문제도 근대 서구에서 출현한 낭만주의의 산물임을 밝힌다. "각 민족에게는 각 민족 고유의 땅을"이라는 표어가 19세기에 일어난 시오니즘, 20세기 독일의 국가 사회주의, 남아프리카의 인종 분리 정책 등의 배후가 되었음을 월터스토프는 논증한다. 오늘날 도시의 황폐한 삶의 환경 배후에는 근대에 도입된 농업 자본주의가 배후에 있음을 지적하는 대목도 같은 맥락에서 이루어진다.

현대 사회가 경험하는 불행과 고통의 문제를 분석하고 해결을 제안하는 데는 하나의 목표와 하나의 분석 도구가 있다. 인간이 함께 사는 사회가 나아가야 할 목표는 월터스토프에 따르면 샬롬, 곧 평화다. 평화는 단순히 적대 관계가 없는 상태가 아니라 하나님과 인간, 자연 그리고 나와 더불어 관계가 정상화되고 그 안에서 번영하고 번창하며 기쁨과 환희가 있는 상태다. 평화가 가능하기 위해서는 그러므로 공평해야 하고, 무엇보다 약자의 권리가 보장될 수 있어야 한다. 평화 없이 정의는 수립될 수 있어도 정의 없이 평화는 가능하지 않다고 월터스토프는 보고 있다. 이렇게 정의와 평화의 전망에서 현재 우리가 살고 있는 세계를 바라볼 때 현존하는 고통과 불행은 정의의 반대, 곧 불의의 결과임이 드러난다. 그렇다면 불의는 어디서 비롯된 것인가? 월터스토프는 개인의 의식이나 생각에서 그 실마리를 찾기보다는 구조 또는 체제에서 그 원인을 찾는다. 월러스틴의 세계체제론을 적극적으로 수용하는 이유가 여기에 있다. 그는 세계체제론을 소개하면서, 근대 세계를 각 지역과 개별 사회의 점진적인 발전으로 보는 '근대화론'과 대비한다. 오늘의 세계의 비극은 몇몇 중심 국가들이 자본주의의 이름으로 세계를 지배한 결과로 초래된 것임을 드러낸다.

좌파 이론가들이 선호하는 세계체제론을 월터스토프가 적극적으로 수용하는 데는 그의 '카이퍼리안'(Kuyperian)적인 배경이 있다. 아브라함 카이퍼에 따르면 이른바 '사회 문제'는 사회의 근간이 되는 구조나 체제를 문제삼을 때 비로소 문제로서 등장한다. 이를 일컬어 카이퍼는 '건축술적 비판'(architectonic critique)이라 불렀다. '체제 비판', '구조 비판'이라 하면 더 쉽게 이해될 것이다. 카이퍼가 뜻한 것은 예컨대 가난의 문제를 접근할 때 단지 어떻게 가난한 사람을 구제할 것인가, 어떻게 그들에게 먹을 것을 줄 것인가 하는 표면적인 물음보다 가난이 발생한 사회 구조와 사회 체제를 문제삼아야 한다는 것이다. 월터스토프는 이 정신에 따라 세계 체제론을 제시한 월러스틴의 이론을 적극적으로 수용하여 특히 빈곤의 문제를 다룬다. 여기에서 중요한 것은 경제를 매개로 한 중심 국가와 주변 국가의 역학 관계다. 25년 후 한국어 번역판을 내면서 붙인 후기에서 월터스토프는 종교가 오늘날 세계가 경험하는 비극과 불행의 원인이 되고 있음을 분석하지 못한 것을 한탄한다. 이 책을 쓸 때 그의 관심은 기독교에 한정되어 있었고 기독교에 대한 관심도 세계를 형성하는 기독교냐 세계에 등을 돌리는 기독교냐 하는 물음에 국한되어 있었기 때문이었을 것이다.

월터스토프는 기본적으로 카이퍼리안적 입장, 나아가서 칼뱅주의자의 입장을 고수한다. 이 점이 가장 잘 드러난 곳은 역시 세계 형성적 기독교를 다루는 1장이며 특히 한국 교회와 관련해서 가장 중요한 논의가 이 첫 장에 담겨 있다고 생각한다. 한국 개신교회는 물론 감리교회도 있고 순복음 교회도 있지만 장로교가 주류를 이루고 있음을 부인할 수 없다. 장로교는 교회 개혁 전통 가운데 칼뱅의 개혁 운동에 뿌리박고 있음에도 사실 한국 장로교는 칼뱅 신학을 제대로 모르고 있다. 이 책은 칼뱅의 모습을 다시 발견하는 데도 도움을 줄 수 있으리라 생각한다. 개인적 경건과 더불어 '사회적 경건'을 강조한 모습이라든지, 권력자의 폭력과 가난한 자의 착취에 대한 강한 반발, 금욕주의자라기보다는 삶의 미적 측면에 대한 관심 등 흔히 간과해 온 칼뱅 신학의 모습을 다시 발견할 수 있을 것이다. 칼뱅주의를 금욕주의로 보는 막스 베버의 주장이 얼마나 잘못된 것인지, 칼뱅이 사회 경제적 문제에 관해 얼마나 관심을 가졌는지, 예배 가운데 특별히 성찬을 회복하기 위해 얼마나 애썼는지, 그리고 그것들이 신앙의 본질 회복에 얼마나 중요한지 이런 것들을 독자들은 부수적으로 배울 수 있을 것이다.

사회 정의와 평화에 대한 논의를 하면서 예배의 문제를 다루는 장이 삽입된 것을 독자들 가운데는 의아하게 생각하는 사람들이 있을 것이다. 하지만 예배의 문제에 대한 월터스토프의 관심은 부수적인 것이 아님을 알아야 한다. 그에 따르면 인간은 무엇보다 '예배하는 인간'이다. 인간은 하나님을 찬양하고 감사하고 오직 그분에게 영광 돌리도록 지음 받은 존재다. 예배는 인간이 하나님으로부터 지음 받은 인간의 인간다움을 가장 잘 표현하는 행위다. 그런데 개신교 예배에서는 말씀이 지나치게 강조된 나머지 예배의 필수 부분인 성찬이 배제되거나 무시된 것에 대해 월터스토프는 한탄한다. 성찬은 그로 인해 인간과 하나님, 인간과 물질, 인간과 인간이 서로 교제하고 소통하는 통로다. 성찬에 참여함으로 우리는 하나님과 하나 되고 사람들과 하나 된다. 여기에서 평화와 정의를 맛볼 수 있다. 그럼에도 개신교 전통에서 성찬이 소홀하게 취급되는 것에 대해 월터스토프는 한탄한다. 월터스토프가 주축이 되어 시작한 미시간 그랜드래피즈에 있는 '종(從)의 교회'(Church of the Servant)에서는 매주 성도들이 앞으로 나와 원을 그리면서 떡과 잔을 나누는 성찬 예식이 있다. 이 교회는 예배를 통해서, 성찬을 통해서 정의와 평화, 환대와 존경, 기쁨과 즐거움을 미리 맛보도록 교회 예식을 준비한다. 이 책에서 예배 의식을 개혁하고자 한 그의 노력의 이론적 배경을 읽을 수 있다. 성찬식을 소홀하게 다룰 뿐 아니라 기쁨의 잔치요, 감사의 잔치가 아니라 마치 장례 예식처럼 치르는 한국 교회가 귀담아 들어야 할 부분이다.

나는 이 책에 담긴 월터스토프의 강의를 직접 들을 기회가 있었다. 루뱅에서 공부를 마치고 박사 논문을 쓰기 위해 암스테르담 자유 대학교로 옮겼을 때 월터스토프가 '카이퍼 강좌' 첫 강의자로 초청받아 매주 한 번 강의를 하고 있었다. 청중에게는 요약문 하나 나누어 주지 않고, 준비한 원고를 줄줄 읽어 내려가는 방식으로 한 강의였기 때문에 따라가기가 쉽지 않았다. 나는 월터스토프의 강의를 통해 내가 배워 온 개혁주의 신학 전통의 정수(精髓)를 다시 확인할 수 있었다. 개혁주의 또는 칼뱅주의에 대한 나의 이해는 대학 1학년 때 읽은 헨리 미터(Henry Meeter)의 「칼빈주의 기본 사상」, 그리고 대학 2학년 때 읽은 헨리 밴틸(H. Van till)의 「칼빈주의 문화관」에 바탕을 두고 있었다. 헨리 미터의 책을 통해서 나는 칼뱅주의의 핵심이 예정론이 아니라 하나님의 주권 사상에 있음을 배웠다. 하나님은 만유의 주이시며 만유를 회복하시는 분이며 성도는 만유의 주이신 하나님이 삶의 모든 영역을 회복하시는 일에 부름 받은 사람들이라는 것이다. 헨리 밴틸의 책을 통해서는 어떤 삶의 영역이라도 거기에서 하는 일을 주께 하듯 한다면 모두 하나님의 일임을 배웠다. 월터스토프의 강좌는 칼뱅이 이해한 기독교는 세계를 떠나, 세계와 무관한 종교가 아니라 세계를 바꾸고 세계를 새롭게 하는 종교였으며 현대 세계가 직면한 문제들과 관련해서도 칼뱅주의 전통이 중요한 기여를 할 수 있음을 보여 주었다. 기독교의 사회적 책임을 많이 생각하던 시기에 월터스토프의 강의와 이후에 나온 그의 책은 나의 생각을 형성하는 바탕이 되어 주었다.

월터스토프의 책이 나에게 준 영향은 이 책 속에 담긴 논의에 국한되지 않는다. 나는 이 책을 통하여 기독교 사상과 관련해서 중요한 저자들을 알게 되었고 그들의 책을 개인적으로 읽을 기회를 가졌다. 예컨대 에른스트 트뢸치의 기독교 사회 이론에 관한 책, 종교 개혁에 대한 헤이코 오버르만의 연구, 르네상스 휴머니즘에 관한 크리스틀러의 여러 책들, 칼뱅의 사회 경제 사상에 관한 앙드레 비엘레의 철저하고도 자세한 연구서와 짧게 요약한 칼뱅의 경제 사상, 막스 베버의 프로테스탄트 윤리와 자본주의 정신의 상관 관계에 관한 책, 구티에레즈의 해방신학, 클라우스 베스트르만의 구약에서의 하나님의 축복을 다룬 책, 퀸틴 스키너의 근대 정치사상, 학문론에 관한 카이퍼의 책들을 알게 되어 탐독하였다. 나에게 이 책들이 다루고 있는 주제와 내용에 대해 어느 정도 지식이 있다면 이것은 모두 월터스토프의 덕분이라 해도 지나치지 않을 것이다. 지적 성장기에 만난 사람은 단지 그의 사상뿐만 아니라 그가 다룬 저자들과의 간접적인 만남이기도 함을 나는 월터스토프를 통해 배웠다. 이 책이 강의된 지 26년, 출판된 지 24년 만에 한국어로 번역되어 나옴을 기뻐하고, 충실하게 번역한 홍병룡 선생의 노고에 감사한다. 이 책은 나의 성장 과정에 크게 영향을 미쳤던 것처럼 젊은 한국의 그리스도인들에게도 선한 영향을 미칠 것을 확신하며, 꼭 읽고 또 읽도록 진심으로 권한다.

강영안(서강대 철학과 교수)

저자 연보

1932	미국 미네소타 비글로우에서 출생.
1953	칼빈 칼리지 졸업(철학, BA).
1956	하버드 대학교 졸업(철학, PhD).
1959-1989	칼빈 칼리지 철학 교수로 재직.
1989-2001	예일 대학교 신학부 노아 포터 석좌 교수로 재직.
1970	*On Universals: an Essay in Ontology* 출간(Chicago: ed. Univ. of Chicago Pr.).
1980	*Educating for Responsible Action* 출간[ed. Grand Rapids: Wm. B. Eerdmans Publishing Co. (CSI Publications)].
1984	*Reason Within the Bounds of Religion.* 제2판 출간(Grand Rapids: Wm. B. Eerdmans Publishing Co.). 「종교의 한계 내에서의 이성」(성광문화사).
1980	*Art in Action: Toward a Christian Aesthetic* 출간(ed. Grand Rapids: Wm. B. Eerdmans Publishing Co.).
1980	*Worlds and Works of Art* 출간(Oxford: Clarendon Series of Oxford Univ. Pr.).

1981	네덜란드 자유 대학 Kuyper Letures에서 강연. 이 내용은 1983년 *Until Justice and Peace Embrace*로 출간됨(Grand Rapids: Wm. B. Eerdmans Publishing Co.).
1983	H. Hart & J. van der Hoeven와 함께 *Rationality in the Calvinian Tradition* 편저(Lanham: Univ. of America Press).
1984	*Faith and Rationality: Reason and Belief in God*(Alvin Plantinga와 함께 편저, Notre Dame: Univ. of Notre Dame Pr.).
1987	불의의 사고로 아들을 잃은 후 쓴 *Lament for a Son* 출간(ed. Grand Rapids: Wm. B. Eerdmans Publishing Co.). 「나는 사랑하는 사람을 잃었습니다」(좋은씨앗).
1993	옥스퍼드의 Wilde Lectures 강연. 이 내용은 1995년 *Divine Discourse: Philosophical Reflections on the Claim That God Speaks*로 출간됨(ed. New York: Cambridge Univ. Pr.).
1995	세인트앤드류 대학교의 Gifford Lectures 강연. 이 내용의 일부가 2004년 *Thomas Reid and the Story of Epistemology*로 출간됨(ed. New York: Cambridge Univ. Pr.).
1996	*John Locke and the Ethics of Belief* 출간(Cambridge: Cambridge Univ. Press).
1997	*Religion in the Public Square* 출간(R. Audi와 공저, Lanham: Rowman and Littlefield).
2004	*Education for Shalom: Essays on Christian Higher Education* 출간(Ed. Clarence W. Joldersma and Gloria G. Stronks. Grand Rapids: Wm. B. Eerdmans Publishing Co.).
2006	*Hermeneutics at the Crossroads*에 "Resuscitating the Author" 기고(ed. Kevin J. Vanhoozer, James K.A. Smith, and Bruce Ellis Benson, Bloomington: Indiana University).

옮긴이 **홍병룡**은 연세대학교 정치외교학과와 동 대학원을 졸업하였다. 이후 캐나다 Regent College와 Institute for Christian Studies에서 공부하였으며 현재 아바서원 대표로 일하고 있다. 역서로는 「여성, 그대의 사명은」, 「소명」, 「헬라인에게는 미련한 것이요」(이상 IVP), 「완전한 진리」(복있는사람) 외 다수가 있다.

모던 클래식스
003

정의와 평화가 입맞출 때까지

초판 발행 2007년 6월 20일
초판 9쇄 2025년 5월 30일

지은이 니콜라스 월터스토프
옮긴이 홍병룡
펴낸이 정모세

편집 이성민 이혜영 심혜인 설요한 박예찬
디자인 한현아 서린나 | 마케팅 오인표 | 영업·제작 정성운 이은주 조수영
경영지원 이혜선 이은희 | 물류 박세율 정용탁 김대훈

펴낸곳 한국기독학생회출판부 | 등록번호 제2001-000198호(1978.6.1)
주소 04031 서울시 마포구 동교로 156-10
대표 전화 (02) 337-2257 | 팩스 (02) 337-2258
영업 전화 (02) 338-2282 | 팩스 080-915-1515
홈페이지 http://www.ivp.co.kr | 이메일 ivp@ivp.co.kr
ISBN 978-89-328-4039-0
ISBN 978-89-328-4044-4(세트)

ⓒ 한국기독학생회출판부 2007

책값은 뒤표지에 있습니다.
무단 전재와 복제를 금합니다.